Stellungnahme

der

Internationalen Kriminalistischen Vereinigung,

Landesgruppe Deutsches Reich

zum

Entwurf einer Strafprozeßordnung

und der

Novelle zum Gerichtsverfassungsgesetz.

Stenographischer Bericht

über die

Verhandlungen zu Berlin am 4. und 5. Januar 1909.

Berlin 1909.

J. Guttentag, Verlagsbuchhandlung,

G. m. b. H.

Sonderabdruck

aus den

Mitteilungen der Internationalen Kriminalistischen Vereinigung

Band XVI.

Übersicht.

I.

Liste der Teilnehmer.

A. Vertreter von Behörden und Vereinen.

1. Auswärtiges Amt:
   Wedding, Wirkl. Legationsrat.
   Hanck, Geh. Sekretariatsassistent.
2. Reichsmarineamt:
   Dr. jur. Felisch, Geh. Admiralitätsrat, Vorstand der Abteilung für Justizverwaltungs- und Versorgungsangelegenheiten.
   von Thadden, Wirkl. Admiralitätsrat.
3. Reichsjustizamt:
   Dr. v. Tischendorf, Wirkl. Geh. Oberregierungsrat, vortr. Rat.
   Dr. Schultz, Königl. Preuß. Oberlandesgerichtsrat, Kommissarischer Hilfsarbeiter.
   Dr. jur. Olshausen, Gerichtsassessor, desgl.
4. Reichsmilitärgericht:
   Dr. jur. Weiffenbach, Senatspräsident, ord. Honorarprofessor an der Universität Berlin.
   Anschütz, Reichsmilitärgerichtsrat.
   Dr. jur. Schlayer, Reichsmilitärgerichtsrat.
5. Königl. Preuß. Ministerium des Innern:
   Dr. v. Herrmann, Geh. Oberregierungsrat.
   Hoppe, Oberregierungsrat.
   Dr. Lindenau, Regierungsrat.
6. Königl. Preuß. Justizministerium:
   Supper, Wirkl. Geh. Oberjustizrat, vortr. Rat.
   Cormann, Geh. Justizrat, vortr. Rat.
7. Königl. Kammergericht:
   Dr. jur. Lisco, Kammergerichtspräsident.
   Wiener, Kammergerichtsrat.
8. Oberstaatsanwaltschaft, Berlin:
   von Schaewen, Staatsanwaltschaftsrat.
9. Landgericht I zu Berlin:
   Kanzow, Landgerichtsdirektor.
   Peltasohn, Landgerichtsrat, Mitglied des Abgeordnetenhauses.

10. Staatsanwaltschaft beim Landgericht I, Berlin:
    Dr. Klee, Staatsanwalt, Privatdozent.
11. Landgericht II zu Berlin:
    Dr. jur. Späing, Geh. Oberjustizrat, Landgerichtspräsident.
    Köster, Geh. Justizrat, Landgerichtsdirektor.
12. Staatsanwaltschaft beim Landgericht II in Berlin:
    Graßhof, Staatsanwaltschaftsrat.
13. Landgericht III zu Berlin:
    Dr. Warnatsch, Landgerichtsdirektor.
    Dr. Königsberger, Amtsrichter.
14. Staatsanwaltschaft beim Landgericht III in Berlin:
    Stachow, Erster Staatsanwalt.
    Michaelis, Staatsanwaltschaftsrat.
    Dr. jur. Reiner, Staatsanwaltschaftsrat.
    Dr. jur. Baumgarten, Staatsanwalt.
15. Baden, Ministerium der Justiz:
    Dr. v. Engelberg, Geh. Regierungsrat, Großh. Bad. Kammerherr, Direktor des Landesgefängnisses, Mannheim.
16. Bremen, Senat:
    Dr. Stahlknecht, Staatsanwalt, Bremen.
17. Mecklenburg-Schwerin, Justizministerium:
    Krause, Ministerialrat, Schwerin (Meckl.).
18. Sachsen, Justizministerium:
    Dr. Mayer, Geh. Justizrat, Dresden.
19. Die Gehestiftung zu Dresden:
    Schanze, Professor, Dresden.
20. Deutsche Zentrale für Jugendfürsorge:
    Fräulein Köpp, Berlin.

B. Die übrigen Teilnehmer.

1. Dr. med. h. c. Adickes, Oberbürgermeister, Frankfurt (Main).
2. Dr. med. Aschaffenburg, Professor der Psychiatrie an der Akademie für praktische Medizin, Cöln (Rhein).
3. Dr. jur. et phil. Aschrott, Landgerichtsdirektor a. D., Berlin.
4. Bleeck, Referendar, Charlottenburg.
5. Dr. jur. Bogeny, Berlin.
6. Dr. jur. et rer. polit. Breithaupt, Kassel.
7. Dr. Brückmann, Gerichtsassessor, Berlin.
8. Dr. jur. Delaquis, Berlin-Wilmersdorf.
9. Dr. Graf zu Dohna, außerordentl. Professor, Potsdam.
10. Drewes, Amtsrichter, Stettin.
11. Dzialoszynski, Rechtsanwalt, Berlin.

12. Dr. jur. Feisenberger, Staatsanwalt, Magdeburg.
13. Fischer, Amtsgerichtsrat, Halensee.
14. Dr. Freudenthal, Professor des Strafrechts, Frankfurt (Main).
15. Dr. Friedeberg, Amtsrichter, Weißensee b. Berlin.
16. Friedmann, Rechtsanwalt, Berlin.
17. Geßler, Geh. Rat, Generalstaatsanwalt, Dresden.
18. Göbel, Landgerichtsdirektor, Charlottenburg.
19. Dr. jur. Goldschmidt, Professor an der Universität Berlin.
20. Dr. Goldschmidt, Gerichtsassessor, Berlin.
21. Dr. phil. Gotendorf, Sozialethiker, Niederlößnitz b. Dresden.
22. Dr. v. Gryczewski, Exzellenz, Wirkl. Geh. Rat, Oberlandesgerichtspräsident, Posen.
23. Dr. Gutherz, Berlin.
24. Dr. jur. Halpert, Rechtsanwalt, Berlin.
25. Dr. jur. Hamm, Exzellenz, Wirkl. Geh. Rat, Oberlandesgerichtspräsident a. D., Bonn.
26. Dr. jur. Harburger, Rat am Königl. Bayr. Obersten Landesgericht, Honorarprofessor an der Universität München.
27. Dr. jur. Hartmann, Amtsgerichtsrat, Berlin.
28. Dr. jur. Heinemann, Rechtsanwalt, Berlin.
29. Dr. Herr, Rechtsanwalt, Hamm (Westf.).
30. Heymann, Kammergerichtsreferendar, Berlin.
31. Dr. v. Hippel, Professor des Strafrechts, Göttingen.
32. Dr. Hoffmann, Rechtsanwalt, Darmstadt.
33. Holtschke, Amtsgerichtsrat, Mitglied des Abgeordnetenhauses, Soldin.
34. Holz, Justizrat, Rechtsanwalt, Berlin.
35. Dr. Honemann, Staatsanwalt, Berlin.
36. D. Dr. Kahl, Geh. Justizrat, Professor der Rechte an der Universität Berlin.
37. Dr. Kantorowicz, Privatdozent, Freiburg i. B.
38. Dr. Kleinfeller, Professor des Strafrechts, Kiel.
39. Kluge, Gerichtsassessor, Groß-Lichterfelde (Ost).
40. Dr. Köbner, Wirkl. Admiralitätsrat im Reichsmarineamt, Professor, Berlin.
41. Dr. jur. Köhne, Amtsgerichtsrat, Berlin.
42. Dr. Kohlrausch, Professor des Strafrechts, Königsberg (Pr.).
43. Kraus, Kammergerichtsreferendar, Berlin.
44. Dr. jur. Kriegsmann, Privatdozent, Kiel.
45. Dr. jur. Kronecker, Geh. Justizrat, Kammergerichtsrat, Charlottenburg.
46. Dr. med. A. Leppmann, Medizinalrat, Königl. Kreisarzt, erster Arzt der Königl. Strafanstalt Moabit.

47. Dr. med. Fritz Leppmann, Nervenarzt, Berlin.
48. Dr. jur. Levy, Redakteur der Vossischen Zeitung, Berlin.
49. Dr. jur. Liebmann, Verlagsbuchhändler, Redakteur der Deutschen Juristen-Zeitung, Berlin.
50. Dr. jur. et phil. M. Liepmann, außerordentlicher Professor des Strafrechts, Kiel.
51. Dr. jur. P. Liepmann, Amtsgerichtsrat a. D., Charlottenburg.
52. Dr. v. Lilienthal, Geh. Hofrat, Professor des Strafrechts, Heidelberg.
53. Dr. v. Liszt, Geh. Justizrat, Professor des Strafrechts an der Universität Berlin, Charlottenburg.
54. Dr. jur. Litten, Professor der Rechte, Königsberg (Pr.).
55. Dr. Löwenstein, Rechtsanwalt, Berlin.
56. Dr. Mamroth, Justizrat, Rechtsanwalt, Breslau.
57. Dr. v. Mayr, Kaiserl. Unterstaatssekretär z. D., Professor, München.
58. Dr. jur. Merkel, außerordentlicher Professor des Strafrechts, Königsberg (Pr.).
59. Mettger, Redakteur der Straßburger Post.
60. Dr. Mittermaier, Professor des Strafrechts, Gießen.
61. Dr. med. Moll, Nervenarzt, Berlin.
62. Dr. Noltenius, Rechtsanwalt, Bremen.
63. Dr. Philipsborn, Referendar, Berlin.
64. Dr. Pöppel, Justizrat, Grunewald (Bez. Berlin).
65. Dr. jur. Posener, Gerichtsassessor, Charlottenburg.
66. Frau Dr. jur. Marie Raschke, Groß-Lichterfelde (West).
67. Dr. Josef Reinhold, Mitglied der ÖKV.
68. Rosenberg, Oberlandesgerichtsrat, Colmar (Els.).
69. Dr. jur. Rosenfeld, Professor des Strafrechts, Münster (Westf.).
70. Dr. jur. et phil. Rosenfeld, Staatsanwalt, Berlin.
71. Dr. jur. Rothe, Justizrat, Rechtsanwalt und Notar, Berlin.
72. Sauermann, Amtsgerichtsrat, Treptow.
73. Dr. jur. Schneickert, Kriminalkommissar, Berlin.
74. Schneider, Amtsgerichtsrat, Brandenburg (Havel).
75. Schultz-Völcker, Landgerichtsrat, Halensee.
76. Dr. Sommer, Professor der Psychiatrie, Gießen.
77. Sonnenfeld, Rechtsanwalt, Berlin.
78. Steidle, Kriegsgerichtsrat, München.
79. Dr. jur. Stern, Amtsrichter, Berlin.
80. Dr. med. Straßmann, Geh. Medizinalrat, außerord. Professor an der Universität und Gerichtsarzt, Berlin.
81. Dr. jur. Wolff, Referendar, Berlin.

II.

Verhandlungen.

Montag, 4. Januar 1909, vormittags 9 1/2 Uhr.

Unter dem Vorsitze des Herrn Unterstaatssekretärs z. D. Prof. Dr. von Mayr, München.

Vorsitzender: Meine hochverehrten Herren! Als Vorsitzender des Vorstandes der deutschen Landesgruppe der IKV. eröffne ich die heutige Sitzung.

Ich hatte bereits gestern Abend die Ehre, die sämtlichen Teilnehmer an unserer diesmaligen Tagung, insoweit sie gestern in diesen Räumen versammelt waren, herzlichst zu begrüßen. Ich nehme Bezug auf diese Begrüßung und erstrecke sie gleich herzlich auf die heute erst Erschienenen.*)

Im Übrigen ist meine Mission mit dieser Eröffnung der Sitzung beendigt, und ich bitte, nunmehr zur Bildung des Bureaus zu schreiten.

---

*) Der Empfang der Teilnehmer an der außerordentlichen Tagung der Landesgruppe Deutsches Reich der IKV. hatte am Sonntag, den 3. Januar abends 8 Uhr in der Wandelhalle des Preußischen Abgeordnetenhauses stattgefunden. Offizielle Begrüßungen waren in der Einladung zur Tagung an diesem Empfangsabend erbeten, damit die beiden Sitzungstage ganz der Arbeit gewidmet werden konnten. Der Vorsitzende des Vorstandes der Landesgruppe Deutsches Reich der IKV. begrüßte die zum Empfang erschienenen Teilnehmer an der Tagung, insbesondere außer den Mitgliedern der IKV. auch die amtlichen Vertreter und Eingeladenen. Namens der amtlichen Vertreter erwiderte der Kgl. sächsische Geh. Justizrat Dr. Mayer. Den Rest des Abends verbrachten die Teilnehmer in geselliger Vereinigung in der Restauration des Abgeordnetenhauses. (Die von dem Vorsitzenden bei der Begrüßung bekannt gegebenen Namen der Herren, die von Reichs- und Landesbehörden als Vertreter [bezw. zur Information] entsandt waren, sind unter No. 1 aufgeführt.)

Auf Vorschlag des Herrn Geh. Justizrats Professor Dr. von Liszt werden durch Akklamation bestimmt:

als I. Vorsitzender Herr Professor Dr. v. Mayr,

als II. Vorsitzende: die Herren Generalstaatsanwalt Geßler, Geheimer Rat, Dresden und Strafanstalts-Direktor Dr. von Engelberg, Geh. Regierungsrat, Mannheim,

als Schriftführer die Herren Professor Dr. Mittermaier, Gießen und Amtsrichter Dr. Friedeberg, Weißensee b. Berlin.

Die Gewählten nehmen die Wahl an.

Vorsitzender: Nachdem in dieser Weise die Bildung des Bureaus erledigt ist, können wir nunmehr zu unseren Geschäften übergehen. Ich möchte selbst nach der Richtung des Kurzredens dadurch ein gutes Beispiel geben, daß ich Ihnen hier nicht in einer langen Programmrede lästig werde. Bei einem Anlaß von so großer Bedeutung, wie der ist, der uns hier zusammengeführt hat, nur zwei Worte!

Bei aller Politik und auch bei der Kriminalpolitik gibt es die leitenden und die treibenden Kräfte, und die treibenden Kräfte sind entweder öffentlich-rechtlich organisiert in unseren Parlamenten, oder sie sind freie Organisationen wie unsere Gruppengemeinschaft.

Diese freien Organisationen haben, wie ich glaube, ihr Streben wiederum in zwei verschiedenen Richtungen zu entfalten. Es kann sich im einzelnen Falle darum handeln, ganz grundsätzlich, absolut prinzipiengetreu nach einer Richtung hin Ideen zu entfalten und zu gestalten, unabhängig von einem konkreten Probleme ihrer Anwendung; oder es kann sich um eine mehr praktische Politik, nämlich um die Frage handeln, wie auf ein gegebenes Gesetzgebungswerk von dem Gesichtspunkt der leitenden Ideen aus eine Einwirkung versucht werden soll.

Vor dieser Aufgabe, praktische Politik zu treiben, stehen wir im vorliegenden Falle, und daß dabei zwei große Strömungen gegebenenfalls miteinander ringen müssen, liegt auf der Hand: Die entschiedene Prinzipienfrage auf der einen Seite und die Notwendigkeit, Konzessionen zu machen angesichts der tatsächlichen Gestaltung der Verhältnisse auf der anderen Seite.

Ich glaube, daß sich auch unsere Debatten in diesen zwei Tagen ganz vorzugsweise unter diesem Gesichtspunkt bewegen werden.

Ich hätte nur als Vorsitzender die dringlichste Bitte, daß alle diejenigen Herren, die das Wort ergreifen, Muster der Selbstbeschränkung sein mögen. Es ist ja erwünscht, daß möglichst viele der Anwesenden zum Wort kommen. Aber es ist auch wünschenswert, daß dies in möglichst kurz bemessener Zeit erfolgt. Ich möchte nicht vorschlagen, schon jetzt eine ganz bestimmte Schranke für die Zeitdauer aufzurichten. Je nach dem Gang der Debatte wird es aber wohl notwendig werden, daß wir auch nach dieser Richtung hin gegebenenfalls mit Energie in unserm gemeinschaftlichen Interesse vorgehen.

Ich hätte dann, was die Äußerlichkeit der Debatte betrifft, noch die Bitte auszusprechen, daß sich die Herren Redner durchweg (es sei denn, daß es sich um ganz kurze Bemerkungen handelt) hier zur Rednertribüne bemühen möchten. Es würde sonst die Debatten etwas erschweren, wenn ein Redner aus den weiter zurückliegenden Reihen spricht, da die vorn Sitzenden sich dann ihrerseits zum Umdrehen der Hälse genötigt sehen müßten. Auch im Interesse des Stenographen möchte ich sehr bitten, daß diesem Wunsche entsprochen werde, damit die Aufzeichnung der Reden mit möglichster Korrektheit erfolgen kann.

Ich gehe nunmehr zum Gegenstand unserer Tagesordnung über:

Generalreferat über den Entwurf der Strafprozeßordnung,

und erteile das Wort dem ersten Herrn Referenten, Landgerichtsdirektor a. D. Dr. Aschrott.

Landgerichtsdirektor Dr. Aschrott, Berlin: Meine hochverehrten Herren! Als im August v. J. bekannt wurde, daß am 1. September der Entwurf einer neuen Strafprozeßordnung und einer Novelle zum Gerichtsverfassungsgesetz zur Veröffentlichung gelangen würde, hat diese Nachricht recht verschiedenartige Gefühle wachgerufen: auf der einen Seite helle Freude darüber, daß die lange betriebene Strafprozeßreform nun einen guten Schritt vorwärts kommen würde, daß ein Abschluß der Reformbewegung in Sicht sei; auf der anderen Seite ebenso lebhaftes Bedauern darüber, daß trotz all der Hinweise auf die Notwendigkeit einer einheitlichen und möglichst gleichzeitigen Reform des materiellen und des formellen Strafrechts nunmehr doch die Strafprozeßreform vor der Strafrechtsreform vorweggenommen werden solle.

Wir haben auf unserer Posener Tagung zu Pfingsten 1908 auf meine Anregung hin eingehend die Erage erörtert, ob nicht formelles und materielles Strafrecht derartig zusammengehören, derartig ineinander greifen, daß an eine Reform der Strafjustiz im großen Stile nur gedacht werden könne, wenn beide Materien zusammen vorgenommen würden. Wir haben damals zwar einen formellen Beschluß in dieser Richtung nicht gefaßt; aber unser damaliger Vorsitzender konnte es als den übereinstimmenden Willen der Versammlung aussprechen, daß die Neuordnung von Strafrecht, Strafprozeß und Strafvollzug aus einem einheitlichen Geiste heraus ausgearbeitet und vorgelegt werden möge.

Diesem Wunsche soll nun Erfüllung nicht zuteil werden. Während die Reform des Strafrechts sich noch in den ersten Stadien befindet und über die Gestaltung, die das Strafrecht der Zukunft erhalten wird, noch nichts bekannt ist, war der Entwurf einer Strafprozeßordnung bereits zur Veröffentlichung bereit.

Mit Spannung sah man dieser Veröffentlichung entgegen. Zunächst brachten einzelne Zeitungen Auszüge aus der Begründung des Entwurfs. Diese Veröffentlichungen wurden mit lebhaftem Beifall, u. z. von den Zeitungen aller Parteirichtungen aufgenommen. Man glaubte, daß in dem Entwurf volkstümliche Forderungen in großem Maße erfüllt seien. Und ich will ganz offen eingestehen, daß ich zuerst auch diesen Eindruck hatte. Ich befand mich damals auf der Reise und habe den Entwurf selbst erst bei meiner Rückkehr nach Hause gegen Mitte September zu Gesicht bekommen. Als ich dann aber zum Studium des Entwurfs kam, wurden allerdings meine Hoffnungen recht erheblich herabgemindert.

Ich begann mit dem Studium des Gesetzestextes und konnte mich dabei des Eindrucks nicht erwehren, daß gewisse Divergenzen zwischen der Begründung, so wie ich sie in den Zeitungsausschnitten gelesen hatte, und dem eigentlichen Gesetzestexte vorhanden seien. Ich bin diesen Eindruck auch nicht ganz losgeworden, als ich später Abschnitt für Abschnitt Gesetzestext und Begründung hintereinander las. Immer wieder drängte sich mir der Gedanke auf, daß in der Begründung reformfreundlichere Absichten zum Ausdruck gelangt seien, als in dem Gesetzestexte tatsächlich Verwirklichung gefunden hatten.

Nun wird es ja Sache der gesetzgeberischen Faktoren sein, die guten Absichten der Begründung auch in dem Gesetzestexte zum klaren Ausdruck zu bringen. Aber selbst, wenn dies geschieht, so bleiben doch die guten Absichten vielfach auf halbem Wege stehen. Lassen Sie mich hierfür ein paar Beispiele anführen.

Die Begründung führt aus, daß sich die Mißstimmung gegen unsere Strafjustiz in der Hauptsache und in erster Linie gegen die Tätigkeit der Strafkammern richte, und sie glaubt, dem Übelstande dadurch abhelfen zu können, daß auch bei den Strafkammern Laien zugezogen werden sollen, deren Zuziehung sich bei den amtsgerichtlichen Schöffengerichten nach allgemeinem Urteil gut bewährt habe. Die Begründung führt wörtlich aus: «Es darf erwartet werden, daß die z. Zt. vielfach verbreitete Mißstimmung gegen die Urteile der Strafkammern schwinden wird, wenn auch hier Laien in gleichberechtigter Stellung mit den Berufsrichtern mitwirken. Gerade auf dem Gebiete der Strafrechtspflege muß besonderer Wert darauf gelegt werden, daß die zur Ausübung der Strafgewalt berufenen Gerichte nicht nur tatsächlich ihrer Aufgabe gerecht werden, sondern daß sie auch in dem Vertrauen der Bevölkerung eine feste Stütze finden.»

Meine Herren! Die Konsequenz müßte nach meiner Meinung sein, daß auch in der Berufungsinstanz, in der doch nach dem Entwurf die ganze Sache von neuem verhandelt werden soll, Laien zugezogen werden. Diese Konsequenz aber zieht der Entwurf nicht. Der Entwurf läßt es vielmehr in der Berufungsinstanz bei einem gelehrten Gericht, und er führt die Fünf-Männer-Kammer, gegen die sich doch die Mißstimmung in erster Linie gerichtet hatte, unter der Bezeichnung «Berufungssenat» wiederum ein. Beim Landgericht soll ein aus fünf gelehrten Richtern gebildetes Kollegium als Berufungsgericht geschaffen werden.

Es unterliegt für mich gar keinem Zweifel, daß das erstrebte Ziel, nämlich eine Stärkung des Vertrauens in unsere Strafjustiz herbeizuführen, durch diese Regelung einen wesentlichen Abbruch erleiden wird.

Ein anderes Beispiel! Die Begründung des Entwurfs hebt die schweren Mängel hervor, welche mit unserem heutigen Vorverfahren verbunden sind, und sie will deshalb dem Beschuldigten einen größeren Schutz speziell im Vorverfahren gewähren. Sie tut dies aber in einer Weise, daß eigentlich wirklichen Nutzen davon nur derjenige Beschuldigte haben kann, dem ein Verteidiger zur Seite steht; und nun unterläßt es der Entwurf, dem Beschuldigten das Recht auf Bestellung eines Verteidigers gerade in dem Falle zu geben, in dem der Beschuldigte dieser Hilfe ganz besonders bedarf, nämlich im Falle seiner Verhaftung, wo er der Freiheit beraubt ist, wo er selbst sein Entlastungsmaterial schwer zusammenbringen kann.

Und dabei gleich noch ein weiteres Beispiel! Die Begründung erachtet mit vollem Recht das Rechtsmittel, das bisher einem Verhafteten, falls er sich durch die Verhaftung beschwert fühlte, allein zur Verfügung stand, nämlich das Rechtsmittel der Beschwerde, das im schriftlichen Verfahren zu erledigen war, für unzureichend und führt wörtlich aus: «Dies kann dazu führen, daß die Tatsachen, die der Beschuldigte für die Aufhebung des Haftbefehls anführt, als nicht stichhaltig angesehen werden, während das Gericht sie als durchgreifend betrachtet haben würde, wenn es von den Ausführungen des Beschuldigten nicht nur auf schriftlichem Wege Kenntnis erlangt, sondern ihn gesehen und gehört hätte.»

Die Konsequenz müßte nach meiner Meinung die Einführung eines mündlichen Beschwerdeverfahrens in Haftsachen sein. Diese Konsequenz zieht der Entwurf aber nicht, sondern er begnügt sich mit der Einführung eines sog. Einwendungsverfahrens, das nach meiner Meinung wirklich praktischen Nutzen nur für den immerhin seltenen Fall haben wird, wo die erste Vernehmung des Verhafteten vor einem anderen Richter erfolgt als demjenigen, der den Haftbefehl erlassen hat.

Meine Herren! Ich möchte meine Beispiele damit schließen. Ich glaube, die angeführten genügen schon, um zu dem Schlusse zu kommen, daß uns der Entwurf eine durchgreifende Reform nicht bringen wird. Selbst da, wo die Mängel des bisherigen Verfahrens völlig erkannt sind und ihre Beseitigung wirklich beabsichtigt ist, bleibt man auf halbem Wege stehen. Andere Mängel läßt der Entwurf überhaupt unberücksichtigt, so vor allem in dem Verfahren der gerichtlichen Voruntersuchung. Daß damit erhebliche Mängel verbunden sind, ist schon so vielfach erörtert worden, daß ich näher darauf nicht einzugehen brauche. Der Entwurf will die Voruntersuchung nicht beseitigen, noch sie auch nur einschränken. Nein, im Gegenteil! Er macht es fortab der Staatsanwaltschaft zur Pflicht, auch in Nichtschwurgerichtssachen zur besseren Aufklärung der Sache die Voruntersuchung zu beantragen.

Geehrte Herren! Es ist bei dieser Sachlage für diejenigen, die eine durchgreifende Reform für nötig halten, recht schwer, zu dem Entwurfe Stellung zu nehmen. Wir haben es bei unserer Tagung in Frankfurt a. M. vor zwei Jahren ganz klar zum Ausdruck gebracht, daß wir eine durchgreifende Reform für nötig erachten; wie sich deshalb unsere Stellung zu dem Entwurf gestalten sollte, darüber haben in unserm engeren Kreise — ich kann dies offen aussprechen — sehr verschiedene Meinungen bestanden. Wir haben gestern eine sehr lange Sitzung der Kommission, die in Frankfurt a. M. eingesetzt worden war, abgehalten, und in dieser Sitzung ist es zu recht lebhaften Debatten und zum Aussprechen recht verschiedenartiger Ansichten über den Entwurf gekommen. Ich vertrete hier selbstverständlich nur meine eigene persönliche Ansicht, und da glaube ich, daß es zu einer richtigen Stellungnahme zu dem Entwurf vor allem wichtig ist, sich alle diejenigen Verbesserungen, die der Entwurf wirklich bringt, klar vor Augen zu führen. Lassen Sie mich deshalb hier jetzt zunächst anführen, was ich als wesentliche Verbesserungen des Entwurfs erachte.

Zunächst bringt der Entwurf eine wesentliche Verbesserung in der Form der Prozeßordnung. Sie hat eine ganz neue Redaktion erfahren, wobei nicht nur Zweifelsfragen durch klarere Fassung der Bestimmungen beseitigt sind, sondern eine ganz ausserordentlich große Sorgfalt auf eine wirklich gute deutsche Gesetzessprache verwendet worden ist. Dabei sind die Bestimmungen in ihrer Aufeinanderfolge logisch richtiger disponiert worden.

Sodann bringt uns der Entwurf die Ausgestaltung von drei besonderen Arten des Verfahrens, 1. dem Verfahren gegen Jugendliche, 2. dem Privatklageverfahren, 3. dem sog. schleunigen Verfahren.

Was das Verfahren gegen Jugendliche anbetrifft, so kann ich hier darauf nicht näher eingehen, da der zweite Generalreferent, Herr Professor von Liszt, es übernommen hat, speziell über das Verfahren gegen Jugendliche zu sprechen. Ich will nur ganz kurz anführen, daß nach meiner Meinung in der Gestaltung des Verfahrens gegen Jugendliche ein enormer Fortschritt liegt. Es kommen hier zum ersten Male wirklich moderne Ideen zum Ausdruck, und wenn wir auch nicht in allen Punkten mit den Vorschlägen einverstanden sein können — die einen haben mehr, die anderen weniger Bedenken gegen Einzelbestimmungen —, so glaube ich doch, daß das Wesentliche, was wir bei der Regelung des Verfahrens gegen Jugendliche auszusetzen haben, auf die ganz naturgemäße Scheu des Entwurfs zurückzuführen ist, in einer Prozeßordnung Eingriffe in das materielle Recht vorzunehmen, Eingriffe, die ich persönlich allerdings für notwendig erachte, wenn das schwierige Problem der Behandlung jugendlicher Übeltäter wirklich erfolgreich gelöst werden soll.

Was die Gestaltung des Privatklageverfahrens anbetrifft, so habe ich hier zwar in Einzelheiten manches auszusetzen. Im großen und ganzen ist aber zweifellos die neue Gestaltung des Privatklageverfahrens, wie sie der Entwurf uns bringt, ein Fortschritt.

Das summarische Verfahren endlich wird nach meiner persönlichen Ansicht allerdings nicht eine so große Anwendung in der Praxis erfahren, wie es der Entwurf annimmt. Aber immerhin ist es sehr erfreulich, daß uns für geeignete

Fälle nunmehr ein schleuniges summarisches Verfahren zur Verfügung steht.

Was die sonstigen Änderungen der Strafprozeßordnung anbetrifft, so halte ich die Einführung der Berufung gegen die Urteile der Strafkammer für die unzweifelhaft wichtigste. Hiermit wird eine zweifellos volkstümliche Forderung erfüllt, und so schwere Bedenken ich persönlich auch gegen die Berufung habe, so glaube ich doch: man wird jeden Kampf gegen die Berufung aufgeben müssen. Wie die Verhältnisse einmal liegen, dürfte eine Reform des Strafprozesses ohne eine weitergehende Einführung der Berufung ausgeschlossen sein. Ich will aber nicht unterlassen, darauf hinzuweisen, daß in unserer gestrigen Kommissionssitzung bezüglich der Gestaltung, die die Berufung in dem Entwurf erfahren hat, von mehreren Seiten ernstliche Bedenken erhoben worden sind, und wir würden nach der Stimmung, die gestern in unserer Kommission geherrscht hat, wohl diesen Punkt hier noch zu einer besonderen Beratung und Debatte gestellt haben, wenn unsere Zeit nicht durch die drei Spezialreferate schon so sehr in Anspruch genommen wäre. Wie die Sachen also jetzt liegen, kann es nur jedem der Herren Referenten überlassen bleiben, bei derjenigen Frage, die er gerade zu erörtern hat, auch die Bedenken anzuführen, die durch die Berufung veranlaßt werden.

Ich persönlich habe vor allen Dingen Bedenken gegen die Zusammensetzung des Berufungsgerichts, wie sie der Entwurf vorschlägt. Ich glaube aber, daß man auch sonst mit Rücksicht auf die Berufung Veränderungen an dem ganzen Verfahren vornehmen muß, wenn anders nicht die Energie der Strafverfolgung und die Promptheit der Strafjustiz schweren Schaden leiden soll.

Was im übrigen die im Entwurf vorgeschlagene Gerichtsorganisation betrifft, so stimme ich mit der allgemeinen Tendenz des Entwurfs völlig überein. Der Entwurf will den Schwerpunkt der erstinstanzlichen Strafjustiz in die Amtsgerichte verlegen. Ich möchte darin nur noch weitergehen, als der Entwurf es tut. Aber unter allen Umständen ist es ein großer Vorteil, daß der Entwurf uns da einen Schritt vorwärts führt.

Auch die von dem Entwurf eingeführte vermehrte Zuziehung der Laien zur Strafjustiz, insbesondere also die Ersetzung des ausschließlich gelehrten Kollegiums in den Strafkammern durch ein gemischtes Kollegium, halte ich für einen Vorzug, wenngleich ich die Gestaltung dieses Kollegiums im einzelnen mir anders denke.

Unzweifelhafte Verbesserungen bringt der Entwurf sodann in seinen Bestimmungen über die Pflicht zur Ablegung des Zeugnisses und zur Beeidigung der Aussage, sowie über das Verfahren bei Eidesleistungen.

Einverstanden wird man auch mit der erheblichen Erweiterung der Rechte der Verteidigung sein müssen, da erst durch diese Änderung dem Verteidiger eine ersprießliche Wirksamkeit auch im Vorverfahren ermöglicht wird.

Einverstanden bin ich ferner mit der vorgeschlagenen Einschränkung der Öffentlichkeit im Verfahren gegen Jugendliche und im Privatklageverfahren.

Was die vielfachen Änderungen betrifft, die der Entwurf bezüglich des Haftverfahrens einführt, so bin ich der Ansicht, daß durch diese Änderungen eine wirklich erhebliche Besserung nicht herbeigeführt wird.

Dagegen halte ich es für eine große Verbesserung, daß der Entwurf mit dem unglückseligen Eröffnungsbeschluß nun endlich aufräumt. Ich glaube auch, daß der Vortermin, den der Entwurf in gewissem Sinne an die Stelle des Eröffnungsbeschlusses setzen will, bei geeigneter Ausgestaltung noch zu weiteren Verbesserungen des ganzen Verfahrens führen kann.

Endlich bin ich auch mit der vorgeschlagenen Einschränkung des Legalitätsprinzips einverstanden, wenngleich ich hier gewisse Schwierigkeiten mit Rücksicht auf das geltende materielle Strafrecht befürchte. Ich kann auf diesen Punkt hier nicht näher eingehen, da die Behandlung des Legalitätsprinzips durch den anderen Generalreferenten, Herrn Professor Dr. von Liszt, übernommen worden ist.

Meine Herren! Aus diesem Überblick, der naturgemäß kurz gehalten werden mußte, ergibt sich für mich der Schluß, daß unsere gesetzgebenden Faktoren bei der immerhin erheblichen Zahl von Verbesserungen, die der Entwurf bringt, zu einer einfachen Ablehnung sicherlich nicht entschlossen sein werden, und daß es deshalb auch für uns das Richtigste ist, an der weiteren Gestaltung des Entwurfes mitzuarbeiten, damit aus dem Entwurf das unter den gegebenen Verhältnissen erreichbare Beste werde. Ich weiß, daß darin für diejenigen, die eine durchgreifende Reform unseres Strafprozesses für notwendig erachten, ein gut Stück Selbstentsagung liegen wird; denn ganze Arbeit wird aus dem Entwurf niemals werden. Er wird immer nur eine provisorische Regelung bleiben, die geändert werden muß, wenn das neue Strafgesetzbuch geschaffen ist.

Es ist sicherlich zu bedauern, daß wir infolgedessen auf Jahrzehnte hinaus in unserer Strafjustiz nicht zur rechten Ruhe kommen werden. Die Verantwortung dafür muß der Regierung zufallen. Wir haben genügend vor einem Auseinanderreißen der zusammengehörigen Reform von Strafrecht und Strafprozeß gewarnt. Warum die Regierung diese Warnung unbeachtet gelassen hat, inwieweit dabei politische Momente, Rücksichten auf Parteiverhältnisse, mitgespielt haben, entzieht sich meinem Wissen. Wir tun unsere Pflicht, wenn wir, nachdem unsere Warnung unbeachtet geblieben ist, nach unseren Kräften an der Verbesserung des Entwurfs mitarbeiten.

Unsere Lage ist jetzt eine andere als bei unserer Tagung in Frankfurt a. M. vor zwei Jahren. Damals galt es, die Regierung zu einer durchgreifenden Reform zu veranlassen, und es genügte der negative Beschluß, daß die damals vorliegenden Vorschläge der sogen. Reformkommission als eine geeignete Grundlage für die Reform nicht erachtet werden könnten. Heute gilt es für uns, positive Arbeit zu tun, diejenigen Punkte des Entwurfs zu bezeichnen, die wir für verbesserungsbedürftig erachten, und unserseits Verbesserungsvorschläge dazu zu machen.

Ich habe von diesem Gesichtspunkt aus kürzlich eine kritische Besprechung des Entwurfs einer Strafprozeßordnung und der Novelle zum Gerichtsverfassungsgesetz veröffentlicht*) und in dieser Besprechung vor allem vier Materien eingehend behandelt: 1. die Organisation und Zuständigkeit der Strafgerichte, 2. Legalitätsprinzip und Privatklage, 3. Vorverfahren

*) Erschienen bei J. Guttentag, Verlagsbuchhandlung, Berlin 1908.

und Untersuchungshaft, und 4. das Verfahren gegen Jugendliche. Die Mehrzahl dieser Materien steht ja auch bei unserer heutigen Tagesordnung zur Spezialdiskussion, und ich kann als Generalreferent das Eingehen auf Einzelheiten selbstverständlich nur den Spezialreferaten überlassen. Ich muß mich darauf beschränken, kurz die allgemeinen Gesichtspunkte hervorzuheben, von denen ich bei meinen eigenen Vorschlägen ausgegangen bin.

Beginnen wir mit der Gerichtsorganisation! Ich scheide dabei die wenigen Fälle aus, wo das Reichsgericht zuständig ist. Ich scheide ferner aber auch die Schwurgerichtssachen aus. Ich stehe bezüglich der Schwurgerichtsfrage noch heute auf demselben Standpunkt, den ich mir erlaubt habe, in Frankfurt a. M. vorzutragen. Ich habe damals ausgeführt, daß man eine Institution wie das Schwurgericht, das auf einer geschichtlich-politischen Entwicklung beruht, trotz aller ihm unbestreitbar anhaftenden Mängel nur dann beseitigen kann, wenn man als Ersatz etwas unzweifelhaft besseres vorzuschlagen vermag. Ob dies aber die großen Schöffengerichte sein werden, steht für mich noch keineswegs sicher fest. Auch wenn man, wie ich es tue, davon ausgeht, daß sich die bisherigen amtsgerichtlichen Schöffengerichte im allgemeinen gut bewährt haben, so ist doch schon der Schluß, daß dies auch bei der Ausdehnung der schöffengerichtlichen Tätigkeit auf schwerer zu beurteilende und schwerer zu bestrafende Delikte der Fall sein werde, ein unsicherer. Ganz besonders aber kommt in Betracht, daß bei den bisherigen amtsgerichtlichen Schöffengerichten die gute Bewährung sicherlich in nicht unerheblichem Maße darauf zurückzuführen ist, daß der vorsitzende Amtsrichter in dem kleinen Kollegium kraft seiner autoritativen Stellung die beiden Schöffen in geeigneter Weise leiten konnte, während erst durch Erfahrungen zu erproben ist, ob sich eine gleich geeignete Leitung auch dann sicherstellen lassen wird, wenn bei dem großen Schöffengericht die Zahl der Schöffen eine erheblich größere sein und in dem Kollegium mehr als ein gelehrter Richter sitzen wird. Meine Herren! Dieses Experiment soll ja jetzt bei den Strafkammern gemacht werden. Es wird nach meiner Meinung auch bei dem Berufungsgericht gemacht werden müssen. Sammle man erst auf diese Weise Erfahrungen und gehe schrittweise vor! Wenn die Erfahrungen günstig gewesen sind, dann mag man, darauf gestützt, die Beseitigung des Schwurgerichts mit Aussicht auf Erfolg in Angriff nehmen.

Wenn wir also die Schwurgerichtssachen, gegen die ja auch eine Berufung nicht möglich ist, hier ganz ausscheiden, so muß es sich im übrigen nach meiner Meinung darum handeln, die Gerichtsorganisation möglichst einfach zu gestalten. Es erscheint dies mit Rücksicht auf die Einführung der Berufung doppelt notwendig. Es gilt, trotz der Berufung eine prompte und energische Strafjustiz ohne allzu große Belastung der Staatskasse und ohne allzu große Behelligung der Bevölkerung sicherzustellen. Grundsatz muß dabei sein, in der Zahl der Richter, und zwar sowohl der Berufsrichter wie der Schöffen, sparsam zu sein. Nicht in der Zahl der Richter, sondern in ihrer richtigen Auswahl liegt die Garantie für eine gute Rechtsprechung.

Von diesem Gesichtspunkt aus erscheint mir bei geeigneter Organisation der Berufungsinstanz ein Kollegium von fünf Richtern für die erste Instanz überhaupt nicht als erforderlich. Ich bin der Ansicht, daß man die ganze erste Instanz an die Amtsgerichte legen sollte. Hier sind die Auskunftspersonen leicht erreichbar; einer schnellen Sammlung des Materials stehen keine Schwierigkeiten entgegen. Es erscheint mir auch logisch viel richtiger, aus der Tatsache, daß sich die bisherigen amtsgerichtlichen Schöffengerichte bewährt haben, die Konsequenz zu ziehen, ihnen nunmehr weitergehende Aufgaben zu stellen, als für diese weitergehenden Aufgaben eine neue Organisation zu schaffen, wie es der Entwurf mit den neuen Strafkammern, bestehend aus zwei Richtern und drei Schöffen, tun will. Ich halte diese Neubildung überhaupt für eine unglückliche. Ich muß es aber dem Spezialreferat überlassen, näher darauf einzugehen. Ich möchte nur eins betonen: die für den Angeklagten besonders günstige Fünfzahl im Kollegium ist zweifellos für die endgültige Entscheidung eine wertvolle Garantie gegen eine ungerechtfertigte Verurteilung. Wo aber Berufung zulässig ist, liegt diese Garantie in der Berufungsinstanz.

Die Berufungsinstanz muß ein Kollegium von Fünfen bilden, aber nicht, wie es der Entwurf vorsieht, von fünf gelehrten Richtern, sondern unter Zuziehung von Laien. Ich selbst habe ein Kollegium von drei Richtern und zwei Schöffen für die Berufungsinstanz vorgeschlagen. Dieses Berufungsgericht hätte in gleicher Weise zu entscheiden, einerlei ob in erster Instanz der Amtsrichter als Einzelrichter oder das amtsgerichtliche Schöffengericht tätig gewesen ist. Man hätte auf diese Weise eine Berufungsinstanz mit Devolutiveffekt, ohne daß man zu der künstlichen und — ich kann es nicht anders sagen — unwahren Bildung von Berufungssenaten bei den Landgerichten, wie es der Entwurf tut, seine Zuflucht zu nehmen braucht.

Die Beschaffung eines geeigneten Schöffenmaterials für die Berufungsinstanz könnte bei meinem Plane keine Schwierigkeiten machen. Was in der Berufungsinstanz an Schöffen mehr gebraucht wird, das wird in der ersten Instanz erspart.

Auf diese Weise wäre eine klare und einfache Gerichtsorganisation geschaffen. Abgesehen von den Kapitalsachen, für welche das Schwurgericht vorläufig als einzige Instanz bleiben müßte, wäre in erster Instanz für Bagatellsachen und die summarisch abzuurteilenden Fälle der Amtsrichter als Einzelrichter, im übrigen durchweg das amtsgerichtliche Schöffengericht und in zweiter Instanz durchweg die Berufungsstrafkammer beim Landgericht tätig.

Lassen Sie mich mit ein paar Worten wenigstens auf die hauptsächlichsten Einwendungen eingehen, die ich in den zahlreichen Zuschriften auf meine letzte Veröffentlichung hin erhalten habe!

Zunächst hat man darauf hingewiesen, daß es schwierig sein würde, für die Leitung der Verhandlung bei den amtsgerichtlichen Schöffengerichten mit einer so erweiterten Kompetenz überall einen geeigneten Amtsrichter zu finden. Ich erkenne diese Schwierigkeit vollkommen an. Ich habe auch meinerseits immer betont, daß die Leitung eines Schöffengerichts nur einem erfahrenen Richter anvertraut werden kann, welcher das Vertrauen der Bevölkerung genießt und eine autoritative Stellung einnimmt. Ich weiß sehr wohl, daß sich geeignete Richter nicht von heute auf morgen an alle kleinen Amtsgerichte setzen lassen werden, und man muß, wenn man diesen Vorschlag macht, von vornherein für ein Übergangsstadium Sorge tragen. Ich habe für ein derartiges Übergangsstadium zweierlei Vorschläge gemacht. Die eine Möglichkeit ist die, daß man nicht bei jedem Amtsgericht ein Schöffengericht mit der Aburteilung aller Sachen betraut, sondern daß man für die größeren, schwierigeren Sachen — ich will sie einmal kurz die heutigen Strafkammersachen nennen — ein bestimmtes Amtsgericht, das mit mehreren Richtern besetzt ist, auch für die benachbarten kleinen Amtsgerichte als zuständig erklärt. Die Herren preußischen Juristen werden sich dabei an die alten Kreisgerichtskommissionen erinnern. Ein anderer Vorschlag, den ich nur eventuell gemacht habe, würde der sein, daß man zunächst bei den Landgerichten eine kleine Strafkammer, bestehend aus einem Mitgliede des Landgerichts und zwei Schöffen, für diese größeren Strafsachen bildet. Ich habe dabei aber ganz scharf hervorgehoben, daß ich diese Aushilfe nur als eine provisorische erachte, die bei der großen Reform, mit der die Entscheidung über die Schwurgerichte kommen muß, fortfallen müßte. Bis dahin würde das neue Strafgesetzbuch geschaffen sein, und es müßte infolge des neuen Strafgesetzbuchs die Zuständigkeit der Gerichte überhaupt neu geregelt werden, wobei dann diejenigen Strafsachen, gegen deren Zuteilung an die amtsgerichtlichen Schöffengerichte Bedenken bestehen, mit den jetzigen Schwurgerichtssachen zusammen einem neu zu bildenden Gerichte übertragen werden könnten.

Lassen Sie mich bei dieser Gelegenheit aber noch auf den Zusammenhang aufmerksam machen, in dem diese Frage mit unserer Zivilprozeßreform steht. Auch bei der Zivilprozeßreform geht die Tendenz auf eine Erweiterung der Zuständigkeit der Amtsgerichte. Auch hier würde sich also für die Justizverwaltung die Notwendigkeit ergeben, wenn man das Schwergewicht der zivilprozessualen Tätigkeit immer mehr in die Amtsgerichte verlegt, für besonders gut qualifizierte Richter bei den Amtsgerichten zu sorgen.

Ein zweiter Einwand, der gegen meinen Vorschlag erhoben worden ist, richtet sich gegen die von mir vorgeschlagene Besetzung der Berufungsstrafkammer. Man sagt, daß, wenn den drei Richtern nur zwei Schöffen gegenüberstehen — ich halte, nebenbei gesagt, den Ausdruck «gegenüberstehen» nicht für richtig; sie sollen sich nicht gegenüberstehen — wenn also neben den drei Richtern nur zwei Schöffen tätig sein würden, die Schöffen gar zu sehr in den Hintergrund gedrängt werden möchten. Demgegenüber habe ich zunächst darauf hinzuweisen, daß jedenfalls zwei Laienrichter sehr viel mehr sind als gar keine (Sehr richtig!), und daß deshalb mein Vorschlag gegenüber dem Entwurf, der die Laienrichter in der Berufungsinstanz überhaupt nicht haben will, ein entschiedenes Mehr ergibt. Im übrigen kann ich nur dasjenige ausführen, was ich bereits früher bemerkt habe, daß nämlich wegen des Erfordernisses einer Zweidrittel-Majorität für jede Verurteilung bei meinem Vorschlage keine Verurteilung erfolgen kann, ohne daß wenigstens einer der Schöffen zugestimmt hat, und daß nach meiner Meinung von einem In-den-Hintergrundrücken der Schöffen höchstens bei der Entscheidung von Rechtsfragen gesprochen werden kann. Ich würde es aber bei der Entscheidung von Rechtsfragen überhaupt für wünschenswert erachten, daß die Schöffen sich der von der Mehrheit der rechtsgelehrten Richter vertretenen Ansicht anschließen. —

Und nun zu einem Abschnitt der Strafprozeßordnung, der besonders der Reform bedürftig erscheint, zu dem Vorverfahren. Auch die Begründung zum Entwurf erkennt, wie ich schon hervorgehoben habe, die Reformbedürftigkeit an. Die Änderungen, die der Entwurf aber vorschlägt, sind nach meiner Meinung nicht ausreichend. Die Hauptmängel des bisherigen Verfahrens: 1. die Teilung der Verantwortlichkeit zwischen Staatsanwalt und Untersuchungsrichter, 2. der langsame Gang des ganzen Vorverfahrens und 3. die Verlegung des Schwergewichts des ganzen Verfahrens aus der Hauptverhandlung in das Vorverfahren und die dadurch herbeigeführte Beeinträchtigung der Selbständigkeit der Hauptverhandlung, bleiben bestehen. Ja, sie werden durch die Neuerungen des Entwurfs noch verschärft. Die Voruntersuchung soll weiter ausgedehnt, die Parteienöffentlichkeit im Vorverfahren allgemein eingeführt werden. Nun unterliegt es für mich gar keinem Zweifel, daß ein Vorverfahren, wie es der Entwurf vorsieht, neben der Berufung zu einer unerträglichen Schwerfälligkeit des ganzen Verfahrens führen müßte. Die Energie der Strafverfolgung würde lahmgelegt, und die Mißstimmung gegen unsere Strafjustiz würde sich nur noch mehr steigern.

Meine eigenen Vorschläge für die Neugestaltung des Vorverfahrens habe ich schon auf der Frankfurter Versammlung eingehend dargelegt. Ich fasse sie hier nur ganz kurz nochmals zusammen. Ich habe vorgeschlagen: Beseitigung der Voruntersuchung; das Vorverfahren muß ganz in die Hand der Staatsanwaltschaft gelegt werden, welche dabei von einer geschulten Kriminalpolizei zu unterstützen ist; die Akten des Vorverfahrens dienen nur zur Information der Anklagebehörde und sind, abgesehen von bestimmten Ausnahmen (Protokollen über antizipierte Beweisaufnahmen, Augenscheinsprotokollen, Protokollen über eidliche Vernehmungen usw.) dem Gericht nicht vorzulegen. Als Ersatz für die Akten ist die Anklageschrift genau spezialisiert zu halten.

Ich halte an diesen Vorschlägen unentwegt fest und erachte sie als notwendig, wenn wir den Mängeln des bisherigen Vorverfahrens mit einer durchgreifenden Reform entgegentreten wollen.

Aber wenn man sich vor so weitgehenden Neuerungen scheut, so bin ich zu einer Konzession bereit. Man lasse es in den Schwurgerichtssachen bei der bisherigen Gestaltung des Vorverfahrens und führe die Neuerungen zunächst nur in den anderen Strafsachen ein. Hier ist das Bedürfnis nach einer Neugestaltung des Vorverfahrens wegen der Einführung der Berufung ein ganz besonders dringendes. Voruntersuchung und eine zweimalige Hauptverhandlung in erster und zweiter Instanz sind nach meiner Meinung mit einer prompten Strafjustiz einfach unvereinbar. Hier müßte unter allen Umständen die Voruntersuchung beseitigt werden. Ich bin überzeugt, der Versuch würde glücken, und man würde dann bei der großen Reform, die kommen muß, mit der Entscheidung über die Schwurgerichte zugleich zur Beseitigung der Voruntersuchung gelangen.

Bis dahin würde man auch in der Ausstattung der Staatsanwaltschaft mit einer geschulten Kriminalpolizei nach dem

Vorgange Badens weitere Fortschritte gemacht haben. Und man würde Erfahrungen darüber gesammelt haben, ob eine geeignete Leitung der Hauptverhandlung auf Grund einer detaillierten Anklageschrift an Stelle dickleibiger Akten des Vorverfahrens nicht recht gut möglich ist. Dabei würde auch die Einrichtung des Vortermins gute Dienste leisten können. Der Vortermin soll nicht nur dem Beschuldigten die Möglichkeit geben, seine Verteidigung für die Hauptverhandlung genügend vorzubereiten, sondern er soll auch durch Klarstellung der Behauptungen des Staatsanwalts einerseits, des Beschuldigten anderseits, dem Vorsitzenden in verwickelten Sachen die nicht selten erwünschte Vorbereitung für eine zweckentsprechende Leitung der Hauptverhandlung geben und ihm ferner die Möglichkeit verschaffen, Fürsorge zu treffen, daß in der Hauptverhandlung das erforderliche Beweismaterial wirklich parat und zur Stelle ist, und damit den unleidlichen Vertagungen von Hauptverhandlungen entgegenwirken.

Neben einer solchen Ausgestaltung des Vorverfahrens und neben einer Einschränkung der Zulässigkeit der Voruntersuchung müßten nach meiner Meinung in dem Gesetze besonders folgende Punkte geregelt werden:

1. Es müßte klar zum Ausdruck gebracht werden, daß der Zweck des Vorverfahrens nur in der Vorbereitung der Anklage und nicht in der Vorbereitung der Hauptverhandlung liegt.

2. Es müßte bestimmt ausgesprochen werden, daß die Anstellung von Ermittlungen im Vorverfahren in der Regel durch den Staatsanwalt selbst oder seine Gehilfen zu erfolgen hat.

Und es müßte 3. für die Anklageschrift vorgeschrieben werden, daß sie das zur Begründung der Anklage Erforderliche lediglich in der Behauptungsform, nicht in der Ergebnisform vorzuführen hat, und daß für jede einzelne Behauptung das angebotene Beweismittel angeführt wird.

Ich halte es für unerläßlich, daß der Entwurf in all diesen Punkten geändert wird. —

Und nun möchte ich zu guterletzt noch auf das wichtigste Zwangsmittel eingehen, das im Vorverfahren zur Anwendung kommen kann, auf die Verhaftung. Ich habe bereits angeführt, daß die Begründung zum Entwurfe anerkennt, daß das bisherige Verfahren zu schweren Mißständen Anlaß gegeben hat, und daß die Änderungen, die der Entwurf hierin vornimmt, von mir nicht für ausreichend erachtet werden können, um wirklich durchgreifende Verbesserungen herbeizuführen.

Zunächst hält der Entwurf die Kollusionshaft aufrecht. Ich glaube, daß die Kollusionshaft ohne Schaden für die Strafjustiz überhaupt beseitigt werden kann.

Bezüglich des Verfahrens wegen Fluchtverdachts glaube ich zwar, daß durch die Änderungen des Entwurfs die Zahl der Verhaftungen etwas herabgemindert werden wird. Ich kann diese Verbesserung aber nicht für allzu erheblich erachten und sehe einen wesentlichen Schutz gegen eine ungerechtfertigte Verhaftung und in gleicher Weise gegen eine ungerechtfertigt lange andauernde Untersuchungshaft nur in einer geeigneten Gestaltung des Verfahrens, das dem Verhafteten durch das Gesetz zur Verfügung gestellt wird, falls er sich durch die Verhaftung beschwert fühlt.

Gegen das im Entwurf vorgeschlagene Einwendungsverfahren habe ich recht viele Bedenken. Vor allem halte ich die Verbindung des Einwendungsverfahrens mit der ersten richterlichen Vernehmung des Verhafteten für fehlerhaft. Der Beschuldigte, der plötzlich seiner Freiheit beraubt ist, wird, besonders wenn er ungewandt und wenig gebildet ist, meistenteils gar nicht imstande sein, dem Richter zu diesem Zeitpunkt in geeigneter Weise dasjenige vorzubringen, was er für die Aufhebung seiner Verhaftung geltend zu machen hat. Andererseits aber kann das Material, das zu einer zutreffenden Entscheidung über die Verhaftung notwendig ist, in recht vielen Fällen dem Richter nicht schon im ersten Vernehmungstermin vorgelegt werden.

Ich habe deshalb folgendes Verfahren vorgeschlagen:

Dem Staatsanwalt wird allgemein die Befugnis gegeben, einen Verdächtigen beim Vorliegen der Voraussetzungen eines Haftbefehls zunächst festzunehmen und diese «Verwahrung» drei oder fünf Tage — man könnte vielleicht bei den schwersten Delikten den Zeitraum auch bis zu einer Woche ausdehnen — auf seine Verantwortung hin fortdauern zu lassen. Erhebt der Verdächtige innerhalb dieser Frist keine Einwendungen, so kann der Richter ohne viel Bedenken den Haftbefehl erlassen. Werden Einwendungen erhoben, so setzt der Richter auf Antrag des Staatsanwalts Termin an, und zwar auf den nächsten Werktag nach Ablauf der Frist. Aber gleichzeitig wird dem Verhafteten ein Verteidiger bestellt. In dem Termin hat dann der Staatsanwalt, der inzwischen Zeit zu Ermittlungen gehabt hat, das Belastungsmaterial vorzutragen, und nun entscheidet der Richter auf Grund mündlicher Verhandlung über die Verhaftung.

Wird die Sache so geregelt, so tritt an die Stelle der jetzt zwischen Staatsanwalt und Richter geteilten Verantwortung die alleinige Verantwortlichkeit des Staatsanwalts für die Festnahme und die Verwahrung und die alleinige Verantwortlichkeit des Richters für den Haftbefehl. Heute verläßt sich der eine auf den anderen, und keiner von beiden ist in der Lage, die volle Verantwortung zu tragen.

Meine Herren! Ich glaube, dieses von mir vorgeschlagene Verfahren würde einen besseren Schutz des Beschuldigten herbeiführen, als alle die Neuerungen des Entwurfs bezüglich der Verhaftung.

Ich halte es vor allen Dingen für notwendig, daß einem jeden Verhafteten — von Übertretungssachen natürlich abgesehen — sofort nach seiner Verhaftung auf seinen Antrag ein Offizialverteidiger bestellt wird. Nur wenn der Verhaftete einen erfahrenen Rechtskundigen zurseite hat, kann die ungünstige Lage, in welche er hinsichtlich seiner Verteidigung und der Herbeischaffung der Entlastungsbeweise durch seine Ausschließung von der Außenwelt gebracht ist, einigermaßen ausgeglichen werden.

Und was den Schutz gegen eine ungerechtfertigt lange Fortdauer der Untersuchungshaft betrifft, so müßte es dem Verhafteten jederzeit gestattet sein, durch seinen Verteidiger die Aufhebung der Haft zu beantragen und, falls die Staatsanwaltschaft darauf nicht eingeht, sich an das Beschwerdegericht zu wenden, das dann wiederum auf Grund mündlicher Verhandlung zu entscheiden hätte. —

Meine Herren! Ich möchte meine Ausführungen hiermit schliessen. Als wir diese Tagung einberiefen und auf deren

Tagesordnung die Stellungnahme zu dem Strafprozeßentwurf setzten, haben wir recht schwere Bedenken gehabt. Wir waren uns recht wohl bewußt, daß bei einem so umfassenden Thema, wie es der Entwurf einer Strafprozeßordnung ist, die große Gefahr besteht, daß sich die Verhandlungen zersplittern werden. Um dieser Gefahr vorzubeugen, haben wir uns entschlossen, aus dem Entwurfe einzelne Materien, die uns von besonderer Bedeutung erschienen, auszuwählen und für diese besondere Spezialreferate zu beschaffen. Dabei mußten wir natürlicherweise in der Zahl der Referate sparsam sein. Mehr als drei Spezialreferate konnten wir unmöglich auf die Tagesordnung setzen. Herr Professor von Liszt und ich haben es als Generalreferenten dann übernommen, noch zwei Materien, die uns ebenfalls von besonderer Wichtigkeit erschienen: das Verfahren gegen Jugendliche und das Haftverfahren, in unseren Generalreferaten zu behandeln.

Ob die von uns getroffene Auswahl aus dem Entwurf eine richtige gewesen ist, darüber, meine Herren, werden Sie Ihre Entscheidung abzugeben haben, und die Generaldebatte wird ja Gelegenheit geben, event. auch noch auf andere Materien hinzuweisen. Nach unserer Meinung wird aber jedenfalls die Behandlung der von uns ausgesuchten Materien genügen, um eine sachliche Stellungnahme zu dem Entwurfe begründen zu können.

Meine persönliche Stellungnahme habe ich ja schon angeführt. Ich glaube, wir dürfen, auch wenn der Entwurf in vielen Beziehungen unseren Wünschen nicht ganz entspricht, ihn nicht einfach ablehnen, sondern wir müssen anerkennen, daß in dem Entwurf ein großer Fortschritt liegt. Ich habe auf die zweifellosen Verbesserungen, die der Entwurf bringt, bereits ausführlicher hingewiesen, und ich möchte hier nur noch eins betonen. Der Entwurf, oder richtiger gesagt: die Begründung des Entwurfs übt an dem bisherigen Verfahren vielfach eine außerordentlich scharfe und zutreffende Kritik. Nun hat die IKV. ja schon seit Jahren ebenfalls auf die vielfachen Mängel des bisherigen Verfahrens hingewiesen. Aber wir galten ja als die Extremen; wir galten, wie es unser Herr Vorsitzender in Posen gesagt hat, als Umstürzler. Wenn jetzt in einem Regierungsentwurf die Mängel des bisherigen Verfahrens rückhaltlos zugegeben werden, so ist dies ein entschiedener Fortschritt.

Und noch auf eins lassen Sie mich aufmerksam machen! Die Notwendigkeit einer Reform in der Behandlung jugendlicher Übeltäter ist zuerst von der IKV., deutsche Landesgruppe, überhaupt zur Erörterung gebracht. (Geheimrat Professor Dr. von Liszt: Sehr richtig!) Es geschah dies im Jahre 1891 auf der Landesversammlung in Halle. Wir haben damals eine Kommission niedergesetzt, die nach sehr eingehenden Arbeiten eine nach meiner Meinung noch heute als vorzüglich zu bezeichnende Schrift veröffentlicht hat, in der nicht nur alle Mängel, die bei dem bestehenden Verfahren hervorgetreten sind, klar zum Ausdruck gelangten, sondern auch weitgehende Verbesserungsvorschläge gemacht wurden. Ich gedenke heute mit Wehmut des Mannes, der damals in dieser Materie bei uns die Führung übernommen hatte, unseres dahingegangenen lieben Freundes Appelius. (Geheimrat Professor Dr. von Liszt: Sehr gut!)

Meine Herren! Unsere Kommission veröffentlichte ihre Arbeiten und ihre Vorschläge im Jahre 1892. In den Jahren 1894/95 erschienen dann die beiden ersten Entwürfe der Regierung zur Reform des Strafprozesses, und dabei ist von unseren Vorschlägen überhaupt keine Notiz genommen worden. Wir haben uns aber nicht abschrecken lassen, sondern wir haben die Frage in Fluß gehalten. Und dennoch hat die sog. Reformkommission, die in den Jahren 1903 bis 1905 getagt hat, nur in ganz geringem Maße dieser Reformbewegung Beachtung geschenkt. Auch bei einer milden Beurteilung der Tätigkeit der Reformkommission — es ist ja gerade in diesen Tagen in einem Aufsatz in der Deutschen Juristen-Zeitung lebhafte Klage über die angeblich ungerechte Behandlung, die diese Reformkommission in ihren Arbeiten erfahren hat, geführt worden — auch bei einer milden Beurteilung muß man doch sagen, daß die Vorschläge, die die Reformkommission bezüglich des Verfahrens gegen Jugendliche gemacht hat, der Schwierigkeit dieses großen Problems in keinerlei Weise gerecht werden (Geheimrat Professor Dr. von Liszt: Sehr richtig!).

Und nun kommt im Jahre 1908 die Regierung mit einem

Entwurf, in dem wirklich moderne Ideen zum Ausdruck kommen. Sollen wir da nun nicht unsere Freude darüber haben und auch offen aussprechen, daß endlich diejenigen Gedanken, die wir seit Jahrzehnten vertreten haben, hier zur Geltung gekommen sind! Und sollen wir, so nahe dem Siege, nun zurückweichen und die Sache ihren Gang gehen lassen? Nein, meine Herren! Die Reihen derjenigen Männer, die vor nunmehr 20 Jahren zu der IKV. zusammengetreten sind, haben sich zwar schon gelichtet; aber es sind immer neue tüchtige Streiter eingetreten; und wir Älteren sind zwar alt geworden, aber wir fühlen uns noch durchaus frisch genug zum Kampfe, und wir haben heute mehr als je die Zuversicht auf einen Sieg unserer Ansichten.

Meine Herren! Ich las in diesen Tagen in einem Aufsatze, den Professor Nagler über die Protokolle der Reformkommission veröffentlicht hat, folgenden Satz: «Der Strafprozeß bildet den Gradmesser für den politischen Sinn des Volkes.» Professor Nagler gehört nicht zu unserer Vereinigung, aber dieses Wort von ihm können wir akzeptieren, und wir wollen dem deutschen Volke wünschen, daß es bei der Reform des Strafprozesses seine Ziele hoch stecken möge. (Lebh. Bravo).

Vorsitzender: Ich darf nun den zweiten Herrn Generalreferenten bitten, das Wort zu nehmen.

Referent Geh. Justizrat Professor Dr. **von Liszt**, Charlottenburg:

Meine sehr geehrten Herren! Als wir im Vorstande unserer deutschen Landesgruppe zwischen Generalreferat und Spezialreferaten einen Unterschied machten, als wir den Stoff zwischen dem einen und den anderen verteilten, als wir dann gar zwei Generalreferenten bestellten und auch hier wiederum eine Geschäftsverteilung vornahmen, haben wir — diese Versicherung kann ich abgeben — es gut gemeint. Wir dachten, es wäre durchaus zweckmäßig, die Sache in dieser Weise zu gestalten.

Aber bereits gestern bei der Vorbesprechung, die die in Frankfurt a. M. eingesetzte Kommission abgehalten hat, ist manchem von uns zum Bewußtsein gekommen, daß diese Verteilung der Materien denn doch nicht so recht zweckmäßig sei. Wir wären vielleicht noch in letzter Stunde davon abgegangen, wenn nicht unsere gedruckte Tagesordnung bereits in den Händen der Mitglieder gewesen wäre. Ich gebe mich der Hoffnung hin, daß die vorgenommene Verteilung des Stoffes trotz alledem unseren Debatten nicht wesentlichen Schaden zufügen und daß das einzige Opfer dieser Geschäftsverteilung Ihr zweiter «Generalreferent» sein wird. Denn, meine Herren, ich muß Ihnen offen gestehen: ich bin eigentlich gar nicht Generalreferent, oder ich bin es nur teilweise und zum anderen Teil wiederum nicht. Die Aufgabe, die mir gestellt worden ist, u. z. in vollem Einvernehmen mit dem ersten Herrn Generalreferenten, ging dahin, zwei Punkte besonders hervorzuheben, nämlich einmal die Frage des Legalitätsprinzips und andererseits die Frage der Jugendlichen. Bezüglich des Legalitätsprinzips handelt es sich nur um eine Vorwegnahme desjenigen, was der Herr Spezialreferent am morgigen Nachmittage auszuführen haben wird, sodaß ich mich hier mit Rücksicht auf das, was das Spezialreferat bringen wird, möglichst einschränken muß. Bezüglich der Jugendlichen bin ich weder Generalreferent noch Spezialreferent, sondern die Frage der Jugendlichen soll hier auf Grundlage einerseits meiner Ausführungen, andererseits der Generaldebatte zu einer abschließenden Erledigung gebracht werden.

Ich möchte Sie, meine Herren, also bitten, diese Schwierigkeit, die auf meine Ausführungen ihren Einfluß ausüben muß, freundlichst berücksichtigen zu wollen.

Erstens bin ich also Generalreferent und habe als solcher die Aufgabe, die Stellungnahme zu dem Entwurf im ganzen zu präzisieren. Ich bin ja im wesentlichen mit den Ausführungen des ersten Herrn Referenten durchaus einverstanden, möchte aber den Standpunkt, den ich persönlich einnehme und den gestern die Kommission eingenommen hat, vielleicht noch etwas schärfer, als es der erste Herr Referent getan hat, zum Ausdruck bringen.

Ich betone also noch einmal: wir bedauern es nach wie vor auf das allerlebhafteste, daß vonseiten der verbündeten Regierungen dieser Weg der Reform gewählt, daß nicht mit der Reform des Strafrechts begonnen worden ist, sondern mit der Reform des Strafprozesses begonnen wird, obwohl der Prozeß immer vom materiellen Recht abhängig ist und abhängig sein wird. Wir bedauern das Vorgehen der verbündeten Regierungen umsomehr, als ja die Aussichten auf das Zustandekommen eines neuen Strafgesetzbuches im Laufe der letzten Jahre ganz wesentlich besser geworden und weil jene Gründe, die man noch vor ein paar Jahren für diesen modus procedendi anführen konnte, heute hinweggefallen sind. Aus diesem nun einmal gewählten Wege ergibt sich ein großer Teil derjenigen Schwierigkeiten und — ich brauche nur auf den Karlsruher Juristentag hinzuweisen — derjenigen Streitpunkte, die jetzt schon aufgetaucht sind. Eine Reihe von Schwierigkeiten würde mit spielender Leichtigkeit gelöst werden können, wenn der umgekehrte Weg eingeschlagen worden wäre.

Wir stehen ferner nach wie vor auf dem Standpunkte, daß für unsere Strafprozeßreform ein weitaus gründlicheres Material hätte herbeigeschafft werden müssen. Wir sind ja in unserer Landesgruppe daran gegangen, uns einerseits die Einrichtungen und Erfahrungen des Auslandes durch unmittelbare Anschauung zur Kenntnis zu bringen, und andererseits zu untersuchen, inwieweit die Klagen, die gegen unsere Strafrechtspflege in den weitesten Kreisen erhoben worden sind und die in der Begründung des Entwurfs für berechtigt erklärt werden, in unserer geltenden Strafprozeßordnung, also im Gesetz, und wie weit diese Klagen in mißbräuchlicher Anwendung des Gesetzes, wie sie sich in diesem oder jenem Teile des Deutschen Reichs nun einmal eingeschlichen hat, ihren Grund haben. Wir hätten es für dringend wünschenswert gehalten, daß der Abschluß dieser Vorarbeiten abgewartet worden wäre.

Aus diesem vorschnellen Vorgehen erklären wir es uns auch, daß der Entwurf auch dort, wo sich die Ansätze zu einer kräftigen Reformbewegung finden, immer auf halbem Wege, meistenteils sogar, bevor die Hälfte des Weges erreicht war, ins Stocken geraten ist.

Es würde unter diesen Umständen für uns nach unserer ganzen bisher eingenommenen Haltung das einzig Konsequente sein, zu sagen: wir lehnen von unserm Standpunkte aus diesen Entwurf ab; wir verlangen nach wie vor, daß in systematischer

Weise reformiert, daß mit dem Strafgesetzbuch und nicht mit der Strafprozeßordnung begonnen wird. Wir könnten das mit um so größerer Entschiedenheit tun, als ja heute schon zugegeben wird: diese neue Strafprozeßordnung wird, wenn sie zur Annahme gelangt, für etwa fünf oder sieben Jahre in Geltung bleiben, und dann wird die ganze Arbeit noch einmal gemacht werden müssen. Denn haben wir das neue Strafgesetzbuch, dann kann diese Strafprozeßordnung, wie sie im Entwurf uns vorgelegt worden ist, in keiner Weise weiter bestehen, sie muß gründlichst durchgearbeitet werden. Das wäre die folgerichtige Haltung, die strenge Konsequenz.

Wir wollen aber nicht — das ist ja aus den Ausführungen des ersten Herrn Referenten schon hervorgegangen — so konsequent sein, sondern wir wollen einen anderen Standpunkt einnehmen, und dieser Entschluß bedarf der Rechtfertigung.

Mir ist es gerade umgekehrt ergangen wie meinem Freunde Aschrott. Wenn der Herr Kollege Aschrott im ersten Augenblick für den Entwurf begeistert gewesen und dann allmählich auf den kritischen Standpunkt hinübergerückt ist, so war ich im ersten Augenblick – und ich kann hinzufügen: mehr auf Grundlage der offiziellen und offiziösen Mitteilungen über den Entwurf, als auf Grund des Entwurfs selbst – in einer absolut ablehnenden Stimmung, und erst allmählich bin ich bei gründlicherer Bekanntschaft mit dem Entwurf zu einer milderen Auffassung gekommen.

Ich muß auch meinerseits zugeben, daß in dem Entwurf eine ganze Reihe von Verbesserungen enthalten ist. Ich möchte es jetzt gerade hier an dieser Stelle anführen: wenn ich mich auch bezüglich der Bestimmungen über die Jugendlichen durchaus ablehnend verhalte, so sind doch gerade diese Bestimmungen in der Kühnheit ihrer Konzeption geradezu großartig zu nennen, großartiger, als irgend einer von uns in gleicher Stellung wahrscheinlich den Mut gehabt hätte, solche Bestimmungen in Vorschlag zu bringen.

Das wäre aber alles für mich nicht entscheidend gewesen. Entscheidend ist für mich vielmehr, und ich glaube, auch für die große Mehrheit unserer Mitglieder, die tatsächliche Lage:

die Regierung will nun etwas machen, und der Reichstag will auch etwas zustande bringen; und wenn wir uns jetzt auf den Standpunkt stellten: wir wollen bei der ganzen Sache nicht mittun, dann schalten wir all unsern Einfluß, den wir etwa haben könnten, vollständig aus, und das liegt weder in unserem Interesse, noch auch — es ist ja nicht unbescheiden, wenn wir das sagen — im Interesse der Sache selber.

So ist gerade auch bei unserer gestrigen Vorbesprechung die große Mehrheit der Anwesenden zu dem Ergebnis gekommen, daß wir uns dem Entwurf gegenüber nicht absolut ablehnend verhalten wollen, daß vielmehr dieser Entwurf, wie er vorgelegt ist, die Grundlage für die weitere parlamentarische Tätigkeit bilden kann. Aber — und das ist dasjenige, was ich schärfer betonen möchte, als es der erste Herr Referent getan hat — ich glaube, daß die Mehrzahl der Herren der Strafprozeßkommission mit mir der Meinung ist, daß diese unsere Auffassung an ganz bestimmte Bedingungen geknüpft ist, daß wir den Entwurf nur unter der Voraussetzung, daß daran nach gewissen Richtungen hin grundlegende Änderungen vorgenommen werden, für die geeignete Grundlage der Gesetzgebung halten. Und die Frage, mit der wir uns gestern gerade am eingehendsten beschäftigt hatten — unsere Sitzung dauerte vom Morgen bis zum Abend — war die, welche Punkte herauszuheben seien, in Beziehung auf die unsere Landesgruppe, falls sie sich den Beschlüssen der Kommission anschließen will, erklärt: wenn hier eine Veränderung nicht eintritt, so werden wir uns, wenn die Zeit gekommen ist, dem Entwurf gegenüber vollständig ablehnend verhalten. Wir haben eine Reihe von Voraussetzungen erwogen, die eintreten müßten, damit wir, falls der Entwurf weiter beraten wird, dann evtl. unsere Zustimmung zu dem Entwurf geben könnten. Und zwar sind es im wesentlichen drei Punkte, um die es sich dabei handelt.

Der eine Punkt betrifft die Organisation der Berufungsgerichte. Wenn wirklich die Berufung in der in dem Entwurf vorgeschlagenen Weise — das brauche ich hier nicht näher zu erörtern — geregelt werden sollte, dann müssen wir die Laien auch in der Berufungsinstanz verlangen, und ich erkläre für meine Person mit aller Bestimmtheit, daß, wenn dieses Verlangen vonseiten des Reichstags nicht erfüllt wird, ich dann den Entwurf für absolut unannehmbar halte.

Ein zweiter Punkt, der von derselben Tragweite ist und den der erste Herr Referent ebenfalls erwähnt hat, betrifft — es ist schwer, einen ganz kurzen Ausdruck dafür zu wählen — die Selbständigkeit der Hauptverhandlung gegenüber unserm inquisitorischen Vorverfahren. Wenn es nicht gelingt, die Hauptverhandlung von unserem schriftlichen Vorverfahren, die Hauptverhandlung insbesondere von den Akten der Voruntersuchung unabhängig zu machen, dann würde wiederum für mich und für eine Reihe von anderen Mitgliedern der Vereinigung der Augenblick gekommen sein, zu sagen: der Entwurf ist für uns nicht annehmbar.

Der dritte Punkt betrifft dann die Gestaltung des Verfolgungsprinzips, also die Frage des Legalitäts- oder des Opportunitätsprinzips; darauf komme ich demnächst zurück.

Ich betone also noch einmal: unsere Zustimmung — so habe ich unsere gestrigen Vorbesprechungen aufgefaßt — ist eine bedingte. Wir betrachten den Entwurf als die geeignete Grundlage für die weitere legislative Tätigkeit unter der Voraussetzung, daß in Bezug auf diese drei Punkte eine Verständigung erzielt wird. Wir erachten den Entwurf nicht für akzeptabel, wenn eine solche Verständigung in der einen oder anderen Weise ausgeschlossen ist. —

Nun komme ich, meine Herren, zu meiner zweiten Aufgabe, nämlich das Spezialreferat und die Spezialdebatte über das Legalitätsprinzip einzuleiten. Ich werde mich in dieser Beziehung ja recht kurz fassen können.

In der Gestalt, in welcher uns das Opportunitätsprinzip im Entwurf entgegentritt — es handelt sich dabei um die §§ 154 und 155 des Entwurfs — sind die Bestimmungen für uns unannehmbar. Es muß also nach dieser Richtung hin der eine oder andere Ausweg gesucht werden.

Ich möchte betonen, meine Herren, die Frage: Legalitätsprinzip oder Opportunitätsprinzip kann in dieser theoretischen Allgemeinheit nach meiner Meinung gar nicht erörtert werden, sondern es sind eben zwei verschiedene Gestaltungen des sog. Verfolgungsprinzips möglich: Erstens das Legalitätsprinzip,

u. z. so, (nach unserm geltenden Recht §§ 169 ff.) daß dann evtl. gerichtliche Entscheidung darüber begehrt wird, ob die Staatsanwaltschaft zu Recht die Verfolgung unterlassen hat; also unser gegenwärtiges System, das durch die Bestimmungen über die Privatklage oder in anderer Weise eingeengt werden kann. Oder zweitens das Opportunitätsprinzip, dieses dann jedoch mit einer entsprechenden und um so sorgfältiger zu wählenden Kontrolle. Ich würde für meine Person sogar das Opportunitätsprinzip, wenn eine solche Kontrolle gegeben wird, im allerweitesten Umfange vorziehen, u. zw. nicht nur aus juristischen, sondern gerade auch aus politischen Gründen.

Wenn wir uns die Bestimmungen des Entwurfs über das Legalitätsprinzip vergegenwärtigen, so sehen wir, daß da in § 154 eine generelle Bestimmung getroffen ist. In all denjenigen Fällen, in welchen der Amtsrichter ohne Zuziehung von Schöffen entscheiden kann, hat die Staatsanwaltschaft nur dann die Verfolgung des Verdächtigen durch Erhebung der öffentlichen Klage zu veranlassen, wenn das durch das öffentliche Interesse geboten ist. Sie kann die Verfolgung unterlassen, wenn die Verfolgung durch das öffentliche Interesse nicht geboten ist.

Ich habe gegen diese Bestimmung juristische und insbesondere politische Bedenken. Das juristische Bedenken ist bereits auf dem Karlsruher Juristentage vielfach zur Geltung gekommen. Es besteht darin, daß wir hier in der Gestalt eines Paragraphen der Strafprozeßordnung das materielle Recht reformieren. Der Gedanke ist doch der: es soll in Lappalien oder wie man es nennen will, nicht eingeschritten werden. Ja, warum sind wir denn heute gezwungen, in Lappalien einzuschreiten? Nicht weil das Legalitätsprinzip besteht, sondern deshalb, weil eben Lappalien unter Strafe gestellt sind. Wenn wir auch das Legalitätsprinzip in der Weise einschränken, wie es hier vorgeschlagen wird, so wird die Staatsanwaltschaft schließlich doch dafür sorgen müssen, daß das Gesetz Gesetz bleibt, und die Staatsanwaltschaft wird dort, wo Lappalien unter Strafe gestellt sind, eben doch wegen dieser Lappalien einschreiten müssen. Oder, meine Herren, sollte es denn wirklich im Sinne der Verfasser des Entwurfs liegen, daß es dazu kommt, daß etwa durch eine Verfügung der Leiter der Justizverwaltungen in den deutschen Einzelstaaten eben einfach unser Reichsstrafgesetzbuch außer Kraft gesetzt wird, indem der betreffende Minister eine Verfügung an seine Staatsanwaltschaften erläßt: «In den Fällen der §§ Soundso dieses Gesetzes schreiten wir künftig nicht mehr ein.» Das kann doch unmöglich der Sinn sein; sondern der Gedanke ist der: dort, wo es sich um nicht strafwürdige Tatbestände handelt, soll nicht verfolgt und nicht gestraft werden. Dann ist aber die einzige Möglichkeit die, daß man die Tatbestände als das hinstellt, was sie in Wirklichkeit sind, nämlich als nichtstrafwürdige Tatbestände, daß man die Übertretungen — von allen Seiten wird das ja gefordert — endlich einmal aus dem Gebiet des kriminellen Unrechts hinauswirft, in das sie nicht hineingehören. Wenn dieser eine materiell-rechtliche Gedanke durchgeführt würde, dann wäre die ganze heutige Streitfrage über Legalitäts- und Opportunitätsprinzip sofort hinweggeschafft.

Meine Herren! Auch bei den Vergehen haben wir eine ganze Reihe von Tatbeständen, die wir uns genau daraufhin ansehen könnten, ob dort Strafe notwendig ist, ob wir da nicht insbesondere mit der Zivilklage unser volles Ausreichen finden würden. Wir hätten auch bei den Vergehen ferner die Möglichkeit — die in den Zeitungen angekündigte Novelle zum Strafgesetzbuch will es ja teilweise tun — unsere Strafdrohungen zu reformieren und neben der Freiheitsstrafe auch eine Geldstrafe alternativ zur Verfügung zu stellen usw.

Oder endlich wenn wir der Meinung sind, daß bei gewissen Tatbeständen in der Regel das öffentliche Interesse hinter dem Interesse des Verletzten, daß das Interesse an der Verfolgung hinter dem Interesse an der Nichtverfolgung zurücktreten kann, ja, dann machen wir die betreffenden Tatbestände zu Antragsdelikten! Stellen wir das Antragserfordernis auf, und wir haben das erreicht, was wir wollen.

Die ganze Frage des § 154 ist zunächst eine Frage des materiellen Rechts, und wie in verschiedenen anderen Teilen des Entwurfs haben sich die Verfasser, obwohl sie das materielle Recht nicht reformieren wollten, doch gezwungen gesehen, auf Umwegen so eine Art Reformierung des materiellen Rechts hereinzubringen. Daß dadurch die Klarheit in den gesetzlichen Bestimmungen vergrößert worden wäre, wird sich sicherlich nicht behaupten lassen.

Ich habe gegen § 154 auch schwerwiegende politische Bedenken, und ich glaube, daß diese politischen Bedenken gerade auch bei unseren gesetzgebenden Faktoren, insbesondere bei den verschiedenen Parteien des Reichstags, ins Gewicht fallen werden. Wir wollen um Gotteswillen nicht über das Vertrauen oder das Mißtrauen zu der Staatsanwaltschaft sprechen. Das ist eine vollständige Verschiebung des ganzen Problems. Vielleicht könnten wir sagen: es handelt sich darum, ob wir in unsere Justizverwaltungen ein solches Vertrauen setzen, daß wir an die Stelle des Legalitätsprinzips das Opportunitätsprinzip setzen können; denn es handelt sich nicht bloß um die Staatsanwaltschaft, sondern es handelt sich gerade um unsere Justizverwaltungen. Die Staatsanwaltschaft ist auch nach dem neuen Entwurf eine von der Justizverwaltung nach allen Richtungen hin vollständig abhängige Behörde; sie hat den Weisungen der Justizverwaltung auch in bezug auf die einzelnen Straffälle unbedingt zu entsprechen.

Nun möchte ich aber eben nicht die Frage stellen: haben wir zu unseren Justizministern das Vertrauen? Denn es entspricht doch unserem ganzen konstitutionellen und zum Teil schon unserem ganzen vorkonstitutionellen Staatsleben, daß Kontrollen gegenüber der Staatsverwaltung geschaffen werden. Ich meine, wenn wir an die Tätigkeit unserer Oberrechnungskammer denken: es können doch alle diejenigen Behörden, die durch sie kontrolliert werden, sich nicht darüber beklagen, daß das ein Mißtrauen gegen ihre Tätigkeit bekunde. Wir können einen durchaus vertrauenswürdigen Justizminister an der Spitze haben; aber er ist der verantwortliche Minister, und damit ist eben eine parlamentarische Kontrolle gegeben.

Es handelt sich also gar nicht um Vertrauen oder Mißtrauen, sondern es handelt sich darum: ist es von unserem heutigen Standpunkte aus möglich, daß wir der Staatsanwaltschaft die freie Verfügung über Erhebung oder Nichterhebung der Klage bei allen Übertretungen und bei gewissen Vergehen geben? Diese Frage muß ich nun ganz bestimmt verneinen. Es handelt sich bei Übertretungen, zum Teil wenigstens, um solche Tatbestände, die sehr tief ins politische Leben einschlagen. Es handelt sich bei den Vergehen, die hier in Frage stehen (Sonntagsruhe, Ladenschluß usw.), um eine ganze Reihe von Bestimmungen, die tief ins sozialpolitische Leben einschneiden. Hier ist die Gefahr gar nicht zu leugnen — — ich sage nicht etwa, daß die Staatsanwaltschaft selber bei Erhebung und Unterlassung der Anklage Parteirücksichten nimmt, sondern ich betone es mit aller Bestimmtheit: es ist die Gefahr gar nicht zu leugnen, daß sich der Verdacht erhebt, daß die Staatsanwaltschaft parteiisch vorginge, daß dieser Vorwurf erhoben werden wird, wenn in einem Falle Anklage erhoben und im anderen Falle unterlassen wird. Wenn im Osten von Preußen etwa und im Südwesten des Deutschen Reichs ganz verschiedenartig vorgegangen wird, dann wird man mit Notwendigkeit politische Gesichtspunkte dahinter vermuten, auch wenn sie nicht vorhanden sind. Ich glaube, wir könnten der Staatsanwaltschaft und unseren Justizverwaltungen keine gefährlichere Gabe überreichen als diesen § 154. Gerade mit Rücksicht auf die Übertretungen und mit Rücksicht auf die in § 23, 3 des Gerichtsverfassungsgesetzes erwähnten Vergehen! Sowohl aus juristischen, wie aus politischen Gründen halte ich also den § 154 für nicht acceptabel.

Nun wäre es ja ganz interessant — ich finde wohl ein andermal Gelegenheit dazu —, auf § 155 einzugehen. Wenn Sie sich den § 155 des Entwurfs ansehen, so finden Sie wohl ohne weiteres, daß man aus den Bestimmungen dieses Paragraphen eine Fülle der interessantesten Doktorthemata herausbekommen könnte. Dort ist die Rede davon, daß die Tat zugleich im Inlande und im Auslande begangen sein kann — eine uralte Streitfrage, ob das überhaupt möglich ist, unter welchen Voraussetzungen es möglich ist!

Ich halte den Entwurf einer Strafprozeßordnung nicht für die richtige Stelle, um diese Streitfrage zu entscheiden.

Dann lese ich hier von «inländischen Rechtsgütern», und es ist mir ganz interessant — die Begründung sagt nichts darüber — mir selber einmal vorzustellen, was solch ein inländisches Rechtsgut eigentlich ist. Es ist ein Unterschied gemacht, ob die Handlung im Ausland und im Inland oder ob die Handlung durch einen Ausländer im Inlande begangen ist. Der zweite Absatz des § 155 besagt: «Sind durch eine strafbare Handlung eines Ausländers inländische Rechtsgüter nicht verletzt, so kann die Verfolgung usw. unterbleiben.» Nehmen wir einmal an, es wird in einer Kolonie von Ausländern, die in Berlin ist, durch eine Vorführung, sagen wir: eine Nacktdarstellung oder irgend etwas anderes, das Sittlichkeitsgefühl der betreffenden fremden Staatsangehörigen verletzt und sie beschweren sich. Nun müßte man mit dem Entwurf sagen: hier ist ein inländisches Rechtsgut nicht verletzt. Ich weiß zwar nicht, vielleicht halten wir die Sittlichkeit überhaupt für ein deutsches Rechtsgut (Heiterkeit). Will man sich auf diesen Standpunkt aber nicht stellen, so würde man gegenüber dem Antrage dieser in ihrem sittlichen Empfinden verletzten Ausländer sagen müssen: wir kümmern uns nicht darum. Erst auf Antrag des Auslandes würde eingeschritten werden. § 155 ist juristisch sehr bedenklich.

Es würde sich nun die Frage erheben, ob, wenn der Gedanke einer Durchbrechung des Legalitätsprinzips und einer teilweisen Einführung des Opportunitätsprinzips in irgend einer Weise durchgeführt wird, dieses nicht mit Kautelen umgeben werden könnte, durch welche dann teils die juristischen, teils die politischen Bedenken beseitigt würden. Ich halte das in der Tat für möglich und zwar nach drei verschiedenen Richtungen hin.

Ich würde zunächst an das denken, was ja vielfach in der Besprechung gerade auf dem Karlsruher Juristentage betont worden ist, nämlich an eine subsidiäre Privatklage des Verletzten, und da könnte man den Begriff des Wortes «Verletzter» sehr weit ausdehnen. In all denjenigen Fällen, in welchen die Staatsanwaltschaft die Verfolgung unterlässt, würde der Verletzte, der in seinen berechtigten Interessen Verletzte, oder wie man das nennen will, seinerseits Privatklage erheben können. Schwierig wäre dabei nur das eine, daß gerade in denjenigen Fällen, in welchen das politische Interesse in erster Linie in Frage kommt, ein solcher Verletzter gar nicht vorhanden und die Möglichkeit einer Privatklage also nicht gegeben ist. Ich würde daher meinerseits am meisten empfehlen, daß wir einen kühnen Schritt tun und die subsidiäre

Popularklage einführen. Sie ist z. B. von Gneist, von Richard Schmidt in Freiburg u. a. warm empfohlen worden. Auch Schmidt-Ernsthausen hat es in seinem Gutachten getan. Die Genannten sind dafür eingetreten, unter gewissen Voraussetzungen jedem einzelnen Staatsbürger die Erhebung einer Anklage zu gestatten, falls die Staatsanwaltschaft die Verfolgung ablehnt. Das wäre ein durchaus ausreichendes Korrektiv.

Ich würde meinerseits einer Strafprozeßordnung immer den Vorzug geben, die das Opportunitätsprinzip ganz konsequent durchführt und daneben eine subsidiäre Popularklage gestattet, eingeschränkt etwa insoweit, als ein rechtskundiger Vertreter gefordert, und insoweit, als Sicherheit für die Kosten verlangt wird usw. usw. Solche Kautelen würden die schärfste Durchführung des Opportunitätsprinzips ermöglichen. Ich fürchte aber, daß wir mit derartigen Vorschlägen bei den verbündeten Regierungen Gegenliebe nicht finden würden.

Ich mache nun darauf aufmerksam, daß der Entwurf selber einen neuen Weg eingeschlagen hat. Bisher war ganz allgemein die Ansicht herrschend: in denjenigen Fällen — ich denke jetzt an § 416 der Strafprozeßordnung usw. — in welchen die Staatsanwaltschaft nach freiem Ermessen vorgehen kann, ist die Anrufung des Oberlandesgerichts nach § 169 ausgeschlossen; denn, sagt man, wenn die Staatsanwaltschaft nach freiem Ermessen verfolgt oder nicht verfolgt, kann der Richter nicht entscheiden, ob ein öffentliches Interesse im Sinne der Staatsanwaltschaft gegeben war oder nicht. Diesen Standpunkt verläßt der Entwurf, teilweise wenigstens. Ich möchte ausdrücklich darauf aufmerksam machen, daß es im § 154, 2 heißt: «Ist die öffentliche Klage bereits erhoben, so kann das Gericht auf Antrag der Staatsanwaltschaft das Verfahren einstellen.» Nicht: es hat das Gericht das Verfahren einzustellen, sondern: es kann das Gericht das Verfahren einstellen. Das Gericht hat also zu entscheiden. Worüber hat das Gericht zu entscheiden? Doch nur darüber, ob das öffentliche Interesse vorliegt oder nicht. Eine ähnliche Bestimmung finden wir im § 155, 3. Hier ist also eine gerichtliche Entscheidung im Entwurf darüber vorgesehen, ob das öffentliche Interesse vorhanden, ob also der Opportunitätsstandpunkt gegeben ist oder nicht. Wenn das nach erhobener öffentlicher Klage geschieht, dann sehe ich nicht ein, warum es nicht auch vor erhobener Klage geschehen könnte, warum man also die Kautelen, die uns die Strafprozeßordnung in § 169 jetzt gibt, nicht auf diejenigen Fälle ausdehnen könnte, die die §§ 154 und 155 des Entwurfs meinen. Ich hielte das nicht für eine ideale Kautel, aber immerhin würde so ein gangbarer Weg geschaffen.

Ich resumiere mich also in bezug auf diese Frage dahin: in der Form, in der das Legalitätsprinzip durchbrochen und in der das Opportunitätsprinzip ohne jede Kautel im Entwurf eingeführt wird, ist die Bestimmung für uns unannehmbar. Aber es werden sich Mittel und Wege finden lassen, um die Bedenken zu beseitigen, die sich dagegen erheben.

Der dritte und letzte Punkt, der auch mit wenigen Ausführungen erledigt werden kann, betrifft die Bestimmungen über das Verfahren gegen Jugendliche. Ich möchte noch einmal wiederholen, was ich früher schon sagte: ich bewundere den Mut der Verfasser des Entwurfs, die uns diese grundlegende Umwälzung in all unseren strafrechtlichen Anschauungen auf diesem Gebiete in ihren Bestimmungen gegeben haben. Das ist eine Tat, die wir dem Staatssekretär des Reichsjustizamtes danken werden, auch dann, wenn der Entwurf von uns abgelehnt werden sollte, für die wir dankbar sind, auch wenn wir sagen müssen, daß die einzelnen Paragraphen, in denen diese Gedanken durchgeführt sind, zu den allerschwersten Bedenken Anlaß geben.

Wir stehen nach wie vor auf dem Standpunkt und haben keine Veranlassung, davon abzugehen, daß wir ein Spezialgesetz für die Jugendlichen verlangen. Dieser Gedanke ist auch in Karlsruhe von den verschiedensten Seiten, insbesondere auch von Exzellenz Hamm vertreten worden, den hier in unserer Mitte zu sehen, mir und meinen Freunden eine ganz besondere Freude ist. Ein Spezialgesetz für die Jugendlichen, in welchem das Strafrecht, das Strafverfahren und der Strafvollzug geregelt wären, in dem ferner eine reichsrechtliche Regelung der Voraussetzungen für die Fürsorge enthalten sein könnte. Dabei könnten die Unzuträglichkeiten, die sich bei Anwendung unseres preußischen Gesetzes ergeben haben, vielleicht erledigt werden. Es müßte ein Gesetz sein, in dem ganz besonders das enthalten ist, was man als Kinderschutz zu bezeichnen pflegt. Ein solches Spezialgesetz wäre dann der richtige Ort, um auch das Verfahren zu regeln, und nach wie vor sind wir der Meinung, daß ein solches Spezialgesetz dringend wünschenswert ist.

Nun soll das geltende Strafrecht — ich weiß nicht, ob es richtig ist — durch die in den Zeitungen erwähnte Strafgesetznovelle in bezug auf kleine Dinge geändert und gebessert werden. Ich würde meinen, es wäre eine sehr schöne Aufgabe für unser Reichsjustizamt, wenn schon solch eine Novelle gebracht wird, sie uns als ein Kindergesetz zu bringen. Über den Ausdruck wollen wir hier nicht streiten; aber gerade der Ausdruck, der im Auslande vielfach gebräuchlich ist, drückt das aus, was wir meinen. Es würde damit der ganze Gedanke der Strafe und des Strafverfahrens in den Hintergrund gerückt werden. Ein solches Gesetz würde, glaube ich, bei den verschiedensten Parteien des Reichstags mit Begeisterung begrüßt werden. Ich wüßte nicht eine von den Parteien des Reichstags, die hierin Schwierigkeiten machen würde. Ein solches Gesetz könnte schon zu einer Zeit glatt erledigt sein, wo noch lange über unsern Strafprozeßentwurf gestritten wird.

Das wäre also ein Wunsch, den wir nach wie vor haben, von dem abzulassen nicht die leiseste Veranlassung für uns vorliegt. Sollte dieser Wunsch nicht erfüllt werden, dann müßten allerdings — aber darauf möchte ich im einzelnen nicht eingehen — die verschiedenen Bestimmungeu des betr. Abschnittes in unserem Entwurf einer sehr genauen Durchsicht unterzogen werden.

Für gänzlich verunglückt halte ich zunächst den § 364, der uns eine Definition der Jugendlichen im Sinne des Abschnitts gibt, die von allen sonstigen Definitionen der Jugendlichen auch in der Strafprozeßordnung selber und im Gerichtsverfassungsgesetz vollständig abweicht und die außerdem das gar nicht sagt, was sie sagen will; denn wir müssen erst in der Begründung nachsehen, um genaue Auskunft zu erhalten. Es heißt in § 364: »Als Jugendliche im Sinne dieses Gesetzes gelten Personen, die das 18. Lebensjahr« — nun muß hier hineingesetzt werden, was nicht darin steht: »in dem Zeitpunkt der Eröffnung des Verfahrens«, oder, was ich sogar befürworten würde: »in dem Zeitpunkt, in dem die Hauptverhandlung stattfinden würde« — »noch nicht vollendet haben.«

Ferner ist der § 365, der gegenüber den Jugendlichen das Legalitätsprinzip vollständig aus den Angeln hebt, durchaus unannehmbar, wenn nicht Kautelen geschaffen werden.

Ich hätte noch weitere Wünsche und Bedenken in dieser Beziehung, auf die ich aber nicht eingehen will. Vor allen Dingen müßte, falls es nicht zu einem Spezialgesetz kommt, sondern dieser Abschnitt in der Prozeßordnung bleibt, dafür gesorgt werden, daß das, was wir Jugendgericht nennen, nun auch wirklich eingeführt wird. Es ist ja bekannt, daß die besondere Organisation der Jugendgerichte durch den Entwurf nur zugelassen, daß sie nicht reichsrechtlich angeordnet ist, sodaß, wenn diese Bestimmungen in Kraft treten, eine Buntscheckigkeit im deutschen Reiche eintreten wird, unter der unser ganzes Rechtsbewußtsein auf das allerschwerste gefährdet wird. Wir werden da und dort die Jugendgerichte haben und da und dort nicht. Ich würde insbesondere auch fordern, daß die Jugendgerichte bei den Strafkammern durchgeführt werden. — Ich möchte bei dieser Gelegenheit auch den dringenden Wunsch aussprechen, daß die Volksschullehrer, die jetzt auch von den Jugendgerichten ausgeschlossen sind, die Befähigung zur Teilnahme bekommen. Wenn an der betreffenden Stelle des Entwurfs der Gerichtsverfassung gesagt ist: »Zu Schöffen bei Jugendgerichten sollen vorzugsweise Lehrer genommen werden«, so haben wir darunter die Lehrer mit Ausnahme der Volksschullehrer zu verstehen, d. h. mit Ausnahme von etwa 93 pCt. Nur der Rest soll zugelassen werden. Es würde auch nach dieser Richtung hin eine Reihe von Verbesserungen getroffen werden können. —

Damit bin ich mit meinen Ausführungen als sog. zweiter Generalreferent zu Ende. Ich möchte nur in bezug auf die formale Behandlung unserer Frage noch einmal dasselbe sagen, was der erste Herr Referent schon betont hat.

Die Fragen, für welche wir Spezialreferate haben, sollten womöglich in der Generaldebatte nicht erwähnt werden. In der Generaldebatte wäre erstens die Frage der Jugendlichen zu besprechen; denn diese soll heute Vormittag erledigt werden. In der Generaldebatte wäre ferner die allgemeine Stellung zu besprechen, die wir dem Entwurf gegenüber einnehmen, insbesondere die Frage, ob wir ihn a limine ablehnen oder ob unter gewissen Voraussetzungen und unter welchen wir mit dem Entwurf einverstanden sind.

Ich hoffe, daß unsere Auseinandersetzungen heute und morgen doch positives Material zutage fördern werden, und es wird sich die Gelegenheit wohl noch ergeben, auf Grundlage unserer Beschlüsse später erneut Stellung zu nehmen. Ich denke insbesondere daran, daß, wenn der Entwurf beim Reichstage eingebracht ist, wenn die Reichstagskommission ihre erste Lesung beendet und ihre Beschlüsse gefaßt hat, dann der Zeitpunkt gekommen wäre, in dem, sei es Ihre Strafprozeßkommission, sei es die ganze Landesversammlung, noch einmal zusammentritt, um dann definitiv zu sagen: der Entwurf ist so, daß wir ihn für einen Fortschritt erachten, oder er ist so, daß wir ihn ablehnen. Hoffentlich geschieht das erste und bleibt uns das letzte erspart. (Lebh. Bravo!)

Vorsitzender: Meine Herren! Wir haben nun die beiden Generalreferenten — ob wirkliche oder nicht wirkliche, wollen wir dahingestellt sein lassen — gehört und danken ihnen für die Einführung in die Diskussion, die nun den Hauptgegenstand der weiteren Verhandlungen in der heutigen Sitzung bilden soll.

Es hat der zweite Herr Generalreferent bereits auf eine gewisse Notwendigkeit der Klärung der Richtungen hingewiesen, in denen sich die Diskussion zweckmäßig bewegen wird. Ich möchte auch meinerseits die Bitte an die Herren Diskussionsredner richten, bei der ungeheuren Fülle des Materials, um das es sich ja handelt, im wesentlichen die Zielpunkte im Auge zu behalten, die Herr Geheimrat von Liszt zum Schluß erwähnt hat, nämlich diejenigen Spezialpunkte, die noch Gegenstand der besonderen Behandlung in den drei Spezialreferaten bilden werden, aus der Generaldiskussion im wesentlichen auszuschalten, so weit es möglich ist, abgesehen von einer etwaigen kurzen Erwähnung und sich dann in der Generaldiskussion zuerst auf die Grundfrage zu konzentrieren, die immer offen ist: ob der Entwurf überhaupt so, wie er ist, als geeignete Grundlage für weiteres gesetzgeberisches Vorgehen anzusehen ist oder nicht. Ferner sind in der Generaldiskussion diejenigen Hauptfragen zu erörtern, bezüglich deren eine spezielle Behandlung in Sonderthematen nicht vorgesehen ist. Eine solche Hauptfrage ist die Behandlung der Jugendlichen.

Außerdem ist es vielleicht auch gut und dient möglicherweise zur Abkürzung der Verhandlungen hier in dem ersten Teil unserer Aufgabe, wenn wir schon jetzt einen kleinen Ausblick darauf werfen, wie wir etwa zum Schluss, wenn die Beratungen hier zuende sind, die gesamte Stellungnahme der Landesgruppe der IKV. zu dem Entwurf formulieren wollen. Das werden wir nicht schon am Schluss der Generaldiskussion tun können. Es wird vielmehr die Gesamtauffassung, die uns hier in den wesentlichen Punkten (einstimmig oder in der Mehrheit) erfüllt, zweckmäßig, glaube ich, erst formuliert werden können, wenn wir mit all unseren Beratungen zuende sind, nicht bloß mit der einführenden Generaldiskussion, sondern auch mit den Beratungen über die Spezialpunkte.

Ich bitte also, nunmehr im Auge zu behalten: wir werden dann, wenn wir mit dem letzten der Spezialpunkte fertig sind, also morgen Nachmittag, uns noch überlegen müssen — es wird deshalb vielleicht eine kleine Arbeitspause eintreten — wie nun die entsprechende Formulierung der Überzeugungen vorgenommen werden kann, die in der heutigen und in der morgigen Diskussion und Verhandlung ihren Ausdruck finden werden.

Ich möchte das als einen ergebensten (wenn Sie wollen) Rat, als ergebenste Direktive im mildesten Sinne auszusprechen nicht unterlassen, damit unsere Generaldiskussion eine entsprechende Vereinfachung erfahren kann: bei der heutigen Debatte im Auge zu behalten, daß wir zum Schluss zusammenfassend die Meinung der Landesgruppe über das uns beschäftigende Problem zum Ausdruck werden bringen können.

Ich habe nun zu bemerken, daß ich bis jetzt elf Meldungen zum Wort habe. Ich bitte die verehrten Herren Redner, soweit es ihnen möglich ist, die nötigen Multiplikationsmaßnahmen vorzunehmen (Heiterkeit), daraus zu ersehen, wieviel Zeit schon hiernach für die Debatte erforderlich ist und hieraus wiederum die Konsequenzen zu ziehen, zunächst ohne daß wir eine gesetzgeberische Maßnahme nach der Richtung ins Auge fassen.

Als erster Diskussionsredner hat das Wort Herr Oberbürgermeister Dr. Adickes, Frankfurt am Main.

Oberbürgermeister Dr. **Adickes**, Frankfurt a. M.: Meine sehr geehrten Herren! Wenn ich dem Drängen einer Anzahl von Herren, die mich gebeten haben, das Wort zu ergreifen, nachgegeben habe, so muß ich sagen: ich tue das mit großer Ängstlichkeit angesichts dieses Kreises, der, wie ich glaube, wohl wesentlich aus Juristen bestehen wird und der wesentlich die juristische Seite der Sache zu erörtern angefangen hat, wenn auch politische Fragen schon bisher hineingespielt haben. Diese politischen Fragen, die bisher hineingespielt haben, waren aber wesentlich parteipolitische Fragen, und sie werden ja an einem andern Orte nach der Konstellation der Parteien dort schon zur Entscheidung kommen.

Aber wenn ich das Wort nun doch nehme, so geschieht das, weil ich aus den Reden der Herren Generalreferenten doch die Überzeugung bekommen habe, daß es auch ganz erwünscht ist, wenn von nicht juristischer Seite der Zusammenhang dieser Strafprozeßreform mit unserer allgemeinen politischen Lage in aller Kürze gestreift wird.

Der Eindruck, den ich von den Referaten gehabt habe, war der, daß sie mit einer starken Dosis wehmutsvoller Resignation getränkt waren. Wenn auch Herr Landgerichtsdirektor Aschrott lebhaft hervorhob, wieviel die IKV. bisher schon erreicht hat, so trat aber doch im ganzen, wie ich glaube, wesentlich die Stimmung hervor: es soll die Sache endlich einmal fertig gemacht werden. Die Regierungen haben solange daran gearbeitet und wollen zum Abschluß kommen; das Parlament hat so viele Resolutionen über Strafprozeßreform gefaßt und will auch zum Abschluß kommen; und die IKV. steht nun ebenfalls vor der Frage, wie sie sich in dieser Lage verhalten soll. Ich meine, man kann wohl glauben, daß wir uns der Stunde der müden Dämmerung nähern, wo Jeder geneigt ist, in großem Umfange ein sacrificio dell'intelletto zu bringen (Bewegung), und es ist natürlich eine ganz subjektive Empfindung, ob das, was eingekauft wird, diesem Opfer entspricht. Das wird man ja heute, wie mir scheint, auch noch gar nicht entscheiden können, sondern erst dann, wenn der Entwurf in der parlamentarischen Erörterung seine definitive Gestalt bekommen hat. In dem Sinne hat namentlich der zweite Herr Referent gesagt, er könnte für den Entwurf nur unter gewissen Voraussetzungen stimmen; ob die Voraussetzungen eintreten, das könnte man jetzt noch nicht absehen. Ich glaube, so liegt wohl für uns alle die Sache. Diesen Entwurf als absolut ungeeignete Grundlage abzulehnen, dazu wird wohl niemand den Mut haben. Man wird immer sagen: Warum soll er nicht verbessert werden können; wir wollen abwarten, was dabei herauskommt. In diesem Sinne, glaube ich, ist es wohl berechtigt, daß jeder die Gesichtspunkte vorträgt, von denen ausgehend er glaubt, daß Verbesserungen an dem Entwurfe notwendig oder erwünscht sind.

Wie ist die allgemeine politische Lage, in der wir uns jetzt befinden? Sie wissen, daß die Finanzfrage diejenige Frage ist, die jeden deutschen Staatsbürger augenblicklich ganz außerordentlich beschäftigt, und ich kann sagen: Es treten eigentlich alle anderen Fragen solange zurück, als diese große Frage der Zukunft des Deutschen Reichs ungelöst ist.

Nun spielt ja unter den Gründen, warum hohe neue Steuern in einem Umfange wie nie vorher erhoben werden sollen, auch die Erhöhung der Beamtengehälter eine große Rolle, und es ist ganz natürlich, daß in den Parlamenten nun die Frage der Vereinfachung der Staatsverwaltung aufgeworfen wird; sie ist ja aufgeworfen worden; es sind wenigstens in Preußen im Herrenhause sowie im Abgeordnetenhause Resolutionen gefaßt worden, welche die Regierung aufgefordert haben, die Frage der Vereinfachung der gesamten Staatsverwaltung, des gesamten Beamtentums einschließlich der Justiz in Behandlung zu nehmen.

Wie liegen nun die Sachen nach dieser Richtung hin? Ich muß offen aussprechen: Ich bin der Meinung, daß unser ganzes politisches Leben augenblicklich von ganz zwiespältigen Empfindungen erfüllt ist. Wir haben das Gefühl, es müssen große Reformen kommen in bezug auf die ganze Organisation der Verwaltung in der Richtung der Vereinfachung. Insbesondere haben der Reichskanzler und der Staatssekretär des Reichsschatzamtes es ausgesprochen, daß der Gesichtspunkt streng durchgeführt werden muß, daß niemand von den höhergestellten Beamten eine Arbeit tun soll, die untergeordnete Organe machen können, und das ist wohl einer der wesentlichsten Gedanken für eine Reform der Verwaltung. Im Abgeordnetenhause hat man mir versichert, daß die Resolution, die dort gefaßt ist, den Sinn hätte, daß von dieser Frage der Vereinfachung der Verwaltung die Justiz nicht ausgenommen sein sollte. Insofern, meine Herren, berührt sich die Strafprozeßfrage, vor der wir jetzt stehen, ganz eng mit der großen Frage: Wie soll unser deutsches Beamtentum den Anforderungen der Gegenwart entsprechend umgestaltet werden?

Sie wissen, daß vor hundert Jahren in Preußen durch Frhr. v. Stein die Frage ins Rollen gebracht worden ist, inwieweit das staatliche Beamtentum zurückgeschoben und durch ehrenamtliche Kräfte der Gemeinde und durch Organisation der Gemeindetätigkeit ersetzt werden solle. Die Frage aber, wie unsere Gerichte und ihr Verfahren vereinfacht werden können, wie unsere gerichtliche Organisation in allen Teilen aufgezogen werden soll, ist von einer ganz fundamentalen Bedeutung, weil ein sehr großer Teil der höheren Staatsbeamten, auch der Verwaltungsbeamten, eine juristische Schulung durchgemacht hat und also dasjenige, was er bei den Gerichten gelernt hat, nachher auf die Verwaltungstätigkeit und auf das übrige Leben übertragen wird. Die gerichtlichen Amtsstellen sind weitaus die zahlreichsten und ihre Organisation und Arbeitsmethoden wirken weithin.

Also, meine Herren, wir stehen da vor außerordentlich weitgreifenden und schwierigen Fragen, und ich glaube, wenn ich erst von der Zwiespältigkeit sprach, dann kann man das wohl dahin näher erläutern: Die allgemeine Stimmung für eine solche Reform ist da, aber es fehlt an einem einheitlichen Willen, sie durchzusetzen und die rechten Mittel anzuwenden. Man scheut sich, die großen Interessen, die sofort auf den Plan kommen, wirklich energisch zu bekämpfen, und man hat nicht den Mut, so durchzugreifen, wie es bei solch großen Aufgaben geschehen müßte. Vielfach fehlt es freilich auch noch an der Erkenntnis dessen, was nötig und möglich ist.

Meine Herren! Das, was die Begründung des Entwurfes hierzu sagt, ist zum Teil ja ganz außerordentlich schön. Es ist schon hervorgehoben worden, daß die Begründung eine Reihe Gedanken aufgestellt hat, die nur begrüßt werden können. Aber es ist mir sehr zweifelhaft, ob diese Grundsätze, die aufgestellt sind, mit der Energie verfolgt und durchgeführt sind, die nach meiner Meinung notwendig wäre.

Ehe ich hierauf eingehe, möchte ich nur eins kurz vorausschicken, um Mißverständnisse auszuschalten. Für eine gute Justiz kann keine Geldsumme zu hoch sein. Es ist ganz verkehrt, wenn man sparen wollte, um dann eine Justiz herbeizuführen, die nicht den höchsten Anforderungen entspräche.

Eine ganz andere Frage ist es aber, ob Geld ausgegeben werden soll für Einrichtungen der Justiz, die für die Güte derselben nicht notwendig sind. Das ist also die Frage: Nicht Geld ersparen, um Geld zu sparen, sondern Geld da zu sparen, wo es nicht ausgegeben zu werden braucht, wo die Güte der Justiz dieses Opfer an Geld nicht erfordert. Und diesen Gesichtspunkt, glaube ich, müssen wir — ich werde mich der Mahnung des Herrn Präsidenten immer zu erinnern versuchen, daß ich Sie nicht zu lange aufhalten darf — uns immer gegenwärtig halten.

Zunächst möchte ich den entscheidenden Gesichtspunkt noch einmal voranstellen. Das Motiv der Justizreform — das haben ja schon die Entwürfe aus den 80er und 90er Jahren immer wieder gewollt — ist, daß das Vertrauen des Volkes in die Justiz gestärkt, gesteigert werden soll. Nun ist die Frage, ob durchweg die richtigen Mittel ergriffen worden sind. Da bin ich natürlich nur in der Lage, mich auf dasjenige beziehen zu können, was von den Sachverständigen ausgeführt worden ist, und ich muß sagen: Ich bin doch ganz außerordentlich zweifelhaft, wenn ich höre, was namentlich der zweite Herr Referent scharf hervorgehoben hat, daß nämlich insofern eine grundsätzliche Änderung am Entwurf vorgenommen werden müsse, als die inquisitorischen Momente vollständig beseitigt werden sollten, um so mehr, wenn ich mir nun vergegenwärtige, daß diese Forderung nicht nur von dem Herrn Geheimrat von Liszt — ich weiß nicht, ob ich den Herrn Generalreferenten zu den Revolutionären rechnen darf — erhoben wird, sondern von Professoren, die von dem Königl. preußischen Justizminister die Qualifikation als sehr sachliche und gute Darsteller bekommen haben. Ich denke dabei namentlich an Herrn Prof. Stein. Stein bezeichnet in seinen bekannten Vorträgen über Justizreform die falsche Stellung des Richters und «das unselige Verhör durch den Richter» als den eigentlichen Grund des im Volke vorhandenen Mißtrauens. Unser Verfahren sei in Wahrheit kein wirklich mündliches, der Schwerpunkt liege in den Protokollen, und die früheren inquisitorischen Momente seien noch immer in weitem Umfange vorhanden. «Die Akten im Vorverfahren werden zusammengeschrieben, damit in der Hauptverhandlung eine sachgemäße Vernehmung stattfinden kann». Wir müssen — so sagt er, die Hauptverhandlung auf eigene Füße stellen und das Vorverfahren so reformieren, daß es eine Vorbereitung der Anklage und nicht der Hauptverhandlung ist.

Wenn diese Gesichtspunkte von so verschiedenen Standpunkten aus übereinstimmend hervorgehoben werden und wenn ich ferner von denjenigen Herren, die jetzt in England Studienreisen gemacht haben, gehört habe, daß auch nach ihrer Überzeugung — ich hoffe, daß das nachher noch bestätigt werden wird — der entscheidende Punkt für die Schaffung des Vertrauens die Beseitigung der jetzigen inquisitorischen Elemente ist, wenn ich weiter höre, daß dieses für Herrn Geheimrat von Liszt die conditio sine qua non ist, um den Entwurf billigen und annehmen zu können, dann sage ich mir: Das scheint mir außerordentlich bedeutsam zu sein, und den Entwurf nach dieser Richtung umzuarbeiten, wird wohl kein ganz leichtes Stück sein. Unterläßt man aber eine solche Umarbeit, so ist es so gut als sicher, daß das Ziel der Stärkung des Vertrauens zur Rechtspflege, d. h. der eigentliche Hauptzweck des Entwurfes nicht erreicht wird.

Eng hiermit zusammen hängt ein anderes. In der Begründung S. 149 heißt es: «es hat sich in weiten Kreisen immer mehr die Überzeugung Bahn gebrochen, daß bei der

Reform der Gerichtsorganisation die Garantien der Rechtsprechung nicht in einer Häufung der Zahl der Richter zu suchen sein werden».

Ich glaube, dieses Zugeständnis der Begründung ist ganz außerordentlich wertvoll. Ich kann freilich nicht finden, daß der Entwurf diesen Gedanken irgendwie durchgeführt hat, weder beim Reichsgericht, noch an andern Stellen. Ich meine insbesondere, die Frage wäre doch wohl berechtigt, ob, wenn man große Schöffengerichte einrichten will, wie sie vorgeschlagen sind, dann nicht ein Richter in hoher Stellung eine wirksamere Garantie bietet als zwei Richter, die natürlich meist eine verschiedene Stellung in der Beamten-Hierarchie bekleiden. Freilich ist in dem Entwurf eine Garantie nicht gegeben, daß nicht irgend ein Landrichter, der natürlich ein sehr vortrefflicher Mann sein, aber doch der Volksmeinung gegenüber nicht die Garantien eines Richters in höherer Position bieten kann, Vorsitzender und ein Assessor Beisitzender sein kann, während in dem Berufungssenat viel ängstlicher dafür Sorge getragen ist, daß dort besondere Qualifikation verlangt wird. Das ist hier bisher nicht der Fall, und ich meine, es wäre durchaus notwendig, auch für die erste Instanz ähnliche Garantien zu schaffen, wie es beim Berufungssenat geschehen ist, und weiter insbesondere zu erwägen, ob nicht nur ein Berufsrichter in den Strafkammern sitzen und als solcher nur ein Direktor oder ein Richter in ähnlicher Stellung fungieren darf. Wenn das durchgeführt würde, dann glaube ich, würde dieser eine Richter mehr Garantien geben als die Häufung von zweien, die doch nie eine Gleichstellung unter sich haben werden, sondern von denen einer immer in einer viel jüngeren Lebensstellung dem andern, dem älteren, gegenübersteht.

Dieser Grundsatz, daß die Häufung der Richter es nicht macht, müßte aber weiter verfolgt werden und könnte es auch. Die Hebung der gesamten Stellung der Richter, das ist die eigentliche Kernfrage, und das kann nur gelingen, wenn man Befreiung der Richter von allem Schreibwerk und von aller Arbeit, die untergeordnete Leute verrichten können, streng und energisch durchführt. Ich kann leider nicht finden, daß dieser Gesichtspunkt überhaupt berücksichtigt ist, ja, daß sich die Verfasser auch nur die Aufgabe gestellt haben, einmal zu versuchen, in welchen Grenzen das möglich ist.

Ich habe früher auf England exemplifiziert und gegenüber den Angriffen, die meine Sachkunde verneinten, erklärt, daß ich meinerseits diese Fragen der Rechtsvergleichung nicht weiter verfolgen würde. Die in Frankfurt eingesetzte Kommission der IKV. hat aber Sorge getragen, daß eine Anzahl Herren nach England gegangen ist und dort Studien gemacht hat, und ich glaube, daß die Resultate der Arbeiten gerade nach der Richtung sehr wertvoll sind: welche Arbeit kann dem Richter abgenommen und untergeordneten Organen übertragen werden? Das ist eine Frage von einer ganz eminenten Bedeutung für die Zahl der Richter, für das Ansehen der Richter und für die gesamte Organisation.

Ich stelle hier nun nur diese Forderung der Vereinfachung; ich kann mich nicht darauf einlassen, das im einzelnen auszuführen; ich verweise nur noch einmal darauf, daß ich gerade in diesem Punkte mit dem konservativen Professor Stein vollständig derselben Meinung bin, daß auch er die Befreiung des Richters vom Schreibwerk für den Anfang jeder organischen Reform hält.

Nun, ich sagte, der Entwurf führe diesen Gedanken der Vereinfachung nach meiner Meinung nicht durch, obwohl die Begründung S. 161 die möglichste Vereinfachung als eines der Hauptziele des Verfahrens bezeichnet. Ja, der Entwurf versucht gar nicht, ernstlich dieses Hauptziel zu erreichen. Im Gegenteil, ich kann nicht umhin, zu sagen, daß ich in dem Entwurf außerordentlich viel Weitläufigkeit infolge von Schematismus und Formalismus finde. Die Verfasser des Entwurfs, die ja eine im übrigen so vorzügliche Arbeit geleistet haben, werden natürlich von mir verlangen, daß ich das wenigstens mit einigen Worten begründe.

Zunächst das vereinfachte Verfahren!

Dieses ist auf sehr wenig Fälle beschränkt. Der erste Herr Referent hat schon ausgeführt, daß es nach seiner Meinung viel weiter ausgedehnt werden könnte, und ich glaube, es gibt Beispiele in anderen Ländern, die sehr wertvolle Fingerzeige nach der Richtung hin geben könnten.

Die Vorschriften über die Abfassung der Urteile, die

ganz schematisch überall dieselben sind, sind in anderen Ländern keineswegs so ausgedehnt und so schematisch, sondern die Urteile und ihre Begründung werden ganz verschieden behandelt, je nach der Sache, um die es sich handelt und nach der Instanz, in der der Prozeß spielt, und ich glaube, das wäre ein Gedanke, der der ernsten Verfolgung bedürfte; denn durch nichts würde die Vereinfachung so sehr gewinnen als hierdurch, ohne daß, wie ich glaube (und zwar gestützt auf die Erfahrungen in den Ländern, die nach der Richtung einer Vertrauen erweckenden Rechtspflege hin sehr anspruchsvoll sind und die ein fair trial für eines der wichtigsten Dinge halten), die Interessen der Justizpflege dadurch irgendwie gefährdet würden.

Der Entwurf zeichnet sich allerdings dadurch aus, daß, während die Kommission eine Erweiterung der Urteile gefordert hatte, der Entwurf das Maß der Begründung jetzt eingeschränkt hat, und da ist mir nun der Punkt namentlich von großem Interesse gewesen, daß er sagt: in Laiengerichten ist überhaupt eine Feststellung von Gründen, wie sie bei gelehrten Gerichten geboten gewesen sind, gar nicht möglich, und deshalb verzichtet er darauf in einem erheblich weiten Sinne. Es scheint mir aber sehr, sehr erwägungswert zu sein, die Sache weiter zu verfolgen. Ich kann mich da ja auf eine Reihe von Urteilen sehr erfahrener Richter beziehen, die glauben, daß man nach der Richtung hin an Kräften sparen kann. Das ist nach meiner Meinung einer der Punkte, wo das Entscheidende nicht der Intellekt, sondern der Wille ist, der Wille, ein bestimmtes Ziel zu erreichen und dieses Ziel ist die Ersparnis von Richterkräften. Das Ziel muß man allerdings haben. Wenn man das Ziel aber hat, dann muß man auch rücksichtslos den Weg nach dieser Richtung hin gehen, soweit die Güte der Justiz das zuläßt.

Aber am meisten Schematismus habe ich bei der Gestaltung der Berufung gefunden. Die Einführung der Berufung gegen die neue schöffengerichtliche Instanz ist ja eigentlich der Kernpunkt der ganzen Reform. Nun finde ich, daß in dem Entwurf überhaupt nur eine Berufung gegeben ist, die ganz gleich ist, einerlei gegen welche Urteile, gegen welche Vorinstanz sie sich richtet, einerlei, ob in der Vorinstanz ein ganz einfaches kursorisch-summarisches Verfahren oder ob ein mit Garantien ausgestattetes Verfahren vorhergegangen ist. Nun scheint mir das ein ganz fundamentaler Unterschied zu sein. Die Strafprozeßkommission hat ausdrücklich ausgesprochen, daß das Bedürfnis nach einer Berufung wesentlich dadurch abgeschwächt werden könnte, daß in der ersten Instanz große Garantien hinsichtlich des Verfahrens gegeben werden. Wenn das so ist, dann ist die Konsequenz, daß ich für diese Fälle, in denen ich für ein Verfahren der ersten Instanz große Garantien gewähre, die Berufung anders gestalte als in anderen Fällen, wo ein summarisches Verfahren vorausgegangen ist.

Das ist ein Punkt, der nach meiner Meinung absolut näher erörtert werden muß, und zwar deswegen, weil die Gestaltung der Berufung im mündlichen Verfahren ja überhaupt eine der größten cruces ist, die man sich denken kann. Man hat ja früher ziemlich allgemein geglaubt, daß eine vollkommen schrankenlose Berufung im mündlichen Verfahren gar nicht möglich wäre. Bis 1879 sind ja überall da, wo Berufungen bestanden haben, sei es nun, daß das deutsche, das preußische oder das französische Verfahren in Frage kam, immer wesentliche Beschränkungen derselben vorhanden gewesen. Wenn also jetzt eine unbeschränkte Berufung, wenn ein volles novum judicium mit mündlicher Verhandlung zugelassen wird, so ist das eine ganz neue und unbewährte Sache, die weder in Frankreich, noch in England besteht, noch, wie ich sagte, in Deutschland früher bestanden hat. Da drängt sich doch der Gedanke auf (da bekanntlich in den Kreisen der Sachverständigen überhaupt große Bedenken gegen eine allgemeine Zulassung der Berufung vorhanden sind), ob die Berufung in diesem Umfange notwendig ist, ob es notwendig ist, ohne Kautelen den Parteien, dem Angeklagten wie der Staatsanwaltschaft, das Recht zu geben, eine neue mündliche Verhandlung zu verlangen.

Meine Herren! Mir scheint der Schematismus schon durch folgendes bewiesen zu werden. Die Strafprozeßkommission hatte in den Protokollen Bd. I S. 449 ausgesprochen: soweit die Anwendung des Strafgesetzes auf den Tatbestand in Frage komme, sei jetzt schon durch das Rechtsmittel der

Revision eine Remedur in weitem Umfang ermöglicht. Das Bedürfnis nach einer Berufung läge in solchen Fällen vor, wo Irrtümer der ersten Instanz bei der Beweiswürdigung oder bei der Strafzumessung vorgekommen seien. Nun sagt aber der Entwurf ganz generell: «Revision ist nur gegen Berufungsurteile möglich.» Man muß also zunächst eine Berufung durchführen, ehe man die Revision einlegen kann. Warum man nicht alternativ beide Rechtsmittel zulassen und bei Beschwerden, die sich nur gegen falsche Rechtsanwendung richten, alsbald die Revision geben kann, das weiß ich nicht. Nach dem heutigen Recht und nach dem Entwurf liegt die Sache so: Es wird z. B. eine Polizeiverordnung angefochten, auf Grund deren gestraft worden ist. Die Handlung ist nicht zweifelhaft. Die Frage ist nur, ob die Polizeiverordnung gültig ist. Da frage ich mich: Wozu ist es notwendig, daß wir die Sache erst in der Berufungsinstanz durchkämpfen? Wir haben doch ein großes Interesse daran, daß widersprechende Urteile von Gerichten möglichst vermieden und die Gerichte nicht angerufen werden, wo es nicht notwendig ist. Ich stelle also zur Erwägung, ob nicht nach dieser Richtung hin die Berufung über das Bedürfnis hinaus gewährt ist, und zwar sowohl für die kleinen, wie für die großen Sachen.

Die Zulassung der Berufung wegen der Strafzumessung ohne jede Kautel scheint mir auch eine ganz bedenkliche Sache zu sein. Nach meiner Meinung ist es geradezu eine Erschütterung des Rechtsbewußtseins, wenn beispielsweise der Angeklagte ein neues Verfahren herbeifuhren kann und dann meinetwegen das Resultat ist, daß die Strafe von 10 Mk. auf 6 Mk. herabgesetzt wird (Sehr richtig!). Man sagt sich einfach: «Das verstehe ich gar nicht.» Ich habe früher einmal[1]) eine Anzahl Aussprüche von erfahrenen Richtern zusammengestellt. Diese haben gesagt: «In Deutschland ist das das Bedauerliche, daß die obere Instanz sich nicht klar macht, daß der Rechtsspruch der unteren Instanz eine sehr wichtige Tatsache ist, an der man nicht rütteln darf (Sehr richtig!) ohne besonderen Grund» (Bravo!). Es ist aber hier im Gesetz gar keine Kautel gegeben. Es ist möglich, daß der obere

---

[1]) Zur Verständigung über die Justizreform. Berlin 1907, S. 41, Anm. 1.

Richter der klügere ist (Heiterkeit), indem er die Strafe so hinuntersetzt, wie ich eben sagte, oder statt sechs Monaten fünf Monate zuerkennt. Aber wie ist diese größere Klugheit dem Laien klar zu machen? Dieser Eiertanz mit den Strafzumessungsgründen einerseits und anderseits ist doch wirklich ohne überzeugende Kraft. Damit kann doch nie ein Resultat erzielt werden, das gewissermaßen mathematisch genau angibt, ob sechs, fünf oder vier Monate zuerkannt werden müssen. Wenn aber die obere Instanz in solchen Fällen die Urteile in gewissem Maße modifiziert, dann sagt der Laie: Es ist die reine Willkür. Werden dagegen für das obere Gericht Schranken gesetzt, so daß es nicht beliebig in die Strafzumessung eingreifen kann, so würde das ganz allgemein begrüßt werden.

Es wäre zu wünschen, daß die Möglichkeit einer Berufung wegen Strafzumessung überhaupt beseitigt wird, wenn die Strafe meinetwegen unter 10 oder 20 Mk. ist. Wenn man der Überzeugung sein muß, daß es für eine obere Instanz in erheblichem Umfange gar nicht möglich ist, die Sache besser festzustellen, dann ist es richtiger, überhaupt die Möglichkeit zu nehmen, bloß wegen einer kleinen Verschiebung der Strafzumessung ein ganzes novum judicium zu machen mit all den Schwierigkeiten und der Unsicherheit der Zeugenvernehmung in zweiter Instanz usw.

Das sind ernste Fragen, die unbedingt noch geprüft werden müssen. Jedenfalls liegen schwere Bedenken gegenüber der schrankenlosen Zulassung der Berufung vor, wie sie jetzt gegeben ist. Mir ist es von Interesse gewesen, daß der von mir schon öfter zitierte Prof. Stein einen sehr bemerkenswerten Ausspruch über Berufung getan hat. Ich weiß nicht, ob er ihn anderwärts weiter verfolgt hat; mir scheint aber, das wäre ein Gedanke, der durchaus verfolgt werden müßte. Er sagt, er wäre ein großer Anhänger der Berufung, der Möglichkeit, daß in einer zweiten Instanz die Sache überall nachgeprüft würde. «Aber», fügt er hinzu, «wir wollen nicht ein Rechtsmittel mehr, wir wollen ein anderes.» Wie er sich das denkt, weiß ich nicht; ich bin auch nicht genügend Prozessualist, um das meinerseits verfolgen zu können. Aber der Gedanke ist ein solcher, der in anderen Ländern, wenn auch in anderer Form, verwirklicht ist. Man hat in England bekanntlich auch gegen Schwurgerichtsurteile die Berufung an das höchste Gericht eingeführt, das höchste Gericht aber mit keinem einzigen Richter mehr besetzt, weil man annimmt, daß, wenn die Berufung entsprechend gestaltet und gehandhabt wird, sie nicht in zu zahlreichen Fällen Platz greifen werde. Wie wir aber in dem uns vorliegenden deutschen Entwurf die Berufung gestaltet finden, wird sie nach meiner Meinung ganz außerordentlich zahlreich sein. So gut wie bei den Schöffengerichten die Anfechtungen, ich glaube, mit 6 oder $5^1/_2$ pCt. aller Fälle anfingen und jetzt schon, glaube ich, auf über 10 pCt. gekommen sind, ebenso wird bei großen Schöffengerichtssachen, wo viel größere Interessen auf dem Spiele stehen, die Zahl der Berufungen schwerlich geringer sein. Wir werden also, so wie die Sache hier gestaltet ist, unsere Instanzen außerordentlich vermehren, wenn gar keine Kautelen gegen den Mißbrauch der Berufung gegeben sind. Wie dieses Verfahren, bei dem zunächst vor dem großen Schöffengericht eine Entscheidung gefällt wird, nachdem ein langwieriges Vorverfahren, vielfach gar durch den Untersuchungsrichter vorausgegangen ist, bei dem die Sache dann an den Berufungssenat und von dort an das Reichsgericht geht und nach der Kassation durch das Reichsgericht vor dem Berufungssenat von neuem zur Verhandlung kommt — wie dieses Verfahren mit einer prompten und straffen Justiz verträglich sein soll, das vermag ich einstweilen nicht einzusehen.

Ich wollte nur durch einige Belege zeigen, daß nach meiner Meinung der Entwurf zu schematisch und formalistisch ausgearbeitet ist, und daß die Berufung verschiedenartig gestaltet werden muß, je nach dem, gegen welche Urteile sie geht.

Nun darf ich aber Ihre Zeit nicht länger in Anspruch nehmen. Es ließe sich ja noch viel über diese ganze Sache, die Strafprozeßreform, die Stellung der Richter, die Verringerung ihrer Zahl, die Vereinfachung des Verfahrens und anderes sagen; aber die Zeit drängt. Ich möchte nur noch eines betonen. Es ist höchst wahrscheinlich, daß, wenn die Entscheidung kommt, sie von politischen Gesichtspunkten, nicht von juristischen aus gefällt wird. Es wird die gesamte Lage der Parteien und der Regierung eine Hauptrolle spielen, und danach wird man die Sache einrichten. Dann werden in der Stunde der Dämmerung, von der ich vorhin sprach, wo das sacrificio dell'intelletto gebracht wird, allerlei Narcotica verabreicht, durch die man sich leichter in den Zustand hineinbringt, in dem man sagt: «Schließlich ist es doch das Beste, wir nehmen die Geschichte jetzt an». Aber ich glaube, es war doch gut, vorher, ehe dieses Stadium kommt, noch einmal darauf hinzuweisen, in welchem Zusammenhang die Strafprozeßreform mit den großen grundlegenden Fragen der Neugestaltung unseres Beamtentums steht. Wir können gar nicht darum herum, aus dem Beamtenstaat, in dem wir tatsächlich noch in großem Umfange leben, heraus- und in den, wir wollen ihn einmal bürgerlichen Staat nennen, hineinzukommen, wo die beamtenmäßige Behandlung der Angelegenheiten nicht mehr die Präponderanz hat wie bisher. Diese Aufgabe ist da, und die Justizreform ist ein großer Teil davon, und das zu zeigen, daß sie ein großer Teil dieser Aufgabe ist, habe ich noch einmal versucht (Lebh. Bravo).

Amtsgerichtsrat Dr. **Paul Köhne**, Berlin: Meine Herren! Mit einiger Scheu ergreife ich nach Herrn Oberbürgermeister Adickes das Wort, denn ich bin nicht imstande, in ähnlicher Weise großzügig mich über das Ganze der Strafprozeßreform zu verbreiten. Es liegt mir nur ob, mit wenigen Worten mein Spezialgebiet, die Behandlung der Jugendlichen, zu erörtern, nachdem diese von Herrn Geheimrat von Liszt im Generalreferat erwähnt sind. Ich werde mich dabei ganz kurz fassen, denn denjenigen Herren, die sich für dieses Spezialgebiet interessieren, ist meine Stellungnahme im allgemeinen wohl bekannt.

Ich war einigermaßen freudig durch die Ausführungen des Herrn Generalreferenten überrascht, da ich glaubte, die Divergenzen zwischen unseren Ansichten würden größer sein, als ich sie schliesslich gefunden habe. Ich habe auch nicht ganz nach den Einzelausführungen, die Herr Geheimrat von Liszt machte, verstehen können, warum er in seinen einleitenden Worten sagte, der Abschnitt über die Jugendlichen sei für ihn unannehmbar. Ich glaube, das ergab sich aus seinen

Bemängelungen nicht, denen man leicht durch Änderung von Einzelbestimmungen abhelfen kann, sodaß damit auch im Sinne des Herrn Geheimrats von Liszt die Sache annehmbar gemacht wird.

Ich möchte eines allerdings noch sehr unterstreichen, was Herr Geheimrat von Liszt gewünscht hat, nämlich das Spezialgesetz. Diejenigen Herren, die freundlicherweise verfolgt haben, was ich früher selbst darüber veröffentlicht habe, wissen ja, daß das eine alte Lieblingsidee von mir ist. Daß diese Idee sehr leicht ausführbar ist, zeigt der Versuch, der in Österreich und gegenwärtig in England gemacht wird. Die Children Bill hat meines Wissens die gesetzgebenden Körperschaften passiert und wird demnächst in Kraft treten, während der österreichische Gesetzentwurf sich noch im Stadium der Beratungen befindet.

Ich möchte mich hier auch nicht darauf versteifen, daß man gerade Bestimmungen über die Zwangs- bezw. Fürsorgeerziehung in dieses Gesetz hineinnehmen sollte. Ich halte das für sehr schwierig und glaube, die ganze Reform würde dadurch erschwert werden, da die einzelstaatliche Verwaltungsorganisation und vor allen Dingen das Finanzinteresse hineinspielen.

Ich möchte an dieser Stelle, obgleich es vielleicht ein klein wenig abwegig von dem heutigen Thema ist, doch ausdrücklich hervorheben, daß meines Erachtens die Schwierigkeiten, die die Anordnung der Fürsorgeerziehung jetzt macht — ich meine die Divergenzen in der höchstrichterlichen Judikatur des Oberverwaltungsgerichts und des Kammergerichts in Preußen, die sich etwas auch auf die anderen Bundesstaaten verpflanzen — nicht dasjenige sind, was uns, die wir an diesem Gebiete Interesse nehmen, die größten Kopfschmerzen macht. Die größten Schwierigkeiten bietet die Ausführung der Fürsorgeerziehung. Bei der Ausführung hapert es viel mehr als bei der Anordnung, und da die Ausführung zur Zeit kaum reichsgesetzlich wird geordnet werden können, glaube ich, man sollte das Thema vorläufig nicht in der Reichsgesetzgebung zur Diskussion stellen. Man wird es auch nicht können.

Aber etwas anderes möchte ich zugunsten des von mir

gewünschten Spezialgesetzes, das sich vielleicht nicht nur auf die strafrechtliche und prozessuale Behandlung Jugendlicher beziehen, sondern auch den Schutz des Kindes gegen Mißbrauch der Fürsorgegewalt in seinen Bereich ziehen kann, noch anführen. Im allgemeinen — das hat Herr Geheimrat von Liszt meines Erachtens durchaus zutreffend ausgeführt — würde ein solches Spezialgesetz der Sympathie aller Parteien sicher sein, und daß es nicht gekommen ist, mag wohl daran liegen, daß gerade die Bestimmungen über die Jugendlichen ein besonderer Anziehungspunkt für den jetzigen Entwurf der Strafprozeßordnung sind, und daß entsprechende Bestimmungen es vielleicht auch später für den Entwurf des Strafgesetzbuches sein würden. Das hat sich wohl rechtfertigen lassen. Ich glaube, es läßt sich jetzt aber nicht mehr rechtfertigen; denn wenn der Entwurf einigermaßen nach den Wünschen, die hier geäußert sind, umgestaltet wird, dann wird er in der Einführung der Berufung, in der Ausdehnung der Verteidigung, in der Zuziehung des Laienelements so viele Rosinen (wenn ich diesen vielfach gebrauchten Ausdruck hier einmal wiederholen darf) haben, daß er der Jugendlichen nicht bedarf, um das Feuer der parlamentarischen Beratung zu bestehen, und gerade, wenn dieser Strafprozeßentwurf in einer Gestalt, wie wir sie wünschen und wie er sie ja leicht erhalten kann, Gesetz wird, gerade dann wird es um so leichter sein, ein Spezialgesetz für Jugendliche zu erlassen, in dem materielles Recht, formelles Recht und Vollstreckung gleichmäßig geordnet, vielleicht auch die Straftaten gegen Jugendliche einer besonderen Neuregelung unterzogen werden. Sollte das nicht zu erreichen sein — und ich gebe vorläufig die Hoffnung noch nicht auf, daß es zu erreichen ist — so glaube ich allerdings, daß wir mit den Bestimmungen des Entwurfs einen großen Fortschritt machen. Freilich mit gewissen Änderungen.

Ich bin auch nicht ganz so pessimistisch hinsichtlich des Opportunitätsprinzips der Staatsanwaltschaft gegenüber Jugendlichen, wie es Herr Geheimrat von Liszt ist. Ich glaube, auch da werden sich die Zwecke, die wir verfolgen, durch kleine Änderungen erfüllen lassen. Freilich möchte ich nicht in das freie Ermessen des Staatsanwalts geben, bei welchem

Gericht er anklagen soll. Ich würde aber kein Bedenken haben, ihm die Entscheidung zu überlassen, ob er überhaupt Anklage erheben will. Freilich dürfte nicht im Gesetz stehen: «wenn er es im öffentlichen Interesse für nötig hält.» Ich will auf die Schwierigkeit der Feststellung des öffentlichen Interesses nicht eingehen. Ich möchte nur auf eine Kollisionsgefahr hinweisen. Es kann im öffentlichen Interesse nötig sein, daß er Anklage erhebt, aber das Interesse des Kindes, das doch zugleich ein Individualinteresse und das eines werdenden Staatsbürgers ist, kann noch größer sein als das öffentliche Interesse an der Anklage. Es kann also eine Kollision zwischen zwei öffentlichen Interessen stattfinden. Ich möchte daher das Legalitätsprinzip der Staatsanwaltschaft nicht an eine solche Kautel anknüpfen, sondern ich würde es ihrem freien Ermessen überlassen, ob sie Anklage erheben will oder nicht, aber mit der Maßgabe, daß, wenn sie nicht Anklage erhebt, sie den Fall dem Vormundschaftsrichter unterbreiten muß und daß, wenn der Vormundschaftsrichter glaubt, daß mit Erziehungsmaßnahmen nichts zu machen ist, dieser die Sache dann noch vor das Jugendgericht verweisen kann. So glaube ich, wäre allen Schwierigkeiten und Bedenken die Spitze abgebrochen.

Etwas weiteres wäre allerdings für mich auch eine conditio sine qua non; daß nämlich das Prinzip des Jugendgerichts nicht in das Belieben der Einzelstaaten gestellt, sondern zu einem obligatorischen gemacht und konsequent von unten nach oben durchgeführt würde. Ob man die mittleren Strafgerichte will oder nicht, lasse ich dahingestellt. Will man sie aber, so muß das Prinzip durchgeführt werden, und die Berufung muß an das Jugendgericht zweiter Instanz gehen, welchem auch die erstinstanzlichen schweren Anklagefälle zuzuweisen sind.

Ich glaube, die Änderungen lassen sich im System des Entwurfs leicht durchführen, und sollte es wirklich unmöglich sein, ein Spezialgesetz zu bekommen, so glaube ich, können wir einen sehr großen und sehr erfreulichen Fortschritt auf diesem Gebiet auch auf dem Boden des Entwurfs erreichen (Bravo!).

Professor Dr. **M. Liepmann**, Kiel. Meine Herren! Es gibt zwei Wege für unsere Reform: einen Weg, der zu einer radikalen Reform führt, und den Weg, den der neue Entwurf einschlägt. Nun möchte ich im Anschluß an das, was Herr Oberbürgermeister Adickes gesagt hat, hervorheben, daß ich persönlich ein überzeugter Anhänger der Lehren Adickes bin, daß ich überzeugt bin, daß diese Lehren in der Zukunft durchdringen werden. Aber auf der andern Seite bin ich auch ebenso sicher davon überzeugt, daß wir gegenwärtig diese Ideen nicht verwirklichen können, aus dem einfachen Grunde, weil — es klingt das vielleicht unbescheiden, wenn ich es sage — unsere Juristen, unsere Theoretiker, wie unsere Praktiker, weil unser Volk, insbesondere aber auch unsere politischen Parteien, gegenwärtig noch nicht reif für diese Reform sind. Die Ideen, die Herr Oberbürgermeister Adickes vertreten hat, werden aber einmal verwirklicht werden, und er kann uns etwa zurufen wie ein anderer, von seiner Zeit Unverstandener: »Aufhalten könnt Ihr's, nicht vernichten!«

So wie die Dinge heute liegen, müssen wir also nach meiner Überzeugung den Weg beschreiten, den der Entwurf uns geboten hat, unter Berücksichtigung all der Verbesserungen, all der Vorschläge, die im übrigen im einzelnen entwickelt werden, auf die ich hier nicht näher eingehen kann. —

Aber eine andere Frage möchte ich vorbringen, die bisher weder in dem Generalreferat behandelt ist, noch auch in den Spezialreferaten der nächsten Tage uns vorgetragen werden wird. Das ist die Frage des schwurgerichtlichen Verfahrens. Der Entwurf bringt nach dieser Richtung hin nichts. Das Einzige, was er an dem schwurgerichtlichen Verfahren ändert, abgesehen von der Bewilligung von Diäten und rein redaktionellen Verbesserungen, ist, daß nach dem neuen System in die Spruchliste nur 22 Personen aufgenommen zu werden brauchen und daß zur Hauptverhandlung geschritten werden kann, wenn 18 erschienen sind. Das ist alles. Nun haben wir wiederholt in den letzten Jahren, u. a. auch in den letzten Tagen wieder von einer Autorität ersten Ranges, nämlich von Wach in der «Deutschen Juristenzeitung«, gehört: »Jede Reform des Schwurgerichts ist ein Versuch am untauglichen Objekt oder eine Annäherung an das Schöffengericht.» Das ist so oft gesagt, daß man sich offenbar gar nicht die Mühe gibt, das zu begründen. Es findet sich bei Wach auch nicht eine Spur von Gründen.

Ich möchte dagegen mit aller Energie Verwahrung einlegen. Die Behauptung wäre nur diskutabel, wenn unser Schwurgericht das Schwurgericht der Welt, wenn unsere Organisation in anderen Ländern ebenfalls zu finden wäre. In Wahrheit aber finden sich ganz fundamentale Verschiedenheiten des Schwurgerichts, und man kann nicht sagen, daß unsere Organisation nicht verbesserungsbedürftig ist. Im Gegenteil, gerade als Anhänger der schwurgerichtlichen Idee, die ich für zukunftskräftig und für wertvoll halte, muß ich sagen: unser Verfahren verlangt nach Verbesserung, es schreit nach Verbesserung, und diese Verbesserung ist durchaus möglich (Geheimrat Prof. Dr. von Liszt: Sehr richtig!).

Zunächst einmal in technischer Hinsicht! Wenn man überlegt, daß zu jeder Verhandlung 12 Geschworene nötig sind, und wenn man dann denkt, was für ein Apparat zu diesem Zwecke versammelt wird, so muß man sich fragen, ob das erforderlich ist. Ich habe in einem Briefe Bismarcks an seine damalige Braut eine interessante Äußerung gefunden. Da schreibt Bismarck: »Es ist doch eine ganz unglaubliche Einrichtung, daß nach der Willkür eines Gerichtsmenschen 36 Leute im Bezirk, von denen obendrein nur 12 benutzt werden, ohne sich eines Verbrechens schuldig zu machen, zu vier Wochen Arrest verurteilt werden, noch dazu ohne, wie andere Gefangene, auf königliche Kosten behandelt zu werden« — das wird ja nun anders — »und daß man so etwas erst acht Tage vorher erfährt.«

Ist es nötig, daß wir diesen Apparat aufbieten? Will man an der Zahl von zwölf Geschworenen festhalten, so wäre zu überlegen, ob das peremtorische Ablehnungsrecht aufrecht zu erhalten sei? Kann man nicht auf diese Sache verzichten, die sich nach und nach immer mehr zu einer Farce entwickelt hat? Es ist einfach nicht wahr, daß man damit das schwurgerichtliche Prinzip beseitigt. Wenn man sich nur die Mühe geben wollte, zu sagen, worin das Schwurgerichtsprinzip besteht! Man kann sagen: das schwurgerichtliche Verfahren findet seine Rechtfertigung in dem Vertrauen des Volks und in der größeren Sachkunde der Geschworenen gegenüber den Berufsrichtern. Läßt man den letzten Punkt beiseite und fragt: worin liegt das Vertrauen? Es ist darin zu finden, daß Männer aus dem Volke, die der Regel nach keine Juristen sind, jedenfalls aber keine angestellten Richter sein dürfen, entscheiden sollen, ob ein Schuldbeweis so geführt ist, daß er auch dem Laien, dem Volke einleuchtet. Mit anderen Worten: es soll ein Zusammenhang zwischen der Justiz und dem Volke erreicht werden. Es soll die Bank der Geschworenen sagen: ist der Beweis, den die Berufsjuristen uns vorführen, für einen Schuldspruch genügend oder nicht? Ist es zu diesem Zwecke etwa nötig, Bauern abzulehnen, wenn es sich um Brandstiftung handelt, Kaufleute, wenn es sich um Bankerott handelt? Ist das nötig? Früher haben das die meisten angenommen und auch heute noch wird es mancher für notwendig ansehen, aber ihre Zahl hat sich immer mehr verringert. Und heute, wo sich das schwurgerichtliche Verfahren bei uns eingebürgert hat, kann man mit Bestimmtheit sagen: es ist nicht nötig, Geschworene ohne Angabe von Gründen abzulehnen. Warum kommen wir bei den übrigen Laienorganisationen ohne das Ablehnungsrecht aus? Wir wollen die Laien auch in die Strafkammern hineinsetzen. Warum brauchen wir da das peremtorische Ablehnungsrecht nicht? Man kann nicht sagen: weil die Laien dort nicht selbständig judizieren; denn dann würde man das ganze Prinzip ablehnen. In unserer Kommission ist beantragt worden, daß die Parteien Geschworene nur ablehnen dürfen wegen Befürchtung der Befangenheit, wenn bestimmte Tatsachen vorliegen, welche geeignet sind, Mißtrauen gegen die Unparteilichkeit der Geschworenen zu rechtfertigen. Eine solche Ablehnung gäbe die gleichen Rechte, wie sie die Parteien sonst Laienrichtern gegenüber haben. Das darüber hinausgehende Ablehnungsrecht ohne Angabe von Gründen sollte beseitigt werden.

Ferner ist zu überlegen, ob man nicht das Verfahren noch nach anderer Richtung ändern sollte, es bedarf der Vereinfachung. Nehmen wir an, es handelt sich um Mord. Heute erfährt der Geschworene von dem Gegenstand der Hauptverhandlung durch Verlesung des Eröffnungsbeschlusses, nach dem Entwurf durch Verlesung der Anklageformel. Beide enthalten aber nur den gesetzlichen Tatbestand des Delikts und sind daher für den gewöhnlichen Geschworenen nicht verständlich. Nun kommt ein gewaltiger Apparat von Zeugen, und der Geschworene hört wesentliches und unwesentliches, oder vielmehr: er weiß nicht, was wesentlich und unwesentlich ist. Und nach Abschluß der Beweisaufnahme kommen die Fragen, die nun dem Geschworenen erst recht unklar sind; denn er wird sich zunächst garnicht klarmachen: warum diese Vielheit von Fragen? Dann kommen die Plaidoyers, und dann folgt die Rechtsbelehrung.

Sollte es nicht richtiger sein, die Dinge umzukehren? Sollte es nicht richtiger sein, eine Verhandlung, die auf Laien berechnet ist, so einzurichten, daß zunächst einmal der Vorsitzende den Gegenstand der Anklage darlegt und den Geschworenen eine Übersicht über die rechtlichen Gesichtspunkte gibt, also eine vorläufige Rechtsbelehrung zu Beginn der Verhandlung, damit der Geschworene von Anfang an weiß: es kommt darauf an: ist Überlegung bei der Ausführung vorhanden gewesen oder nicht; dann weiß er, worauf er bei den Aussagen der Zeugen aufzupassen hat.

Ferner wäre es für das Verständnis der Geschworenen von Bedeutung, wenn nun die Parteivertreter, der Staatsanwalt und der Verteidiger, aufträten, um zu sagen, worüber und durch wen sie Beweise erheben wollten, wenn also zuerst der Vertreter der Anklage sagen würde: «Ich behaupte die und die Tatsachen und habe sie unter Beweis gestellt,» und der Verteidiger die gleichen Ausführungen von seinem Standpunkt aus machen könnte. Wird das im Anfang der Verhandlung gesagt, dann bekäme der Geschworene von Anfang an ein Bild dessen, was ihm vorgeführt werden soll. Seine Gedanken würden konzentriert, seine Aufmerksamkeit so geleitet, daß er nun folgen kann.

Und weiter! Es ist von den verschiedensten Seiten vorgeschlagen, daß die Geschworenen Beweisanträge stellen sollen. Warum sollen sie das nicht? Schädigt das irgendwie das schwurgerichtliche Prinzip?

Ich kann nicht alles im einzelnen ausführen, was ich Ihnen ausführen möchte. Es ist noch in kurzem darauf hinzuweisen, daß nach meiner Überzeugung auch die Stellung des Schwurgerichtsvorsitzenden eine ganz besondere sein sollte. Ich kenne keine Tätigkeit in der praktischen Jurisprudenz, die so wundervoll ist, die eine so mannigfache und künstlerische Wirksamkeit enthält, wie diese. Nicht jeder Landgerichtsdirektor und praktische Jurist kann sie richtig ausüben. Dazu muß man besondere Fähigkeiten haben. Deshalb ist es ganz verkehrt, daß ein Schwurgerichtspräsident nach dem Ermessen der Geschäftsverwaltung bestimmt wird. Das sollte entweder eine lebenslängliche Stellung sein, wie es in Norwegen der Fall ist, oder zum mindesten sollten nur solche Personen dazu gewählt werden, die längere Jahre diese Tätigkeit ausüben können (Zuruf: Sie werden vom Oberlandesgerichtspräsidenten ernannt!). Das ist aber gar kein Unterschied. Ich kenne selber einen Fall, wo ein Richter, der eben als Direktor an ein Landgericht gekommen war und nie vorher in Strafsachen tätig war, zur nächsten Schwurgerichtsperiode als Vorsitzender einberufen wurde. Das ist ein Fall. Ich weiß nicht, ob das häufiger vorkommt. Aber die Tatsache, daß das bei einem ziemlich großen Gericht vorkommen kann, spricht doch eigentlich sehr gegen die bisherige Praxis.

So kann man, wie ich glaube, eine ganze Menge von Fehlern des schwurgerichtlichen Verfahrens ändern. Man kann und muß es tun. Deshalb würde ich es für äußerst wünschenswert halten, wenn wir in irgend einer Form — es hat keinen Sinn, in diesem Stadium einen Antrag zu stellen — uns darüber aussprechen und die Anschauung äußern würden: «Das schwurgerichtliche Verfahren ist der Verbesserung bedürftig und fähig,» und daß wir uns dann vielleicht noch über Einzelheiten einigen (Bravo!).

Staatsanwalt Dr. **A. Feisenberger**, Magdeburg: Meine sehr geehrten Herren! Ich möchte mir zunächst bezüglich der Jugendgerichte eine kurze Bemerkung gestatten. Es ist in der Schrift von Herrn Landgerichtsdirektor Aschrott — es ist das heute nicht hervorgehoben worden — auch von der Einrichtung eines sogen. Jugendanwalts die Rede gewesen. Es ist ja wohl auch die Absicht, wenn man das Verfahren gegen Jugendliche einheitlich durch ein Spezialgesetz regeln und einen besonderen Richter dafür einsetzen will, die Vorbereitung eines solchen Verfahrens in die Hand eines Staatsanwalts zu legen, der besonders auf diesem Gebiete Erfahrungen besitzt. Unter den heutigen Verhältnissen und auch bei der Regelung, wie sie der Entwurf vorsieht, wird das kaum möglich sein. Ich selbst bin in einem Aufsatz im «Recht» lebhaft dafür eingetreten, weil mir der Gedanke und das zu erwartende Ergebnis als sehr schön vorschwebten, daß es an größeren Gerichten einem bestimmten Staatsanwalt übertragen werden könnte und sollte, die Sachen gegen Jugendliche zu behandeln. Als ich nun vor die Aufgabe gestellt wurde, praktisch den Versuch zu machen, da ist diese Aufgabe zunächst an unseren heutigen technischen Einrichtungen gescheitert. Denn wenn wir heute eine Anzeige bekommen, so wissen wir vielfach gar nicht, ob es sich um einen Jugendlichen handelt oder nicht; bis das zunächst und besonders festgestellt wäre, würde kostbare Zeit für die Aufklärung der Sache selbst verloren gehen. Selbst aber, wenn eine Anzeige gegen einen nichtjugendlichen Verbrecher erstattet ist, so wird sich vielfach im Laufe des Verfahrens herausstellen, daß an dieser Tat auch Jugendliche beteiligt sind. Es würde also mitten im Laufe des Verfahrens, nachdem die Ermittlungen von einem Staatsanwalt geleitet worden sind, eine Abgabe an einen anderen erfolgen müssen. Das würde große Schwierigkeiten und Weitläufigkeiten, sowie einen großen verlorenen Verbrauch von Arbeitskräften mit sich bringen. Gesetzt aber, eine solche Sache ist glücklich zum Jugendanwalt hinübergeleitet; jetzt erlischt das ganze Verfahren gegen den Jugendlichen, weil sich herausstellt, daß er an der Sache nicht beteiligt oder der Beteiligung nicht hinreichend verdächtig ist, oder es muß aus sonst einem Grunde das Verfahren bezüglich des Jugendlichen eingestellt werden. Soll dann gegen die nichtjugendlichen Täter oder Teilnehmer die Sache bei dem Jugendanwalt bleiben, der nur mit dem Jugendgericht arbeiten soll, oder soll sie wieder in die Hand des ordentlichen Staatsanwalts übergehen, der mit Jugendlichen-Sachen sonst nichts zu tun hat?

Diese technischen Schwierigkeiten haben sich unter unseren heutigen Verhältnissen als zunächst unüberwindliche herausgestellt, und daran ist der Versuch, den Jugendanwalt einzurichten, den ich unternommen hatte, gescheitert.

Inzwischen aber ist mir noch ein weiteres gewichtiges Bedenken gegen die Einrichtung eines derartigen Jugendanwalts gekommen. Ich habe schon früher einmal hervorgehoben, daß ich es auch an sich nicht mit ungeteilten Gefühlen begrüße, daß man dem ordentlichen Strafrichter das Verfahren gegen Jugendliche vollständig entzieht; denn man entzieht ihm dadurch eine für ihn sehr wichtige Quelle der Erkenntnis der Entstehung von Verbrechen, der Erkenntnis des Werdegangs des Verbrechers. Wenn man nun auch dem Richter diese Quelle wirklich verstopfen will und kann, weil andere Interessen überwiegen, dann sollte man sich aber doch bedenken, sie auch dem Staatsanwalt zu verstopfen und ihm diesen Weg aus eigener praktischer Tätigkeit Erkenntnis zu schöpfen, nicht verlegen. Denn für den Staatsanwalt, dessen Beruf darin besteht, das Verbrechen zu verfolgen, da, wo es zu verfolgen ist, ist es von unermeßlicher Bedeutung, daß er auch in die Verbrecherseele eindringt und daß er den Urgrund der Verbrecherseele auch bereits in seiner Beschäftigung mit den jugendlichen Verbrechern verfolgen und sich auf diesem Gebiete auf eigener Erfahrung beruhende Kenntnisse erwerben kann. —

Ich möchte mich dann weiter noch mit einer kurzen Bemerkung zu dem Gebiete wenden, auf welchem ich speziell in den letzen Jahren gearbeitet habe; das sind die Zwangsmaßregeln im Vorverfahren, insbesondere die Untersuchungshaft. Wer meine einschlagenden Arbeiten kennt, wird wissen, daß ich im wesentlichen auf dem Boden stehe, von dem aus Herr Landgerichtsdirektor A s c h r o t t heute hier seine Auffassung entwickelt hat. Aber ich weiche doch in einem wesentlichen Punkte von ihm ab, nämlich bezüglich der Kollusionshaft. Ich bin der Auffassung, daß wir die Kollusionshaft nicht entbehren können. Es wird ja von der Kollusionshaft allein in der Praxis ein sehr mäßiger Gebrauch gemacht. Das beweist aber durchaus nicht, daß nicht in der Praxis sehr viel kolludiert wird. Man erlebt sehr viele Strafkammerverhandlungen und sehr viele schöffengerichtliche Verhandlungen, bei denen sich derartige Kollusionen herausstellen, gar nicht zu sprechen von den vielen seitens der Staatsanwaltschaft durch Einstellung erledigten Sachen, in denen kräftig kolludiert worden ist. Sollte also auch in der Praxis nur ein sehr mäßiger Gebrauch von der Verhängung der Untersuchungshaft allein wegen Verdunkelungsgefahr gemacht werden müssen und wird sie von außerordentlich scharfen Kautelen abhängig zu machen sein (womit ich ganz einverstanden bin), so wird schon die Möglichkeit, eine Haft wegen Kolludierens zu verhängen, und also die Furcht vor der Untersuchungshaft, doch außerordentlich günstig wirken und vielfach Kollusionen oder Versuche zu Kollusionen zurückhalten.

Insbesondere teile ich aber die Anschauungen des ersten Herrn Generalreferenten dahin, daß ich glaube, man sollte dem Staatsanwalt darin eine freiere Stellung geben, daß man den Festgenommenen zunächst nicht gleich oder nur in ausnahmsweisen Fällen dem Richter, sondern ihn in der Regel erst dem Staatsanwalt vorführt. Wir leiden heute darunter. Wir sehen den Beschuldigten gar nicht. Er wird einfach dem Richter vorgeführt und wird von diesem vernommen. Wir wissen von der ganzen Sache gar nichts. Die Sache kommt zu uns, und der Mann ist in Haft. Wir haben zunächst natürlich nicht das Interesse, den Mann aus der Haft zu befreien; denn wir sagen uns: der Richter hat ja wohl seine guten Gründe gehabt, und wir brauchen nicht richterlicher zu sein als der Richter ist. Wir werden die Sache also erst weiter nach allen Richtungen hin aufklären, bis wir uns in einem gewissen Augenblicke sagen: nunmehr müssen wir pflichtgemäß die Aufhebung des Haftbefehls beantragen, weil kein hinreichender Tatverdacht mehr vorhanden ist.

Wenn uns aber der Beschuldigte vorgeführt wird, dann sind wir in der Lage, die Ermittlungen sofort und vermöge der uns zugute kommenden Übung viel schleuniger und umfangreicher anzustellen, als der Richter sie innerhalb der gleichen kurzen Frist anstellen kann. Wir können innerhalb 24 Stunden viel mehr feststellen als der Richter, weil wir die Wege, die dazu dienen, im allgemeinen wohl besser kennen als der Richter, der mit den Vorführungen befaßt ist. Wir sind also in der Lage, wenn uns eine Frist, sei es auch nur von 24 Stunden, gegeben wird, dann dem Richter, wenn wir verhaften wollen, ein ganz anderes Material zu unterbreiten, als ihm heute vorliegt, und wir sind andererseits in der Lage, wenn wir nach einer bestimmten Frist eben sehen, daß keine hinreichenden Gründe zur Verhaftung des Mannes vorliegen, ihn sofort wieder in Freiheit zu setzen.

Es ist ja heute nicht nur so, daß wir Leute bekommen, die der Richter verhaftet hat, und bei denen wir vielleicht schon nach wenigen Stunden beim Richter, oft telegraphisch, das Ersuchen stellen, den Mann schleunigst aus der Haft zu entlassen, sondern es kommt auch der umgekehrte Fall vor. Es kommt auch der Fall vor, daß jemand, der hätte verhaftet werden müssen, dessen Vorleben uns ganz genau bekannt ist, während der Richter es nicht kennt und nicht kennen kann, vom Richter sofort entlassen wird, und daß damit ein großer Schaden für eine sachgemäße Strafverfogung hervorgerufen wird.

Wenn ich mir schließlich noch gestatten möchte, auf die breite Grundlage der Debatte einzugehen, so bitte ich, meine schwachen Ausführungen nicht an den hochstehenden des Herrn Oberbürgermeister Adickes messen zu wollen. Wenn ich mir überlege, woher es kommt, daß der Entwurf eigentlich auf allen Seiten, bei den extremsten Gegnern, eine wohlwollende Aufnahme gefunden hat, so meine ich, es kommt daher, weil der Entwurf jedem etwas mitgebracht hat, allerdings keinem das, was er eigentlich wirklich im Innern will, aber jedem ein kleines Stückchen davon. Der Entwurf hat denen, die die Laien haben wollen, die Ausdehnung der Laiengerichte gebracht; er hat denen, die die Strafkammern nicht entbehren wollen, die Strafkammer in der Form des Berufungssenats belassen. Er hat denen, die den Staatsanwalt im Vorverfahren selbständiger gestellt haben wollen, das gegeben, indem er ausgesprochen hat, allerdings nicht bindend, daß der Staatsanwalt tunlichst die Ermittlungen selbst anstellen soll. Er hat denen, die die Voruntersuchung beibehalten oder gar sie ausgedehnt haben wollen, auch dafür etwas gebracht; denn er hat die Voruntersuchung beibehalten und außerdem sogar die Staatsanwaltschaft veranlaßt, wenn es zur weiteren Aufklärung der Sache erforderlich erscheint, die Voruntersuchung zu beantragen. Er hat ferner den Eröffnungsbeschluß abgeschafft, aber nur formell; materiell hat er ihn nicht abgeschafft (Heiterkeit); denn der Vorsitzende ist jetzt der, der eröffnet. Der Vorsitzende setzt Termin zur Hauptverhandlung an, aber erst nach einer Prüfung der Anklage. Was also wegfällt, ist lediglich die Fixierung des Eröffnungsbeschlusses. Aber festsetzen kann der Vorsitzende den Termin zur Hauptverhandlung erst nach einer Prüfung, und hat er Bedenken, dann tritt überhaupt der Eröffnungsbeschluß wieder ein, wenn er auch wiederum nicht formell gefaßt wird. Es nimmt das Gericht wieder in der Besetzung von seinen drei Mitgliedern zu der Anklage Stellung, und ebenso kann es dann zu einem Vortermin kommen. Die bedauerliche Teilung der Verantwortlichkeit, die wir immer beklagt haben und über die besonders auf unserer Tagung in Frankfurt am Main so sehr geklagt worden ist, die eben darin besteht, daß man der Staatsanwaltschaft nicht die Verantwortung für die Anklage, die sie erhebt und die sie nachher auch vertreten muß, allein überläßt, sondern ihr diese Verantwortung wieder abnimmt, indem man eine Zwischeninstanz schafft, hat der Entwurf nicht beseitigt.

Meine Herren! Ich sehe, der Herr Unterstaatssekretär hat sich bereits erhoben, und ich eile deshalb zum Schluß. Ich bin der Ansicht, daß, wenn nun auch nicht alle Blütenträume gereift sind, die ein jeder gehabt hat, man sich dennoch auf den Boden stellen soll, den die beiden Herren Generalreferenten uns heute vorgeschlagen haben. Ich glaube, auch zu dem, was Herr Oberbürgermeister Adickes empfiehlt, zur Sparsamkeit an kostbaren Arbeitskräften und zur Verminderung von Schreibwerk, finden sich bereits in dem Entwurfe ganz schöne Ansätze. Wir haben eine Ausdehnung der einzelrichterlichen Kompetenz. Wir haben eine Ausdehnung der Strafbefehle, und wir haben eine große Ausdehnung des summarischen Verfahrens. Das sind alles Fortschritte nach der Richtung hin, die Herr Oberbürgermeister Adickes als wünschenswert bezeichnete, und ich glaube, wir können jedenfalls anerkennen, daß uns eine Abschlagszahlung geleistet ist.

Ich glaube, meine Herren, wenn man Hunger hat und auch viel Geld besitzt, um sich ein großes Diner verschaffen zu können, aber nur in der Lage ist, ein Stück Brot zu bekommen, dann soll man tunlichst sehen, daß man das Stück Brot bekommt, anstatt zu hungern. Aber man soll es nur dann nehmen, wenn es wirklich ein Stück Brot und nicht ein Stein ist. Deshalb müssen wir sagen, daß wir bei unserer Zustimmung zu dem Entwurf von gewissen Voraussetzungen, die teils schon aufgestellt sind und im Laufe der Verhandlungen noch aufgestellt werden möchten (zu denen ich insbesondere, falls wir die Berufung bekommen, die Zuziehung der Laien in der Berufungsinstanz rechne), nicht abgehen können (Bravo!).

Prof. Dr. **Freudenthal**, Frankfurt a. M.: Meine verehrten Herren! Wenn ich hier zu der Frage das Wort nehme, über die Herr Amtsgerichtsrat Dr. Köhne bereits gesprochen hat: der Frage der Jugendlichen, so glaube ich, darf ich zunächst einmal zum Gesamturteil über den Abschnitt, der die Jugendlichen behandelt, meinerseits ein Wort beitragen, und zwar in dem Sinne, daß ich das so außerordentlich günstige Gesamturteil vollständig unterschreibe, das Herr Prof. von Liszt als zweiter Referent heute über diesen Abschnitt abgegeben hat. Ich möchte aus diesem Urteil aber allerdings nicht, wie er es getan hat, die Folgerung ziehen, daß ich den Abschnitt im ganzen ablehne, sondern daß ich ihn annehme. Zugleich freilich schlage ich einige Änderungen vor, die ich für notwendig halte. Bevor ich mit ganz kurzen Worten sage, welche Punkte da für mich hier in erster Linie stehen, darf ich vielleicht eines voranschicken.

Ein materielles Gesetz zur Ergänzung dessen, was hier im Entwurfe prozessual vor uns liegt, wäre in hohem Maße erwünscht, und es ist jeden Tag möglich, an dieses Gesetz heranzutreten (im Gegensatz zu anderen Fragen), weil gerade auf diesem Gebiete in Theorie und Praxis im wesentlichen bereits eine Einigung erfolgt ist. Ich würde nur wünschen, daß in diesem materiellen Gesetz über die Jugendlichen in vollem Maße berücksichtigt würde, was die Praxis der Jugendgerichte uns lehrt, soweit man jetzt schon von einer solchen Praxis reden kann — es ist immerhin ein volles Jahr verflossen, seit das eine oder andere dieser Jugendgerichte in Tätigkeit getreten ist.

Möchte in diesem materiellen Gesetze nicht halbe Arbeit getan, sondern einmal die Sicherheit dafür geschafft werden, daß der Strafvollzug an den Jugendlichen wirklich erfolgreich wird. Dazu aber gehört, daß er die nötige Zeit zu seiner Verfügung hat, daß er so lange dauert, bis der Jugendliche gebessert, d. h. ein für den Staat und das Leben brauchbarer Bürger ist. Das ist das Eine.

Und das Zweite, was ich aber gleichfalls nicht näher ausführen darf, ist, daß wir, wie ich überzeugt bin, in diesem Jugendstrafgesetz zur bedingten Verurteilung gelangen müssen, damit wir den Kindern, um die es sich hier handelt, den Makel der Vorstrafe im Interesse ihres Fortkommens und damit im Interesse des Staates ersparen können.

Nun zum Entwurf! Da sind es zwei Dinge, auf die ich Ihre Aufmerksamkeit zu lenken mir erlauben möchte. Der eine Punkt betrifft die Zuständigkeit der Amtsgerichte. Es ist sehr erfreulich, daß der Entwurf in energischer Weise die strafprozessuale Zuständigkeit der Amtsgerichte erweitert hat, indem er ihnen eine große Zahl von Delikten zuweist, die früher nicht vor sie kommen konnten. Auf der andern Seite aber tut der Entwurf leider wieder einen Schritt rückwärts, und zwar aus einer Vorsicht, für die ich in diesem Falle keinen Grund sehe: indem er den Staatsanwalt die Anklage bei den Jugendgerichten nicht erheben lassen will, wenn längere Strafen gegen Jugendliche in Aussicht stehen. Ich weiß nicht, warum der besonders qualifizierte Mann, der an der Spitze des Jugendgerichts stehen soll und stehen wird, nicht in die Lage gebracht werden soll, auch die höheren Strafen, nicht nur die niedrigen des § 23^2 Abs. 1 Nr. 1, auszusprechen. Gerade die längeren sind ja die für die Durchführung der Erziehung des Jugendlichen geeigneten Freiheitsstrafen. Ich will damit sagen: Es sind diejenigen Strafen, bei deren Vollstreckung die Möglichkeit gegeben ist, auf den Jugendlichen einen wirklichen dauernden Einfluß auszuüben (Zuruf des Geheimrats Prof. Dr. von Liszt: «§ 253!»). Das ist nicht meine Meinung. § 23, 2 gibt dem Staatsanwalt nur dann die Möglichkeit der Anklageerhebung vor dem Jugendgericht, wenn eine niedrige Strafe in Aussicht steht. Denn Absatz 3 sagt: «Der Staatsanwalt soll die Anklage bei dem Amtsgericht nur erheben, wenn anzunehmen ist, daß auf keine schwerere Strafe als die in Abs. 1 Nr. 1 bezeichnete zu erkennen sein wird». Diese Strafe aber ist die von höchstens sechs

Monaten, und das ist der Mangel, den ich hier konstatieren möchte (Sehr richtig!).

Ferner meine ich bezüglich der Organisationsfrage, daß die Ausdehnung der jugendgerichtlichen Organisation auf die Landgerichte erwünscht und daß auch bezüglich der Amtsgerichte die Möglichkeit gegeben ist, einen Schritt weiter zu gehen, als der Entwurf gegangen ist, indem er lediglich den bestehenden Rechtszustand konstatierte. Ob die Reform auf längere oder kürzere Zeit berechnet ist, lasse ich dahingestellt. Jedenfalls aber ist es die Aufgabe des Entwurfs, da, wo er die Entwicklung fördern könnte, auch für den Fortschritt das Seinige beizutragen. Das kann er in diesem Punkte sehr leicht. Er schreibt jetzt nur vor, daß die Verwaltung da, wo sie es für nötig hält, Jugendgerichte einrichten kann. Daraus könnte — darauf ist schon seitens eines der Herren Vorredner hingewiesen worden — eine obligatorische Vorschrift gemacht werden. Es ließe sich das Jugendgericht sehr leicht verallgemeinern, während die jetzt vorgeschlagenen Bestimmungen einen strafprozessualen Rechtspartikularismus zeitigen würden, der höchst unerfreulich wäre.

Bedenken wir auch, daß die Zuständigkeit der Amtsgerichte bei Jugendlichen vom Entwurf sehr erweitert ist, wohl aus dem Gedanken heraus, daß das Amtsgericht in seiner Tätigkeit als Jugendgericht ganz besondere Garantien bietet. Wenn nun aber diese Zuständigkeit so groß sein soll — nach meiner Meinung sollte sie ja noch etwas ausgedehnt werden —, dann muß man wünschen, daß vom Gesetz dafür Vorsorge getroffen werde, daß überall nun auch wirklich das Jugendgericht über die Jugendlichen aburteile.

Die Schöffenfrage ist bisher bezüglich der Jugendlichen nicht berührt worden. Eines möchte ich zu ihr bemerken. Es ist im Entwurf gesagt, daß als Schöffen in erster Linie Lehrer, Lehrherren und Mitglieder von Fürsorgevereinen zu berufen sind. Ich weiß nicht, ob das das Richtige ist. Lehrer sind wohl Sachverständige für normale Kinder, für die normale Pädagogik. Ob sie es auch für die hier in Frage stehende pathologische Pädagogik an verbrecherischen Kindern sind, ist mir zweifelhaft. Ihre Aufgaben beim Jugendgericht liegen auf anderem Felde. Und ist es nicht eigentlich eine

Art von Mißtrauen gegen den Jugendrichter, wenn man ihm nicht zutraut, daß er allein die richtigen pädagogischen Maßregeln herausfinden wird, die dem Jugendlichen nottun? Lassen wir die Lehrer fort, und lassen wir überhaupt besondere Bestimmungen in dieser Beziehung aus dem Entwurf heraus! Sagen wir nichts weiter, als daß Schöffen an der Seite des Jugendrichters stehen sollen! Wenn man die Lehrherren für ganz besonders geeignet erklärt, so kommt mir das für viele Fälle so vor, wie wenn man bei Jagddelikten Förster für die geeigneten Schöffen erklären wollte (Rufe: Oho!). Sie sind oft, z. B. Lehrjungen gegenüber, Partei. Ich würde daher vorschlagen, daß man die Bestimmung des § 118[30] Abs. 2 im Entw. z. GVG. streicht.

Weitere Einzelheiten kann ich hier leider nicht mehr zur Erörterung bringen. Den Abschnitt über die Jugendlichen als Ganzes halte ich für annehmbar.

Amtsgerichtsrat a. D. Dr. **Liepmann**, Charlottenburg: Meine verehrten Herren! Die nach England hinübergegangenen Juristen und insbesondere diejenigen, welche von dort zwar als gute Deutsche und nicht, wie Gerland sagt, als Engländer, wohl aber mit der Überzeugung zurückgekehrt sind, daß drüben auch gute Institutionen bestehen, von denen wir manches als Muster gelten lassen könnten — diese, meine Herren, haben bei dem Entwurf allerdings eine schwere Enttäuschung erfahren. Nichts, möchte ich sagen, von dem, was drüben in England als anerkennenswert befunden wurde, ist in dem Entwurf vorgeschlagen, um Gesetzeskraft zu erlangen.

Allerdings muß ich ja dankend anerkennen, daß eine Ausgestaltung im modernen Sinne, wie sie in England besteht, in der Begründung zum Ausdruck gebracht ist; aber zur Ausführung in den Paragraphen ist sie nicht vorgeschlagen worden.

Wenn ich kurz meine Ansicht über den Entwurf zusammenfasse, so möchte ich sagen, daß, abgesehen von der bedeutenden Änderung hinsichtlich der Jugendlichen, bei einer wirklich maßvollen, humanen Handhabung der bisher bestehenden Vorschriften im großen und ganzen ungefähr dasselbe erreicht werden kann, was bei einer engen Auslegung der vorgeschlagenen Neubestimmungen erreicht werden würde.

Ich werde die Selbstbeschränkung nicht nur hinsichtlich der Zeit üben, sondern ich werde sie auch hinsichtlich desjenigen für mich zur Richtschnur nehmen, was ich im Entwurf vermisse, und werde da auch die drei »Unannehmbar« für mich gelten lassen, die Herr Geheimrat von Liszt angeführt hat.

Der Herr Generalreferent hat u. a. die Selbständigmachung der Hauptverhandlung im Gegensatz zu den bisherigen Vorschlägen als eine conditio sine qua non bezeichnet und betont, daß das Hauptgewicht darauf zu legen sei, daß das Gericht nicht die Akten des Vorverfahrens kennt und anwendet. Ja, meine Herren, hinsichtlich dieses Punktes möchte ich den Hauptton nicht auf die Akten, sondern darauf legen, wie die Akten zustande gebracht werden, und damit auf die Form, die uns in der Begründung des Entwurfs in Aussicht gestellt, aber in keiner Weise eingehalten wird, nämlich auf die Anklageform. Der Entwurf sagt und betont ganz besonders, daß die Anklageform durchgeführt werden soll und daß sie das Prinzip des Verfahrens bildet.

Wie wird nun dieses Vorhaben ausgeführt? Zunächst besteht die Voruntersuchung ganz in der alten Weise mit den inquisitorischen Ueberbleibseln, mit dem Recht und der Pflicht eines Richters, dem Verbrechen nachzuspüren, den Beschuldigten zu verhören, womöglich ihn in Widersprüche zu verstricken und so Klarheit über die Tat zu erlangen. Meine Herren! Ich möchte glauben, daß die Missliebigkeit und das Misstrauen gegenüber dem Gericht, über welche jetzt so viel geklagt wird, zum großen Teil auf diese Tätigkeit des Untersuchungsrichters, auf diese inquirierende, diese polizeiliche Tätigkeit zurückzuführen ist, die meiner Ansicht nach mit der sonst unparteiischen Tätigkeit des Richteramtes durchaus unvereinbar ist.

Wenn nun andererseits vorgeschlagen wird, diese Tätigkeit der Staatsanwaltschaft zu übertragen, so glaube ich, würden wir den Teufel mit dem Beelzebub vertreiben. Wir würden dabei nicht besser fahren. Aber wenn wir sehen, wie denn das Vorverfahren in England gehandhabt wird, so glaube ich, daß wir daraus etwas lernen und etwas annehmen könnten. In England setzt bereits von dem ersten Moment an, wo der Beschuldigte vor seinen Richter geführt wird, wo der Verdächtige beschuldigt wird, die Anklageform ein. Der Ankläger — in England ist das in Ausnahmefällen, in Schottland in den Regelfällen der öffentliche Ankläger — oder der Verfolger, der prosecutor, hat vor dem Polizeirichter, also dem Amtsrichter, den Verdacht darzulegen und zu begründen. Er hat dem Polizeirichter die Zeugen vorzuführen. Er hat dafür zu sorgen, daß die Zeugen kommen, oder sich sofort einen Gestellungsbefehl vom Polizeirichter zu verschaffen. Andererseits aber hat der Beschuldigte sein Entlastungsmaterial vorzuführen und dafür zu sorgen, daß seine Zeugen erscheinen. Alsdann erkennt der Polizeirichter darüber, ob der Verdacht hinreichend ist, um die Hauptverhandlung zu eröffnen.

Meine Herren! Es ist viel gegen die Fehler des Eröffnungsbeschlusses gesagt und geschrieben worden. Aber vorhin hat Herr Staatsanwalt Feisenberger schon nachgewiesen, daß wir eigentlich, wenn auch verhüllt, in dem Entwurfe dieselbe Art der Eröffnungsentscheidung haben wie in dem geltenden Rechte. Das Hauptgewicht ist, glaube ich, darauf zu legen, daß nicht das Spruchgericht über den Verdacht entscheidet, daß mithin das Spruchgericht nicht diejenige Behörde ist, welche bestimmt, ob die Verfolgung in das letzte Stadium der Hauptverhandlung treten soll. Das ist der Vorteil dieses kontradiktorischen parteiöffentlichen Vorverfahrens, wie es in England besteht.

Ich muß mich sehr kurz fassen. Ich sehe schon den Herrn Vorsitzenden aufstehen. Aber ich bin hier der einzige Vertreter der englischen Kommission, abgesehen von dem Herrn Vorsitzenden derselben, der mich gebeten hatte, heute unsere Erfahrungen darzulegen.

Das englische Verfahren hat ferner den einen großen Vorzug, daß es rasch zu einer richterlichen Entscheidung über die Verhängung resp. die Dauer der Untersuchungshaft führen kann, und das könnte sich auch für unser Verfahren empfehlen.

Wie stellt sich dann weiter die Anklageform in England in der Hanptverhandlung dar? Es wird nicht wie bei uns die

Kraft des Richters mit der Ueberlegung von taktischen Rücksichten, mit der Befragung der Zeugen und insbesondere nicht mit dem Inquirieren des Angeklagten verbraucht, sondern auch hier ist wieder alles dem Parteibetriebe überlassen. Und meine Herren, glauben Sie mir: wenn Sie solche englische Gerichtsverhandlungen, sei es der mittleren, sei es der oberen oder der unteren Gerichte, besucht haben, in der Provinz, in größeren Städten oder in der Hauptstadt, so werden Sie mit mir zu dem Urteil gelangen müssen, daß im allgemeinen keine Zeitverschwendung vorkommt, sondern daß rasch, kurz und energisch in einem fair trial, wie sie es nennen, auf das Ziel losgegangen wird. Dadurch, daß dem Richter die schwere und unangenehme Aufgabe erspart wird, anscheinend mit der Wahrheit zurückhaltende Zeugen dazu zu drängen und dazu zu bringen, daß sie möglichst nur die Wahrheit sagen und dasselbe bei der Vernehmung des Angeklagten zu tun, wird dem Richter ein Odium abgenommen. Es werden ihm ferner dadurch, daß ihm nicht die Last auferlegt wird, den Gang des Verfahrens zu bestimmen, sehr viele Gelegenheiten entzogen, die hier bei unserm Verfahren zu Konflikten mit der Verteidigung führen. Die ganze Verhandlung erhält eine Ruhe und Würde, wie sie bei uns unbekannt sind. Und alles dieses, trotzdem der Richter die Akten des Vorverfahrens, die Akten des Polizeirichters zugesendet erhält und sie zum großen Teil ja auch wahrscheinlich vorher studiert hat.

Also nicht auf die Nicht-Aktenkenntnis würde ich den Hauptwert legen, sondern auf die Ausarbeitung eines Vorverfahrens nach Art dieses englischen in reiner Anklageform.

Ich komme zum Schlusse, meine Herren, und möchte, wenn ich auf die notwendige Vereinfachung und Beschleunigung zu sprechen komme, die insbesondere durch Einführung der Berufung noch mehr erforderlich wird, auch hier nur noch auf einige englischen Vorbilder hinweisen.

Es muß einen doch frappieren, daß das schleunige Verfahren in dem Entwurf nur in zwei Fällen in Aussicht genommen wird: bei den auf frischer Tat festgenommenen und den sonst ihrer Freiheit beraubten Tätern, wenn sie geständig sind. Wozu ist es denn notwendig, die Anwendung des Summarverfahrens derartig einzuschränken? England gestattet das Summarverfahren selbst bei ziemlich schweren Straftaten ganz allgemein für Geständige und zweitens auch gegen nicht geständige Nichtverhaftete oder Verhaftete in sich leichter darstellenden Fällen, in denen der Verfolger wie das Gericht der Ansicht sind, daß nicht eine sehr hohe Strafe — sechs Monate — für jede Tat zu verhängen wäre. Ja, meine Herren, der Entwurf operiert sehr oft mit der Voraussicht, eine wie hohe Strafe event. zu verhängen wäre, und macht das Verhaftungsrecht und anderes davon abhängig. Warum wird nicht die Einsetzung des schleunigen Verfahrens davon abhängig gemacht, daß die Tat nicht als schwer zu betrachten ist und daß sie, wenn auch mit einer schweren Strafe bedroht, milder betrachtet werden kann!

Ferner möchte ich den Wunsch auf Erlaß eines Kindergesetzes nach dem englischen Vorbilde und eines Gesetzes, welches die bedingte Verurteilung einführt, aussprechen und ihn darauf zurückführen, daß ein kleiner Ansatz zu dieser bedingten Verurteilung schon in dem Entwurf enthalten ist, u. z. im § 366 hinsichtlich der Vormundschaftsgerichte bei Behandlung von Jugendlichen. Danach soll die Vormundschaftsbehörde berechtigt sein, ihre Entscheidung über die erziehlichen Maßnahmen, die sie verhängen will, auszusetzen und den Delinquenten während einer Bewährungsfrist unter Beobachtung zu stellen. Ja, meine Herren, nachdem sich das Verfahren in England schon seit Jahren, nicht nur für Jugendliche, sondern auch für Erwachsene, bewährt hat, muß man wirklich fragen: warum ahmen wir es denn nicht nach? Warum bringen wir eine solche Neuerung nicht auch bei uns zur Einführung, die doch nur sehr wenige Umänderungen der bestehenden Gesetzgebung notwendig macht?

Vorhin ist gesagt worden, wir wären hier in unserer Vereinigung als Umstürzler betrachtet worden. Das braucht bei Kennzeichnung unserer Stellung zu dem Entwurf nicht weiter tragisch beurteilt zu werden. Wir mögen auch ruhig als Revisionisten gelten, dann aber als solche Revisionisten, die wenigstens in einigen grundlegenden Fragen, die durch den Entwurf eine gegensätzliche Regelung erfahren sollen, ihre Stellung wahren und die Beachtung ihrer Stellung in den gekennzeichneten Richtungen fordern.

Vorsitzender: Da wir der englischen Kommission zu besonderem Danke verpflichtet sind, glaubte ich richtig zu handeln, wenn ich den Herrn Redner nicht ausdrücklich ersuchte, sich kürzer zu fassen. Ich möchte aber die folgenden Redner immerhin bitten, die Bedürfnisse des Augenblicks nicht außer acht zu lassen; denn eine Vertagung der Behandlung der allgemeinen Frage auf die Nachmittagssitzung möchte ich nicht empfehlen. Ich glaube, wir sollten vormittags zum Abschluß derselben kommen.

Es waren bis vor kurzem vier weitere Redner gemeldet; es ist zum Schluß noch ein fünfter hinzugekommen (Zuruf: Ich beantrage zehn Minuten Redezeit!). Es ist der Antrag gestellt, die Redefrist auf zehn Minuten einzuschränken. Wird der Antrag unterstützt? (Zustimmung). Die Redefrist beträgt also jetzt zehn Minuten.

Amtsgerichtsrat Dr. **A. Hartmann**, Berlin: Die Kriminalität in Deutschland zeigt uns Zahlen, deren Vergleich mit den Zahlen anderer Länder für Deutschland erschreckend und beschämend ist, besonders wenn man in Betracht zieht, daß die deutsche Volksbildung im großen und ganzen vergleichsweise auf einer ganz besonderen Höhe, vielleicht sogar auf der größten bisher erreichten Höhe steht. Gleichwohl haben wir eine Kriminalität, wie sie die meisten anderen Länder nicht aufzuweisen haben, wenn nicht alle vergleichende Statistik täuscht (Zuruf: Täuscht sehr!).

Es entsteht die Frage: Wer trägt die Schuld? Das ist eine Vorfrage der Strafprozeßreform. Tragen die schlechten Deutschen, die Verbrecher, die Schuld oder wer sonst? Es ist kein Zweifel: die Schuld trägt die deutsche Geschichte, welche das inquisitorische Prinzip allmälich aus sich heraus geboren und immer mehr entwickelt hat, es im Polizeistaate so weit entwickelt hat, daß ein genialer Kopf, der in der Tat das Wesen der deutschen Strafjustiz verstand, sagte: «Das Strafgesetz und die Strafjustiz sind da, um durch psychologischen Zwang vom Verbrechen abzuschrecken.» Die übrigen Länder, bei denen die Kriminalität außerordentlich viel geringer ist, haben eine Strafjustiz von einem durchaus anderen Geiste.

Die Frage ist: Wie können wir uns dem Ziele annähern, das ich hier angedeutet habe: unsere Kriminalität einschränken und damit dem deutschen Volke zur Gesundheit verhelfen? Die Inquisitionsmaxime wird folgendermaßen zur Gebärerin der enormen Kriminalität: Sehr viele, die einmal delinquiert haben, würden sich von ihrem Falle wieder erheben, wenn ihre Tat nicht verfolgt würde. Sie können sich nicht wieder erheben, weil die Strafjustiz ihnen den Stempel der immerwährenden Schande aufdrückt. Dadurch werden sie förmlich künstlich zu Ansteckungsherden für andere gemacht, abgesehen davon, daß sie weiter delinquieren.

Wenn es ein — man verzeihe mir das etwas derbe Wort — abgewirtschaftetes Prinzip gibt, dann ist es die Inquisitionsmaxime. Sie hat abgewirtschaftet, wenn sie auch bisher entfernt noch nicht genug bekämpft ist.

Wenn man die Augen auf den Entwurf der Strafprozeßordnung wirft, so meine ich — mir geht es wenigstens so —, man möchte die Hände über dem Kopfe zusammenschlagen und ausrufen: ist es denn nötig, die Fragen der Strafprozeßreform so durchaus von einem anderen Standpunkt als vom Standpunkt der Angeklagten selbst anzusehen? Der ganze Geist, der in diesem Entwurfe wieder lebt, ist trotz der Komplimente ans Laienprinzip und sonstiger einzelner Zugeständnisse der alte Geist der Inquisition. Niemand wird das persönlich nehmen, und niemand wird es in diesem Zusammenhange unrichtig verstehen. Wir alle, die wir daran mitarbeiten, kommen mir vor wie die Bourgeois im Gegensatz zu den großen Volksmassen, die arm sind und aus denen sich die große Masse der Kriminellen infolge der außerordentlich ungünstigen wirtschaftlichen Lage ergeben muß. Wir sind die satten Bourgeois, welche von ihrem Standpunkt aus eine neue Strafprozeßordnung machen wollen und nicht die Fähigkeit haben, sich in den Gedanken erhebender Milde hinein zu versetzen, auf den es ankommt, wenn die Kriminalität vermindert werden, das Volk gesunden soll.

Wenn wir den Fortschritt, der nötig ist, erzielen wollen, gibt es nur das Mittel, das inquisitorische Prinzip zu bekämpfen, das heißt nichts anderes als: die verantwortliche Vernehmung des Angeklagten bekämpfen, und es gibt keine Gerichtsorganisation, welche in sich selbst ein Verfahren gebiert, durch welches die verantwortliche Vernehmung des Angeklagten bekämpft wird, zu welchem sie nicht paßt, außer der Schwurgerichtsorganisation. Wir können es jetzt schon bei dem amtsgerichtlichen Schöffengericht beobachten: das Schöffengericht hat gar keine Tendenz in sich, die verantwortliche Vernehmung des Angeklagten durch den Vorsitzenden zu beschränken. Die Konzession an das Laienelement in der Form des Schöffengerichts wird uns dem notwendigen Ziele, unser Volk durch Bekämpfung der Kriminalität gesunder zu machen, in Wirklichkeit nicht um einen einzigen Schritt näher bringen. Damit ist über einen der wichtigsten Punkte dieses Entwurfs nach meiner Meinung der Stab gebrochen.

Man müßte für immer verzweifeln, wenn es nicht in unserem Volk und in der ganzen Zeitentwicklung Kräfte gäbe (die aber gänzlich außerhalb der Kreise liegen, zu denen wir gehören und aus denen dieser Entwurf entstanden ist), die uns zu ganz anderen Ergebnissen hintreiben werden. Wenn man beobachtet und historisch verfolgt, wie seit etwa zehn Jahren fortgesetzt die freiwillige Liebestätigkeit humanitärer Vereine anwächst, wenn man beobachtet, wie diejenigen, die sich dieser Liebestätigkeit hingeben, sich gar nicht mit den großen Prinzipien, von denen sie in der Regel wenig wissen: Inquisitionsmaxime, defensorischer Tendenz usw. beschäftigen, aber tatkräftig zugreifen, von dem ganz anderen Gesichtspunkte ausgehend, daß die Gesellschaft den Gefallenen wieder aufrichten muß, dann wird man sich sagen müssen: von diesen Kreisen aus wird die Strafprozeßreform kommen. — Dieser Entwurf ist nicht viel wert. (Lebhaftes Bravo und Sehr richtig!)

Oberlandesgerichtspräsident a. D. Exzellenz Dr. **Hamm**, Bonn: Meine Herren! Herr Landgerichtsdirektor Aschrott hat mit der Bemerkung begonnen, die Begründung des Entwurfs stimme nicht überall zu dem Texte der Paragraphen. Er hat aber nur einen erheblichen Fall vorgebracht, wo das zutrifft; die anderen von ihm angeführten Punkte waren unwichtig. Es handelt sich darum, daß der Entwurf, der das Laienelement in stärkerem Maße an der Rechtsprechung teilnehmen lassen will, die Laien bei der Berufungsinstanz wieder ausgeschaltet hat. Das ist ein Punkt, wo offenbar eine Naht in der Arbeit sichtbar ist. Hier hat ohne Zweifel ursprünglich etwas anderes gestanden, und darum paßt die Begründung nicht.

Wenn Herr Geheimrat von Liszt gesagt hat: wir müssen uns auf ein festes Programm, auf Bedingungen einigen, von denen wir sagen: «Nur unter diesen Bedingungen nehmen wir den Entwurf an», dann muß nach meiner Ansicht vor allem zur Bedingung gemacht werden, daß, sofern Schöffen eingeführt werden, sie auch in die Berufungsinstanz kommen. Das ist ein höchst wichtiger Punkt. Wenn man eine Mitwirkung der Laien haben will — und ich bin sehr dafür — so muß sie vor allem bei dem Berufungsgericht als der endgültig entscheidenden Instanz bestehen. Nach dem Entwurf sollen die Laien nur in der ersten Instanz mitwirken, während ihre Teilnahme in der zweiten Instanz wegfällt. Motiviert wird das damit, daß es in einigen Teilen Deutschlands mit dichter Bevölkerung nicht möglich sei, so viele Schöffen zu finden. Das scheint ein Einwurf zu sein, der aus den altpreußischen Provinzen kommt, und diesem zu Liebe ist wohl dem in großem Zuge gedachten Entwurf die Ausscheidung der Laienrichter in der zweiten Instanz aufoktroyiert worden. Diese Frage wird nach meiner Überzeugung im Reichstage für die Mitwirkung von Schöffen auch in der Berufung entschieden werden, und dann wird der Bundesrat hierin nachgeben müssen.

Es gibt aber auch meines Erachtens eine sehr einfache Lösung dieser Schwierigkeit. Wenn in einzelnen Teilen Deutschlands die Bevölkerung eine zu undichte, die Zahl der zu richterlicher Tätigkeit geeigneten Personen eine zu geringe ist, um die nötige Zahl von Schöffen stellen zu können, so hebe man die Zuziehung von Schöffen zu den Berufungsgerichten für diese Gegenden einstweilen auf. Was wäre es schreckliches, wenn das Gesetz sagte: «Wir wollen die Schöffen, wo wir sie haben können, auch in die Berufungsinstanz bringen. Wenn es in einzelnen Bezirken einstweilen nicht möglich ist, dann müssen diese mit einer Berufungsinstanz von gelehrten Richtern fürlieb nehmen.» Das wäre nicht so schlimm. Wo die Bevölkerung zur Mitwirkung als Strafrichter noch nicht reif ist, besteht auch kein Bedürfnis zu einer solchen Mitwirkung.

Es ist eine totale Inkonsequenz, den Berufungsgerichten die Schöffen zu nehmen. Das ist halbe Arbeit.

Abgesehen von diesem Punkte verstehe ich es nicht, daß

Herr Landgerichtsdirektor Aschrott und einige andere Herren den großen Zug in unserem Entwurf vermissen. Einer der Herren hat ja gesagt: der Entwurf bringt jedem etwas, aber keinem etwas volles. Meines Erachtens bringt der Entwurf einem, und zwar demjenigen, für den er bestimmt ist, etwas volles, und das ist das deutsche Volk. Das Volk hat am meisten Interesse an den großen Fragen, die der Entwurf lösen will: das ist die Berufung, die Zuziehung von Schöffen zur Strafkammer und, worüber wir alle einig sind, die besondere Behandlung der Jugendlichen, und wir sollten uns freuen, daß ein Entwurf vorgelegt worden ist, welcher so großzügig und modern ist, daß er die drei Dinge bringt: 1. Einführung der Schöffen auch in die Strafkammern (allerdings mit dem Fehler, daß sie bei der Berufungskammer wieder ausscheiden, was verbessert werden muß), 2. die Berufung gegen die Strafkammerurteile, ein allgemeines Verlangen des deutschen Volkes, und endlich 3. die Behandlung der Frage der Jugendlichen, worüber wir ja alle der Meinung sind, daß sie in dem Entwurf großzügig geregelt ist. In der letzten Frage bin ich durchaus der Ansicht des Herrn Geheimrats von Liszt: Die Frage erscheint unter einem ganz schiefen Gesichtspunkt, wenn sie bloß vom prozessualen Standpunkt aus behandelt wird. Wir müssen bezüglich der jugendlichen Straftäter mit dem Strafprozeß auch das materielle Strafrecht ändern und demgemäß die Behandlung der Jugendlichen in beiden Richtungen durch ein besonderes Gesetz ordnen. Das wird auch keine Schwierigkeit machen, vielmehr die Diskussion im Reichstage erleichtern. Es werden ja gewiß bei den Reichstagsverhandlungen die Juristen im allgemeinen das große Wort führen; aber bei der Frage der Jugendlichen wollen und müssen vor allem auch die Nichtjuristen mitsprechen. Es handelt sich bei den Jugendlichen wie gesagt um besondere Reformen, welche nicht ausschließlich den Strafprozeß betreffen, und es ist demgemäß besser, wenn diese getrennt von der allgemeinen Prozeßreform erörtert werden.

Aber im übrigen: warum diese kühle resignierte Aufnahme des großzügigen, modernen Gedanken gerecht werdenden Entwurfs! Vor allem in diesem Vereine, der, wie Sie selbst sagen, als jugendlicher «Umstürzler» entstanden ist und in der Jugendlichen-Frage schon so ungemein viel gutes geleistet hat!

Warum diese kühle Haltung gegenüber dem Entwurfe, gegenüber seinen hochwichtigen fundamentalen Änderungen, die die Zustimmung des ganzen Volkes, namentlich der Nicht-Juristen finden werden? Der Verein ist doch nicht auf einmal alt geworden! Mir scheint, es kommt hier in manchen Fragen wieder das doktrinäre Juristentum zum Vorschein.

Einige Herren meinen, der Entwurf sei nichts wert, weil die Voruntersuchung nicht geändert worden ist, eine Sache, die doch ganz nebensächlich ist gegenüber den sonstigen großen Fragen, die der Entwurf auf das glücklichste löst. Ich lege sehr wenig Wert darauf, ob der die Untersuchung führende Jurist «Untersuchungsrichter» oder «Staatsanwalt» heißt. Ich halte zwar den Untersuchungsrichter für besser; aber es wird ja darüber noch zu sprechen sein.

Wir können auf keinen Fall sagen, es sei eine erbärmliche Reform, weil sie die Voruntersuchung nicht aufhebt. Das paßt nicht in die Rolle, die ein so jugendlicher «umstürzlerischer» Verein gegenüber den großen wertvollen Reformen im Entwurf einnehmen sollte.

Wenn Herr Oberbürgermeister Adickes, indem er auf seinen Lieblingsgedanken zurückkommt, gesagt hat, daß wir von dem Beamtentume loskommen müßten und das Volk mit tätig sein solle in der Rechtsprechung, so möchte ich darauf hinweisen, daß der Entwurf gerade in dieser Beziehung einen guten Schritt vorwärts tut. Mit der Ausdehnung des Laienelements kommen wir aus dem Beamtentume heraus. Wenn es nunmehr dahin kommt, daß die Laien nicht nur bei dem Schwurgericht, sondern auch bei den Strafkammern, und bei diesen nicht nur in der Schuldfrage, sondern auch in der Straffrage mitwirken, so bedeutet das ja eine Etappe auf dem Wege zu dem Ziele, das Herr Oberbürgermeister Adickes erreichen will.

Wenn gesagt worden ist, es sei nicht angebracht, Strafrecht und Strafprozeß getrennt zu reformieren, so verkenne ich die Schwierigkeiten der getrennten Reform gewiß nicht. Aber als die Arbeiten für die Reform des Strafprozesses begannen, bestanden in der Theorie des Strafrechts so scharfe Gegensätze, daß man nicht daran denken konnte, beides gleichzeitig zu erledigen. Es ist inzwischen, zum Teil durch das eben erschienene Werk der vergleichenden Darstellung des Strafrechts aller zivilisierten Staaten, eine Versöhnung der verschiedenen Richtungen auf einer mittleren Linie erzielt worden, und es wäre die gemeinsame Reform jetzt allerdings eher möglich. Aber immerhin sind die Arbeiten zur Strafrechtsreform noch soweit zurück, daß sich das Reichsjustizamt mit Recht gesagt hat: «Hinsichtlich des Strafprozesses ist eine Reihe von Fragen zu lösen, deren baldige Regelung wir alle wünschen, z. B. eine größere Beteiligung des Laienelements und Einführung der Berufung, womit die Gewinnung größeren Vertrauens des Volkes in die Rechtsprechung erzielt werden soll. Und das tut so sehr not, daß wir die Sache gleich in Angriff nehmen müssen und nicht warten können, bis die Strafrechtsreform an die Reihe kommen wird.»

Daß die Strafprozeßordnung später wieder geändert werden muß, wenn die Strafrechtsreform zur Durchführung gelangt, ist klar. Die Einteilung der Delikte in Übertretungen, Vergehen und Verbrechen wird wohl dann fallen. Diese Dreiteilung stammt aus dem Code pénal und stand da im Zusammenhang mit der Ordnung der verschiedenen Strafgerichte im Code d'instruction criminelle.

Meine Herren! Der Entwurf ist ja insofern inkonsequent, als er an den Schwurgerichten festhält, bei denen es keine Mitwirkung der Laien bei der Beweisaufnahme und Strafzumessung und gegen die es keine Berufung gibt. Man hat das Schwurgericht in der bisherigen Form aufrecht erhalten, weil das Volk an diesem Institut hängt. Vergessen wir aber nicht: Das Schwurgericht ist zu einer Zeit entstanden, wo man noch vor der Abhängigkeit der Richter von der Regierung Angst hatte. Zu der Besorgnis liegt kein Anlaß mehr vor. Das Schwurgericht ist aber zugleich auch aus demselben Gedanken heraus entstanden, der uns bei der jetzigen Reform leitet: das Volk wollte auch deshalb bei der Rechtsprechung mitwirken, weil es das Pedantische, Doktrinäre des gelehrten Richters fürchtete.

In der Schwurgerichtsfrage macht es sich meines Erachtens sehr gut, daß Strafgesetzbuch und Strafprozeß getrennt reformiert werden. Wahrscheinlich wird bei der Reform des Strafrechts die dreifache Einteilung der Delikte in Verbrechen, Vergehen und Übertretungen fallen und werden nur noch zweierlei Arten von Delikten bestehen bleiben. Wir werden dann auch nur noch zwei Stufen von Gerichten nötig haben, und da ist es sehr gut, daß wir in der Zwischenzeit, die zwischen den beiden Reformen liegt, eine Probezeit haben, in der die beiden Arten von aus Laien und gelehrten Richtern gemischten Gerichten nebeneinander arbeiten können, auf der einen Seite die Schöffengerichte, bei denen und zwar hoffentlich auch in der Berufungsinstanz gelehrte und Laienrichter in einem geschlossenen Kollegium zusammen Recht sprechen; und anderseits die Schwurgerichte, in welchen gelehrte Richter und Laienrichter getrennt voneinander urteilen. Lassen Sie die beiden nun nebeneinander tätig sein! So macht sich die Sache sehr glücklich. Man kann dann, wenn das Strafrecht reformiert und damit die Notwendigkeit von drei Stufen der ersten Instanz aufgehoben wird, sehen, ob nicht in der Zwischenzeit das Schöffengericht sich als die bessere Organisation bewährt hat. Wir könnten dann vielleicht erreichen, daß wir nur eine Art von aus Laien und Strafrichtern gemischten Gerichten und zwar, wie ich annehme, Schöffengerichte bekommen und also das auf die glatteste Weise gewinnen, was wir jetzt schon wünschen.

Ich muß wohl schließen?

Vorsitzender: Noch eine Minute!

Oberlandesgerichtspräsident a. D. Exzellenz Dr. **Hamm**, Bonn (fortfahrend): Noch eine Minute! Dann möchte ich sie dazu benützen, um ein Wort über das Legalitätsprinzip zu sagen, wenn auch diese Frage nachher noch bei der Spezialberatung zur Verhandlung kommt.

Es ist mir da eine Bemerkung des Herrn Geheimrats von Liszt aufgefallen, auf die ich gleich von vornherein antworten möchte. Er sagt, es sei allerdings eine allgemeine Klage, daß der Staatsanwalt so viele Lappalien verfolge. Dem ließe sich aber dadurch abhelfen, daß man in einem Paragraphen des Strafgesetzbuches ausspreche, was eine Lappalie ist und was nicht.

Das ist indes schon versucht worden und mit schlechtem

Erfolg. Wir haben die Körperverletzung mit gefährlichen Werkzeugen und sind auf diese Weise zu lächerlichen Entscheidungen darüber gekommen, ob ein Bierglas, ob ein Staubfänger ein lebensgefährliches Werkzeug ist, oder wie dick ein Stock sein muß, um ein solches zu werden! Das ist für das Volk eine ganz lächerliche Kasuistik, die dazu die maßgebende Frage gar nicht trifft. Es kann nach Lage des einzelnen Falles für die strafgerichtliche Ahndung einer bloßen Ohrfeige, zum Beispiel wenn ein Bursche sie einem Mädchen gegeben hat, das er geschwängert hat, ein weit größeres öffentliches Interesse vorliegen, als für die Bestrafung eines Mannes, der im Streit durch einen unglücklichen Schlag einem andern ein Auge ausgeschlagen hat.

In dieser Hinsicht müssen ganz andere Bestimmungen Platz greifen. Es kann bei einer ganz geringfügigen Tat ein großes öffentliches Interesse dafür vorhanden sein, daß sie verfolgt wird. Das läßt sich aber nicht in Paragraphen schmieden, sondern im einzelnen Falle muß der Ankläger sagen dürfen: Es ist zwar keine schwere Tat, aber, wie der Fall liegt, muß sie verfolgt werden. Daran darf er nicht durch eine Kasuistik des materiellen Rechts gehindert werden. Das ist der Grund für das Opportunitätsprinzip, dem ich zustimme. Wir werden darauf ja noch später zurückkommen (Bravo!).

Rat am bayerischen Obersten Landesgericht und Professor Dr. **Harburger**, München: Meine Herren! Ich möchte als Süddeutscher zunächst den Eindruck schildern, den der Entwurf bei uns gemacht hat. Dieser Eindruck ist im großen und ganzen ein günstiger. Es freut mich, in dieser Beziehung mit dem größten Teile der Herren Vorredner übereinstimmen zu können. Aber immerhin bestehen zweifellos verschiedene Bedenken, und sie werden jedenfalls auch hier heute und morgen im Laufe der Verhandlungen zum Ausdruck gebracht werden.

Ich möchte vor allem dies tun in der Richtung, daß ich auf die Vermengung von materiellrechtlichen Fragen mit der Prozeßreform hinweise. Eine solche nicht zu begrüßende Vermischung finde ich erstens in der Lehre von dem Legalitätsprinzip, bezw. dessen Einschränkung, in der Weise, daß hier Fragen des sog. internationalen Strafrechts ganz kursorisch und doch sehr eingreifend mitbehandelt worden sind, u. zw. in einer Weise, die ich nicht für ganz zutreffend erachten kann.

Eine ähnliche kleine Vermischung, vor der m. E. zu warnen ist, liegt in dem Abschnitte über die Behandlung der Jugendlichen vor, namentlich in den §§ 366 und 374. Hier würde allerdings einfach abgeholfen werden können, wenn dem schon von anderen Rednern angedeuteten Wege nachgegangen würde, die Frage der Jugendlichen überhaupt als ein Ganzes in einem Sondergesetz zu behandeln.

Bei den beiden gelegenheitlichen Übergriffen auf das Gebiet des materiellen Rechts kann man sich des Eindruckes nicht erwehren, als ob die schließliche Tragweite der vorgeschlagenen Änderungen nicht genügend erwogen worden wäre. —

Sodann scheint es mir vor allem als notwendig, darauf hinzuweisen, daß die Kollusionshaft aus praktischen Gründen absolut nicht entbehrt werden kann. Mag auch Herr Landgerichtsdirektor Aschrott noch so warm sich für ihre Beseitigung aussprechen, an der Hand meiner Erfahrungen muß ich sagen: es ist eine reine Unmöglichkeit, in einer nur irgendwie verwickelten Sache ohne diese Haft auszukommen. Ich darf hier vielleicht etwas wiederholen, was ich schon bei früheren Tagungen der IKV. hervorgehoben habe. Ein schlagendes Beispiel sind unsere Prozesse in München gegen die sog. Haberer, wegen der Haberfeldtreiben, gewesen. Ich habe als Staatsanwalt solche zu verfolgen gehabt; sie sind uns aber alle unter der Hand zerflossen, weil das damals mit der Sache befaßte Gericht die verhafteten Verdächtigen gleich am Anfang wieder freigelassen hat und so die schönsten Kollusionen zustande gekommen sind. Als ich später selbst Landgerichtsrat geworden war — ich hatte mich früher, wie Sie vielleicht sich vorstellen können, privatim darüber geäußert, daß bei dieser Art des Verfahrens alles verdorben werde — sagte man mir: «Nun, wir wollen sehen, ob Sie es anders machen können.» Es ist mir gelungen, in der Strafkammer mit meiner Anschauung durchzudringen und die Folge war, daß wir den Haberfeldtreiben den Garaus gemacht haben. Wir haben nach und nach etwa 490 Personen abgeurteilt, und seit 1897 ist kein Haberfeldtreiben mehr vorgekommen. Das wäre ohne Kollusionshaft nicht möglich gewesen. Dieses Beispiel mag genügen, um nachzuweisen, daß es nicht angeht, sie ganz zu beseitigen.

Was die Voruntersuchung anlangt, so mag ja bei dem steten Hinblick auf England der Gedanke, sie abzuschaffen, naheliegen. Aber es gibt auch Engländer, die mit dem englischen Verfahren nicht einverstanden sind. Die Voruntersuchung schafft bei uns nicht nur Belastungsmaterial, sondern auch Entlastungsmaterial bei. Es darf nicht übersehen werden, daß sie die Möglichkeit bietet, auch für den Angeklagten das zu leisten, was in seinem Interesse liegt. Er hat nicht immer die Mittel, insbesondere nicht immer die baren Mittel, um ohne gerichtliche Unterstützung seinen Entlastungsbeweis so vorzubereiten, wie es wünschenswert ist.

Andererseits sage man doch nicht immer, die untersuchungsrichterliche Tätigkeit sei keine richterliche Tätigkeit. Sie ist vor allem vielfach eine beurkundende und ähnelt in dieser Richtung der Tätigkeit des Richters in der freiwilligen Gerichtsbarkeit, die wir doch auch als eine richterliche anerkennen. Es ist ja zuzugeben, daß mit der Aufgabe des Untersuchungsrichters auch vielfach eine inquisitorische Tätigkeit verbunden ist und sein muß. Aber deswegen verliert der Richter noch lange nicht seine Objektivität, und deshalb ist es ganz am Platze, darin noch eine richterliche Tätigkeit zu sehen.

Schließlich möchte ich noch bezüglich der Rechtsmittel eine kleine Bemerkung machen. Ich glaube, daß es geradezu ausgeschlossen ist, die Berufung bezüglich der Strafzumessung zu beseitigen. Ich gebe zu, daß da Kleinigkeitskrämerei in Hülle und Fülle getrieben wird, und daß man nicht wegen kleiner Differenzen von wenigen Mark oder Tagen eine Abänderung des erstinstanzlichen Urteils vornehmen sollte. Aber andererseits darf nicht unerwähnt bleiben, daß in Österreich gerade die Strafzumessung den hauptsächlichsten Gegenstand der Berufung bildet; an der Hand der langjährigen österreichischen Erfahrungen muß ein Zweifel darüber entstehen, ob man bezüglich der Strafzumessung die Berufung ganz und gar entbehren kann.

Endlich möchte ich mir noch gestatten, eine Anregung

nach der Richtung zu geben, ob es nicht möglich wäre, das Prinzip der Mündlichkeit bei der Revision etwas einzuschränken. Denn auf Grund meiner Erfahrungen, sowohl als Staatsanwalt, wie als Richter, kann ich sagen, daß das Prinzip der Mündlichkeit, das gar nicht hoch genug angeschlagen werden kann, soweit die Klarstellung des tatsächlichen Sachverhaltes in Frage steht, für die Behandlung von Rechtsfragen nicht von großer Bedeutung ist. Es dürfte aber wesentlich zur Entlastung der Revisionsgerichte beitragen, wenn eine gesetzliche Bestimmung dahingehend aufgestellt würde, daß es in das Ermessen des Revisionsgerichts gestellt wird, ob eine mündliche Verhandlung stattfinden oder die Sache lediglich auf Grund des schriftlich vorliegenden Materials zur Erledigung gelangen soll. Wir machen in der Revisionsinstanz sehr häufig die Erfahrung, daß nichts weiter vorgetragen wird, als der Inhalt der Revisionsanträge und etwaiger Gegenerklärungen.

Zum Schluß möchte ich nicht unterlassen, noch einmal zu betonen, daß sich der vorliegende Entwurf als eine geeignete Grundlage für die in Angriff zu nehmende Reform darstellt.

(Zuruf: Ich beantrage Schluß der Rednerliste.)

Vorsitzender: Es sind noch einige Redner weiter gemeldet. Einer hat allerdings versprochen, nur zwei Minuten zu reden. Es stehen noch vier Herren auf der Rednerliste.

Es ist Schluß der Rednerliste beantragt. Ist die Versammlung damit einverstanden? (Zustimmung). Die vier gemeldeten Redner werden also noch zum Worte kommen. Ich spreche die dringende Bitte aus, sich kurz zu fassen.

Justizrat Dr. **Mamroth**, Breslau: Die beiden Herren Generalreferenten haben Resignation gegenüber dem Entwurf befürwortet, der eine gegenüber dem Wunsche der Verbindung der Reform des Strafprozesses mit der des Strafgesetzbuches, der andere gegenüber gewissen grundsätzlichen Fragen und Wünschen, die speziell die IKV. auf ihr Programm gesetzt hat. Ich lasse dahingestellt, ob dieser Resignationsstandpunkt der beiden Herren zu billigen, oder mit Exzellenz Hamm zu verwerfen ist. Aber nach einer Richtung dürfen wir nicht resignieren, nämlich nach derjenigen, aus welcher das ganze Bedürfnis nach Reform unseres Strafprozesses fließt. Wir befinden uns ja doch nicht auf dem Standpunkte eines Volkes, das sich zum ersten Male eine Strafprozeßordnung geben will, sondern wir haben seit 30 Jahren eine gesetzliche Kodifikation, aber wir haben auch seit 25 Jahren das ausgesprochene Bedürfnis, dieses Gesetz zu reformieren, d. h. umzugestalten, zu verändern. Nach welcher Richtung aber? Ich frage Sie, hat irgend jemand unter Ihnen die Klage gehört, daß unsere heutige Strafprozeßordnung nicht ausreichende Machtmittel gewährt, um energisch die Strafzwecke des Staates zu verwirklichen und den Schuldigen der gerechten Strafe zuzuführen? Ganz sicherlich nicht! Nein, aus dem entgegengesetzten Gesichtspunkte ist von jeher von Laien wie Juristen das Bedürfnis der Reform bejaht worden. Weil das bisherige Gesetz nicht die ausreichenden Garantien dagegen bietet, daß ein Angeklagter schuldlos verurteilt oder mit ungerechter Härte verurteilt wird, weil insbesondere die fünfgliedrige Strafkammer das weitgehende Vertrauen, das die Gesetzgebung in ihre unanfechtbaren tatsächlichen Feststellungen gesetzt hat, nicht ausreichend gerechtfertigt hat! Deshalb fehlt unserem jetzigen Verfahren das Vertrauen des Volkes, deshalb und nach dieser Richtung verlangt man seine Reform. Und in dieser Hinsicht dürfen wir keine Resignation üben und keine Konzessionen machen. Wenn ich mich aber frage, ob der jetzige Entwurf insoweit eine wesentliche Besserung bringt, so sage ich: «Nein!» Die Enttäuschung, die ich conform mit Herrn Geheimrat von Liszt beim ersten Durchlesen des Entwurfes empfunden habe, hat bei mir im Gegensatz zu ihm bei näherer Bekanntschaft fortgedauert und sich, ähnlich wie bei Herrn Landgerichtsdirektor Aschrott sogar erhöht, je weiter ich in die Einzelheiten eindrang. Soweit die mir zur Verfügung gestellte Zeit ausreicht, die für das, was ich auf dem Herzen habe, viel zu kurz ist, will ich versuchen, wenigstens summarisch zu markieren, warum im wesentlichen Alles zu Ungunsten des Angeklagten beim Alten bleibt.

Um beim Letzten, aber Wichtigsten anzufangen: Das Urteil. Und zwar das im Tatsächlichen endgültige. Heute wird es in den weitaus meisten Fällen von der erstinstanzlichen Strafkammer gefällt und zwei Stimmen genügen zur Freisprechung. Dabei soll es nach dem Entwurf einfach bleiben, insoweit es sich um die, genau ebenso wie jetzt die Strafkammer, organisierten, fünfgliedrigen Berufungssenate handelt. Insoweit aber die Berufung an das dreigliedrige Kollegium geht — und dieses wird bei der Verschiebung der Zuständigkeit an die Amtsgerichte nunmehr in besonders häufigen Fällen in Anspruch genommen — wird die Lage des Angeklagten verschlechtert, denn es ist natürlich weniger Chance unter drei Richtern zwei freisprechende Stimmen zu finden, als unter fünf Richtern.

Wie kommt aber dieses Urteil zustande? Auf Grund des Vorverfahrens bzw. der Voruntersuchung. Hier kann ich Bezug nehmen auf das, was bereits mehrfach Gegenstand der heutigen Erörterung war, es bleibt auch hier beim alten, und man hat nicht einmal die im jetzigen Verfahren oft vermißte Beschwerde gegen die Verfügungen des Untersuchungsrichters, insoweit sie die Anordnung seiner Voruntersuchung betreffen, gegeben. Denn eine solche Beschwerde ist heute nicht zulässig. Ich habe in einer Voruntersuchung, welche beinahe ein Jahr dauerte, vergeblich monatelang einen Untersuchungsrichter ersucht, einen Entlastungszeugen zu vernehmen, durch dessen Aussage die Sache eine völlig andere Beleuchtung erfahren hätte. Er hat es abgelehnt, und die Strafkammer hat auf meine Beschwerde erklärt, daß die Anordnung und Reihenfolge der Untersuchungshandlungen ein Internum der Voruntersuchung sei, für welche lediglich das Ermessen des Untersuchungsrichters entscheidet. Eine weitere Beschwerde gibt es nicht und soll es auch nach dem Entwurf nicht geben.

Auch hinsichtlich der Verhaftung enthält der jetzige Entwurf keine dem Angeklagten günstigere, seine Freiheit in erheblicherem Maße schützende Bestimmungen, und was nun vor allen Dingen die Stellung der Verteidigung im Vorverfahren betrifft, so ist die Ausbeute des Entwurfs eine wahrhaft klägliche. Es ist gesagt worden, daß er, ähnlich wie das Mädchen aus der Fremde, für jeden eine Gabe bringe, der Verteidigung hat er jedenfalls keine mitgebracht. Nach wie vor steht an der Spitze des betreffenden Abschnittes der vielversprechende Grundsatz, daß der Beschuldigte in jeder Lage des Verfahrens sich eines Verteidigers bedienen könne, nach wie vor ist aber in jeder Lage des Verfahrens der Verteidiger von der Ansicht, der mehr oder weniger mißtrauischen Art, der mehr oder weniger verteidigerunfreundlichen Gesinnung, schließlich von der guten Laune des Untersuchungsrichters abhängig. Dies gilt für die Akteneinsicht wie für den mündlichen und schriftlichen Verkehr mit dem Beschuldigten.

Bietet somit das Vorverfahren dem Angeklagten im neuen Entwurf keine größeren Garantien, als die bisherige Strafprozeßordnung, so ist es im Hauptverfahren noch schimmer. Denn in der Hauptverhandlung wird er des wesentlichsten Rechtes beraubt, das er überhaupt besitzt, richtig verstanden eigentlich des einzigen wirklichen Rechtes, das er hat. Denn überall sonst im Verfahren sind er und sein Verteidiger schließlich nur in der Lage Anträge zu stellen und das Ermessen des Gerichtes entscheidet darüber. In der bisherigen Hauptverhandlung aber gab ihm der § 244 das einzige erzwingbare Recht, die Vernehmung von Zeugen und Benutzung sonstiger Beweismittel zu verlangen, auch wenn das Gericht dies für überflüssig hielt und nicht wünschte. Dieses eigentliche Palladium des Angeklagten und seiner Verteidigung soll beseitigt werden. Die Zeit erlaubt mir nicht, im einzelnen darauf hinzuweisen, wie dieses wichtige Recht von dem neuen § 232 verwischt und verwässert werden soll.

Nur ganz kurz kann ich auch darauf hinweisen, daß ein anderes in der Praxis dringend hervorgetretenes Bedürfnis keinerlei Berücksichtigung gefunden hat, das Bedürfnis nämlich, eine neue Verhandlung, die im Wege der Revision nach Zurückverweisung der Vorinstanz, oder aber im Wideraufnahmeverfahren, als Erneuerung der Hauptverhandlung einzutreten hat, vor einem anderen Kollegium stattfinden zu lassen. Nicht eine selten — viel zu selten — angewandte Ausnahme müßte dies sein, sondern die Regel. Denn, meine Herren, man mag das allergrößte Vertrauen zu der Loyalität und Unbefangenheit eines Richterkollegiums haben, es ist gegen die Menschennatur, in einem neuen Verfahren über dieselbe Sache sich von dem früher gefaßten Urteil los zu machen. Besonders im Wiederaufnahmeverfahren wissen wir alle, daß, wenn es sich nicht gerade um faustdicke, nicht zu ignorierende, Nova handelt, das erstinstanzliche Gericht, von dem die Anordnung eines Wiederaufnahmeverfahrens verlangt wird, sich seinem früheren

Urteil gegenüber gewissermaßen in die Verteidigungsposition stellt. Die seltenen Wiederaufnahmeanträge, welche in einer beinahe 25jährigen Anwaltstätigkeit von mir durchgeführt werden konnten, sind ausnahmslos zunächst von dem erstinstanzlichen Gericht abgelehnt worden.

Und wie wenig in der Praxis hervorgetretene sonstige Beschwerden in dem neuen Entwurf Berücksichtigung gefunden haben, das zeigt auch der Mangel eines Versuchs, unser jetziges Zustellungswesen in irgendwelcher Weise zu modifizieren. Es soll bei dem ganz unbegreiflich überflüssigen und schwerfälligen Modus der Zustellung aller Ladungen durch die Staatsanwaltschaft bleiben, während doch jeder Gerichtsbeamte über die Umständlichkeit dieses Verfahrens klagt und jeder Verteidiger ein Lied davon singen kann, wie mißlich es ist, daß die Akten zwischen der Staatsanwaltschaft und dem Gerichte hin- und hergeschickt werden, und ihm bei der Weitläufigkeit der Gerichtsgebäude in den großen Städten und bei dem teilweise räumlichen Auseinanderliegen der Staatsanwaltschaften und der Gerichte in kleinen Städten, stundenlange Versäumnisse auferlegt, bevor er die hin- und hergesandten Akten findet. Und vor allem ist auch beibehalten die bisherige Zustellung der nicht verkündeten Entscheidungen der Gerichte an die Beteiligten. Manche Gerichte sehen ja allerdings auch in dem Verteidiger einigermaßen einen «Beteiligten» und halten es nicht für überflüssig, ihm den Beschluß auf den von ihm eingereichten Antrag zuzustellen. Andere Staatsanwaltschaften und Gerichte aber ignorieren nach wie vor den Verteidiger und stellen unter Umständen Entscheidungen, für deren Anfechtung eine nur einwöchentliche Frist läuft, einfach dem verhafteten Beschuldigten zu. In ungezählten Fällen wird dadurch in irreparabler Weise die sofortige Beschwerde gegen die Ablehnung eines Wiederaufnahmeantrages, oder sogar die Frist zur Rechtfertigung einer Revision versäumt.

Meine Herren, Sie werden vielleicht meinen, das sind eben Verteidigerschmerzen, die mit der Ausübung des Berufes unabänderlich verbunden sind, aber denken Sie daran, daß die Schmerzen des Verteidigers im wesentlichen auch die Schmerzen des Angeklagten sind, und lassen Sie auch aus diesem Gesichtspunkte die hier von mir gegebenen, ja nur flüchtigen und kurzen Anregungen, nicht unberücksichtigt.

Dr. jur. et rer. polit. **Richard Breithaupt**, Kassel. Im Gegensatz zu einem der Herren Vorredner bin ich nicht in der Lage, mich als unbedingten Anhänger der Bestrebungen des Herrn Oberbürgermeisters Dr. Adickes bekennen zu können, u. z. aus zwei sehr einfachen Gründen: 1) weil ich es für gefährlich halte, die Richtergewalt in Deutschland ins Ungemessene zu steigern, und 2) weil ich es nicht für ratsam erachten kann, die Anschauungen und Rechtseinrichtungen des Auslandes mechanisch auf unsere Verhältnisse zu übertragen. Unsere Rechtszustände müssen aus dem deutschen Volke von selbst herauswachsen, aus der deutschen Kultur erstehen.

Dem Herrn Oberbürgermeister Dr. Adickes bietet der Entwurf an Berufung zu viel, mir viel zu wenig. Ich halte besonders den § 99 der Novelle zum Gerichtsverfassungsgesetz für äußerst bedenklich. Er scheint mir schon aus dem Grunde unannehmbar, weil durch ihn ein geordneter Instanzenzug, der von einer einem Kulturvolke würdigen Strafrechtspflege gefordert werden muß, einfach durchbrochen wird, indem die Berufungsinstanz bei dem gleichen Landgericht gebildet, mit anderen Worten: die Sache unter Kollegen abgemacht werden soll.

Ebenso bedenklich erscheint es mir, obwohl ich Anhänger der Einrichtung der Schwurgerichte bin, daß nicht gegen deren Urteile die Berufung gewährt ist. Wer so etwas äußert, gilt als Revolutionär. Aber ich denke mit Bismarck: »Ueber juristische Zwirnsfäden stolpern wir nicht.« Es sollte sehr wohl eine Berufung gegen Schwurgerichtsurteile möglich sein. Sie wissen aus dem Fall des Barbiers Ziethen u. a., wie sehr die Schwurgerichte nach der Ansicht bedeutender Rechtsgelehrter, — ein guter Kenner des Falles befindet sich in unserer Mitte —, schon geirrt haben. Ich bin der Ansicht, daß eine Berufung gegen Schwurgerichtsurteile möglich ist, wenn den Geschworenen ein Urteilsfertiger — mag es nun ein Assessor oder ein Richter sein — beigegeben wird, der unter Billigung des Obmannes und zweier Geschworener deren Gründe feststellt und nachher vom Obmann mit unterschreiben läßt.

Sobald ein begründeter Urteilsspruch vorliegt, einerlei, von welchem Gerichte, ist eine Berufung möglich, da alle

Urteilssprüche, deren Gründe tatsächliche Feststellungen enthalten, diesem Rechtsmittel unterliegen können.

Noch aus einem anderen Grunde ist der Entwurf für mich unannehmbar: weil er keine Strafrichter vorsieht. Ich halte die Ausbildung von Fachrichtern für ein unbedingtes Erfordernis gemäß dem hohen Stande der gesamten Strafrechtswissenschaft. Es kann die Tätigkeit in der Strafjustiz nicht als Durchgangsstation für strebsame Juristen angesehen werden. Es muß das Institut der «Peinlichen Richter» erneuert werden, um so mehr, weil in Preußen in der großen — sogenannten »großen« — Staatsprüfung auf die Gebiete des Strafrechts nicht das genügende Gewicht gelegt wird.

Vorsitzender: Zwei Redner haben aufs Wort verzichtet. Damit ist die Diskussion erschöpft und zugleich die Verhandlung des ersten Gegenstandes: «Generalreferat über den Entwurf» erledigt in dem Sinne, wie ich vorhin bereits auseinandergesetzt habe, daß die Perspektive bleibt, am Schlusse der gesamten Verhandlungen eine Konzentration der Anschauungen der Landesgruppe zu den Fragen vorzunehmen.

(Die Sitzung wird mittags 2 Uhr auf eine Stunde vertagt.)

Nachmittagssitzung.

Beginn: 3 Uhr.

Vorsitzender: Meine Herren! Ich eröffne die Sitzung des heutigen Nachmittags.

Gegenstand der Beratung ist das Problem:

„Weitergehende Durchführung der Anklageform."

Referent ist Herr Geh. Hofrat Professor Dr. von Lilienthal.

Ich bemerke dazu, daß Thesen des Herrn Geheimrats von Lilienthal, die ein Resumé seiner Auffassung darstellen, hier gedruckt vorliegen. Sie sind den Herren wohl zum größten Teile schon bekannt; sie stehen gegebenenfalls noch weiterhin zur Verfügung.*)

*) Abgedruckt unten S. 126.

Bevor wir in die Beratungen eintreten, möchte ich noch mitteilen, daß unser jahrelanges treues Mitglied, Herr Geheimrat Krohne, wie er mir soeben schreibt, leider durch eine heftige Erkältung verhindert ist, an unseren Verhandlungen teilzunehmen. Er bittet sein Ausbleiben zu entschuldigen und ihn denjenigen Herren, die sich seiner erinnern, zu empfehlen. Er spricht die besten Wünsche für einen gedeihlichen Verlauf der Verhandlungen aus.

Wir sind gewiss alle mit lebhaftem Bedauern darüber erfüllt, daß Herr Geheimrat Krohne durch Unwohlsein verhindert ist, hier zu erscheinen, danken ihm für seine Wünsche und sprechen unsererseits die besten Wünsche für sein Wohlergehen aus. (Lebh. Bravo!)

Ich habe dann ferner mitzuteilen, daß hier eine Anzahl Exemplare des Programms über den zweiten internationalen Kurs der gerichtlichen Psychologie und Psychiatrie zu Gießen, der vom Dienstag, den 13. bis Sonntag, den 18. April 1909 abgehalten wird, aufliegt. Der Herr Kollege Sommer war so gütig, diese Programme zu übergeben, die denjenigen Herren, die sich dafür interessieren, hier meinerseits zur Verfügung gestellt werden.

Ich darf nunmehr wohl den Herrn Referenten bitten, das Referat gütigst erstatten zu wollen.

Referent Geh. Hofrat Professor Dr. **von Lilienthal**, Heidelberg: Meine Herren! Als im Anfang des vorigen Jahrhunderts die Bestrebungen, die auf die Reform des Strafprozesses gerichtet waren, begannen, hatten sie es mit einem Verfahren zu tun, das als Inquisitionsprozeß bezeichnet wurde, und das ja tatsächlich ein Zerrbild der Gerechtigkeit darstellte. Es kann nicht im mindesten verwundern, daß diesem Inquisitionsprozesse dann der Akkusationsprozeß als das erstrebenswerte Ideal entgegengestellt wurde.

Einen Hauptfehler des Inquisitionsprozesses fand man in der ungenügenden Stellung des Beschuldigten. Der Beschuldigte war in diesem Prozesse ganz zweifellos Objekt des Verfahrens, und man erwartete nun alles Heil davon, daß man ihn zum Subjekt des Verfahrens machen wollte. Man wollte den alten Inquisitionsprozeß in einen Parteienprozeß verwandeln.

Daß nun ein Parteienprozeß aus dieser Strafprozeßreform nicht hervorgegangen ist, darüber kann wohl kein Zweifel bestehen. Aber eben deshalb wird auch heute noch sehr häufig die Forderung erhoben, es müsse unser Strafprozeß zu einem Parteienprozesse werden. Wenn diese Forderung einen ernsthaften Sinn haben soll, so kann sie nur bedeuten, daß unser Strafprozeß zu einem Zivilprozeß werden, die Grundsätze des Zivilprozesses auch für den Strafprozeß maßgebend sein sollen. Ich halte das nach wie vor für unmöglich, und zwar einfach deshalb, weil in dem Strafprozesse, nach deutscher Anschauung wenigstens, die Erforschung der Wahrheit die Hauptaufgabe ist. Wenn man materiell die Wahrheit feststellen will, so kann man das nur auf Grund einer Untersuchung tun, und so wird, wenn wir es mit diesem Ausdrucke ernst nehmen wollen, der Grundcharakter des Strafprozesses ein inquisitorischer bleiben müssen.

Ich möchte mich dabei nun ausdrücklich dagegen verwahren, als ob ich darunter verstehe, daß dieser Inquisitionsprozeß die geringste Ähnlichkeit mit dem alten schriftlichen Prozesse haben muß. Im Gegenteil! Der Prozeß kann ganz anders gestaltet werden. Nur daran müssen wir festhalten, daß die Erforschung der Wahrheit auf Grund einer Untersuchung vor sich gehen muß. Den Weg zur Feststellung der Wahrheit, den der Inquisitionsprozeß einschlug, haben wir im allgemeinen, wenigstens für die Hauptverhandlung, vollständig verlassen. Wir sind heute alle davon überzeugt, daß der Wahrheit am besten gedient wird, wenn vor einem erkennenden Gerichte die Tatsachen vom Standpunkte der Anklage und der Verteidigung aus vorgeführt und diskutiert werden und wenn das Gericht darüber entscheidet, nachdem es etwaige Lücken der Beweiserhebung ergänzt hat. Das letztere ist ganz zweifellos ein Gedanke des Untersuchungsprozesses, dem wir vielleicht, jedenfalls in den Augen des Publikums, ein Unrecht tun, wenn wir ihn als einen inquisitorischen bezeichnen, aber ein Gedanke, auf den wir nach meiner Überzeugung des Namens halber nicht verzichten dürfen. Wir können dem Gerichte nicht das Recht absprechen, daß es auch seinerseits Beweiserhebungen anordnen, erhobene Beweise vervollständigen kann, wenn ihm das zur Gewinnung seiner Überzeugung notwendig erscheint. Wollten wir das tun, so leisteten wir der Wahrheitserforschung einen sehr schlechten Dienst, und wir würden dem Beschuldigten in sehr vielen Fällen damit einen ganz beträchtlichen Schaden zufügen. Darüber sollte, glaube ich, Einigkeit bestehen.

Es ist mir ja wohl bekannt, daß auch in dieser Beziehung andere Anschauungen vertreten werden, und man kann ja zweifellos die Anschauung vertreten, daß der Richter auch im Strafprozesse nichts anderes sein soll, als die Instanz, die über das Vorbringen der Parteien entscheidet. Aber wie sich unser Prozeß gestaltet hat und wie sich unsere Ansprüche an den Prozeß gestalten, halte ich diesen Weg für schlechthin unbeschreitbar. Ich glaube, wir werden nach wie vor nicht darauf verzichten dürfen, daß in der Hauptverhandlung eine Ergänzung der Beweiserhebung im Interesse der Feststellung der materiellen Wahrheit möglich sein muß. Darüber dürfte aber auch ein sehr lebhafter Streit kaum entbrennen; denn wie immer das Verfahren sich gestalten mag — so viel ich weiß, gilt es auch vom englischen Rechte —, es hat der Richter auf die eine oder andere Weise immer wieder das Bestreben, wenn ihm die Sache noch nicht klar genug ist, seinerseits zu ihrer Klarstellung beizutragen.

Eine viel wichtigere Frage ist, wie wir das Vorverfahren gestalten sollen, und hier tritt uns nun sofort sehr lebendig die Frage entgegen: Können wir ein Vorverfahren auf akkusatorischer Grundlage aufbauen? Formell ist das gewiß möglich, und formell würde dem Prinzip durchaus genügt sein, wenn wir das Vorverfahren ausschließlich in die Hände des Staatsanwalts legen, wenn wir die Voruntersuchung beseitigen. Das ist eine Forderung, die von der IKV. stets aufrecht erhalten worden ist, eine Forderung, die Sie noch heute morgen als eine der wesentlichsten haben bezeichnen hören, eine Forderung, auf der ich auch nach wie vor als einer außerordentlich wichtigen beharren würde. Außerordentlich wichtig allerdings in meinen Augen hauptsächlich deshalb, weil eine schwer erträgliche Vergeudung von Kraft und Zeit eintritt, wenn wir zunächst den Staatsanwalt und dann den Untersuchungsrichter mit den Erhebungen beauftragen. Dagegen halte ich es für ziemlich gleichgültig, wie die Person heißt, die die Erhebungen vornimmt. Nicht darauf kommt es an, ob wir den Herrn als «Herr Untersuchungsrichter» oder ob wir ihn als «Herr Staatsanwalt» anreden; nur das würde für mich Wert haben, daß nicht dasselbe zweimal und womöglich dreimal in demselben Verfahren geschieht, ehe es zur Hauptverhandlung kommt. Aber mit Rücksicht darauf, daß eben der Unterschied zwischen einem staatsanwaltschaftlichen Ermittlungsverfahren und einer Voruntersuchung sachlich nicht groß ist, und andererseits mit Rücksicht darauf, daß die Voruntersuchungen im heutigen Verfahren verhältnismäßig stets eine geringere Rolle gespielt haben und daß wohl auch in dem Verfahren auf Grundlage des Entwurfs die Zahl der Voruntersuchungen nicht in das Ungemessene wachsen dürfte, erscheint mir die andere Frage viel wichtiger: Wie können wir die Stellung des Beschuldigten in dem Vorverfahren sichern?

Es ist auch heute morgen wieder in Anlehnung an das englische Recht davon gesprochen worden, daß wir ein Vorverfahren akkusatorisch gestalten könnten. Ich halte das nach wie vor, auch auf Grund der Berichte der Herren, die das Verfahren in England kennen gelernt haben, für eine absolute Unmöglichkeit. Es gibt kein akkusatorisches Untersuchungsverfahren, sondern eine Untersuchung kann immer nur von einem einzelnen Menschen geführt werden. (Sehr richtig!) Das einzige, was wirklich geschehen kann, ist, daß die Ergebnisse dieser Untersuchung nunmehr in Gegenwart des Beschuldigten rekapituliert werden, und darauf kommt jedenfalls auch die Parteienöffentlichkeit hinaus, die so häufig als eine Forderung für das Vorverfahren aufgestellt worden ist.

Was man in England von unserem Standpunkt aus als akkusatorische Voruntersuchung bezeichnet, ist tatsächlich doch nichts als eine Verhandlung — nun, wenn Sie wollen: über den Eröffnungsbeschluß, eine Verhandlung, die dann freilich im summarischen Verfahren auch zur Verurteilung führen kann. Inwieweit das, was in England der Fall ist, für uns verwertet werden könnte, das steht, glaube ich, auf einem anderen Blatte; darauf kann ich wenigstens hier nicht des näheren eingehen.

Ich glaube, wir werden daran festhalten müssen, daß das Vorverfahren dasjenige Stadium des Prozesses ist, in dem die

Beweise gesammelt werden sollen, mit denen die Beteiligten für die Hauptverhandlung ausgerüstet sein müssen, und darum glaube ich, daß wir davon auszugehen haben, daß das Vorverfahren dazu bestimmt ist, die Anklage, aber auch zugleich die Verteidigung, für die Hauptverhandlung vorzubereiten.

Und nun fragen wir uns: Ist dieser Anforderung der genügenden Vorbereitung für die Anklage und für die Verteidigung in unserem heutigen Vorverfahren Rechnung getragen worden? Wenden wir uns dabei zunächst zur Staatsanwaltschaft, so werden wir wohl unbedingt anerkennen müssen, daß die Staatsanwaltschaft sich in der Tat genügend vorbereiten könnte. Sie kann alle Ermittlungen anstellen, die ihr gut scheinen, und dennoch kommt es sehr häufig vor, daß die Staatsanwaltschaft nicht nur für die Hauptverhandlung, sondern daß sie auch für jede ihrer Entscheidungen nicht genügend vorbereitet ist; denn für die Entscheidungen der Staatsanwaltschaft gilt ganz genau dasselbe wie für die Entscheidungen des erkennenden Richters: sie geben eine Gewähr für die Richtigkeit nur dann, wenn sie auf eigenen Wahrnehmungen beruhen, und das ist heute regelmäßig nicht der Fall (Geheimrat Professor Dr. von Liszt: Sehr richtig!). Wie im früheren Inquisitionsprozesse — gestatten Sie mir, diesen Ausdruck «Inquisitionsprozeß» ohne alle theoretischen Bedenken lediglich zur Bezeichnung des ja uns allen bekannten veralteten Verfahrens in dem schriftlichen Geheimprozesse zu benutzen — der Richter nur die Untersuchungsakten las, ausschließlich darauf angewiesen war, was ihm das Untersuchungsgericht vorlegte, so liest heute der Staatsanwalt ganz regelmäßig nur die Berichte der Polizeibeamten (Geheimrat Professor Dr. von Liszt: Sehr gut!).

Nun liegt es mir außerordentlich fern, irgend etwas gegen unsere Polizeibeamten sagen zu wollen. Die Polizeibeamten erfüllen gewiß ihre Pflichten nach bestem Wissen und Gewissen. Aber was ich ihren Berichten vorzuwerfen habe, das liegt in der Natur der Sache. Wie kommt denn ein solcher Bericht zustande? Der Polizist geht hin und vernimmt die verschiedenen Personen, auf die es ihm ankommt. Was ihm von den Antworten wichtig erscheint, verzeichnet er sich in seinem mehr oder minder dicken Notizbuche, und dann geht er nachher auf sein Bureau und schreibt einen Bericht, der so gut stilisiert ist, wie ihm das seine Verhältnisse erlauben (Heiterkeit), der aber ganz sicher darauf berechnet ist, die Sache möglichst klar und einfach darzustellen (Heiterkeit).

Ja meine Herren, wie sich aber der Bericht nun tatsächlich zur Wahrheit verhält, das ist das Geheimnis der Polizei. Wir sehen ein sehr klares Bild; die Sache sieht, wenn wir den Polizeibericht lesen, wunderschön aus. Wieviel aber dahinter steckt, wie lange Befragungen stattgefunden haben, ehe dieses klare Bild gewonnen worden ist, davon wissen wir nichts. Auch der bestgläubige Bericht kann dem Übelstande nicht abhelfen, daß er uns immer wieder nur die Auffassung des Polizeibeamten, niemals aber die Tatsache selbst wiedergibt (Sehr richtig!). Darum würde ich es für eine sehr wesentliche Forderung für unser Vorverfahren halten: Es soll sich die Staatsanwaltschaft persönlich unterrichten, ehe sie die Anklage erhebt. Das ist durchaus kein revolutionärer Gedanke; denn auch die Verfasser des Entwurfs haben diesen Gedanken eigentlich aufgestellt. Sie haben das allerdings in einer Weise getan, die mir nicht ganz einwandfrei erscheint. Sie haben den Wunsch ausgesprochen, daß die Staatsanwaltschaft das tun möge. Sie haben aber diesen Wunsch in einer so außerordentlich bescheidenen Form ausgedrückt (Heiterkeit), daß ich nicht ganz sicher bin, ob man ihn verstehen wird (Heiterkeit).

Wenn Sie sich den § 162, 2 des Entwurfs ansehen, so ist es eigentlich ein einziges Wort, auf das es ankommt. Es heißt da im Absatz 2: «Zu diesem Zwecke (nämlich zur Feststellung des tatsächlichen Materials) kann die Staatsanwaltschaft usw. Auskunft verlangen.» Sie kann auch «Ermittlungen jeder Art, mit Ausschluß eidlicher Vernehmungen, anstellen oder auch durch die Behörden des Polizei- und Sicherheitsdienstes anstellen lassen.» Dieses «auch» ist die einzige Abweichung vom geltenden Recht.

Nun gebe ich zu, daß es eine juristische Feinheit darstellt (Heiterkeit), mit so geringen Mitteln einen großen Erfolg zu erzielen (Heiterkeit). Aber ob alle Leute diese juristische Feinheit verstehen werden — ich weiß es nicht. Mir persönlich wäre es lieber gewesen, wenn in diesem Falle hinzugesetzt worden wäre: «in besonders einfachen Fällen.» Solche besonders einfachen Fälle gibt es ja glücklicherweise auch. Ich kann mir sehr wohl denken, daß dann, wenn der Beschuldigte geständig ist, wenn man ihn auf begangener Tat ergriffen hat, der Polizeibericht vollständig genügt. Aber es gibt auch sehr viele Fälle, bei denen die Sache ganz anders liegt.

Darum würde ich mir die Gestaltung des Verfahrens so denken, daß die Polizei der Staatsanwaltschaft unter allen Umständen den Bericht zu erstatten hat. Ganz kurz! «Das ist geschehen; der und der ist verdächtig. Inzwischen haben wir die und die Personen vernommen, und dabei ist ungefähr das und das herausgekommen.» Daraufhin hat nun der Staatsanwalt zu prüfen, ob er selbst einschreiten oder ob er das weitere Verfahren der Polizei überlassen will; und nach meiner Ansicht würde auch hier das schriftliche Verfahren hinter dem mündlichen an Wirksamkeit zurückstehen. Wenn sich der Staatsanwalt — wie das z. B. in Baden schon, wenn auch nur in beschränktem Umfange, üblich ist — von seinen Beamten regelmäßig einen Rapport erstatten ließe, so würde ihm diese mündliche Berichterstattung wahrscheinlich ein viel klareres Bild darüber geben, was er im einzelnen Falle tun soll, als das heutige schriftliche Verfahren.

Ich halte es für außerordentlich wesentlich, daß der Staatsanwalt selbst einschreitet. Wie er sich nun die Notizen über die Aussagen der Zeugen verschafft, das würde mir ziemlich gleichgültig erscheinen. Ich glaube, man kann ihm die volle Verantwortung dafür überlassen. Ob er ein Protokoll aufnehmen, ob er einen kurzen Aktenvermerk machen will, das ist seine Sache. Nur für einen einzigen Akt würde ich in dem Gesetz eine möglichst ausführliche Protokollierung vorschreiben, nämlich für die Vernehmung des Beschuldigten. W a n n er den Beschuldigten vernehmen will, das ist seine Sache. Ich gebe durchaus zu, daß es richtig sein wird, ihn unter Umständen sehr früh zu vernehmen. Dann kann diese Vernehmung eine rein informatorische sein. Aber es muß einmal der Moment kommen, wo sich der Verdacht gegen ihn so sehr kondensiert hat, daß man ihm nunmehr vorhalten kann: «Diese und jene Punkte sprechen gegen Dich; auf Grund dieser Punkte will ich eine Anklage gegen Dich erheben. Was hast Du dagegen einzuwenden?»

Über diese Verhandlung muß ein Protokoll aufgenommen werden, aus dem hervorgeht, daß dem Beschuldigten die sämtlichen Belastungsmomente mitgeteilt worden sind, daß er aufgefordert ist, Rede zu stehen. Es würde da der § 109 für die staatsanwaltschaftliche Vernehmung durchaus maßgebend sein können: «Wird der Verdächtige als Beschuldigter vom Richter vernommen, so ist ihm zu eröffnen, welche Tat ihm zur Last gelegt wird und welches Strafgesetz Anwendung findet. Hat sich bei einer späteren Vernehmung der rechtliche Gesichtspunkt verändert, so soll der Beschuldigte hierauf hingewiesen werden. Bei der ersten Vernehmung des Beschuldigten ist ferner auf die Ermittlung seiner persönlichen Verhältnisse Bedacht zu nehmen. Die Vernehmung soll dem Beschuldigten Gelegenheit geben, die gegen ihn vorliegenden Verdachtsgründe zu beseitigen und die zu seinen Gunsten sprechenden Tatsachen geltend zu machen. Der Beschuldigte ist auf die ihn belastenden Umstände hinzuweisen und zu befragen, ob er auf die Beschuldigung etwas erwidern wolle. Ist er hierzu bereit, so ist er zu veranlassen, sich im Zusammenhange zu äußern. Macht er Tatsachen geltend, die zu seinen Gunsten sprechen, so ist er zur Bezeichnung der Beweismittel aufzufordern. Im Protokoll ist anzugeben, inwieweit der Beschuldigte die ihn belastenden Umstände zugestanden oder bestritten hat, welche Tatsachen er zu seiner Entlastung geltend gemacht und welche Beweismittel er bezeichnet hat.»

Meine Herren! Auch mit dieser Forderung, daß das die Regel für das staatsanwaltschaftliche Verfahren werde, stehe ich nicht allein, sondern auch hier bin ich in der außerordentlich angenehmen Lage, mich auf die Begründung des Entwurfs berufen zu können. Aber auch hier wieder habe ich das Bedenken, daß man doch das Prinzip der Kraftersparnis bei dem Entwurf etwas weit getrieben hat. Es wird daraus, daß der § 109, der von der richterlichen Vernehmung spricht, soweit vorn steht, geschlossen, daß ihn nunmehr auch die Staatsanwälte anwenden müßten (Heiterkeit). Es ist möglich, daß sie diese Konsequenz ziehen. Ich würde es nicht für ganz unmöglich halten, das Gegenteil daraus zu folgern; denn wenn in dem Gesetze zwischen richterlicher und nichtrichterlicher Vernehmung unterschieden wird und für die richterliche Vernehmung bestimmte Vorschriften gegeben werden, so würde es sich nach allgemeinen Auslegungsgrundsätzen sehr wohl verteidigen lassen, daß diese Grundsätze eben für die nichtrichterlichen Vernehmungen nicht gelten (Geheimrat Prof. Dr. von Liszt: Sehr richtig!). Daß ihre Anwendung verboten ist, davon steht ja im Gesetz auch nichts. Aber ob der Staatsanwalt das für ihn nicht immer bequeme Verfahren wirklich einschlagen würde, das ist bei einem Fehlen einer positiven Vorschrift des Gesetzes immerhin sehr fraglich.

Im Übrigen ist ja in dem Entwurf gesagt, allerdings nicht für das Verfahren vor den Amtsgerichten (§ 201), daß dem Angeschuldigten, wenn es nicht zu einer Voruntersuchung gekommen ist, am letzten Ende eine solche Vorhaltung vor dem Staatsanwalte gemacht werden muß. Das sagt der § 202 des Entwurfs, und ich halte den § 202 des Entwurfs für eine außerordentlich dankenswerte Neuerung. Ich glaube aber nur, daß diese Bestimmung in dem eben erwähnten Sinne, sagen wir also kurz: in dem Sinne des § 109, weiter ausgebaut werden kann, aber auch ausgebaut werden muß.

Dann, meine Herren, würde sich der Staatsanwalt für die Hauptverhandlung genügend vorbereitet haben, und es würde dann das wegfallen, was heute tatsächlich, nach meiner Auffassung im Gegensatz zu der Meinung des Gesetzes, die Regel bildet: daß nämlich der Staatsanwalt in der Hauptverhandlung in all den Fällen, in denen die Sache nicht sehr wichtig ist (abgesehen von den schwurgerichtlichen Verhandlungen), in den meisten Strafkammersachen, lediglich durch seine Anwesenheit wirkt. Er ist da. Das ist auch das Einzige, was man von ihm sagen kann. Es ist jedem Praktiker ein geläufiges Bild, daß der Staatsanwalt einen Stoß Akten vor sich hat, den er erledigt, daß im Laufe der Verhandlung der Diener kommt, die alten Akten wegholt und neue hinlegt (Heiterkeit). Am Schlusse der Verhandlung steht dann der Staatsanwalt auf und murmelt etwas (Heiterkeit), aus dem man mit gutem Willen entnehmen kann, daß er die Verurteilung des Angeklagten beantragt (Heiterkeit und Oho!). Alles andere besorgt der Vorsitzende. Daß der Staatsanwalt da ist, schreibt das Gesetz vor. Daß er mitwirkt, liegt nach meiner Ansicht in der Natur der Sache. Aber tatsächlich — ich glaube nicht zu übertreiben — tut er es in den meisten Strafkammersachen nicht. Es geht ja auch so (Heiterkeit). Aber dann ist allerdings von einer akkusatorischen Form der Hauptverhandlung in der Tat nicht mehr die Rede.

Das würde sich vollständig ändern, wenn der Staatsanwalt überhaupt bei der Sache interessiert wäre. Heute — ich weiss nicht, wie die Praxis an anderen Gerichten ist; meine praktischen Kenntnisse sind ja nur auf ein einziges Gericht beschränkt, auf ein Gericht, das aber mit recht tüchtigen Juristen besetzt ist — liegt die Sache so, daß der Staatsanwalt die Sache von Anfang an gar nicht in den Händen gehabt hat, daß er die Akten häufig unmittelbar vor dem Prozesse bekommen hat. Ich entsinne mich eines Falles, wo der Staatsanwalt den neben ihm sitzenden Richter fragte, als ein Zeuge nach dem andern kam, der eigentlich die Anklage widerlegte: »Na, wann kommen denn die Belastungszeugen?« (Heiterkeit.) Das waren alles die Zeugen, die er vorgeladen hatte (Heiterkeit). Ich konnte es dem Herrn gar nicht verdenken; er hatte am Abend vorher die Akten bekommen, und es war ein ziemlich komplizierter Fall.

Das ist natürlich nicht der Wille des Gesetzes, und das könnte geändert werden. Dazu bedürfte es nur weniger Federstriche. —

Ganz anders steht es mit dem Beschuldigten. Die Vorbereitung des Beschuldigten auf die Hauptverhandlung liegt heute noch im Argen, und da, meine Herren, kommen wir mit dem akkusatorischen Prinzip nicht um einen Schritt weiter. Es kommt darauf an, daß er die Beweise sammelt, nicht darauf, daß die gesammelten diskutiert werden. Ich halte es nicht einmal für richtig, wenn man die Beweise zuerst in der Voruntersuchung, dann in der Hauptverhandlung und dann im Berufungsverfahren diskutiert. Das halte ich allerdings auch für eine vollständige Zeitvergeudung. Aber ich halte es für keine Zeitvergeudung, wenn man dafür sorgt, daß die Beweise, die der Beschuldigte vorzubringen hat, in der Hauptverhandlung zur Stelle geschafft worden sind. Dadurch werden eine Menge tatsächlicher Verschleppungen verhütet.

Damit steht es aber heute sehr schlecht. Freilich, der Beschuldigte könnte ja auch eine Gegenuntersuchung führen.

Ich will zugeben, daß das Gesetz das nicht gerade verbietet. Solange aber unsere Anschauungen über Kollusionshaft bestehen, würde ich ihm das als Verteidiger nicht raten; denn wenn er sich erst einmal bei einigen Zeugen erkundigt hätte, was sie eigentlich gesagt haben, dann würde er schnell hinter Schloss und Riegel sitzen (Zustimmung und sehr wahr).

Ich halte es also für die erste Forderung, die aufgestellt werden muß — wenn Sie wollen: für eine präparatorische Forderung — daß man dem Beschuldigten seine Freiheit nur in den Fällen entzieht, in denen das absolut notwendig ist. Ich gebe zu, es gibt solche Fälle. Wir haben heute Morgen gehört, wie sich das Verfahren in Haftsachen etwa gestalten kann. Es ist auch möglich — das muß ich zugeben — daß die Kollusionsgefahr zu tatsächlichen Kollusionsversuchen geführt hat, die unterbunden werden müssen. Im großen ganzen aber stehe ich vollständig auf dem Standpunkte des Herrn Landgerichtsdirektors Aschrott: man überschätzt die Kollusionsgefahr, und ich möchte noch eins hinzufügen: man überschätzt die Möglichkeit, sie durch die Untersuchungshaft zu beseitigen (Sehr richtig). Es gibt immer Leute, die Kollusionen für den Angeklagten besorgen, vielleicht besser, als er das selbst getan hätte.

Die zweite Forderung ist ebenfalls eine präparatorische. Auch auf diese zweite Forderung kann ich hier nur mit wenigen Worten eingehen. Es ist die ausgiebige Verteidigung. Es läßt sich gegen die Bestimmungen des Entwurfs über den Umfang der Zulässigkeit der Verteidigung absolut nichts einwenden. Hier ist der Standpunkt so liberal, wie er irgend sein kann.

Ja, meine Herren, wer kann denn aber in den ersten Stadien des Verfahrens einen Verteidiger nehmen? Doch nur der verhältnismäßig sehr gut situierte Beschuldigte. Der andere ist wehrlos; der andere hat keinen Verteidiger, und darum glaube ich, daß die Fälle der Amtsverteidigung sehr wesentlich ausgedehnt werden müssen. Die Art und Weise, wie das geschehen könnte, ist ja auch kein jungfräuliches Gebiet. Darüber ist schon außerordentlich viel gesprochen worden, und ich würde es wie gesagt für eine Zeitvergeudung halten, hier auf diesen Punkt näher einzugehen. Ich begnüge mich damit, es als eine notwendige Voraussetzung für eine richtige Gestaltung des Vorverfahrens zu bezeichnen, daß der Angeschuldigte in dem Vorverfahren genügend verteidigt sein, also einen Amtsverteidiger bekommen muß, wenn er ihn sich nicht selbst bestellen kann.

Nun aber kommt das Wichtigste. Wie soll der Beschuldigte seine Beweise sammeln! Daß es nicht wohlgetan wäre, eine kleine Gegenuntersuchung anzustellen, habe ich schon hervorgehoben. Aber selbst wenn wir die Kollusionshaft auf das Äußerste beschränken, so würde doch stets der Beschuldigte, selbst der Beschuldigte, der sich einen Verteidiger leisten kann, mit seinen Machtmitteln gegenüber der Staatsanwaltschaft hilflos sein. Die Staatsanwaltschaft überragt ihn in der Möglichkeit der Beweisaufnahme so sehr, daß es hier eines Ausgleiches bedarf, und dieser Ausgleich kann nun in verschiedener Weise geschehen.

Meine Herren! Das Grundprinzip wird sein, daß die Behörde Unterstützung bei der Sammlung des Entlastungsmaterials zu leisten hat. Auch das ist ja kein unserm Gesetze fremder Gedanke. Im Gegenteil, es ist ein Gedanke, der aus dem alten Inquisitionsprozeß übernommen worden ist und der in diesem alten Prozesse zu einer ganz unerträglichen Uebertreibung gediehen ist: der Gedanke, daß die Staatsanwaltschaft die materielle Verteidigung zu übernehmen hat. Früher war es nicht der Staatsanwalt, früher war es der Untersuchungsrichter, der die materielle Verteidigung hatte. Heute hat sie der Staatsanwalt. Selbstverständlich ist es seine Pflicht, alle Erhebungen zu machen, die ihm zur Feststellung der Wahrheit erforderlich erscheinen. Aber darüber hinaus gibt es noch eine Menge Erhebungen, die im Interesse der Verteidigung wünschenswert sind. Daß aber diese Erhebungen mit Hilfe der Behörde gemacht werden, ja, daß die Behörde offiziell von diesen Wünschen Kenntnis erlangt, davon ist heute nicht die Rede.

Ein zweiter Weg ist möglich, nämlich der Weg, daß man den Beschuldigten bei der Beweiserhebung beteilige und daß man ihm namentlich rechtzeitig von dem gegen ihn vorhandenen Entlastungsmaterial Kenntnis gebe. Bekanntlich hat der

Entwurf diesen Weg beschritten, beschritten allerdings nur für die Fälle der richterlichen Vernehmung. Nun ist eine richterliche Vernehmung im Vorverfahren ja in jedem Augenblick als Untersuchungshandlung auf Antrag der Staatsanwaltschaft möglich. Sie ist auch bei dem Verfahren in Haftsachen vorgeschrieben. Daß das Letztere wirklich dem wahren Interesse des Beschuldigten diene, ist mir zweifelhaft, zweifelhaft einfach deshalb, weil es sich bei der Verhaftung doch im wesentlichen um die Haftgründe und nicht die Verpflichtung des Richters zur Beweisaufnahme handelt. In dem betr. Paragraphen des Entwurfs — es ist, glaube ich, der § 171 — ist die Sache ganz genau ebenso formuliert wie in dem § 164 der jetzigen Strafprozeßordnung, d. h. es sind die Fälle beschränkt worden. Der Richter hat die Beweise zu erheben, »wenn der Beweis erheblich erscheint und der Verlust des Beweismittels zu befürchten ist oder wenn die unter Beweis gestellte Tatsache die Freilassung des Beschuldigten begründen kann.«

Ja, das genügt nicht. Das sind nicht alle Beweise, die erhoben werden sollen. Und doch ist die Vernehmung in Haftsachen häufig die einzige richterliche Vernehmung, die tatsächlich vorkommt. Denn warum der Staatsanwalt sonst richterliche Vernehmungen, abgesehen natürlich von den eidlichen, anordnen sollte, das ist nicht recht einzusehen, wenn er sie selbst vornehmen kann, und selbstverständlich hängt es ganz von seinem Ermessen ab, ob er das tun will.

Ich glaube, diese Regelung durch den Entwurf erklärt sich auch nur daraus, daß man auch bei dem Entwurfe davon ausgegangen ist: die Voruntersuchung soll möglichst häufig eintreten. Ich weiß nicht, ob man dabei unter der Herrschaft des Gedankens gestanden hat, der in der Reformkommission eine große Rolle gespielt hat, nämlich des Gedankens, daß die Voruntersuchung ein Schutzmittel für den Beschuldigten sei. Ich halte das für gar nicht unmöglich, und es würde heute die Voruntersuchung, die eine ganze Menge von Vorteilen für den Beschuldigten bietet, in der Tat seine Stellung verbessern. Das hängt aber nicht mit der Voruntersuchung zusammen, und alle diese Verbesserungen, die möglich sind, könnten auch gerade so gut bei dem staatsanwaltschaftlichen Verfahren eintreten.

Nun ist weiter in dem Entwurfe — und der Entwurf legt darauf großen Wert — die Parteienöffentlichkeit in verhältnismäßig sehr weitem Umfange durchgeführt. Der Entwurf geht darin sehr weit, aber allerdings — und ich gebe zu, daß das notwendig ist — nicht ohne erhebliche Verklausulierung. Sie ist notwendig, weil sie in der Natur der Sache liegt. Es kann der Richter gestatten, daß der Verteidiger bei der ersten Vernehmung des Beschuldigten zugegen ist. Das ist eine Institution, die das französische Recht schon lange kennt. Das französische Recht gestattet es nicht nur, sondern schreibt es bei Strafe der Nichtigkeit vor. Es gestattet aber zugleich, daß der Beschuldigte seinen Verteidiger dispensiert, und nach den Mitteilungen, die gerade im Schoße der IKV. von französischen Juristen gemacht worden sind, dispensieren die meisten Angeklagten ihre Verteidiger von dieser Pflicht. Die Sache hat eben keinen großen Wert. Denn der Verteidiger ist zu einer passiven Assistenz bei der Vernehmung verurteilt. Er sitzt dabei. Nun, was ihm der Beschuldigte mitteilen will, das erfährt er ja von ihm privatim vollständig genügend. Ich halte es nicht einmal für einen wesentlichen Vorteil, daß der Verteidiger hört, wie der Beschuldigte den Richter anlügt. Das Einzige, was sich anführen ließe, wäre: daß der Verteidiger in die Lage kommt, das System des Untersuchungsrichters früh kennen zu lernen und, wenn er genügend Erfahrung besitzt, die schwachen Punkte in diesem System zu erkennen. Ja, dem Richter sind diese schwachen Punkte meist auch nicht verborgen, und wenn sie erheblich schwach sind, so wird er den Verteidiger ganz gewiß nicht zulassen — denn dazu zwingt ihn das Gesetz nicht — und ich glaube, er würde ihm den Zutritt mit vollem Rechte verweigern; schließlich hat er ja doch die Pflicht, die Wahrheit festzustellen, und der Verteidiger könnte das durchkreuzen.

Es ist aber auch für den Beschuldigten kein wirklicher Vorteil. Denn wenn der Beschuldigte nun etwa in einem zweiten Verhör seine Aussagen ändert, was ja erfahrungsgemäß sehr häufig vorkommt, ohne gerade ein Beweis für die Schuld des Vernommenen zu sein, dann wird man das auf den Einfluß der Verteidigung zurückführen, und es wird das dem Beschuldigten in sehr vielen Fällen schaden. Ich glaube, daß sich zum mindesten die Vorteile und die Nachteile dieser Anwesenheit des Verteidigers die Wage halten.

Etwas anders steht es mit der Anwesenheit des Beschuldigten und seines Verteidigers bei den Vernehmungen der Zeugen. Sie finden die betreffenden Bestimmungen in den §§ 168 ff. Der Richter kann hier nicht, sondern er soll — der Entwurf sagt: er hat — die Anwesenheit zu gestatten, «soweit nicht eine Gefährdung des Untersuchungszwecks zu befürchten ist. Wird die Anwesenheit versagt, so ist auch die Staatsanwaltschaft zur Anwesenheit nicht berechtigt. Die Gründe für die Versagung sind zu den Akten zu vermerken. Erfolgt die Vernehmung, weil dem Zeugen oder Sachverständigen das Erscheinen in der Hauptverhandlung voraussichtlich nicht möglich oder besonders erschwert sein wird, so darf die Anwesenheit dem Beschuldigten und dem Verteidiger nicht versagt werden. Der Beschuldigte kann stets von der Anwesenheit bei der Vernehmung eines Zeugen ausgeschlossen werden, wenn zu befürchten ist, daß in seiner Gegenwart der Zeuge die Wahrheit nicht sagen werde. Die Prozeßbeteiligten dürfen dem Zeugen oder Sachverständigen Fragen vorlegen lassen, soweit diese nach dem Ermessen des Richters zur Aufklärung der Sache dienlich sind».

Meine Herren! Ich glaube, man kann nicht viel weiter gehen, als hier gegangen ist. Ich glaube aber auch, es wird das nicht viel nützen; denn abgesehen davon, daß die allerwenigsten Beschuldigten in der Lage sind (einfach aus pekuniären Gründen!), immer wieder die Reise an den Gerichtsort zu riskieren, um dem Verhör beizuwohnen, oder sich durch einen Verteidiger vertreten zu lassen, und abgesehen davon, daß man nach Lage der Sache dem Amtsverteidiger eine solche Pflicht tatsächlich nicht auferlegen kann, so wird der Richter in den wichtigsten Fällen die Anwesenheit nicht gestatten dürfen, weil sie den Untersuchungszweck gefährdet. Das ist nicht nur übertriebene Ängstlichkeit des Richters. Er kann das ja vorher gar nicht wissen; er kann absolut nicht beurteilen, welchen Einfluß denn nun diese Zeugenaussagen auf das Verteidigungssystem des Beschuldigten und seines Verteidigers ausüben werden. Der vorsichtige Richter wird stets die Zeugenaussagen für so wichtig halten, daß er ihre rechtzeitige Kenntnis für eine Gefährdung des Untersuchungszweckes erachtet. Ich glaube nicht, daß ich darin zu schwarz sehe. Es liegt das in der Natur der Sache. Der Richter erfüllt damit seine Pflicht. Er verstößt nicht etwa gegen den Geist des Gesetzes, wenn er das tut; denn den Untersuchungszweck darf und soll ja diese Einrichtung nicht wirklich gefährden.

Für weit wichtiger und weit erheblicher hielte ich das Recht, Beweisanträge bei den Staatsbehörden stellen zu können, Beweisanträge, die nicht ein Schlag ins Wasser sind, sondern Beweisanträge, die berücksichtigt werden müssen. Nicht in dem Sinne, daß nun jeder Beweisantrag ausgeführt werden muß? Das wird niemand, der die Praxis kennt, für möglich halten. Aber wenn ein Beweisantrag gestellt wird, so soll der Beweis entweder erhoben, oder es soll dem Antragsteller gesagt werden, aus welchen Gründen der Beweis jetzt nicht erhoben wird. Dabei würde selbstverständlich das Ermessen des Staatsanwalts über die Erheblichkeit entscheiden. Es muß dem Angeklagten aber zugleich gesagt werden: «Du kannst diesen Antrag wiederholen, wenn Dir die Anklageschrift zugegangen ist, und außerdem kannst Du die Zeugen, die ich Dir heute nicht laden will, in der Hauptverhandlung selbst laden lassen, und auf diese Weise kannst Du dafür sorgen, daß dem erkennenden Gericht dieser Beweis nicht entzogen wird». Ich glaube, durch ein solches nach meiner Ansicht mit wenig Federstrichen des Gesetzgebers zu organisierendes Antragsrecht würde in der Tat die Vorbereitung des Beschuldigten auf die Hauptverhandlung in ganz anderer Weise gefördert werden, wie es im heutigen Rechte und wie es in dem Entwurf geschieht.

Und nun, meine Herren, nach dem Vorverfahren kommt die Anklageschrift. Die Anklageschrift ist dazu bestimmt — und das ist auch heute schon der Fall — den Beschuldigten über den Inhalt der gegen ihn erhobenen Anklage zu unterrichten. Daß sie es heute nur mangelhaft tut, darf als ein öffentliches Geheimnis bezeichnet werden. Daran ist weniger das Gesetz als die Ausführung des Gesetzes in der Praxis schuld. Die Ineinanderarbeitung der Tatbestandsmerkmale und der konkreten Vorgänge, in denen sie zu finden sind, die das Gesetz vorschreibt, erzeugt ein Produkt, das für jemanden, der nicht an Aktendeutsch gewöhnt ist, häufig gänzlich unverständlich bleibt. In komplizierten Fällen wird es auch der durch die Lektüre vieler Anklageschriften schon Abgehärtete doch noch mehrmals lesen müssen, ehe ihm vollständig klar ist, was der Staatsanwalt denn nun eigentlich will. Ja, daß das der Angeklagte nicht versteht, liegt auf der Hand, und wenn er klug ist und das Geld dazu hat, geht er zum Verteidiger, und dann ist die Sache ja verhältnismäßig einfach erledigt. Aber man sollte ihm doch auch in verhältnismäßig einfacheren Sachen die Anklageschrift verständlich machen. Ich sehe nicht ein, warum die Anklageschrift nicht einfach so lauten könnte: «Ich erhebe Anklage wegen Betrugs; ich erhebe Anklage wegen Urkundenfälschung; ich erhebe Anklage wegen schweren Diebstahls». Zitiert dann die Anklageschrift die betreffenden Paragraphen, so kann der Angeschuldigte sie zu Hause in seinem Strafgesetzbuche nachlesen (Heiterkeit). Ja, wir Juristen sind leicht geneigt, es für eine Bürgerpflicht zu halten, daß man ein Strafgesetzbuch besitzt. Jedenfalls kann man es schon für 20 Pf. in der Reklamschen Bibliothek kaufen, und dazu kann sich auch der Mittellose allenfalls noch verstehen.

Will man ein Weiteres tun, dann sollte man den Wortlaut der Paragraphen entweder in einer Anmerkung oder auf dem Rande hinzufügen. Das wäre noch immer besser, als, wie es jetzt geschieht, dem Beschuldigten den Wortlaut in einer so fabelhaft verschnörkelten Weise mitzuteilen.

Dann aber kämen wir zu den Tatsachen. Ich kann natürlich nur an einem sehr einfachen Fall exemplifizieren, wie ich mir die Sache denke. Ich glaube aber, daß es möglich ist, die Anklageschrift so zu gestalten, daß man nicht nur die Belastungsmomente, sondern auch die Entlastungsbehauptungen in sie aufnimmt.

Denken Sie an den landläufigsten Fall der gefährlichen Körperverletzung! Warum soll der Staatsanwalt nicht sagen können: «Ich beschuldige den Angeklagten der erschwerten Körperverletzung. Ich behaupte, daß der Angeklagte den Verletzten an dem und dem Tage in dem Wirtshaus «zur Sonne» in X-Stadt beschimpft hat. Beweis: Zeugnis des X.

Darüber hat sich ein lebhafter Wortwechsel entwickelt. Im Verlaufe dieses Wortwechsels hat der Angeklagte dem Verletzten das Bierglas auf den Kopf geschlagen. Zeugnis: Y., Z., Gutachten des Bezirksarztes. Der Angeklagte behauptet, daß der Verletzte auf ihn zugekommen sei und daß er ihn nicht mit einem Bierglas geschlagen, sondern das Bierglas nur in der einen Hand gehalten, mit der andern Hand aber dem Verletzten einen Stoß vor die Brust gegeben habe, um seinen Angriff abzuwehren. Dabei sei der berauschte Verletzte zu Boden gefallen und habe sich die Kopfverletzung zugezogen. Beweis: U., V., W. Außerdem: Zeugnis des Bezirksarztes, der bekunden soll, daß die Verletzung ebenso gut durch einen Sturz wie durch einen Schlag mit dem Bierglas entstanden sein kann».

In diesem Falle würde, glaube ich, jeder, der mit der Verhandlung zu tun hat, ganz klar darüber sein, auf was es ankommt, und es wäre auch sehr leicht möglich, das Programm der Verhandlung abzuwickeln.

Das ist ja nun ein ganz einfacher Fall, und gewiß gibt es außerordentlich komplizierte Fälle. Aber in diesen außerordentlich komplizierten Fällen hat dann der Staatsanwalt imgrunde doch keine andere Aufgabe, als sie der Anwalt im Zivilprozesse in einem sehr komplizierten Falle hat. Er muß seine Klageschrift herstellen, und die Klageschrift muß ganz ebenso angelegt sein. Warum soll das der Staatsanwalt nicht können. Er kann das um so mehr, als ja nachher dem Richter auch zugemutet wird, daß er aus dem Ergebnis der Hauptverhandlung seinen Schluß auf die Schuld aufbaue. Das ganze Beweisergebnis muß vom Richter aufgebaut werden. Hypothetisch kann das der Staatsanwalt genau so gut tun, wie es der Richter nachher wirklich tun muß (Sehr richtig!).

Mit einer solchen spezialisierten Anklageschrift würde gewonnen sein, daß der Angeklagte genau über das unterrichtet ist, was gegen ihn vorgebracht wird, und daß er sich dementsprechend verteidigen kann. Es würde damit auch etwas weiteres gewonnen sein; darauf werde ich sofort zurückzukommen haben.

Nun aber muß ich unbedingt zugeben, daß selbst die von einem idealen Staatsanwalt hergestellte Anklageschrift unter

Umständen für einen Angeklagten nicht verständlich ist. Daß ein Schriftstück nicht verständlich ist, liegt nicht immer an dem Verfasser. In solchen Fällen muß der Angeklagte eine Hilfe haben, und diese Hilfe sucht er am leichtesten, wenn er keinen Verteidiger besitzt, bei dem Vorsitzenden. Der Vorsitzende soll ihn auf sein Verlangen kommen lassen. Ob man das nun die Anberaumung eines Termins nennt oder nicht, darauf würde ich gar keinen Wert legen. Er soll ihn kommen lassen und soll ihm die Anklageschrift erklären. Er soll ihn nun zu jedem einzelnen Punkte der Anklageschrift befragen: «Was willst Du vorbringen?» Und er soll dann, nachdem er verhandelt hat, seine Entscheidung treffen.

Nun ist es ja ganz richtig, wenn gesagt worden ist: «Der Entwurf hat den alten Eröffnungsbeschluß beibehalten.» Gewiß! Aber wenn wir uns das Verfahren, wie es sich der Entwurf vorstellt, und das Verfahren, wie es heute stattfindet, ansehen, so hat doch das Verfahren des Entwurfs ganz zweifellos erhebliche Vorzüge. Einmal ist die Komödie beseitigt, die darin liegt, daß heute der Referent, nachdem er die Anklageschrift bekommen hat, den Eröffnungsbeschluß nicht etwa selbst schreibt, sondern einfach auf dem Aktenstück für die Kanzlei vermerkt: «wie in der Anklageschrift». Dann bekommen die anderen Herren die Sache. Sie lesen die Akten in der Regel nicht, sondern unterschreiben ohne weiteres den Antrag des Referenten.

Das ist ja vom Gesetze ganz anders gedacht worden, und die bestehende Übung ist doch eine der Justiz nicht ganz würdige Verfahrensart, wollen wir einmal sagen. Das ist nun jetzt beseitigt.

Dann aber ist doch das Verhalten des Vorsitzenden nicht ein eigentlicher Eröffnungsbeschluß; denn daß schließlich jemand Termin zur Hauptverhandlung anberaumen muß, wird sich niemals vermeiden lassen, und eine wirkliche Prüfung der Sache soll doch nur in seltenen Fällen stattfinden. Sie ist möglich, aber sie ist keineswegs direkt vorgeschrieben.

Der Vorsitzende hat das Hauptverfahren zu eröffnen. Er hat anderenfalls die Entscheidung des Gerichts herbeizuführen, die Entscheidung des Gerichts, die sich nun aber — und das ist ja auch eine ganz wesentliche Änderung — nicht mehr auf die rechtliche Qualifikation als solche bezieht, sondern die rechtliche Qualifikation als solche nur berührt, wenn die Zuständigkeit dadurch eine andere wird.

Nun spricht der Entwurf auch von einem Termin zur Besprechung der Anklageschrift. Es heißt in § 203, 4: «In Sachen, die vor dem Reichsgericht oder den Schwurgerichten zu verhandeln sind, ist der Angeschuldigte weiter darauf hinzuweisen, daß er zur mündlichen Geltendmachung der Einwendungen und Anträge die Anberaumung eines besonderen Termins innerhalb derselben Frist verlangen kann.» Damit ist wohl ein Termin vor dem erkennenden Gericht gemeint. Das würde ich für überflüssig halten. Ein Termin vor dem Vorsitzenden genügte vollständig. Es kommt ja hier ohnehin nicht dazu, daß Beweise erhoben werden. Es kommt auch nicht darauf an, daß wirklich verhandelt wird, sondern es kommt nur darauf an, daß Beweisanträge gestellt werden sollen, Beweisanträge, denen nun entweder stattgegeben wird, oder die motiviert abgelehnt werden, stets unter dem Hinweis darauf: «Du kannst Deine Zeugen selbst laden, wenn Du Wert darauf legst. Du kannst den Antrag in der Hauptverhandlung wiederholen.» Das schreibt ja auch der Entwurf in § 206 Abs. 3 vor. Damit würde, glaube ich, in dem Zwischenverfahren den Interessen des Beschuldigten vollständig Rechnung getragen sein, und es würde damit tatsächlich, ohne daß die Staatsanwaltschaft irgendwie in ihrer Verantwortlichkeit entlastet wäre, auch der Gegenseite die Vorbereitung auf die Hauptverhandlung erleichtert worden sein.

Ich würde noch einen anderen Vorzug in diesem Termin erblicken. Ich bin mir allerdings darüber nicht ganz klar, ob ich mich da mit den Empfindungen der Mehrzahl der Anwesenden im Einklange befinde. Ich würde es für sehr wahrscheinlich halten, daß der Vorsitzende in tatsächlich komplizierten, aber rechtlich doch verhältnismäßig einfachen Sachen den Angeklagten davon überzeugt, daß er nicht viel machen kann, und daß der Angeklagte ein Geständnis ablegt, und dann würde ich eine Verurteilung für durchaus zulässig halten. Ich glaube überhaupt, nebenbei bemerkt, daß das schleunige Verfahren, das ich für einen sehr großen Fortschritt in dem Entwurfe halte, noch sehr viel erweitert werden könnte und daß damit den Gerichten unendlich viel Arbeit erspart würde. —

Was nun die Hauptverhandlung anlangt, so ist sie heute ja im wesentlichen akkusatorisch gestaltet. Sie hat kleine Schönheitsfehler, und diese Schönheitsfehler sind auch im Entwurfe nicht verschwunden.

Ich halte es keineswegs für notwendig, daß der Charakter der gleichgeordneten Behörde von seiten der Staatsanwaltschaft dem Gerichte gegenüber in der Hauptverhandlung betont werden darf und betont werden kann. Die Staatsanwaltschaft steht in der Hauptverhandlung dem Gericht als Rechtsuchende gegenüber und muß deshalb unter der Disziplin des Gerichts stehen wie jede andere Partei auch (Sehr richtig!). Daß darauf praktisch nicht so außerordentlich viel ankommt (Geheimrat Professor Dr. von Liszt: O, doch!), muß zugegeben werden. Immerhin ist es nicht so ganz unwichtig. Derartige Formalitäten sind nicht gleichgültig. Sie sind namentlich nicht gleichgültig, wenn wir es mit Laien zu tun haben. Dem Laien imponiert der Staatsanwalt, der neben dem Gericht und in derselben Kleidung wie die Richter dasitzt, sehr viel mehr als der Angeklagte, der in seinen Käfig gesperrt wird, auch wenn er sonst ein ganz anständiger Mensch ist. Ich will nicht behaupten, daß das schon irgend eine Entscheidung ernstlich beeinflußt hätte. Ich will es ausdrücklich als einen Schönheitsfehler bezeichnen, dessen Beseitigung im Gerichtsverfassungsgesetz mir recht wünschenswert erscheint.

Weiter ist es ein Fehler, daß in der Hauptverhandlung die Staatsanwaltschaft viel zu wenig tätig zu sein gezwungen ist. Das will ja nun der Entwurf ändern. Es gibt keinen Eröffnungsbeschluß mehr. Es soll die Anklageformel, die praktisch aber doch nichts anderes ist, als was heute in jeder Anklageschrift und demzufolge auch in jedem Eröffnungsbeschlusse steht, verlesen werden und zwar durch den Beamten der Staatsanwaltschaft. Gewiß ist das ein Fortschritt. Der Staatsanwalt wird diese Anklageformel nicht in so eintöniger Weise herunterleiern, wie das ja die Gerichtsschreiber heute häufig tun. Aber geholfen ist damit auch noch nichts. Wirklich gefördert würde die akkusatorische Form des Verfahrens nur dadurch, daß der Staatsanwalt genötigt wäre, den

Inhalt der Anklageschrift mündlich vorzutragen (Sehr richtig!). In dem mündlichen Vortrage wird er sich verständlich machen können. Es ist ja eine alte Erfahrung, daß man auf das gesprochene Wort immer noch mehr achtet als auf das abgelesene und daß das Ablesen von bestimmten Formalien, die immer wiederkehren, ermüdet. Das ermüdet auch den Richter. Wenn er aber genau hören kann, was der Staatsanwalt vorbringen will, so wird er aufmerken, und es werden namentlich auch die Laienrichter ganz anders darauf aufmerken, wenn der Staatsanwalt zu ihnen spricht, als wenn er ihnen die Sachen vorliest.

Es ist nicht zu verkennen, daß durch einen solchen vorläufigen Vortrag des Staatsanwalts möglicherweise eine Präokkupierung des Gerichts herbeigeführt werden könnte. Es ist aber meines Erachtens ein Gegengewicht dadurch zu schaffen, daß man unmittelbar nach der Staatsanwaltschaft die Verteidigung zu Worte kommen läßt (Sehr richtig!). Der Staatsanwalt hat gesagt: es ist schwarz. Jetzt sagt der Angeschuldigte oder sein Verteidiger: es ist weiß. Dann werden die Richter wohl die Notwendigkeit einsehen, auch wenn es Laien sind, daß sie sich über die Frage, ob es schwarz oder weiß ist, erst noch etwas näher instruieren müssen.

In den Fällen, in denen ein Verteidiger da ist, würde man auf das Verhör des Angeklagten meines Erachtens verzichten können (Sehr richtig!). Der Verteidiger ist aber nicht immer vorhanden, und so werden wir ein solches Verhör haben müssen.

Nun ist es wahr, daß das heutige Verhör — freilich nach meinen beschränkten Erfahrungen — sehr häufig dem Vorsitzenden dazu dient, den Angeklagten (natürlich aus den allerbesten Beweggründen) zu einem Geständnisse zu nötigen. Er sucht ihn durch den Vorhalt der noch keineswegs bewiesenen Behauptungen so an die Wand zu drängen, daß er endlich gesteht. Doch ist das nicht die Aufgabe dieses Verhörs. Nebenbei bemerkt, steht auch schon in der heutigen Strafprozeßordnung das genaue Gegenteil (Zustimmung). Es steht darin, daß das Verhör der Verteidigung dienen soll, und dazu würde ich es für notwendig halten (was übrigens auch manche Vorsitzende heute schon ohne weiteres tun), dem Angeklagten zu sagen: «Sie brauchen nichts zu antworten. Wenn Sie aber antworten wollen, dann reden Sie und geben Sie Ihre Gründe an!» Hier also ist ein Punkt, wo das inquisitorische Verfahren verschwinden muß. Der Angeklagte ist nicht mehr in dem Sinne zu vernehmen, daß er bekennen soll, sondern in dem Sinne, daß er möglichst ausgiebig seine Verteidigung vorbringen kann, gerade so wie der Staatsanwalt vorher die Anklage vorgebracht hat.

Nun kommt die Beweiserhebung. Deren Leitung muß in den Händen des Vorsitzenden, der hier das Gericht vertritt, meines Erachtens unbedingt bleiben. Aber die Leitung heißt doch nicht die alleinige Ausführung, und nun komme ich auf einen Punkt, den ich auch für einen Kardinalpunkt halte, nämlich den, daß wir endlich mit der theoretisch anerkannten Mündlichkeit unseres Verfahrens Ernst machen (Lebh. Bravo!), daß wir den Richter nötigen, nur das zu berücksichtigen, was er gehört, was er in der Hauptverhandlung erfahren hat. Das Gesetz schreibt es ihm ja längst vor, auf nichts anderes Rücksicht zu nehmen. Aber das Gesetz läßt zu, daß aus einer ganzen Menge unkontrollierbarer Quellen Stoff in die Hauptverhandlung hineingeleitet wird, der für die richterliche Entscheidung maßgebend ist. Es sollen die Vorakten verschwinden; das ist das einzige Mittel, die Unmittelbarkeit zu sichern (Lebh. Sehr richtig! und Bravo!).

Man sagt dagegen - und ich bin durchaus darauf gefaßt, daß der Einwand auch heute wieder von allersachkundigster Seite erhoben werden wird —: «Das geht nicht.» Ja, meine Herren, ich wäre Ihnen dankbar, wenn Sie mir eine einzige Reform nennen wollten, bei der man nicht immer gesagt hat: «Das geht nicht» (Lebh. Sehr richtig! und Bravo!). Das kommt auf einen Versuch an, und wollen wir Ernst damit machen, so könnten die Justizminister anordnen oder den Gerichten nahelegen, daß einmal das eine oder andere Gericht drei Monate ohne Akten verhandelt. Denn, daß die Akten auf dem Tische liegen sollen, schreibt das Gesetz nicht vor. Das Gesetz gestattet höchstens die Benutzung unter bestimmten Voraussetzungen, nötigt aber nie zu ihr.

Es ist aber auch ohne einen solchen Versuch die Behauptung meines Erachtens längst als unrichtig nachgewiesen.

Es geht im Zivil- und im Strafprozeß. Es geht in jeder wichtigen Schwurgerichtsverhandlung, wo eine ganze Reihe Zeugen plötzlich aus der Versenkung auftaucht. Auch sie werden vernommen; auch ihr Zeugnis wird voll ausgenutzt. Niemand hat die Ergebnisse ihrer vorherigen Vernehmung gesehen. Zudem wird die spezialisierte Anklageschrift den Ersatz bilden. Gewiß muß der Vorsitzende wissen, um was es sich handelt. Aber wenn ihm genau angegeben wird: «Das sind die belastenden Tatsachen, das sind die Beweismittel», ja, warum soll dann der Vorsitzende nicht auch an Hand dieser Anklageschrift die Beweisaufnahme leiten können! Er ruft den Zeugen vor, vereidigt ihn; wenn die nachträgliche Vereidigung eingeführt wird, vernimmt er ihn zunächst einmal unvereidigt, läßt den Mann erzählen, was er weiß. Sehr häufig mag es vorkommen, daß der Zeuge sagt: «Ich weiß gar nichts». Dann wird man sich an den Staatsanwalt oder an den Verteidiger mit der Anfrage wenden: «Was soll der Zeuge bekunden?» Und dann werden wir ohne die Eigentümlichkeiten, die mitunter lästigen Eigentümlichkeiten, des englischen Kreuzverhörs, die Vernehmung durch die Parteien haben, die wiederum den Vorzug hat, daß sich beide Parteien vorbereiten müssen.

Auch der Staatsanwalt muß sich vorbereiten, wenn er die Zeugen vernehmen lassen will. Heute verläßt er sich in sehr vielen Fällen darauf, daß der Vorsitzende die Akten gelesen hat. Er hat die Akten zu lesen, und wenn er nun vorbringen will: «Ja, früher hat der Zeuge anders ausgesagt», so kann ihm das kein Mensch verwehren. Aber dann wird man sich den Zeugen ganz genau ansehen, und dann wird man die einzelnen Aussagen umso viel sorgfältiger prüfen, je zweifelhafter sie sind. Es wird dann tatsächlich erst zu einem wirklich genügenden Beweisergebnisse kommen.

Der dritte und letzte Punkt, auf den ich außerordentliches Gewicht legen würde, ist die Unbeschränktheit der Beweisaufnahme. Das ist das einzige Palladium, das schließlich der Angeklagte hat: die absolute Unbeschränktheit des Verteidigungsrechtes, und ich würde es für ein großes Unglück halten, wenn man die Hauptverhandlung in erster Instanz dadurch verderben wollte, daß man die Verteidigung beschränkte, weil es eine Berufung gibt. Die Verhandlung soll in erster Instanz unter allen Umständen gut und ausreichend sein, und ist das Vorverfahren in dem von mir skizzirten Sinne vorbereitet worden und ist dann die Hauptverhandlung sorgfältig geführt, so werden die Berufungen zu den außerordentlichen Seltenheiten gehören. Es werden die Berufungssenate dann nicht übermäßig in Anspruch genommen werden.

Diese Beweisfreiheit hat unser Gesetz mit einigen Ausnahmen — nach meiner Auffassung: leider einigen Ausnahmen — aber doch für die wichtigsten Sachen; denn vergessen wir nicht, daß im § 244 für die Strafkammer dieser Grundsatz aufgestellt ist und daß die Zuständigkeit für die Strafkammern in dem Gesetze eine viel größere ist als im Entwurf. Und nun sagt uns der § 244, daß alles zur Stelle geschaffte Beweismaterial gehört werden muß, wenn nicht die Beteiligten darauf verzichten.

Nun, meine Herren, darauf braucht nicht weiter eingegangen zu werden, ebenso wenig wie auf den Punkt, den ich, um Mißverständnisse zu verhüten, noch kurz nachholen möchte. Antizipierte Beweisaufnahmen werden in jedem Verfahren vorkommen können, und Protokolle über Augenscheinseinnahmen und über Vernehmungen von Zeugen, die in der Verhandlung nicht erscheinen können, werden immer verlesen werden müssen. Davon habe ich aber auch nicht gesprochen, und darauf bezieht sich die ganze Frage nicht.

Also das zur Stelle geschaffte Material muß angehört werden. Man kann sagen und hat gesagt: «Diese Beweisfreiheit führt zu einer unerträglichen Verschleppung des Verfahrens». Meine Herren! Von einer unerträglichen Verschleppung des Verfahrens ist nicht die Rede, wenn die Zeugen an Ort und Stelle da sind. Wenn die Verhandlung wirklich eine Stunde länger dauert und wenn wirklich der Richter eine Stunde länger sitzen muß, so ist das ein Umstand, der dadurch ausgeglichen werden mag, daß man ihn nicht überlastet. Das ist gewiß sehr wünschenswert. Aber gewiß wäre es unrichtig, wenn wir die Freiheit eines Menschen davon abhängig machen, daß sich der Richter nicht noch eine halbe Stunde länger dieser Frage zu widmen hat. Das ist keine Verschleppung.

Anderseits hat man gesagt: es soll die chikanöse Behandlung der Zeugen und die chikanöse Behandlung anderer

Personen vermieden werden. Gewiß, das ist richtig. Aber das heutige Gesetz — und ich möchte in dieser Beziehung an dem heutigen Gesetze nichts geändert wissen — ermöglicht das durchaus. Der Richter ist in der Lage, die Vorlegung solcher Fragen auch an die geladenen Zeugen zu verweigern (Geheimrat Prof. Dr. von Liszt: Sehr richtig!). Das genügt vollständig.

Anders, meine Herren, liegt natürlich die Sache mit Beweisanträgen. Das Material ist nicht vorhanden, es soll erst beschafft werden. Ja, wenn dann der bekannte Arbeiter Paul Müller, der dem Angeklagten die Sachen geschenkt hat, inzwischen aber leider nach Amerika ausgewandert ist, vernommen werden soll, so werden wir darauf verzichten müssen. Das läßt sich nun einmal nicht ändern, und in dieser Beziehung sind die Vorschriften des Entwurfs durchaus beachtenswert. Sie gehen nur, wie ich glaube, etwas zu weit. Wir werden der Verschleppungstendenz durch Beweisanträge entgegenzutreten genötigt sein, und wir werden nicht alle Beweismittel erheben können. Nun glaube ich aber, daß das nur unter einer Voraussetzung möglich ist: daß nämlich die Verschleppungstendenz und — gestatten Sie mir den kurzen Ausdruck! — die mala fides des Beweisführers feststeht. Das kann durch einen einstimmigen Gerichtsbeschluß festgestellt werden. Wenn die Richter sämtlich der Ansicht sind, so wird es wohl richtig sein. Darum glaube ich, daß man für die Beweisbeschränkungen, wie sie der Absatz 2 des § 232 aufstellt, zunächst das Erfordernis des einstimmigen Beschlusses aus Absatz 3 zu übernehmen hat. Wird dann die Erhebung eines Beweises beantragt, so kann sie nur abgelehnt werden, wenn die unter Beweis gestellten Tatsachen für die Entscheidung nicht von Bedeutung sind oder wenn sie offenkundig oder bereits zugunsten des Angeklagten erwiesen sind oder wenn das in dem Beweisantrage bezeichnete Beweismittel unerreichbar oder ungeeignet ist. Die Gründe sind aktenkundig zu machen.

Dieser Bestimmung ist im großen und ganzen zuzustimmen; nur erscheinen mir die «ungeeigneten Beweismittel» sehr bedenklich. Zunächst habe ich beim Lesen des Satzes nicht recht gewußt, was ich damit anfangen sollte. Dann habe ich in der Begründung die dankenswerte Belehrung erhalten, wie man sich die Sache gedacht hat. Ich glaube, daß ich die Beispiele aus dem Gedächtnis leidlich referieren kann. Der Blinde kann nicht darüber vernommen werden, daß er etwas gesehen hat. Ja, das glaube ich, zugeben zu dürfen (Heiterkeit). Aber daß der Blinde nicht über Sinneswahrnehmungen vernommen werden könnte, das würde ich nicht zugeben, und welche Bedeutung diese Sinneswahrnehmung des Blinden gehabt hat, das wissen wir erst, wenn wir ihn gehört haben. Er ist sehr wohl imstande, Auskünfte zu geben, die uns ungeheuer wertvoll sind, auch wenn er des Gesichtssinnes beraubt ist.

Ein Kind soll nicht über Tatsachen vernommen werden, die es noch gar nicht beurteilen kann. Ja, ich bin kein großer Freund der Vernehmung von Kindern. Aber gerade Tatsachen bekunden Kinder mitunter ganz sicher; sie können sie nicht beurteilen, aber sie können uns in ganz glaubhafter Weise sagen: «Das und das ist vorgegangen». Warum soll das ein ungeeignetes Beweismittel sein?

Weiter: Ein Sachverständiger, dem man doch die nötige Sachkunde nicht zutraut. Ja, das kann man vorher auch nicht wissen. Der Schlossergeselle ist vielleicht im allgemeinen durchaus nicht als besonders zuverlässiger Sachverständiger zu betrachten. In einem speziellen Falle hat er aber möglicherweise eine ganz wichtige Beobachtung gemacht, aus der weittragende Schlüsse zu ziehen sind.

Mir waren diese Beispiele deshalb sehr bezeichnend, weil aus ihnen hervorgeht, daß das Gericht die Beweismittel für ungeeignet erklären soll, zu denen es von vornherein kein rechtes Zutrauen hat. Das geht aber doch viel zu weit. Denn ob diese Beweismittel Zutrauen verdienen oder nicht, das läßt sich erst später feststellen.

Und ebenso würde ich es nicht für richtig halten, daß man den Beweis für die Tatsachen ausschließt, die für die Entscheidung nicht von Bedeutung sind. Das weiß niemand, bis er die Tatsachen kennt. Jedem Praktiker sind Fälle bekannt, in denen ein zunächst ganz unscheinbarer Beweis plötzlich ein volles Licht auf die tatsächlichen Vorgänge geworfen hat, wodurch alle überrascht wurden, häufig der Angeklagte am meisten, der den Zeugen zur Entlastung angerufen hatte.

Dagegen glaube ich, daß wir sagen können, daß die Zurückweisung von Beweisanträgen durch einstimmigen Gerichtsbeschluß möglich ist, wenn sie offensichtlich nicht zur Sache gehören. Wenn also z. B. ein Beweisantrag dahin gestellt werden soll, daß der Zeuge, der darüber vernommen wird, ob der Angeklagte ihm ein Portemonnaie gestohlen hat, vor zehn Jahren wegen Sittlichkeitsverbrechens verurteilt worden ist, dann kann man sagen: «Das gehört nicht zur Sache, einen solchen Antrag lehnen wir ab». Wenn das Gericht einen solchen Antrag einstimmig abgelehnt hat, so spricht eine sehr starke Vermutung dafür, daß diese Ablehnung eine durchaus begründete war.

Schließlich aber werden wir auch das noch fordern müssen, daß wie bisher die Beweisablehnung einen absoluten Revisionsgrund bildet. Ist nach der Anschauung des Revisionsgerichts durch die Zurückweisung eines Beweises auch nur die Möglichkeit der Benachteiligung gegeben, so ist das Urteil aufzuheben. Das ist ungeheuer wertvoll für die Beobachtung der Beweisvorschriften durch das Gericht. Vor nichts hat das Gericht imgrunde seines Herzens mehr Sorge als vor der Aufhebung des Urteils (Heiterkeit). «Also», wird es sagen, «erheben wir lieber den Beweis, als daß wir dem Angeklagten diesen einzigen sicheren Revisionsgrund bereiten». Darum halte ich das für so außerordentlich wertvoll, und ich glaube, wenn diese Kautelen geschaffen sind, dann können wir auf die Erörterung der Frage, ob das nun eine weitere Entwicklung der akkusatorischen Form darstellt oder nicht, ruhig verzichten.

Ich habe mir erlaubt, meine Herren, meine Auffassung in Thesen zusammenzufassen. Ich möchte nicht beantragen, daß darüber abgestimmt werden soll. Die Formulierung im allgemeinen gebe ich gern preis. Ich würde nur Wert darauf legen, daß die Versammlung anerkennt, daß zum besseren Schutze des Beschuldigten, ohne uns irgendwie dogmatisch auf Akkusationsprinzip und Inquisationsprinzip festzulegen, noch manches, ja, sehr vieles geschehen kann, ohne daß an dem Entwurfe allzu große Änderungen vorgenommen werden (Lebh. Bravo!)

Thesen:

I.

Die wichtigste Aufgabe des Vorverfahrens ist die Vorbereitung der Anklage und der Verteidigung für die Hauptverhandlung.

Für die Staatsanwaltschaft geschieht sie am besten dadurch, daß, abgesehen von ganz einfachen Fällen, die Ermittelungen persönlich geschehen, soweit nicht Voruntersuchung eintritt.

Auf Seiten des Beschuldigten ist dazu erforderlich:

1. größere Bewegungsfreiheit und deshalb möglichste Einschränkung der Untersuchungshaft, besonders wegen Kollusionsgefahr;
2. ausgiebige Unterstützung durch einen sachkundigen Verteidiger und deshalb möglichst häufige Bestellung von Amtsverteidigern für mittellose Beschuldigte;
3. Unterstützung durch die Behörden bei Vorbereitung des Entlastungsbeweises und deshalb rechtzeitige Bekanntmachung mit dem Belastungsmaterial in einem besonderen Termine, in dem die Anträge des Beschuldigten auf weitere Beweiserhebung entgegen zu nehmen sind. Eine Ablehnung muß begründet und mit der Mitteilung verbunden werden, daß dem Beschuldigten weitere Rechtsbehelfe zustehen.

Die im Entwurf vorgesehene Parteienöffentlichkeit bietet eine weitere, aber für sich allein nicht ausreichende Unterstützung des Beschuldigten bei der Beweisvorbereitung.

II.

Die Anklageschrift ist spezialisiert abzufassen mit genauer Angabe der Beweismittel für die einzelnen tatsächlichen Behauptungen.

Der Beschuldigte hat das Recht, in einem besonderen Termine dem Vorsitzenden des erkennenden Gerichtes seine Einwendungen gegen die Anklageschrift vorzubringen und Beweisanträge zu stellen. Deren Ablehnung muß begründet und mit der Belehrung über die weiteren Beweisbefugnisse verbunden werden.

III.

In der Hauptverhandlung hat der Staatsanwalt den Inhalt der Anklageschrift mündlich vorzutragen.

Der Beschuldigte ist darüber zu vernehmen, was er zu seiner Verteidigung vorbringen will. Er ist darauf hinzuweisen, daß er Erklärungen nicht abzugeben braucht. Jede inquisitorische Befragung ist verboten.

Die Beweisaufnahme leitet der Vorsitzende. Die Akten des Vorverfahrens dürfen, abgesehen von antizipierten Beweisaufnahmen, dem Gerichte nicht vorliegen.

Die Führung des Entlastungsbeweises darf nicht beschränkt werden. Der Grundsatz des § 244 Absatz 1 StPO. ist beizubehalten. Die Zurückweisung von Beweisanträgen ist durch einstimmigen Gerichtsbeschluß möglich: wenn sie offensichtlich nicht zur Sache gehören, auf Verschleppung der Verhandlung gerichtet sind, unerreichbare Beweismittel oder Tatsachen betreffen, die das Gericht schon zu Gunsten des Angeklagten für erwiesen hält.

Unzulässige Beschränkung der Verteidigung bildet einen absoluten Revisionsgrund.

Vorsitzender: Wir treten nunmehr in die Debatte über dieses Thema ein.

Professor Dr. W. **Mittermaier**, Gießen: Meine Herren! Nach dem Referate des Herrn Kollegen von Lilienthal bleibt mir im Grunde genommen nichts anderes übrig, als zu sagen: ich habe nichts hinzuzufügen; denn es ist eigentlich alles gesagt, was man dem Entwurfe gegenüber sagen kann. Ich möchte aber von einem anderen Gesichtspunkte aus unsern Standpunkt nochmals vertreten und noch einige Einzelheiten hinzufügen, die vielleicht zum Verständnis des Entwurfs wertvoll sind.

Ich glaube nicht, daß wir irgendwie verlangen dürfen, daß der Entwurf ein bestimmtes System für das Vorverfahren annehme; denn nach den Erfahrungen, die wir in unseren Beratungen und beim Juristentage gemacht haben, müssen wir anerkennen, daß es eine einfache Machtfrage ist, ob der Entwurf das eine oder das andere System annimmt und welches zum Gesetz erhoben wird.

Ich frage mich deswegen lediglich: was bringt uns der Entwurf? Bringt er uns ein System, das klar ist? Und da sage ich: Nein. Zur Erklärung kann ich mich nicht an einfache Schlagworte und Grundsätze halten; ich muß ein wenig auf die Einzelheiten eingehen. Ich möchte übrigens vorweg betonen: selbstverständlich bringt der Entwurf auch auf dem Gebiete des Vorverfahrens und des ganzen Aufbaues des Prozesses so viele Verbesserungen, daß wir ihm sehr dankbar sein müssen. Wenn ich die Verbesserungen nicht besonders hervorhebe, so will ich nicht sagen, daß sie überhaupt nicht vorhanden seien.

Aber ich frage mich nun, wenn ich den Entwurf kritisch betrachte: worin liegt bei dem System des Entwurfs der Schwerpunkt des einzelnen Prozesses? Im Vorverfahren? Im Hauptverfahren? In der ersten oder in der zweiten Instanz? Ich muß Ihnen offen gestehen: ich weiß es nicht, und ich glaube, der Entwurf weiß es auch nicht.

Was der Entwurf als Zweck des Vorverfahrens hingestellt hat — es ist von Herrn Landgerichtsdirektor Aschrott schon darauf hingewiesen worden — das ist ganz dasselbe, was die Strafprozeßordnung auch heute schon als Zweck der Voruntersuchung bezeichnet. Die Begründung gibt aber auf Seite 154 einen ganz anderen und weiterreichenden Zweck an, und die Praxis wird zweifellos der Begründung eher folgen als dem Gesetze. Der Zweck des Vorverfahrens ist unklar, ist nicht scharf hervorgehoben, und der Zweck ist namentlich überhaupt gar nicht für das ganze Vorverfahren, sondern nur für die Voruntersuchung festgelegt. Also schon hier besteht keine Klarheit, und es ist schon hervorgehoben worden: es ist nicht genügend dafür gesorgt, daß das Hauptverfahren von dem Vorverfahren unabhängig werde. Wenn das Vorverfahren so durchgeführt wird, wie es der Entwurf sich denkt, dann haben wir mit ihm ja schon das Hauptverfahren vorweggenommen.

Ueberlegen Sie sich einmal, was möglich ist! Wir haben ein kontradiktorisches Verfahren vor dem Amtsrichter zum Zwecke von Ermittelungen. Dann kommt die Voruntersuchung — es ist ganz gut möglich, daß sie nachträglich noch kommt — mit einem zweiten kontradiktorischen Verfahren.

Dann kommt der Vortermin, der vielleicht einen ganzen Tag dauern kann. Dann kommt die Hauptverhandlung erster Instanz. Dann kommt die Berufungsinstanz, und wenn eine Revision kommt, haben wir als sechste Verhandlung wieder eine solche in der Berufungsinstanz. Wo dabei nun der Schwerpunkt des Verfahrens liegt, das weiß ich nicht.

Herr Landgerichtsdirektor Aschrott hat gemeint, daß, wenn man die Berufung einführt, der Schwerpunkt notwendig in diese verlegt werde. Ich möchte hoffen, daß das nicht der Fall ist. Aber es ist doch ganz gut möglich, und dann ist das ganze Verfahren mit all seinen Garantien wertlos. Denn das ist doch sicher: wenn man Garantien in das Vorverfahren legt, dann braucht man eigentlich keine weitgehende Berufung mehr (Geheimrat Prof. Dr. von Liszt: Sehr richtig!). Wenn man aber eine Berufung hat und dahinein den Schwerpunkt legen will, braucht man nicht die Vorerhebungen mit ihren kontradiktorischen Einrichtungen.

Ich frage mich weiter: wer ist eigentlich die verantwortliche Person im Vorverfahren? Und ich weiß es wieder nicht. Der Staatsanwalt? Nein. Es ist schon darauf hingewiesen worden, daß er durch einen Satz, der einem Lehrbuche der Logik alle Ehre macht, auf die Selbständigkeit seiner Erhebungen hingewiesen ist. Aber es ist ihm wiederum nicht die Polizei genügend untergeordnet, sie steht ihm nicht so zur Verfügung, wie sie ihm zur Verfügung stehen muß. Er ist nicht darauf hingewiesen, daß er bei den Vorerhebungen des Amtsrichters und in der Voruntersuchung mitwirken muß. Er kann, wenn die Sache schief geht, alles auf den Ermittelungsrichter oder den Untersuchungsrichter abschieben; denn er wird seine Anklage bei vorausgegangener Untersuchung auf die Akten und nicht auf eigene Erhebungen stützen. Der Staatsanwalt ist dementsprechend auch nicht genügend darauf hingewiesen, daß er in der Hauptverhandlung mitwirkt.

Wer der verantwortliche Leiter des Ganzen, namentlich bei den Vorerhebungen ist, das wissen wir somit nach dem Entwurfe nicht, und die Praxis wird genau dieselbe bleiben wie bisher. Also schon darin finde ich nicht die genügende Klarheit des Systems, die Klarheit, die ich bei irgend einer Einrichtung, sei sie nun kontradiktorisches Verfahren oder nicht, wünschen muß.

Ich frage mich nun weiter: wie stehen die einzelnen Personen: der Staatsanwalt, der Beschuldigte, da? Ist der Staatsanwalt selbständig genug oder nicht? Ich sage: nein, er ist es nicht. In der Opportunität ist er ja ziemlich selbständig gestellt. Aber da ist er doch wieder dem Gericht unterstellt, u. z. in der eigentümlichen Weise, wie sie in §§ 175/76 ff. geschildert ist, wonach wir nicht einmal genau wissen, ob das Oberlandesgericht über die Opportunität der Verfolgung beschließen soll oder nicht. Es ist eine vollkommen unklare Bestimmung, über die wahrscheinlich die eine Hälfte der Anwesenden die eine, die andere Hälfte die andere Meinung vertreten wird. Es ist möglich, daß das Gericht über die Opportunität zu beschließen hat, und ich nehme das auch an. Es ist aber auch möglich, daß es nicht so gemeint ist. Jedenfalls ist der Staatsanwalt nicht selbständig, denn es ist ihm nicht die Rückziehbarkeit der Klage garantiert.

Bei dem Opportunitätsprinzip kann nebenbei auch folgendes eintreten: Der eine Staatsanwalt hält es für opportun, einzuschreiten; eine Rechtskraft wird aber durch diesen Einstellungsbeschluß nicht geschaffen. Sein Nachfolger kann es für opportun halten, innerhalb der Verjährungsfrist einzuschreiten, und so schwebt das Damoklesschwert, ob die Verfolgung eintreten wird, ob sie opportun sein werde, immer über den Beschuldigten, solange die Verjährungsfrist läuft.

Meine Herren! Es ist weiter hinsichtlich der Selbständigkeit des Staatsanwalts nicht genügend scharf hervorgehoben, wann er denn nun eigentlich an den Richter gehen muß und wann er es kann. Er kann immer an den Richter gehen, er muß es nicht tun. (§§ 165, 181.)

Dann seine Stellung der Voruntersuchung gegenüber! Es heißt in § 181, es sei ihm zur Pflicht gemacht, eine Voruntersuchung zu beantragen, »wenn es zur weiteren Aufklärung der Sache erforderlich erscheint.« Was das heißt, ist mir unklar, und ich lege mir das so aus: wenn der Staatsanwalt selbst nicht mehr weiter kann, dann muß er an den Untersuchungsrichter gehen, denn dann ist es zur weiteren Aufklärung der Sache notwendig, daß eine Voruntersuchung eingeleitet werde.

Ich möchte hier auch nebenbei darauf hinweisen, daß ebenso die Stellung des Nebenklägers für das Vorverfahren keineswegs klar und scharf genug geregelt ist.

Ich darf nun auf der anderen Seite das hervorheben, was wir besonders wünschen. Ist für den Beschuldigten genügend gesorgt? Auch hier scheint mir nicht genug getan zu sein.

Ich brauche den Ausdruck »Beschuldigter«, denn mit den neuen Ausdrücken »Verdächtiger, Angeschuldigter« komme ich noch nicht so zurecht. Ich darf bloß in technischer Beziehung darauf hinweisen, daß in § 108 der Unterschied zwischen »Verdächtiger« und »Beschuldigter« und später im § 175 der von »Angeschuldigter« und »Beschuldigter« genannt ist. Warum steht das nicht in einem Paragraphen zusammen? Und bei der Privatklage heißt der »Verdächtige« wieder der »Beschuldigte«. Also selbst der Gesetzgeber ist sich über die Terminologie noch nicht ganz klar.

Dem Amtsrichter und Untersuchungsrichter gegenüber ist dem Beschuldigten allerdings ein gewisses Recht gegeben. Daß es nicht genug ausgebildet ist, ist schon hervorgehoben worden. Aber wer verpflichtet denn den Staatsanwalt, an den Untersuchungsrichter und an den Amtsrichter zu gehen? Der Polizei und dem Staatsanwalte gegenüber, d. h. in weit über 90 pCt. aller Fälle hat der Beschuldigte keine Rechte, und das ist bedauerlich.

In dem § 167 ist das Recht des Beschuldigten auch dem Amtsrichter und dem Untersuchungsrichter gegenüber keineswegs so scharf hervorgehoben, wie es sein müßte. Im § 168 ist nicht gesagt, daß der Beschuldigte bei allen antizipierten Beweiserhebungen anwesend sein muß. Das sind doch vorweggenommene Teile der Hauptverhandlung, und da darf dem Beschuldigten die Anwesenheit nicht verwehrt werden.

Ich mache darauf aufmerksam, daß auch hier der Verteidiger keineswegs so gestellt ist, wie er gestellt sein sollte. In § 170 heißt es: «Personen, denen die Anwesenheit bei der Untersuchungshandlung gestattet wird, sind, soweit tunlich, rechtzeitig vom Termine zu benachrichtigen.» Es muß ihnen demnach zunächst die Anwesenheit gestattet werden, und dann werden sie geladen. Dann müssen sie aber vorher wissen, daß ihnen die Anwesenheit bei bestimmten Beweiserhebungen gestattet wird, das heißt, daß diese Beweiserhebungen auch vorgenommen werden sollen. Da sie das aber gar nicht wissen, wird ihnen die Anwesenheit nicht gestattet, also brauchen sie auch nicht geladen zu werden. § 170 gibt dem Verteidiger nicht das Recht, daß er unter allen Umständen davon benachrichtigt wird, daß ein Zeuge vernommen werden soll.

Wer aber verpflichtet denn den Untersuchungsrichter, daß er selbst die Zeugen vernimmt? Wenn der Untersuchungsrichter den Verteidiger nicht dabei haben will, vernimmt er sie nicht selbst, sondern läßt es durch die Polizei tun, und kein Mensch kann ihn daran hindern, und damit ist der Verteidiger ja leicht auszuschalten.

Es ist aber auch dem Beschuldigten nicht genügend Garantie gegeben, daß er gerade dann, wenn er Beweiserhebungen beantragt, dabei sein darf. Es ist bei dem Schlußverhör, was sehr wichtig und beachtenswert ist, nicht vorgesehen, daß der Verteidiger anwesend sein darf.

Es ist aber weiter nicht einmal dafür gesorgt, daß eine Gleichheit zwischen Staatsanwalt und Beschuldigtem besteht. Der Staatsanwalt kann immer anwesend sein, der Beschuldigte braucht es nicht. Da möchte ich auf die eigentümliche Fassung in § 167, 2 aufmerksam machen. Es heißt dort: «Insoweit die Anwesenheit dem Verteidiger nicht versagt wird, ist auch die Staatsanwaltschaft zur Anwesenheit berechtigt.» Ja, warum heißt es nicht einfach: «Insoweit die Anwesenheit dem Verteidiger gestattet wird usw.» Ich vermute, daß da so ein kleines Hintertürchen eingebaut ist, daß dem Staatsanwalt die Anwesenheit gestattet werden kann, wenn sie dem Verteidiger «nicht versagt» wird. Wenn der Verteidiger gar nicht darum nachfragt, wird sie ihm auch «nicht versagt». Er konnte anwesend sein. Er ist es aber nicht, da er nichts davon weiß und keinen Antrag gestellt hat. Der Staatsanwalt darf aber anwesend sein (Heiterkeit). Also klar und sicher ist mir § 167 offen gestanden nicht.

Ich frage weiter: Wie steht es mit dem Rechte des Angeschuldigten bei der Einstellung? Ist eine Einstellung dem Angeschuldigten mit den Gründen mitzuteilen? Läßt man, wenn eine Einstellung erfolgt, dem Angeschuldigten irgendwie ein Papier zugehen, mit dem er vor die Öffentlichkeit treten und sagen kann: «Aus dem und dem Grunde ist das Verfahren gegen mich eingestellt worden!»? Davon steht nichts im Entwurf. Und wenn eine Einstellung nach monatelanger Voruntersuchung erfolgt, so kann der Beschuldigte niemandem gegenüber sagen: «Ich bin, weil nichts gegen mich vorliegt, außer Verfolgung gesetzt worden», sondern er hat gar keine Möglichkeit, die Gründe der Einstellung der Öffentlichkeit gegenüber kundzutun. Ich halte das für höchst bedauerlich.

Einen Antrag auf Voruntersuchung kann der Beschuldigte nach § 205 stellen. Er hat aber nicht die Möglichkeit, irgendwie auf die Durchführung dieses Antrages Einfluß zu üben.

Zur Ergänzung bemerke ich noch, daß der Staatsanwaltschaft nicht die Pflicht obliegt, bei den richterlichen Erhebungen irgendwie mit tätig zu sein. Auch ist der § 190, 2 ganz genau ebenso gefaßt wie bisher. Auch die Staatsanwaltschaft kann jederzeit von dem Stande der Voruntersuchung Kenntnis nehmen und Anträge stellen. Aber es bleibt vollkommen unklar, ob die Staatsanwaltschaft neben den Voruntersuchungshandlungen selbständig tätig sein darf oder nicht.

Meine Herren! Ich darf mich mit diesen Einzelheiten über das Vorverfahren, die ich zur Ergänzung vorbringen wollte, begnügen und zum Schluß nur noch auf folgendes hinweisen. Irgend eine Beschleunigung der Voruntersuchung, des Vorverfahrens ist nicht vorgesehen. Nur in der einen Bestimmung des § 127, daß das Gericht alle zwei Monate die Notwendigkeit der Untersuchungshaft nachzuprüfen hat, haben wir eine Möglichkeit der Beschleunigung. Aber es ist nicht vorgesehen, daß der Beschuldigte irgendwie darauf antragen kann, daß nach einer bestimmten Zeit nun auch wirklich eine Voruntersuchung geschlossen werde.

Eine Einheitlichkeit des ganzen Verfahrens ist nicht garantiert. Wir haben auch heute wieder die Möglichkeit, daß zuerst die Polizei, dann der Staatsanwalt, dann der Ermittelungsrichter, dann der Untersuchungsrichter einschreiten, daß dann das ganze Zwischenverfahren noch viel ausführlicher als bis jetzt eintritt. Wir haben dann die erste Verhandlung; wir haben die zweite Verhandlung in der Berufung. Eine

Einheitlichkeit des ganzen Verfahrens, eine Konzentration kann ich das aber nicht nennen. Wir haben ferner keine Garantie, daß irgendwie die Vorerhebungen (woran man doch offenbar gedacht hat), nun auch wirklich vollständig sind; denn das Gericht kann zwar eine Vervollständigung im Zwischenverfahren verlangen; aber es tut es nur dann, wenn es Zweifel hat, und niemand sagt, wann das Gericht diese Zweifel haben müsse.

So finde ich, daß uns der Entwurf auf dem Gebiete der Systematik des Prozesses irgend eine Verbesserung, die grundsätzlich wäre, nicht bringt, und wenn da nicht ganz entschiedene Änderungen vorgenommen werden, dann glaube ich, daß der Entwurf lediglich ein Experiment ist, und daß wir nach ganz kurzer Zeit entweder eine derartige Verschlechterung des Verfahrens haben, daß wir wiederum zu einem neuen Gesetze kommen müssen, oder aber, daß sich die Praxis um das Gesetz nicht viel kümmern wird. Das ganze Vorverfahren wird wiederum im wesentlichen in den Händen der Polizei bleiben (Bravo!).

Rechtsanwalt Dr. **H. Heinemann**, Berlin: Wenn Exzellenz Hamm heute vormittag meinte und darin einen leisen Vorwurf gegenüber der Vereinigung erhoben hat, daß es lediglich die etwas veraltete und nebensächliche Frage der Voruntersuchung gewesen sei, die uns bestimmte, gegen dieses von großen modernen Ideen erfüllte Gesetzeswerk anzukämpfen, so glaube ich, daß der monumentale Vortrag des Herrn Geheimrats von Lilienthal ihn darüber belehrt hat, daß es viel tiefere Gesichtspunkte sind, die die Vereinigung bewegen, gegen den Entwurf schwere Bedenken zu erheben. Dasjenige, was uns — das kam auch gestern in der Diskussion zum Ausdruck — veranlaßt, gegen den Entwurf Stellung zu nehmen, ist der Umstand, daß der einzige, zu dessen Sicherheit die Reform nach der Versicherung der Motive erstrebt ist, der Angeklagte, im Entwurf nicht bessergestellt ist. Ja, im Gegenteil, seine Stellung ist gegenüber dem geltenden Rechte ganz außerordentlich verschlechtert.

Das Hauptverfahren in unserem geltenden Recht ist ein gutes, und meines Erachtens kann man damit durchaus auskommen. Was tut nun der Entwurf? Er macht das Hauptverfahren zu einem inquisitorischen. Die besten Grundsätze der Mündlichkeit und Unmittelbarkeit werden diesem Hauptverfahren genommen.

Auf den wesentlichsten Punkt hat Herr Geheimrat von Lilienthal bereits hingewiesen. Es ist das die Beseitigung des § 244, die ein so fundamentales Recht, das einzig wirkliche Recht des Angeklagten, betrifft, daß dagegen alles andere nicht in Betracht kommt.

Ich möchte betonen, daß der Entwurf darin sehr viel weitergeht als die Strafprozeßkommission. Diese hatte sich ja nur sehr schwer dazu entschlossen, den § 244 einzuschränken. Es ist schließlich nur mit einer Stimme Mehrheit geschehen. Aber selbst die Majorität der Kommission hat gesagt: nur, wenn einige ganz bestimmte Gründe vorhanden sind, darf man Beweismittel, die der Angeklagte zu stellen beabsichtigt, zurückweisen. Der Entwurf dagegen sagt: «Für alle Fälle» — und das Schöffengericht bekommt von jetzt an fast alle Fälle — «die beim Schöffengericht in erster und vor der Strafkammer in zweiter Instanz verhandelt werden, bestimmt das Gericht den Umfang der Beweisaufnahme nach absolut freiem Ermessen.» Es ist nicht mehr gesagt, daß die bestimmten Gründe vorhanden sein müssen.

Aber der Entwurf beschränkte sich nicht nur darauf, dem Angeklagten dieses Hauptrecht zu nehmen. Auch sonst sind in der Hauptverhandlung noch manche Punkte, die recht bedenklich sind.

Wenn gesagt wird, daß nicht mehr nach den Vorstrafen der Zeugen gefragt werden darf, so klingt das sehr gut, und es ist das eine populäre Forderung. Man muß sich aber darüber klar werden, daß sich diese Forderung im Effekt lediglich gegen den Angeklagten richtet. Daß die Strafregister der Entlastungszeugen bei den Akten sind, dafür wird der Staatsanwalt sorgen. Ob das in der Hauptverhandlung vorgebracht wird oder nicht, ist gleichgültig. Es kommt nur darauf an, was das Gericht in den Akten gesehen hat. Die Belastungszeugen dürfen aber nicht nach ihren Vorstrafen gefragt werden.

Dann noch ein ganz wesentlicher Punkt! Herr Geheimrat von Lilienthal sprach davon, daß die Gerichte die größte Angst davor haben, daß das Urteil in der Revisionsinstanz aufgehoben wird. Nun, von dieser Angst befreit der Entwurf das Gericht. Die Revision wird ja so eingeschränkt, daß sie überhaupt eigentlich kein Rechtsmittel mehr ist. Es wird den Worten: «wenn die Verteidigung in einem wesentlichen Punkte beschränkt ist» hinzugesetzt: «durch einen auf Rechtsirrtum beruhenden Beschluß des Gerichts» (§ 333 Ziff. 8), und die Motive fügen hinzu, daß das Gericht nicht mehr wie bisher in die Lage kommen solle, zu untersuchen, ob z. B. ein abgelehnter Zeuge etwas unerhebliches bekundet haben würde oder nicht.

Wir haben also ein Verfahren, bei dem die vom Angeklagten vorgeschlagenen Zeugen nicht unbedingt vernommen zu werden brauchen; die Belastungszeugen darf man nicht mehr nach den Vorstrafen fragen, und eine Revision wegen Beschränkung der Verteidigung gibt es nicht mehr. Das ist eine solche Beschränkung gegenüber dem geltenden Recht, daß ich, solange diese Einschränkung nicht beseitigt ist, den Entwurf für unannehmbar halte.

Im Vorverfahren werden dem Angeklagten für diese Beschränkung der Verteidigung in der Hauptverhandlung wesentliche Rechte nicht zum Ersatz geboten. Die Sache wird sich tatsächlich so abspielen, wie Herr Geheimrat von Lilienthal gesagt hat. In sehr vielen Fällen wird man den Verteidiger nicht zulassen, weil man sagt, seine Anwesenheit gefährde den Zweck der Voruntersuchung. Bei manchen Sachen, wenn es sich z. B. um einen geständigen Kuppler handelt, wird man allerdings anwesend sein dürfen; das will ich nicht leugnen. Aber in allen wichtigeren Fällen wird es kaum der Fall sein. Selbst wenn der Verteidiger dabei sein darf, so muß man noch fragen: was hat er davon? Reden darf er nicht. Ich würde ihm auch raten, den Untersuchungsrichter nicht zu bitten, zu viele Fragen zu stellen. Es könnte sonst kommen, daß der Untersuchungsrichter sagt: «Von nun an ist der Untersuchungszweck gefährdet. Verlassen Sie das Zimmer.» Kein Verteidiger, der etwas auf seine Würde hält, wird sich dieser Situation aussetzen.

Nun gebe ich zu: das kann in der Tat nicht geändert werden. Ich stimme mit Herrn Geheimrat von Lilienthal überein: eine absolut kontradiktorische Voruntersuchung kann ich mir auch nicht denken, und ich glaube, daß eine Staatsgewalt, die sie einführte, sich eines sehr wirksamen Rechtes berauben würde. Sie hätte im übrigen auch gar keinen Zweck. Sie würde die Staatsanwaltschaft geradezu nötigen, die wichtigsten Ermittlungen durch die Polizei oder sonstwie vorzunehmen. Es würde dieses kontradiktorische Vorverfahren nur auf dem Papiere stehen. Aus diesem Grunde haben sich alle namhaften Verteidiger, die bisher über die Sache geschrieben haben (trotzdem der Entwurf sagt, daß sie im Interesse des Angeklagten und der Verteidigung zur Einführung gelangen solle) für die kontradiktorische Voruntersuchung bedankt, weil sie ein Danaergeschenk ist, das gut klingt, aber nichts ist und sein kann.

Wir wünschen: man gebe die Akten nicht dem Gericht. Das ist das Einzige, worauf es ankommt. Dann kommt die Unmittelbarkeit der mündlichen Verhandlung zur Geltung. Dann ist die Stellung der Verteidigung garantiert. Dann ist dasjenige gegeben, was uns das Gesetz bringen soll. —

In einem einzigen Punkte möchte ich dem Vortrage des Herrn Geheimrats von Lilienthal widersprechen. Ich möchte das ganz kurz erwähnen. Es handelt sich um die Ausgestaltung des summarischen Verfahrens. Ich sehe in dem, was der Entwurf in dieser Hinsicht gebracht hat, etwas bedenkliches und möchte, nachdem dieser Neuerung bisher von allen Seiten Beifall gespendet ist, sie doch nicht unwidersprochen lassen. In politisch ruhigen Zeiten ist das summarische Verfahren ganz gut. Der schleppende, bürokratische, schwerfällige und — wie ich im Gegensatz zu Herrn Oberbürgermeister Dr. Adickes annehme — sehr zum Segen der Gerechtigkeit langsame Gang unserer Justiz verhindert allerdings, daß das summarische Verfahren viel angewendet wird. Wir haben doch jetzt schon Ansätze dazu, und es wird nie gebraucht. In politisch erregten Zeiten kann es aber und muß es sehr bedenklich wirken, und deshalb glaube ich, daß man es nach der Richtung hin erheblich wird einschränken, insbesondere die Maßregel wird treffen müssen, die das von Herrn Amtsrichter Dr. Liepmann zu Unrecht so bezeichnete erweiterte summarische Verfahren in England hat. England kennt nur ein summarisches Verfahren mit Zustimmung des Angeklagten.

Wenn man diesen Zusatz macht, wäre es unbedenklich. Den aber müßte man dem Entwurfe wohl hinzufügen.

Geheimer Justizrat Professer Dr. **von Liszt**, Charlottenburg: Nach den trefflichen Ausführungen verzichte ich auf das Wort.

Amtsrichter Dr. **Friedeberg**, Weißensee bei Berlin: Die Aufgabe, die ich mir heute hier stelle, ist eine äußerst undankbare; denn ich möchte für die Beschränkung einer Forderung sprechen, die bisher allgemeinen Beifall gefunden hat, einer Forderung, bei der bisher jeder Redner, der sie aufgestellt hat, sogar von einem allgemeinen Bravo der ganzen Versammlung unterbrochen wurde. Ich meine die absolute Trennung der Hauptverhandlung vom Vorverfahren. Diese Forderung ist heute vormittag schon besonders von den Herren Oberbürgermeister Adickes und Geheimrat von Liszt betont worden, und schließlich ist sie in ganzer Schärfe von dem letzten Herrn Referenten Geheimrat von Lilienthal dahin gestellt worden, daß dem Gerichte die Vorakten überhaupt nicht vorliegen sollen.

Ich glaube, daß, wenn man diese Forderung in ihrer vollen Schärfe durchführen würde, man eigentlich die Tendenzen der Internationalen Vereinigung nicht ganz verwirklichen könnte. Bisher ist die ganze Frage der Hauptverhandlung und der Voruntersuchung immer nur aus einem Gesichtspunkte geprüft worden, nämlich dem der Tatfrage. Es ist hier eigentlich immer nur erörtert worden, wie das Gericht zu der Überzeugung kommt, ob und wie der Beschuldigte die Tat begangen hat. Aber gerade die Kriminalistische Vereinigung hat ja von jeher die Forderung erhoben, daß das eigentlich, ich will nicht sagen: eine Nebenfrage ist, daß es aber mindestens von ebenso großem Gewicht ist, die Gesamterforschung der Persönlichkeit des Täters, seines Vorlebens, seines Milieus vorzunehmen. Wenn wir uns vorstellen, daß die Tat einer Unterschlagung klar vorliegt, so steht der Richter immer noch vor der sehr schwierigen Frage der Strafzumessung. Soll er ein paar Mark Geldstrafe oder eine mehrjährige Gefängnisstrafe verhängen? Dafür muß er sich auf die Kenntnis der Persönlichkeit und des Vorlebens des Täters stützen.

Wenn nun bisher hier immer vor dem Zurückgreifen auf

die Akten und die Vorermittlungen gewarnt wurde, so geschah es meiner Ansicht nach wohl im Interesse des Angeklagten, zu seinem Gunsten. Ich möchte nun aber doch die Frage aufstellen, ob nicht diese Nichtkenntnis der Akten durch das Gericht auch eine sehr große Gefahr für den Angeklagten mit sich bringen kann. Ich möchte mich dabei auf die Erfahrungen berufen, die die junge Institution des Jugendgerichts in letzter Zeit gemacht hat. Es ist Ihnen bekannt — ich will nicht des Näheren darauf eingehen — daß die Vorermittlungen für das Jugendgericht im wesentlichen von Wohlfahrtsvereinen vorgenommen und auf die Persönlichkeit des Täters, sein Vorleben und Milieu ausgedehnt werden. Wenn wir als Jugendrichter in der Hauptverhandlung über die Tat zu entscheiden haben, stehen wir da vor einer etwas schwierigen Aufgabe. Wie sollen wir uns diesen Vorermittlungen gegenüber verhalten? Die Vorermittlungen stellen unzweifelhaft ein ungemein wertvolles Material dar, das besonders zu Gunsten des Angeklagten verwertet werden kann. Aber wir können es formell in der Hauptverhandlung nicht benutzen, weil es nicht vorgetragen ist und weil es auch im allgemeinen in der Hauptverhandlung gar nicht vorgetragen werden kann. Die Jugendrichter können sich ja auf eine einfache Weise helfen. Sie sagen: wir benutzen das Material für die vormundschaftsrichterliche Behandlung der Frage und ignorieren es für die Strafbehandlung. Wollte man aber tatsächlich die Urteile der Jugendgerichte einer Revision unterziehen — wenn sie nicht nur der Berufungs-, sondern auch einer Revisionsinstanz unterbreitet werden könnten — ich glaube, sie alle wären revisibel; denn die meisten stützen sich, ich möchte sagen: auf das geheime Dossier, das dem Richter vorliegt, auf die Vorermittlungen, die die Schöffen jedenfalls nicht als Bestandteile der Hauptverhandlung kennen lernen. Es ist für mich nicht zweifellos, daß dies Verfahren, das jetzt neuerdings für die Jugendgerichte angewendet wird, auch später auf das Verfahren für Erwachsene ausgedehnt werden wird. Wenn bisher immer nur davon die Rede gewesen ist, ob die Staatsanwaltschaft, der Untersuchungsrichter oder die Polizei das Vorverfahren führen soll, so glaube ich, dürfen wir nicht vergessen, daß für die Zukunft sicher noch ein viertes sehr wichtiges Organ in Frage kommt: die

Wohlfahrtsvereine, die in Zukunft im Verfahren gegen Erwachsene mitwirken werden, u. zw. im wesentlichen wohl zu Gunsten der Angeklagten. In dem Strafprozeßentwurf ist darüber keine Bestimmung enthalten. Ich glaube, es bedarf einer solchen auch nicht, denn die Vorermittlungen sind ja in dieser Beziehung nicht beschränkt, und die Organe der Vereine können ja auch nachher als Sachverständige oder Zeugen gehört werden.

Aber soll nun wirklich die ganze Vorarbeit, die nach dieser Richtung hin teils jetzt schon für die Jugendlichen geleistet wird, teils später vielleicht für die Erwachsenen geleistet werden wird, dem Gerichte ganz vorenthalten bleiben, soll sie einfach ignoriert werden? Ich glaube, das können wir nicht verlangen. Wenn die Ergebnisse der Vorarbeit in den Akten stehen, das Gericht aber die Akten nicht bekommt, wer soll dann diese Tatsachen zu Gunsten des Angeklagten anführen? Ein Verteidiger ist nicht immer da. Von selbst wird es der Angeklagte sicher nicht tun; denn gerade die natürlicheren Angeklagten, die nicht das Gericht durch Rührung umstimmen wollen, werden nur ganz kurz den Sachverhalt erwähnen und auf sehr viele Momente nicht hinweisen, die zu ihrer Entlastung psychologisch verwertet werden können.

Es muß das Gericht daher die Vorakten kennen. Es muß die Möglichkeit haben, den Angeklagten auf diese Punkte hinzuweisen. Einer Beweisaufnahme darüber wird es sehr oft nicht bedürfen. Es genügt, wenn der Angeklagte darüber befragt wird und wenn er dann durch die Antworten auf diese Fragen sein Vorleben und die Umstände klarlegt, die ihn (vielleicht auch nur ganz indirekt) zu der Tat veranlaßt haben. Dann, glaube ich, werden wir sehr viele Momente zugunsten des Angeklagten gewinnen, die sonst einfach unter den Tisch fielen, die wir sonst gar nicht verwerten können.

Wenn daher vorhin die Frage aufgeworfen ist: Kann auch ohne Akten verhandelt werden? so glaube ich: Ja, möglich ist es; aber wir müssen doch sehr prüfen, ob das, wenn es geschieht, nicht doch sehr zum Schaden der Sache und vor allen Dingen zum Schaden des Angeklagten geschieht (Bravo!)

Rat am bayerischen obersten Landesgericht Professor Dr. **Harburger**, München: Meine Herren! Angesichts des Vortrages unseres heutigen Herrn Referenten könnte ich fast mich versucht fühlen, verschiedene Bedenken zu erheben; aber ich werde mich besser auf das Notwendigste beschränken. Ich will nicht näher darauf eingehen, wie er das Verhalten des Staatsanwalts in der Hauptverhandlung geschildert hat, auch nicht auf seine Behauptung, gar mancher Staatsanwalt komme ohne Kenntnis der Akten in die Hauptverhandlung. Ebensowenig will ich mich auf das äußern, was er in bezug auf den Beschluß über die Eröffnung des Hauptverfahrens gesagt hat.

Der Herr Referent hat aber namentlich ausgeführt, daß es ausgeschlossen werden müsse, daß in der Hauptverhandlung die Vorakten dem Gerichte vorliegen. Ich habe schon bei früheren Verhandlungen Gelegenheit genommen, darauf hinzuweisen, daß ohne den Besitz der Vorakten die Leitung einer Hauptverhandlung meistens eine einfache Unmöglichkeit ist. Ich gebe ja zu, daß man bei einem einfachen kleinen Falle die Vorakten nicht kennen muß. Aber bei jedem einigermaßen schwierigen Fall ist ihre Kenntnis unbedingt notwendig. Stellen Sie sich eine Schwurgerichtsverhandlung vor, die fünf, sechs, sieben Tage dauert — man ist ja allgemein jetzt darüber einig, das Schwurgericht einstweilen beizubehalten —, wie soll dann der Vorsitzende die Beweiserhebung einrichten und leiten? Wer jemals in der Lage war — ich habe zu verschiedenen Malen als Schwurgerichtsvorsitzender zu fungieren gehabt — weiß, daß alles darauf ankommt. Man muß, um den Geschworenen einen Überblick zu ermöglichen, zuvor selbst an der Hand der Akten sich ein Bild über den vermutlichen äußeren Verlauf des ganzen Falles gemacht haben, und danach die Beweisvorführung vornehmen. Ich gebe zu: In der Strafkammer ist die Sache auch bei länger dauernden Verhandlungen nicht so schwer. Aber wenn wir Laienrichter vor uns haben, müssen wir ihnen die Sache dramatisch, möchte ich sagen, vorführen, und eine solche dramatische Vorführung ist nur bei Kenntnis der Akten möglich. Also müssen diese dem Vorsitzenden bekannt sein. Wir können nicht vom Staatsanwalt verlangen, daß er über jeden Fall ein ganzes Buch schreibt, das eine vollständige Geschichte des ganzen Falles gibt. Welcher Staatsanwalt ist nach Lage seiner Arbeiten imstande, eine solche Schilderung des Falles herzustellen? Wenn der Vorsitzende die Akten besitzt, dann kann er in einer seinem eigenen Wesen homogenen Weise sich über ihren Inhalt unterrichten und dann ist er auch in der Lage, seine Beweiserhebung danach einzurichten. Also ist es schon allein aus diesem Gesichtspunkt unmöglich, die Akten zu entbehren.

Und dann bedenke man doch, daß die Akten nicht bloß Belastungsmaterial, sondern auch Entlastungsmaterial enthalten; wenn vorher der Vorsitzende nichts davon weiß, dann besteht auch nicht unter allen Umständen eine Garantie dafür, daß das Entlastungsmaterial in geeigneter Weise erhoben wird. Mit anderen Worten: Ein objektives Bild von dem Falle, wie er sich wirklich ereignet hat, soweit ihn überhaupt die Untersuchung aufzuklären vermag, ist nur denkbar unter dem Besitze der Akten.

Darum möchte ich die geehrte Versammlung bitten, sich gegen die These auszusprechen, daß die Akten des Vorverfahrens dem erkennenden Richter vorenthalten werden müssen (Sehr richtig!).

Oberlandesgerichtspräsident a. D. Exzellenz Dr. **Hamm**, Bonn: Ich muß mich durchaus meinen beiden Herren Vorrednern anschließen. Ich verkenne gar nicht, daß das mündliche Verfahren, namentlich bei einem ungeschickten oder vielmehr zu fleißigen und zu gründlichen Vorsitzenden, sehr darunter leidet, wenn er nach den Akten instruiert, mit dem Finger, wie man gesagt hat, den Aussagen in den Akten folgt, jede Abweichung rügt und es fast wie einen Ärger und Eingriff empfindet, wenn ein Zeuge kommt, der etwas sagt, was nicht in den Akten steht.

Es ist sehr schlimm, wenn die Voruntersuchung als Generalprobe des Hauptverfahrens ausgestaltet wird. Das ist im höchsten Grade mißlich. Aber wie man das ändern will, weiß ich nicht. Auf dem vorgeschlagenen Wege geht es jedenfalls nicht.

Das Vorverfahren hat vor allem den Zweck, festzustellen, ob der Beschuldigte unter Anklage gestellt werden soll und ist hierfür unentbehrlich. Verkennen Sie nicht, welch schwere Schädigung es im Gefolge haben kann, wenn ein Unschuldiger, selbst unverhaftet, vor das Gericht gestellt wird, mag er auch nachher freigesprochen werden. Ich kenne einen ganz eklatanten Fall, wie verhängnisvoll für einen unschuldig Angeschuldigten schon die bloße Verhaftung, geschweige denn erst die Verhandlung sein kann. Ein verheirateter angesehener Arzt wird von einem Dienstmädchen, das zu einer ärztlichen Untersuchung zu ihm geschickt war, beschuldigt, er hätte sie im Sprechzimmer genotzüchtigt. Der Arzt wird vernommen und sagt: «Ich habe sie überhaupt nicht gebraucht». Im Vorzimmer hatten Leute Lärm und Geschrei gehört. Der Arzt wurde verhaftet; es ergab sich sehr bald, daß von Notzucht keine Rede sein konnte. Die Person war eine Hure, hatte mehreremal unehelich geboren. Der Arzt wurde freigelassen und außer Verfolgung gestellt, war aber ruiniert; er ging hin und hängte sich an einen Baum. Es blieb eben in der Offentlichkeit der Verdacht auf ihm, daß er ein Mädchen, das ihm als Arzt zugeschickt war, gebraucht habe.

Gegen solche Mißlichkeiten muß der Angeschuldigte geschützt sein. Es ist unbedingt geboten, daß dann, wenn sich der Verdacht nicht entsprechend verdichtet hat, das Hauptverfahren gar nicht eröffnet wird. Darum können wir das Vorverfahren nicht entbehren. Wie wir dann aber dazu kommen könnten, die Akten des Vorverfahrens dem erkennenden Gerichte nicht mitzuteilen, das ist mir unverständlich.

Ich teile nicht ganz den Standpunkt des Herrn Professors Harburger. Wenn man dazu überginge, die Zeugen durch den Staatsanwalt vernehmen zu lassen, könnte meines Erachtens allerdings der Staatsanwalt die Reihenfolge der Zeugen bestimmen. Er könnte auch die Zeugen in der Hauptverhandlung vernehmen und der Vorsitzende und die Richter könnten Zuhörer sein. Das ist denkbar. Aber die Akten des von dem Staatsanwalt geleiteten Vorverfahrens der Verteidigung und dem erkennenden Gericht vorzuenthalten, ist meines Erachtens unmöglich. Wenn der Staatsanwalt überzeugt ist, daß der Angeklagte schuldig ist, dann wird er keinen Anlaß haben, die Zweifel an der Schuld vorzubringen, die manche Zeugenaussagen des Vorverfahrens vielleicht erwecken können. Er richtet dann die Anklage so ein, daß sie schlagkräftig ist.

Nun können aber in den Akten, z. B. in den Polizeiberichten — von den Voruntersuchungsakten wollen wir nicht reden — Momente sein, auf Grund deren der Vorsitzende oder

der Verteidiger, wenn er sie sieht, sagen würde: «Dieser Zeuge muß geladen werden; er macht die Schuld zweifelhaft; auf Grund seiner Aussage wird der Angeklagte vielleicht freizusprechen sein.» Wie können Sie dem Staatsanwalt, der mit den Machtmitteln des Staates die Ermittlungen anstellt, das Recht geben, wenn er von der Schuld des Angeklagten überzeugt ist, die Zeugen zu bestimmen, während das Gericht nicht weiß, daß in seinen Akten Dinge stehen, die zur Entlastung dienen können? Das würde, wenn es eingeführt würde, sehr bald wieder aufgehoben werden. Wie oft hat der Verteidiger Entlastungsmaterial in den Vorakten der Staatsanwaltschaft gefunden! Das wollen Sie alles totmachen, weil darunter die Frische der mündlichen Verhandlung leide? Da schütten Sie das Kind mit dem Bade aus.

Alle übrigen Anträge, die Herr Geheimrat von Lilienthal gestellt hat, sind sehr mäßig und verständig; denen kann man überall zustimmen, auch den Ausführungen, die den § 244 betreffen. Aber die Annahme dieses einen Satzes ist unmöglich. Wenn Akten existieren über Ermittlungen, die die Staatsanwaltschaft mit den Machtmitteln des Staates gemacht hat, dann sind sie gemeinsames Objekt beider Parteien und auch des Gerichts. Wenn Sie wollen, daß der Staatsanwalt instruiert — gut! Aber daß dann das Gericht die Akten nicht zu sehen bekommt, die der Staatsanwalt hinter sich hat, daß das Gericht nicht heraussuchen kann, ob in den Ermittlungen, die gemacht sind, noch etwas ist, das für den Angeklagten spricht, das ist nicht angängig, und dem Verteidiger können Sie diese Möglichkeit ebensowenig abschneiden (Bravo!).

Justizrat Dr. **Mamroth**, Breslau: Meine Herren, ich widerstehe der Versuchung, die heut Vormittag, gewissermaßen im Galopptempo unter dem Druck der 10-Minutensperre meinerseits gemachten Ausführungen zum Gegenstand einer nochmaligen ausführlicheren Erörterung zu machen. Ich begnüge mich damit, darauf nur insoweit zurückzukommen, als ich eine kurze Nachlese zu den beachtenswerten und interessanten Ausführungen zu geben mir erlauben will, welche uns das Referat des Herrn Geh. Hofrat von Lilienthal gebracht hat.

In erster Reihe ein Wort über die Verhaftung. Mir will scheinen, als ob diese wichtige Frage, die in ihrer Behandlung in der Praxis vielleicht am allermeisten zur Erhöhung der Mißstimmung gegen unser jetziges Verfahren geführt hat, bei unseren bisherigen Beratungen etwas stiefmütterlich behandelt worden ist. Auch Herr Geh. Hofrat von Lilienthal hat sich im wesentlichen nur mit der einen Sorte der Verhaftungen, den Kollusionsverhaftungen, befaßt. Ich möchte hierzu nur der heute morgen seitens eines der Herren Vorredner geäußerten Ansicht entgegentreten, daß die Praxis nur selten davon Gebrauch mache. Ich kann vielmehr erklären, daß dies nach meiner Erfahrung sehr häufig, viel zu häufig, geschieht und daß dabei außerordentlich oft die Gefahr wirklicher Kollusion mit dem berechtigten Interesse des Angeklagten, entlastende Momente zu sammeln, verwechselt wird. Was aber die Verhaftung wegen Fluchtverdachts betrifft, so ist allerdings im Entwurf insofern ein Schritt zur Besserung getan, als der bisherige vage Verdacht, der eigentlich nur eine Vermutung ist, daß sich ein Angeklagter durch Flucht der Untersuchung entziehen würde, durch die Bestimmung ersetzt werden soll, daß auch hier Tatsachen vorliegen müssen, die ein solches Bedenken rechtfertigen, und daß die Präsumtion des Fluchtverdachtes, die sich bisher an den Verdacht eines Verbrechens eo ipso knüpfte, beseitigt werden soll. Dafür tritt aber an Stelle dieser Präsumtion eine andere, die mir vielleicht noch bedenklicher erscheint. Schon bisher ist es eine der schematischen Formeln, mit denen die Haft angeordnet, bzw. auf Beschwerde die abweisenden Beschlüsse begründet zu werden pflegen, daß sich die Haft mit Rücksicht auf die «Höhe der zu erwartenden Strafe» rechtfertige. Diese, von mir von jeher bekämpften schematischen Formeln sollen nunmehr durch das Gesetz ausdrücklich sanktioniert werden, denn es soll der Fluchtverdacht näherer Begründung nicht bedürfen, wenn nach dem Gegenstand des Falles anzunehmen ist, daß die Strafe mehr als ein Jahr Gefängnis betragen wird. Ich wünschte dringend, daß diese Bestimmung nicht Gesetz würde. Sie scheint mir eine ganz besonders unglückliche. Was weiß denn der Richter in einem allerersten Stadium des Verfahrens, in welchem ja gewöhnlich die Verhaftung zu erfolgen pflegt, ob die Umstände des Falles eine höhere oder niedrigere Strafe rechtfertigen werden? Er kennt ja den Fall nur ganz oberflächlich. Selbst wenn er schon übersehen kann, unter welches Strafgesetz die dem Beschuldigten zur Last gelegte Tat zu subsumieren ist, so fehlt ihm doch alle und jede Kenntnis derjenigen Momente, welche das zukünftige Strafmaß bestimmen werden, und wie übel ist auch die Konsequenz, wenn das die Verhaftung beschließende Gericht die Haft mit Rücksicht auf die Höhe der zu erwartenden Strafe für notwendig erachtete und demnächst der Angeklagte, nachdem der Fall von dem erkennenden Gerichte mit allen seinen Einzelheiten gewürdigt worden ist, mit einer Strafe belegt wird, die zeitlich viel geringer ist, als die Dauer der bereits verbüßten Haft? Und wie viel übler noch der Gedanke, daß ein Kollegium sich in der Bemessung der Strafe durch die Tatsache bestimmen lassen könnte, daß aktenmäßig die Haft in der bezeichneten Weise begründet wurde! —

Herr Geh. Hofrat von Lilienthal hat ferner seine Ausführungen hinsichtlich der Stellung der Verteidigung dahin prägnant formuliert: «Der Angeklagte soll schon im Vorverfahren ordnungsmäßig verteidigt werden». Ja, meine Herren, die unbedingte Voraussetzung für eine ordnungsmäßige Verteidigung ist aber die Kenntnis der Akten. Ohne diese Akten ist die ganze Verteidigungstätigkeit nichts weiter wie Schaumschlägerei. Wenn man ein junger, unerfahrener Verteidiger ist, und doch für den Beschuldigten, der uns im ersten Stadium der Sache seine Verteidigung überträgt, etwas tun zu müssen glaubt, so wird sehr häufig dem richtig verstandenen Interesse des Angeschuldigten geschadet. Ist man aber ein erfahrener und sorgsamer Verteidiger, so wird man in den weitaus meisten Fällen davon Abstand nehmen, etwas zu veranlassen, bevor man aus den Akten neben demjenigen, was der Beschuldigte uns sagt, auch dasjenige gesehen hat, was die Anderen sagen. Und die Besuche bei dem verhafteten Angeklagten, ja, meine Herren, sachlich sind diese gewöhnlich vollständig überflüssig und eine Zeitvergeudung. Wir gehen hinein in die Zelle, damit der arme Kerl sieht, daß sich irgend jemand um sein Schicksal bekümmert und damit er das Vertrauen zu uns behält. Aber nützen, im richtig verstandenen Sinne, können wir ihm ohne die Einsicht der Akten nichts. Und in dieser Beziehung soll eigentlich Alles wieder beim Alten bleiben!

Zunächst spricht auch der Entwurf immer nur wieder von den «gerichtlichen» Akten, und wenn die bisherige Praxis auch für das neue Verfahren maßgebend bleibt, gelten die Bestimmungen über Akteneinsicht nicht für diejenige Zeit, in welcher formell nicht Akten des Gerichtes, sondern solche der Staatsanwaltschaft vorhanden sind. Damit verliert auch das beschränkte Recht auf Akteneinsicht im Vorverfahren in den allermeisten Fällen jeden praktischen Wert, im Vorverfahren sind eben nur staatsanwaltschaftliche Akten vorhanden. Es ist aber ganz unerfindlich, warum diese für den Verteidiger ein noli me tangere bleiben sollen, auch unter denjenigen Voraussetzungen, unter denen ihm die gerichtlichen Akten erschlossen werden sollen.

Hinsichtlich der gerichtlichen Akten nun ist eine ganz merkwürdige Bestimmung getroffen. Da soll im Prinzip die Akteneinsicht dem Verteidiger zustehen, es sollen ihm aber «einzelne Aktenstücke» vorenthalten werden können. Welche Aktenstücke gemeint und gedacht sind, ergibt sich weder aus dem Entwurf, noch aus seiner Begründung. Nach dem Gesetzestext ist durchaus nicht in Abrede zu nehmen, daß ihm belanglose Beiakten ausgehändigt werden, das Hauptaktenstück aber gerade zurückbehalten werden kann, weil dessen Einsicht eine «Gefährdung des Untersuchungszweckes» bedeutet. Die Gefährdung des Untersuchungszweckes! Das ist überhaupt eine Art Schreckgespenst, dem ich alle und jede Berechtigung abspreche. Welches sind denn eigentlich die Fälle, in welchen durch die Einsicht des Verteidigers in die Akten der Untersuchungszweck gefährdet wird? Nehmen wir selbst den auf die Spitze getriebenen seltenen Fall, daß ein Verteidiger die Akten gerade einsieht, als der Untersuchungsrichter den Haftbefehl angeordnet hat, und seinem Klienten davon Mitteilung macht. Das bedeutet doch wahrhaftig noch lange nicht: «Mach, daß Du davon kommst». Denn jeder sorgsame Verteidiger wird doch in geeigneten Straffällen seinen Klienten von vornherein darauf aufmerksam machen, daß die Möglichkeit eines Haftbefehles besteht. Und wenn von dem bevorstehenden Erlaß dieses Haftbefehles der Angeklagte etwas zeitiger, wie bei dessen Vollziehung Kenntnis erhält und dadurch in die Lage kommt, den furchtbar eingreifenden Folgen einer solchen Maßregel für sich und seine Familie, seine geschäftlichen und persönlichen Verhältnisse, schon einigermaßen vorher entgegen zu arbeiten, so ist dies doch wahrhaftig kein Unglück.

Ich will Ihnen von der Art, wie die Praxis die Gefährdung des Untersuchungszweckes versteht und damit die Rechte des Verteidigers auf Akteneinsicht völlig illusorisch zu machen weiß, drei kurze Beispiele geben, die ich vor einer Reihe von Monaten in der Deutschen Juristenzeitung unter wörtlicher Anführung der Beschlüsse des Beschwerdegerichts veröffentlicht habe.

Im ersten Falle lag eine Anklage gegen § 175 vor. Mein Antrag auf Akteneinsicht wurde mit der Begründung abgelehnt, daß Personen, die solcher Delikte beschuldigt sind, erfahrungsmäßig in sehr engem Zusammenhange mit Gleichgesinnten stehen, und durch die vorzeitige Kenntnis der gegen sie erhobenen Beschuldigungen seitens des Verteidigers leicht die Ermittlung von Mitschuldigen erschwert und damit der Untersuchungszweck gefährdet werden könne.

Im zweiten Falle handelte es sich um die Beschuldigung der Verleitung zum Meineide. Die Akteneinsicht und die Beschwerde gegen deren Versagung seitens der Strafkammer wurden abgelehnt, weil die Beschuldigten nach den bereits als erwiesen angesehenen Tatsachen Menschen seien, welche dazu neigten, andere zu falschen Aussagen im eigenen Interesse zu bestimmen, daher die Kenntnis des bisherigen Belastungsmaterials gleichartige Schritte und daher eine Gefährdung des Untersuchungszweckes ermöglichen würde.

Und im dritten Falle war man noch radikaler. Das Beschwerdegericht erklärte, daß der Untersuchungsrichter mit Recht zurzeit die Akteneinsicht verweigert habe, weil er den Angeschuldigten bisher nur flüchtig vernommen habe, die ausführliche und eingehende Vernehmung aber bis zur weiteren Sammlung der Belastungsbeweise verschiebe. Nun sammelte der Untersuchungsrichter vier Monate lang Beweise, dann vernahm er endlich, am Tage nachdem er den letzten Zeugen gehört, den Angeschuldigten eingehend und ausführlich und dann — schloß er die Voruntersuchung. Nach diesem Rezept ist also in jeder Voruntersuchung der Verteidiger dadurch, daß man ihm die Akteneinsicht bis zu der an den Schluß hinausgeschobenen ausführlichen Vernehmung des Angeschuldigten versagt, auszuschalten. Und, meine Herren, derartige Beschlüsse können ganz genau und mit der vollständig gleichen Begründung nach dem neuen Entwurf gefällt werden, wie sie an der Hand der bisherigen strafprozessualen Vorschriften erlassen worden sind.

Einen nach wie vor bestehen bleibenden Mangel erblicke ich auch für das Vorverfahren darin, daß der Rechtsmittelschutz gegen einen Beschluß des Untersuchungsrichters mit dem Beschluß der Strafkammer endet. Man darf für diese Frage nicht übersehen, daß in vielen Fällen der Untersuchungsrichter Mitglied desjenigen Strafkammerkollegiums sein wird, welches über die Beschwerde entscheidet, und es wird begreiflicherweise dadurch geringere Geneigtheit vorhanden sein, seine Verfügungen zu desavouieren. Es ist dringend notwendig, daß, wie bisher nur in Haftangelegenheiten, so künftig ganz im allgemeinen die weitere Beschwerde an das Oberlandesgericht zugelassen wird. —

Nur einige Worte noch über die Hauptverhandlung. Ich will die wichtige Frage über die Notwendigkeit und die Möglichkeit, die Verhandlung im Hauptverhandlungstermin ganz von dem Ergebnis des Vorverfahrens und dessen Akten zu trennen, hier nicht noch einmal erörtern, aber entschieden entgegentreten möchte ich den Ausführungen des Herrn Oberlandesgerichtsrates Harburger, wenn er die Notwendigkeit, daß der Vorsitzende eines Schwurgerichtes die Akten genau kennt, damit begründet, daß er sagt: «Nur wenn er die Akten kennt, kann er sich ein vollständiges Bild von der Sache machen». Das ist es ja eben, was wir bekämpfen und in vielen Fällen fürchten und bedauern. Der Vorsitzende soll sich vor der Verhandlung noch kein «Bild» von der Sache machen können, denn dieses Bild wird in vielen Fällen noch kein richtiges sein, und jedenfalls aus den Akten erheblichere Retouchen in belastender Beziehung enthalten, als in entlastender. Und wenn Herr Oberlandesgerichtsrat Harburger, um uns diese seine Auffassung plausibler zu machen, uns, ich meine damit, die auf meinem Standpunkt stehenden, darauf hinweist, daß dann ja auch dem Vorsitzenden eine Menge entlastender Momente, die vielleicht in den Akten enthalten sind, unbekannt bleiben, so möchte ich darauf hinweisen, daß dann die Anklage von einem Staatsanwalt gefertigt sein müßte, der es wenig ernst mit den ihm vom Gesetz, und zwar vom jetzigen, wie vom künftigen auferlegten Pflichten genommen hat. Denn ausdrücklich wird ihm ja zur Pflicht gemacht, nicht nur für Sammlung des Belastungs-, sondern nicht minder auch des Entlastungsmaterials besorgt zu sein, und natürlich müßte diese Sorge auch ihren Niederschlag in der die Grundlage der Hauptverhandlung bildenden Anklageschrift finden. Und überdies sind ja schließlich für die hier in Betracht kommenden Fälle der schwurgerichtlichen Verhandlungen auch der Verteidiger und der Angeklagte selbst da, um dafür zu sorgen, daß das Entlastungsmaterial nicht unter den Tisch fällt.

Endlich noch ein Wort zu § 244. Ich habe es mit großer Genugtuung begrüßt, daß gerade in dieser Beziehung in uneingeschränkter eindrucksvoller Weise das Referat des Herrn Geh. Hofrat von Lilienthal für die Beibehaltung dieser Bestimmungen Stellung genommen hat. Darüber hinaus meine ich, daß das Recht des § 244 ausgedehnt werden müsse auch auf die Verhandlungen vor den Schöffengerichten, für die er bisher nicht gilt. Denn die erweiterte Zuständigkeit dieser Gerichte auf eine große Anzahl Delikte, die bisher der Strafkammerjudikatur angehörten, fordert gebieterisch Gleichstellung des Angeklagten in dem Verfahren vor beiden Gerichten. Und es ist ganz gewiß nicht richtig, daß die Bestimmung des § 244 durch die Einführung der Berufung überflüssig wird. Im Gegenteil, die Berufung wird in zahlreichen Fällen durch Ausübung des Rechtes aus § 244 überflüssig werden. Denn außerordentlich häufig, wenn nicht in der überwiegenden Anzahl von Fällen, intendiert die Berufung die Vernehmung von Zeugen, welche in der ersten Instanz nicht vernommen worden sind. Ist die Beweisaufnahme in der ersten Instanz durch Ausübung des Rechtes des Angeklagten gemäß § 244 erschöpfend und vollständig gewesen, so fehlt es an Material, welches dem Angeklagten die Berufung chancenvoll erscheinen läßt. Und noch eins, meine Herren, und vielleicht für die Beibehaltung des § 244 das Allerwichtigste. Es ist hier mehrfach ausgesprochen und wird in der Begründung des Entwurfes gleichfalls an zahlreichen Stellen hervorgehoben, daß eines der wesentlichsten Momente für die Notwendigkeit einer Reform unserer Strafprozeßordnung das geschwundene oder wenigstens verminderte Vertrauen in die Rechtsprechung unserer Strafgerichte ist. Den Gründen dafür hier nachzuforschen, ist müßig, die Tatsache steht fest, dieser dürfen wir uns nicht verschließen, und ganz zweifellos ist auch richtig, daß ebenso wichtig wie ein gutes Strafprozeßverfahren, das Vertrauen des Volkes in die Güte des Verfahrens ist. Nun wird auch hier jeder erfahrene Verteidiger bestätigen, meine Herren, daß nichts so sehr das Vertrauen eines Angeklagten in die Gerechtigkeit des über ihn verhängten Spruches erschüttert, als wenn er vergeblich die Vernehmung von Entlastungszeugen beantragt hat. Hundert Mal hören wir den Ausspruch: «Ich bitte meine Zeugen zu vernehmen, warum sind meine Zeugen nicht vernommen worden». Der Angeklagte sieht in der Nichtvernehmung dieser «seiner» Zeugen den mangelnden guten Willen der Gerichte, ihm sein Recht, oder sagen wir dasjenige, was er für sein Recht hält, zu schaffen. Sind die Zeugen vernommen, und hat er sich überzeugt, daß sie unter ihrem Eide nicht diejenigen Aussagen gemacht haben, die er von ihnen erwartet hat, oder ist ihm auch vielleicht nur klar geworden, daß die Gerichte diese Aussagen nicht für voll glaubhaft oder ausschlaggebend erachtet haben, so ist er beruhigt und grollt dem Gericht nicht, weil er gesehen hat, daß seine Anträge nicht einfach ignoriert wurden. Und deshalb, meine Herren, auch zur Erhöhung des geschwundenen Vertrauens in unsere Strafrechtspflege, muß als eine, keine Konzessionen zulassende Forderung die Beibehaltung des § 244, wie sie innerhalb der Thesen des Herrn Geheimen Hofrat von Lilienthal ohne jede Einschränkung gefordert wird, bezeichnet werden.

Vorsitzender: Ich halte mich verpflichtet, mitzuteilen, daß noch sieben Redner auf der Liste stehen und daß außerdem noch der Herr Referent das Schlußwort haben wird.

Es ist nun von Herrn Dr. Delaquis die Beschränkung der Redezeit auf zehn Minuten beantragt (Rufe: Fünf Minuten!).

Es ist weiter Schluß der Rednerliste beantragt. — Das ist genehmigt.

Landgerichtsdirektor a. D. Dr. **Aschrott**, Berlin (zur Geschäftsordnung): Ich möchte beantragen, die Redezeit auf fünf Minuten zu beschränken. Es ist jetzt 3/4 6 Uhr. Um 8 Uhr beginnt die öffentliche Versammlung. Wir müssen auch einmal Luft schöpfen; wir sitzen den ganzen Tag hier. Es wird nicht möglich sein, den einzelnen Rednern jetzt noch mehr als fünf Minuten zu bewilligen.

Vorsitzender: Ich bitte die Herren, die für fünf Minuten sind, sitzen zu bleiben (Geschieht). Das ist die Mehrheit (Heiterkeit).

Die Redezeit ist auf fünf Minuten beschränkt.

Staatsanwalt Dr. **Feisenberger**, Magdeburg: Das Thema ist ja im allgemeinen schon so erörtert worden, daß nur weniges mehr zu sagen bleibt.

Ich möchte zunächst auf den Fall zurückkommen, den Exzellenz Hamm vorhin vorgetragen hat. Wenn ich recht verstand, handelt es sich um Notzucht oder Vornahme unzüchtiger Handlungen mit Gewalt. Es muß die Voruntersuchung also in diesem Falle wirklich geführt worden sein, und ich verstehe nicht, wie man aus diesem Falle herleiten kann, daß, wenn das Verfahren von der Staatsanwaltschaft geführt worden wäre, der Mann nicht vor Gericht gekommen sein würde (Oberlandesgerichtspräsident a. D. Exzellenz Dr. Hamm: Mißverständnis!). Es mag ein Mißverständnis sein. Es ist so gesagt worden. Es kann ja noch aufgeklärt werden.

Oberlandesgerichtspräsident a. D. Exzellenz Dr. **Hamm**, Bonn (zur Berichtigung): Ich wollte zeigen, wie wichtig es für einen Angeschuldigten sein kann, daß seine Sache überhaupt nicht zur Verhandlung kommt. Auch wenn er unschuldig ist, kann die Verhandlung für seine Existenz vernichtend sein.

Mehr sollte die Erzählung nicht dartun.

Staatsanwalt Dr. **Feisenberger**, Magdeburg (fortfahrend): Das letztere ist von jedem zu akzeptieren. Es ist ganz zweifellos. Ich sehe nicht ein, warum das im staatsanwaltschaftlichen Verfahren nicht gerade so gut hätte gemacht werden können wie vom Untersuchungsrichter.

In den Ausführungen des Herrn Geheimrats von Lilienthal ist ein Widerspruch zutage getreten. Wenn er sagte: Zwischen dem Staatsanwalt und dem Untersuchungsrichter sei nur ein Unterschied im Namen, und nachher als Mißstand mit Recht beklagt hat, daß der Staatsanwalt keine eigene Kenntnis von den Persönlichkeiten der Zeugen, Angeschuldigten usw. habe, so scheint mir das ein Widerspruch zu sein. Wenn wir die Voruntersuchung beibehalten, so bleibt es eben dabei, daß der Staatsanwalt gerade in den allerwichtigsten Fällen keine solche eigene Kenntnis hat; wenn man oft unseren Strafprozeß mit einer Krankenbehandlung verglichen hat, dann ist es eben eine briefliche Behandlung, die der Staatsanwalt dem Beschuldigten angedeihen läßt. Er hat niemals Zeugen oder Sachverständige gesehen und soll lediglich aus den Schriftstücken, die ihm vorliegen, die Sache weiter behandeln. Er soll sich aus seiner Seele hinaus in eine andere, nämlich die des Untersuchungsrichters, versetzen.

Was den Punkt angeht, daß dem Gericht die Akten nicht vorgelegt werden sollen, so glaube ich, daß die These nur sagt: «dem Gericht nicht vorliegen». Es steht nicht darin, daß sie der Verteidigung nicht vorgelegt werden sollen. Ich halte es für sehr wohl möglich, daß der Staatsanwalt — und jeder verständige Staatsanwalt tut es heute schon — mit dem Verteidiger zu gewissen Zeitpunkten Rücksprache nimmt, und daß er suchen wird, die Entlastungsbeweise herbeizubringen. Er wird sich nicht unnötig der Gefahr aussetzen, eine unhaltbare Anklage zu erheben. Jedenfalls kann er durch Gesetzesvorschrift genötigt werden, die Akten dem Verteidiger vorzulegen. Wenn sich in dem Augenblick, in dem er die Anklage erhebt, nichts geheimes mehr in den Akten befinden darf, warum soll er dann die Akten dem Verteidiger nicht geben können, damit auch dieser die etwa noch fehlenden Entlastungsbeweise antreten kann!

Ich weiß auch nicht, warum man der Staatsanwaltschaft gleichsam den Vorwurf macht, daß sie die Entlastungsmomente unterdrücken will. Man müßte sich geradezu auf den Standpunkt stellen, daß die Justizverwaltung plötzlich in einem gegebenen Falle die Anweisung gibt: «Du darfst nur die Belastungs-, nicht die Entlastungsmomente vortragen.» Das ist nie der Fall gewesen und wird es nie sein können. Der Staatsanwalt wird die Aufgabe haben, die Entlastungsmomente in der Verhandlung vorzubringen, und er wird sie auch schon in seine Anklageschrift hineinschreiben, und eine gewisse Korrektur kann der Verteidiger, dem die Akten zugänglich werden, üben, wenn der Staatsanwalt etwas übersehen hätte. Ich sehe nicht ein, wenn man dem Staatsanwalt den Vorwurf machen will, warum man ihn nicht auch dem Vorsitzenden machen könnte. Auch er kann ja etwas übersehen, oder er kann etwas, was ihm gänzlich unwichtig scheint, was aber für den Angeklagten sehr wichtig ist, nicht vorbringen, trotzdem er die Akten gehabt hat, weil er sich ein falsches Bild von der Sache machte. — Und schließlich könnte derselbe Einwand auch heute schon und zwar mit dem gleichen Unrecht erhoben werden; denn auch heute hat der Staatsanwalt die Möglichkeit, Vorgänge bei seinen Handakten zu belassen und nicht zu den Hauptakten zu nehmen, wenn es ihm nicht dienlich erscheint.

Noch auf einen Punkt möchte ich eingehen, nämlich die Parteienöffentlichkeit; sie wird, so wie sie im Entwurfe geregelt ist, aller Voraussicht nach auf dem Papiere stehen bleiben; ein Gebrauch davon wird wohl kaum gemacht werden. Der Verteidiger wird sich in der Regel nicht dem aussetzen, daß ihm, wenn er kommt, gesagt wird: «Geh' fort, Du gefährdest die Untersuchung.» Der Staatsanwalt wird es erst recht nicht tun; denn er setzt sich unter Umständen der gleichen Gefahr aus; beide aber würden dann nutzlos ihre kostbare Zeit verlieren. — Es kann dem Verteidiger die Anwesenheit verboten werden, und dann muß dem Staatsanwalt das Gleiche widerfahren — er darf auch nicht dabei sein. Übrigens kann ich diese Konsequenz nicht als richtig anerkennen. Die Anwesenheit der Staatsanwaltschaft kann doch wohl niemals als eine Gefährdung des Untersuchungszwecks angesehen werden. Der Staatsanwalt ist bei seiner heutigen gesetzlichen Stellung, die der Entwurf nicht ändert, nicht Partei. Warum soll man ihn auf dieselbe Stufe stellen wie den Angeklagten?

Es steht in § 168, 4 des Entwurfs, daß das Gericht zur Aufklärung der Sache dienliche Fragen zulassen kann. Weiß der Untersuchungsrichter oder der Amtsrichter im Vorverfahren immer, was der Sache vom Standpunkte des Staatsanwalts oder des Angeschuldigten dienlich ist? Das kann er gar nicht wissen, namentlich nicht, weil er keine Kenntnis davon hat, was in den Handakten des Staatsanwalts oder Notizen des Beschuldigten oder des Verteidigers steht. Mit der Regelung der Parteienöffentlichkeit, wie sie im Entwurfe vorgesehen ist, werden wir meines Erachtens nicht weiterkommen.

Zum Schlusse sei mir noch eine besondere Bemerkung gestattet. Ich möchte nämlich die Ausführungen des Herrn Geheimrats von Lilienthal doch in einer Richtung nicht vollständig unwidersprochen lassen, wenn auch Herr Professor Harburger zwar auf den Punkt, den ich meine, schon hingewiesen hat. Das Bild des Staatsanwalts, welches Herr Geheimrat von Lilienthal hier als ein allgemein gültiges entworfen hat, ist doch wohl stark verzeichnet und auf Grundlage von Einzelfällen entstellt. In Preußen z. B. ist es seit langem eingeführt, daß der Staatsanwalt nur seine eigenen Sachen in der Sitzung vertritt (Rufe: Oho! Nicht überall!). Daß er tunlichst nur seine eigenen Sachen vertritt! Wenn er es nicht tut, wird er sich zu informieren suchen. Die Figur des Staatsanwalts, wie sie hier hingestellt worden ist, ist glücklicherweise eine Ausnahme. (Beifall!)

Amtsgerichtsrat Dr. **Hartmann**, Berlin: Was ist das Wesen des Anklageprozesses? Es gibt Schweizer Kantone, in deren Verfassung sich ausdrücklich der Grundsatz befindet: «Der Angeklagte gilt für unschuldig bis zum Beweise seiner Schuld.» Damit ist verfassungsmäßig ausgesprochen: Es gibt im Strafprozeß eine Beweislast, und damit ist weiter ausgesprochen: Der Strafprozeß hat nicht ein einheitliches Ziel, das Ziel der Wahrheitserforschung, sondern er hat ein zweifaches Ziel, das der Überführung für den Ankläger und das Ziel der Widerlegung der Anklage für den Angeklagten. Das, meine Herren, ist doch im wesentlichen der Anklageprozeß, wie er für viele Millionen von Menschen zivilisierter Länder gilt, die ebenso zahlreich sind wie diejenigen Millionen, für welche der Inquisitionsprozeß auf dem europäischen Kontinente gilt. Solange wir uns nicht einfach sagen: Der Satz, daß das Ziel des Verfahrens die Wahrheitserforschung ist, ist das wesentliche des inquisitorischen Verfahrens im Gegensatz zum Anklageprozeß, solange können wir überhaupt nach meinem Dafürhalten gar nicht darüber streiten, ob wir uns jemals der Anklageform nähern können. Ich bin der Meinung, trotz allem, was der Herr Referent heute nachmittag ausgeführt hat: Wir bleiben im Grunde genommen nach dem Entwurfe der Strafprozeßordnung genau so wie bisher auf dem alten Boden des Inquisitionsprozesses. Die Sache sieht formell etwas anders aus als früher. Tatsächlich wird es genau die alte Sache sein. Irgend etwas wirkliches wird sich nicht verändert haben.

Für fast die gesamten Vereinigten Staaten gilt ebenfalls der Satz (dort ist es nicht ein Satz des Verfassungsrechtes; da erscheint es mehr als Prozeßsatz): «Jeder Angeklagte gilt als unschuldig und hat Anspruch auf Freisprechung bis zum Beweise des Gegenteils.» Folglich sitzt der Angeklagte ruhig da; es gibt keine Verpflichtung für ihn, irgendwie bei der Aufklärung des Sachverhalts mitzuwirken. Ziel des Prozesses ist für den Ankläger, indem er die Beweise vorführt, den Angeklagten zu überführen. Solange das nicht geschieht, schweigt der Verteidiger in voller Ruhe. Wenn Gefahr eintritt, erhebt sich der Verteidiger und führt seine Gegenbeweise vor. Eine den §§ 244 ff. Strafprozeßordnung analoge Vorschrift kann es bei dieser Art des Verfahrens nicht geben.

Solange noch ein Streit darüber geführt wird, ob § 244 aufrecht erhalten werden soll oder nicht, ist das für sich allein ein Beweis, daß wir uns nicht auf den Boden des Anklageprozesses gestellt und auch der Anklageform nicht genähert haben; § 245 ist für den Angeklagten vollkommen unerheblich, für welchen der Satz gilt: «Seine Schuld muß ihm nachgewiesen werden.» Deswegen meine ich, wir können in Wirklichkeit gar nicht zweifeln: Die neue Strafprozeßordnung führt uns keineswegs aus dem bisherigen Zustande heraus, sie läßt es durchaus bei ihm.

Landgerichtsdirektor a. D. Dr. **Aschrott**, Berlin: Nur wenige Worte! Sie betreffen das Haftverfahren. Herr Justizrat Mamroth hat das Haftverfahren hier im Zusammenhange mit dem Vorverfahren erwähnt. Darum möchte ich wenigstens mit wenigen Worten nochmals darauf zurückkommen.

Ich hatte in meinem Generalreferate gesagt, daß ich die

Kollusionshaft für entbehrlich halte. Gegen diesen Ausspruch ist heute schon von mehreren Seiten angekämpft worden, ich glaube, nicht mit durchschlagenden Gründen. Ich kann Ihnen zunächst aus meiner Erfahrung — ich bin Jahrelang Vorsitzender von Strafkammern gewesen — sagen: ich habe während meiner ganzen amtlichen Tätigkeit keinen Haftbeschluß wegen Kollusionsgefahr unterschrieben. In denjenigen Fällen, in denen ein dringender Tatverdacht gegen einen Beschuldigten vorliegt, kann man mit der Verhängung von Untersuchungshaft wegen Fluchtgefahr allein vollkommen fertig werden; es genügt, wenn wir die Verhaftung wegen Fluchtgefahr haben, um dasjenige zu tun, was im Interesse der Strafjustiz notwendig ist. Es ist ja zweifellos richtig, was Herr Professor Harburger gesagt hat, daß Kollusionen nicht selten vorkommen, aber ich glaube, daß die Zahl der Kollusionen, die tatsächlich vorkommen, durch die Verhängung der Kollusionshaft nur wenig gemindert wird. Nach meinen Erfahrungen erfolgen die meisten Kollusionen nicht durch den Beschuldigten selbst, sondern durch seine guten Freunde, durch Verwandte, eventl. durch Rechtskonsulenten. Diese Gefahr ist allerdings stark vorhanden; dagegen hilft aber keine Kollusionshaft.

Herr Justizrat Mamroth hat dann bezüglich der Fluchtgefahr gemeint, man brauche nicht so häufig von der Verhaftung wegen Fluchtverdachts Gebrauch zu machen. Ich glaube, man wird die gesetzlichen Bestimmungen selbst hier nicht sehr einschränken können. Wenn Justizrat Mamroth anführte, die Verhaftung wäre heutigen Tags nicht so häufig notwendig, weil Telegraph und Telephon direkt hinter dem Flüchtling her seien, so hat er dabei vergessen, daß wir heute auch andere und bessere Verkehrsmittel wie früher haben, die es dem Beschuldigten in ganz anderem Maßstabe als früher erleichtern, sich dem Arme der Justiz zu entziehen. Da ist z. B. das Automobil zu nennen (Zuruf: Luftballon! Heiterkeit). Eventuell auch der Luftballon!

Dann noch ein Letztes! Ich hatte heute morgen gesagt: nach meiner Überzeugung sei das Wichtigste zum Schutze eines Verhafteten, daß ihm von Gesetz ein geeignetes Verfahren zur Verfügung gestellt werde, wenn er sich durch die Verhaftung beschwert fühlt. Herr Justizrat Mamroth hat sich hierin vollständig mit mir einverstanden erklärt. Er hat aber bei seinen Ausführungen die weitere von mir aufgestellte Forderung nicht erwähnt, die ich in diesem Verfahren für besonders wichtig halte, nämlich daß bei jeder Verhaftung — abgesehen von solchen wegen Übertretung — dem Beschuldigten auf seinen Antrag sofort ein Verteidiger gestellt wird. Erhalten wir in der neuen Strafprozeßordnung diese Bestimmung, so wird sich die Zahl der Haftbefehle zweifellos erheblich vermindern, mehr, als es durch weitere Einschränkung der gesetzlichen Bestimmungen über Verhaftung bei Fluchtgefahr der Fall sein würde. Es wird in der Praxis nichts mehr zu einer Einschränkung der Verhaftung beitragen als die gesetzliche Bestimmung: «Jeder wegen Verbrechens oder Vergehens Verhaftete kann einen Verteidiger verlangen» (Sehr gut!).

Professor **Alexander Graf zu Dohna**, Potsdam: Meine Herren! Seit ich mich zum Worte gemeldet habe, ist der kleine Punkt, auf den ich zu sprechen kommen wollte, von den verschiedensten Seiten so eingehend diskutiert worden, daß es mir nicht schwerfallen wird, mich mit wenigen Minuten zu begnügen.

Es handelt sich um den dritten Absatz der dritten These des Herrn Geheimrats von Lilienthal. Da heißt es: «Die Beweisaufnahme leitet der Vorsitzende. Die Akten des Vorverfahrens dürfen dem Gerichte nicht vorliegen.» Auch ich bin der Überzeugung, daß diese Bestimmung nicht angängig ist. Entweder der erste oder der zweite Satz muß fallen. Die meisten Herren haben sich gegen den zweiten ausgesprochen und haben gebeten, gegen den Satz Stellung zu nehmen, daß die Akten des Vorverfahrens dem Gerichte nicht vorliegen dürfen. Ob es praktisch möglich ist, dem Gerichte die Akten des Vorverfahrens zu entziehen und es auf die Anklageschrift anzuweisen, möchte ich nicht entscheiden. Wenn es aber möglich sein und wenn der Versuch gemacht werden sollte, dann muß man meiner Ansicht nach auch soweit gehen, zu sagen: «Die Beweisführung liegt den Parteien ob.» Dann muß es eben der Staatsanwalt sein, der seine Anklage vertritt, und es muß der Angeklagte bezw. der Verteidiger sein, welcher das Entlastungsmaterial vorbringt.

Und das aus zwei Gründen! Erstens halte ich dafür, daß

der Vorsitzende, der nur die Anklageschrift kennt, (sie mag noch so spezialisiert sein) nicht in der Lage ist, sich ein ganz deutliches Bild, sich eine Methode zu verschaffen, nach der er die Beweisführung vornehmen wird. Denn es mag ja wohl in der Anklageschrift zunächst die Behauptung der Anklage stehen mit der Angabe, welche Beweismittel dafür zu Gebote stehen; und dann mögen die Einwendungen des Angeklagten mit seinen Beweismitteln folgen. Aber es wird oft eine Fülle von Inzidentfragen zu entscheiden sein, wo es sich z. B. darum handelt, die Glaubwürdigkeit des Zeugen, der eben vernommen ist, zu entkräften, und dann fehlt dem Vorsitzenden die Möglichkeit, das in methodischer Weise anzuordnen.

Zweitens ist meiner Ansicht nach der Vorsitzende gar nicht dazu berufen, die Beweisaufnahme zu leiten. Denn es ist doch zu fragen: wer will denn in diesem Augenblick etwas? Das ist doch zunächst der Staatsanwalt. Der Staatsanwalt will dem Gerichte den Beweis führen, daß der Angeklagte schuldig ist. Sodann will der Angeklagte wahrscheinlich den Beweis führen, daß er nicht schuldig ist. Und dieser Beweis soll dem Gerichte geführt werden. Folglich ist es das Natürlichste und logisch Richtigste, daß eben die Art und Weise, wie dieser Beweis geführt wird, nun in die Hände der Parteien gelegt wird. Denn heute erlebt man es doch immer wieder, daß, wenn der Angeklagte leugnet, der Vorsitzende ihm sagt: «Na, ich werde Ihnen gleich die Zeugen vorführen, welche Ihnen beweisen werden, daß das doch so gewesen ist.» Das soll aber gerade nicht sein, daß der Vorsitzende von vornherein mit dieser vorgefaßten Meinung an die Verhandlung herangeht. Er soll nicht von der Schuld oder Nichtschuld überzeugt sein, sondern jetzt erst davon überzeugt werden.

Folglich meine ich: wenn man den Mut hat, die Prozeßakten dem Vorsitzenden vorzuenthalten und also das Anklageprinzip in dieser einheitlichen, systematischen, konsequenten Weise durchzuführen, wie Herr Geheimrat von Lilienthal vorschlägt, dann muß man auch die Worte streichen: «Die Beweisaufnahme leitet der Vorsitzende.» Dann muß die Führung des Beweises den Parteien überlassen werden.

Professor Dr. **M. Liepmann**, Kiel: Meine Herren! Es handelt sich um die Frage der Loslösung der Hauptverhandlung von den Akten des Vorverfahrens. Ich habe nur deshalb das Wort erbeten, weil einige Äußerungen, insbesondere die Äußerungen von Herrn Professor Harburger und Exzellenz Hamm, mit aller Schärfe den Standpunkt vertreten haben: eine solche Loslösung wäre unmöglich, insbesondere wäre sie für das schwurgerichtliche Verfahren unmöglich.

Nun, ich muß leider sagen: es ist bedauerlich, wenn anerkannte Autoritäten, wie die beiden Herren, Behauptungen aufstellen, die durch die vorhandenen Erfahrungen anderer Länder widerlegt werden. Ich möchte nicht auf England exemplifizieren, in dem schon lange dieses »unmögliche« Verfahren besteht, sondern auf ein anderes Land, nämlich auf Norwegen. In dem Sammelwerk: »Schwurgericht und Schöffengericht« — einem Sammelwerke, das Kollege Mittermaier und ich herausgeben — findet sich in dem eben erschienenen Schlußheft des ersten Bandes ein Aufsatz von einem Staatsanwalt Salomonsen in Christiania, der jahrelang Schwurgerichtspräsident war. Er berichtet über das norwegische Schwurgericht, und teilt uns in seinen sehr instruktiven und gerade für unsere Verhältnisse belehrenden Ausführungen u. a. folgendes mit: der Vorsitzende kann die Akten lesen, sie werden ihm übersandt (Rufe: Aha!). Bitte! Wollen Sie zu Ende hören! Es heißt da: »Die Praxis hat mehr und mehr dahin geführt, daß der Vorsitzende die Akten nicht liest. Es ist bei uns herrschende Ansicht, daß es nicht zweckmäßig sei, wenn der Vorsitzende sich vor der Hauptverhandlung in die Sache hineinversetzt, da dieses leicht dazu führen kann, daß er sich von vornherein ein Urteil bildet und daher nicht so unparteiisch auftreten könnte, wie das in seiner außerordentlich wichtigen Stellung notwendig ist. Dies ist ein Moment von so großer Bedeutung, daß ich sogar geneigt bin, zu glauben, daß nicht zum kleinsten Teil es ihm zu verdanken ist, daß die Schwurgerichte bei uns so gut wirken, wie sie es tun.«

Es ist also möglich, eine Schwurgerichtsverhandlung zu führen, ohne die Akten zu kennen, und es ist besser möglich als im gegenwärtigen Verfahren.

Vor allen Dingen aber haben die Herren völlig übersehen, daß der Vorschlag nicht dahin geht, daß der Vorsitzende gar nicht unterrichtet sein soll, sondern er soll eine spezialisierte Anklageschrift erhalten. Hier sollen die einzelnen Tatsachen und die Beweismittel angegeben werden, über die in der Hauptverhandlung der Beweis zu ergehen hat. Also natürlich zuerst die Belastungsmomente. Aber auch die vor der Hauptverhandlung vorgebrachten entlastenden Tatsachen werden hier Erwähnung finden: die Staatsanwälte müßten ja geradezu Idioten sein, wenn sie ihre Anklagen nicht auch auf die zur Verteidigung vorgebrachten Tatsachen orientierten, sie müssen ja sonst gewärtig sein, daß ihr Gebäude in der Hauptverhandlung rettungslos zusammenstürzt. Diese in Erzählungsform — der Referent hat dies ja in mustergültiger Weise Ihnen vorgeführt — gehaltene spezialisierte Anklageschrift würde völlig genügen zur Orientierung des Vorsitzenden, ohne die Mängel des heutigen Verfahrens zu haben.

Nun werden Sie vielleicht sagen: es können Überraschungen vorkommen, auf die der bloß mit der Anklageschrift vertraut gemachte Vorsitzende nicht gewappnet sein wird. Aber ich weise darauf hin, daß sie auch bei dem gegenwärtigen Verfahren vorkommen können, und auch dann ohne Aktengrundlage in der Hauptverhandlung erledigt werden. Das neue Verfahren geht, und es wird nach meiner Überzeugung bessere Resultate erzielen, als das bisherige wesentlich schriftliche Verfahren.

Vorsitzender: Die Diskussion ist geschlossen.

Der Herr Referent hat das Schlußwort.

Referent Geheimer Hofrat Professor Dr. **von Lilienthal**, Heidelberg: Ich kann mich außerordentlich kurz fassen und habe zunächst für die vielfache Belehrung zu danken, die ich aus den Diskussionsreden erfahren habe.

Ich möchte auch nur noch auf einen einzigen Punkt eingehen, nämlich den der Unmöglichkeit der Trennung des Verfahrens, und da bin ich nun in der sonderbaren Lage, daß ich die Herren Staatsanwälte gegen die Herren Staatsanwälte verteidigen muß. Ich würde nur ungern mit der Illoyalität der Staatsanwälte rechnen (Bravo!). Natürlich, illoyal gehandhabt versagt jede Maßregel (Sehr richtig!). Aber daß unsere Staatsanwälte illoyal handeln, das glaube ich so wenig, wie es

Exzellenz Hamm im Grunde seines Herzens seinen früheren Kollegen zutrauen würde.

Deshalb glaube ich, die Trennung geht ganz gut; wenn wir nur dafür sorgen, daß der Beschuldigte im Anfange genügend Kenntnis von dem Beweismaterial erhält, dann wird er seine Entlastungszeugen selbst vorführen können.

Im übrigen gibt es kein System, das ausschließlich Vorzüge hätte. Wir haben hier nur gegeneinander abzuwägen: wie groß sind die Vorzüge, wie groß sind die Nachteile? Und da stehe ich allerdings auf dem Standpunkte, den sehr viele der Herren eingenommen haben: der größte Nachteil ist ein befangenes Gericht; der größte Nachteil ist ein Vorsitzender, der so tut, als sei die Sache schon in der Voruntersuchung entschieden (Sehr richtig!).

Vorsitzender: Meine Herren! Damit wäre auch dieses Thema erledigt. Die Erörterung hat jedenfalls wesentliche und lehrreiche Beiträge zur Kenntnis der Stimmung unserer Gruppe in bezug auf diese Frage geliefert, die heute zur Verhandlung gestanden hat.

Ich möchte nun die Anwesenden noch bitten, sich auch recht zahlreich um acht Uhr hier wieder einzufinden.

(Schluß der Sitzung 6.05 Uhr abends.)

II. Verhandlungstag.

Dienstag, den 5. Januar 1909, $9^1/_2$ Uhr vormittags.

Vorsitzender: Meine hochverehrten Herren! Ich eröffne die heutige Sitzung.

Wir schreiten zum zweiten Spezialthema:

„Die Organisation der Strafgerichte unter Berücksichtigung der Einführung der Berufung."

Referent ist Herr Kammergerichtsrat Geh. Justizrat Dr. Kronecker.

Ich bitte den Herrn Referenten, das Wort zu nehmen.

Referent Kammergerichtsrat Geheimer Justizrat Dr. **Kronecker**, Berlin: Meine Herren! Der Entwurf von 1873 wollte Strafkammern und Schwurgerichte durch Schöffengerichte ersetzen. Der Entwurf von 1874 hat diesen Gedanken schon wieder fallen lassen. Einen Vorschlag der Reichsjustizkommission, Schöffen wenigstens auf der Mittelstufe einzuführen, lehnten die Regierungen ab. Ihre Vorschläge wurden im wesentlichen angenommen und nur noch eine Berufung gegen die Urteile der Schöffengerichte eingeflickt. Was herauskam, ist bekannt: acht Gerichtskörper, davon fünf erster Instanz: Amtsrichter ohne Schöffen (damals noch mit der beschränkten Zuständigkeit des § 211 Abs. 2 StrPO.), Schöffengericht, fünfgliedrige Strafkammer, Schwurgericht, Reichsgericht in der Besetzung von 14 Mitgliedern; in zweiter Instanz dann noch eine dreigliedrige Berufungskammer; das Oberlandesgericht und das siebengliedrige Reichsgericht als Revisionsinstanz; Laien nur in der ersten Instanz, u. zw. in zwei verschiedenen Formen: unten Schöffen, oben Geschworene. Dazwischen die Strafkammer ohne Laien. Als Ganzes ein System der Systemlosigkeit, gearbeitet nach dem Grundsatze: Wer vieles bringt, wird manchem etwas bringen, ein System, von dem Gneist in der Reichsjustizkommission meinte, es sehe so aus, als wäre es für drei verschiedene Nationen gemacht.

1882 schrieb ein alter Praktiker, der Reichsgerichtsrat Mittelstädt, in den »Preußischen Jahrbüchern«: Wann ist einem großem, seiner endlichen Rechtseinheit frohen Kulturvolk ein ähnlich verzwickter, unharmonischer, in allen seinen Bestandteilen widersinniger Aufbau einer Gerichtsordnung zur dauernden Behausung geboten worden?«

Die Reformversuche, welche die Begründung des jetzt vorliegenden Entwurfs ausführlich darstellt, drehten sich hauptsächlich um die Einführung der Berufung gegen die Urteile der Strafkammern, von der man vielfach Heilung aller Gebrechen des Strafprozesses erhoffte. Verschiedene Entwürfe aus der Mitte des Reichstags, aus dem Schoße der verbündeten Regierungen kamen und gingen. Der letzte scheiterte daran, daß über die Besetzung der Strafkammer in erster Instanz eine Einigkeit nicht erzielt werden konnte.

Die Strafprozeßkommission, deren Arbeiten in Ihrem Kreise nicht sehr günstig beurteilt worden sind, stellte in zweiter Lesung, größtenteils einstimmig, ein neues System auf. In Hoch- und Landesverratssachen sollte der zweite Strafsenat des Reichsgerichts, statt wie bisher der zweite und dritte, entscheiden. Im übrigen Berufung gegen alle Urteile, die Schöffenverfassung in zweiter Instanz durchweg, abgesehen vom Reichsgericht, in erster Instanz mit zwei Ausnahmen, durchgeführt, bedeutende Erweiterung der Gebiete der Privatklage und des amtsrichterlichen Strafbefehls.

Es sollten also urteilen in erster Instanz bei Übertretungen und in schleunigen Sachen der Amtsrichter ohne Schöffen, bei leichteren Vergehen das kleine Schöffengericht mit einer wesentlichen Erweiterung der Zuständigkeit, die inzwischen, 1905, bekanntlich durch die lex Hagemann eingeführt ist, bei schweren Vergehen und einem Teile der Verbrechen das mittlere Schöffengericht, drei gelehrte Richter, vier Schöffen, bei den jetzt zur Zuständigkeit des Schwurgerichts gehörigen Verbrechen das große Schöffengericht, drei gelehrte Richter, sechs Schöffen.

Ferner sollten über die Berufungen entscheiden:

a) gegen die Urteile des Amtsrichters in Übertretungssachen: ein gelehrter Richter, zwei Schöffen (mit kleiner Mehrheit angenommen!),

b) gegen die übrigen Urteile des Amtsrichters, sowie gegen die der kleinen Schöffengerichte: die mittleren,
c) gegen die der mittleren: die großen,
d) gegen die der großen Schöffengerichte: das Schöffenberufungsgericht, drei gelehrte Richter, acht Schöffen.

Die Revisionsinstanz sollte in der jetzigen Gestalt mit der Maßgabe bestehen bleiben, daß die Revision gegen die Urteile der großen Schöffengerichte in der Berufungsinstanz und der Schöffenberufungsgerichte wie die jetzt gegen die Urteile der landgerichtlichen Strafkammern zugelassene behandelt werden sollte. Außerdem sollte das Reichsgericht in den übrigen Revisionssachen das Recht haben, die Revision an das Oberlandesgericht zu überweisen, wenn für die Entscheidung im wesentlichen landesgesetzliche Rechtsnormen in Frage kommen.

Für diese Vorschläge sprach, daß sie das Schöffensystem im wesentlichen folgerichtig durchführten und die Berufung einheitlich regelten. Was gegen diese Vorschläge sprach und von den meisten Seiten geltend gemacht wurde, das liegt auf der Hand: die Fülle der Gerichte, (im ganzen acht Organisationen, beim Landgericht allein fünf Arten Schöffengerichte) und die zu große Anzahl der Mitglieder. Man befürchtet — und ich muß selbst zugeben: wohl mit Recht — daß sich das ausreichende Schöffenmaterial für eine derartig reichliche Besetzung nicht finden würde. Die Kommission hatte sich auf die Zahlen der Urlisten und der zu Geschworenen vorgeschlagenen Personen gestützt und meinte auch — und daran halte ich auch fest —, daß durch die Ausdehnung des Strafbefehls und der Privatklage Schöffenmaterial gespart werden wird.

Der jetzige Entwurf weicht von den Kommissionsbeschlüssen wesentlich ab. Er nimmt die Schwurgerichte mit etwas veränderter Zuständigkeit und fast unveränderter Organisation wieder auf. An diesem Felsen, wie Weingart auf der Posener Versammlung das Geschworeneninstitut nannte, sind die Vorschläge der Strafprozeßkommission, ebenso wie s. Zt. der Regierungsentwurf von 1873, gescheitert.

Dann wurde das Laienelement aus der Berufungsinstanz gänzlich entfernt und die Zuständigkeit des Amtsrichters ohne Schöffen außer für das schleunige Verfahren und für Übertretungen, auch noch für die Vergehen gegen § 146a der Gewerbeordnung und für diejenigen Vergehen vorgeschlagen, die mit Geldstrafen bis zu 300 Mark oder mit Haft bedroht sind. Außer § 147 der Gewerbeordnung kommen noch einige Vergehen gegen Spezialgesetze, namentlich das Branntweinsteuer-, das Krankenversicherungs- und das Süßstoffgesetz, sowie einige landesrechtliche Strafvorschriften hier in Betracht. Im Strafgesetzbuch gibt es solche Vergehen nicht.

Die Zuständigkeit der kleinen Schöffengerichte wurde auf diese Weise gegenüber dem jetzigen Zustande nach unten vermindert, aber nach oben in drei verschiedenen Richtungen erweitert. Einmal sollen sie bei Sachbeschädigung und Körperverletzung in den Fällen der §§ 223a und 230, 2, dann stets entscheiden, wenn diese Vergehen im Wege der nunmehr zulässigen Privatklage verfolgt werden. Zweitens kann der Staatsanwalt anstatt der früheren Ueberweisung die Zuständigkeit der kleinen Schöffengerichte durch Erhebung der Anklage bei diesen außer in den jetzt überweisungsfähigen Fällen auch bei Vergehen gegen § 184 und bei Rückfallsdiebstahl und Rückfallsbetrug begründen.

Endlich sollen die Schöffengerichte als Jugendgerichte — dieser Gegenstand gehörte nicht zum Arbeitsgebiet der Strafprozeßkommission, und daher kommt die relative Dürftigkeit der Vorschläge und der Erörterungen über diesen Gegenstand in den Protokollen — bei Straftaten von Personen von 12 bis 18 Jahren, fakultativ auch über alle übrigen Vergehen und die sonst zur Zugehörigkeit der Strafkammern gehörigen Verbrechen und über das Verbrechen des Raubes in den Fällen der §§ 249, 250, 252 StGB. und die gemeingefährlichen Verbrechen in den Fällen der §§ 308 und 315 entscheiden. Jedoch soll der Staatsanwalt die Anklage vor dem Schöffengericht bei all diesen Delikten nur dann erheben — und das ist wieder eine wesentliche Einschränkung — wenn zu erwarten steht, daß nicht mehr als sechs Monate Gefängnis oder Geldstrafe von nicht mehr als 1500 Mark herauskommen.

Das Reichsgericht soll in erster Instanz die alte Besetzung haben, also nicht die schwächere, die der Kommissionsbeschluß vorsah.

In der Berufungsinstanz entscheiden Strafkammern von

drei Mitgliedern statt wie bisher bloß in Uebertretungs-, in allen Amtsgerichtssachen und Strafkammern mit der dekorativen Bezeichnung »Berufungssenate« über alle Berufungen gegen die Urteile der neuen Strafkammern in Landgerichtssachen.

Zum Vorsitzenden der bei den Landgerichten zu bildenden sog. Berufungssenate soll der Präsident oder ein Oberlandesgerichtsrat oder Landgerichtsdirektor, zu seinem Stellvertreter ebenfalls ein Oberlandesgerichtsrat oder Landgerichtsdirektor ernannt werden. Durch Anordnung der Landesjustizverwaltung kann für mehrere Landgerichte ein Berufungssenat gebildet werden.

Die Revisionsinstanz bleibt unverändert; nur wird der Vorschlag der Kommission betr. die Ueberweisungsfähigkeit wesentlich landesrechtlicher Sachen aufgenommen.

Also wiederum ein höchst verwickelter Aufbau. Unten mit ausgedehnter Zuständigkeit ein gelehrter Richter, darüber drei Gerichte mit Laien, zwei mit Laien in Form von Schöffen, eins mit Laien in Form von Geschworenen, dann das Reichsgericht. In der Berufungsinstanz wieder zwei verschiedene gelehrte Gerichte. Im ganzen neun verschiedene Gerichtskörper, drei mit Laien, sechs ohne Laien und 1, 3, 5, 7 und 14 Mitgliedern wie jetzt.

Bei Beurteilung des Entwurfs wird man von den Gesichtspunkten ausgehen müssen, die gestern hier auch von den beiden Generalreferenten vorgebracht worden sind.

Die Reformversuche feiern in diesem Jahre ihr 25jähriges Jubiläum (Heiterkeit). Das ist buchstäblich wahr. 1883 ist der erste Entwurf von Munkel und einigen anderen Herren auf Wiedereinführung der Berufung eingebracht worden.

Die Strafprozeßreform — etwas ähnliches deutete Herr Oberbürgermeister Adickes gestern an — gehört zu denjenigen Materien, über die man sich nach einem Worte Zuckers auf einem der Juristentage müde gedacht, müde geschrieben und müde gesprochen hat. Man wird sich darauf beschränken müssen, da ein Entwurf mit wesentlichen Verbesserungen, aber ohne tiefgreifende Änderungen auch betreffs der Gerichtsorganisation, erscheint, die bescheidene Reform — ein Mitglied der Strafprozeßkommission sprach bezeichnenderweise von

»Reförmchen« — anzunehmen, weitere Besserungen im einzelnen zu bewirken und Verschlechterungen zu verhüten. Die großzügigen und sympathischen Ideen, die Herr Oberbürgermeister Adickes s. Zt. im Herrenhause, in seinen beiden epochemachenden Schriften und gestern anregte: Herausarbeiten aus dem alten Beamtenstaat und aus dem Inquisitionsprozesse, wenige, aber hervorragende und hervorragend bezahlte Richter, Verminderung des Schreibwerkes und des übermäßigen Instanzenwesens, Abkürzung der Prozesse, werden sich in größerem Umfange jetzt kaum verwirklichen lassen. Einzelne Versuche nach dieser Richtung hin sind früher schon gemacht worden, aber mißlungen, so die völlige Beseitigung der Protokolle des Vorverfahrens, um die ich mich früher literarisch und auch in der Strafprozeßkommission vergeblich bemüht habe. Manches wird erreicht werden durch Einführung des schleunigen Verfahrens, Ausdehnung des Strafbefehls und der Privatklage, manches sich vielleicht noch erreichen lassen, wie die gestern angeregte Beseitigung des inquisitorischen Charakters der Hauptverhandlung durch Verbot einer Benützung der Protokolle und einer weiteren Verwertung des Akteninhalts. Viel weiter wird man aber nicht kommen.

Da ist nun vor allem die Berufung. Beide Herren Generalreferenten gehörten ebenso wie ich zu denen, die die Berufung in Wort und Schrift bekämpft haben. Wie oft ist darauf hingewiesen worden, daß es weitaus besser ist, die Reform vorn mit dem Vorverfahren anzufangen, anstatt hinten auf eine mangelhafte erste Instanz eine vielleicht auch mangelhafte zweite zu setzen (Geheimrat Professor Dr. von Liszt: Sehr gut!).

Nun muß ich aber zugeben, daß unsere Position einen wunden Punkt hat. Man hatte dieses Rechtsmittelsystem gerade in den kleinsten Sachen, wo vom Publikum weniger Wert darauf gelegt wurde, in den größeren nicht. Nun könnte man ja den Weg gehen, die Erledigung der großen Sachen durch ein ausgedehntes Vorverfahren zu verbessern. Bei den kleinen Sachen wäre der Weg aber wohl kaum gangbar; hier läßt sich auch die Berufung nicht wieder beseitigen. Also wurde man schließlich zu der Konsequenz gedrängt, sie auch bei den großen Sachen einzuführen.

Es hilft nichts: die Berufung, die von der Mehrheit der Strafprozeßkommission und im Regierungsentwurf vorgeschlagen ist, kommt. Sie wird allgemein von der Tagespresse, in den Parlamenten und Versammlungen verlangt. Man hört so oft, wenn jemand verurteilt wird: «Ich gehe weiter!» Darunter wird nicht ein künstliches, unpopuläres Rechtsmittel verstanden, wie die Revision, sondern die Leute wollen die Tatfrage weiter erörtert haben. «Ich will meine Zeugen haben», das ist die übliche Formel.

Was verlangt wird, ist aber nicht die Berufung aller Prozeßbeteiligten, wie sie jetzt der Entwurf bringt und wie sie auch früher von Regierungswegen vorgeschlagen wurde, sondern was vom Publikum verlangt wird, ist nur die Berufung des Angeklagten. Aber die Regierungen fordern eben als Kompensation — und man muß ihnen darin Recht geben — auch eine Berufung des Staatsanwalts. Eine Berufung des Angeklagten wird verlangt mit Rücksicht darauf, daß er in erster Instanz teilweise erst durch das Urteil hört, was ihm eigentlich zur Last gelegt wird. Der Staatsanwalt weiß ganz genau, was er dem Angeklagten zur Last legt. Die Berufung wird also für den Angeklagten gefordert und zwar — das gegen Herrn Oberbürgermeister Adickes — als volle neue mündliche Verhandlung, nicht die schriftliche Berufung des französischen Prozesses, noch die halbschriftliche des alten preußischen Prozesses, die übrigens — ich kann es aus Erfahrung versichern — ein sehr schlechtes Rechtsmittel war.

Der öffentlichen Meinung würde auch nicht mit einem jener Zwittergebilde gedient sein, wie sie in der Literatur der letzten zwölf Jahre in großer Anzahl vorgeschlagen worden sind, mit einer außerordentlichen Revision nach Art des § 362 der österr. Str.P.O., von Stenglein 1894 vorgeschlagen; mit einer Nachprüfung der tatsächlichen Feststellungen, wie sie Herr von Slupecki in seiner Schrift über die Revision des Strafprozesses 1896, Buehl 1899 und Cornelius 1901 forderten; mit einer Revision wegen Unbilligkeit, wie sie der Amtsgerichtsrat Menzen 1899 vorschlug. Alle diese Rechtsmittel sind höchst prekärer Natur. Sie haben weniger Erfolg, wenn das erste Urteil falsch war, als wenn es schlecht begründet ist. Sie haben ebenso wie die in der ersten Lesung der Strafprozeßkommission vergeblich beantragte Wiederholung der Verhandlung fast alle Fehler der Berufung ohne ihre Vorzüge.

Das Einzige, was gegen die von Herrn Oberbürgermeister Adickes mit Recht beklagte Häufung der Instanzen geschehen könnte, wäre der Ausschluß der Berufung und alleinige Zulassung der Revision in denjenigen Fällen, in welchen ausschließlich — aber das betone ich — eine Rechtsfrage, nicht eine Kombination von Rechts- und Tatfrage, wie sie die Subsumtion darstellt, den Gegenstand der Anfechtung bildet, z. B. die Frage der Gültigkeit einer Polizeiverordnung. Ferner könnte man die Berufung wegen der Strafzumessung bei ganz geringfügigen Strafen, sagen wir einmal 30 oder 50 Mark Geldstrafe, ausschließen. Viel würde für die Vereinfachung des Rechtszuges durch solche Beschränkungen nicht geholfen werden.

Es ist leider zu befürchten, daß von der Berufung alle Prozeßbeteiligten, auch die Staatsanwaltschaften, viel Gebrauch machen werden. Aber dem ist nicht abzuhelfen. Der Zustand in England, wie er in der sehr interessanten Arbeit des Herrn Assessors Bromberg in Verfolg der englischen Studienreise geschildert wird, wo von den spärlichen Rechtsmitteln ein noch viel spärlicherer Gebrauch gemacht wird, ist außerordentlich beneidenswert, aber bei uns unerreichbar. Übrigens gehen ja die Meinungen über die englischen Zustände bekanntlich auch auseinander (Sehr richtig). Es sind auch Schriftsteller erschienen, welche aus eigener Anschauung die Verhältnisse nicht so günstig darstellen. Ich erinnere an Viezens, an Herrn von Lewinski, Professor Gerland, der auch in einem Vortrage in der «Juristischen Gesellschaft» die Sachlage von einer ganz anderen Seite geschildert hat. Überwiegend hört man allerdings in England von einer großen Zufriedenheit mit den bestehenden Institutionen, und sie prägt sich durch diesen Mangel an Rechtsmitteln aus.

Das ist aber alles bei uns unerreichbar. Wir können den deutschen Volkscharakter nicht ändern und können nicht das in England vorhandene gute Verhältnis zwischen Regierenden und Regierten herstellen.

Nun zu den Einzelheiten des Entwurfs. Auf der untersten

Stufe erscheint der Amtsrichter allein, der alte kgl. preußische Polizeirichter. Ich habe für Übertretungen schon auf dem 18. Juristentage in Wiesbaden 1886 mit dem ausdrücklichen Zusatz: «um an Material zu sparen», die Beseitigung der Schöffen bei Übertretungen vorgeschlagen. Das ist in der Strafprozeßkommission, wo es in der ersten Lesung abgelehnt wurde, in der zweiten auch angenommen worden. Aber hier wie bei dem schleunigen Verfahren ist das nur unter der ausdrücklichen Voraussetzung geschehen, daß dann in zweiter Instanz Schöffen zugezogen werden. Denn die zweite Instanz, nicht die erste, ist die wichtigste; da liegt der Kernpunkt. Geschieht das nicht und bleibt es hier bei den Vorschlägen des Entwurfs, so würde ich das mit Wachenfeld und Galli für eine Verschlechterung des bestehenden Rechts halten.

Ganz unannehmbar ist mir die neu eingeführte Zuständigkeit des Amtsgerichts bei denjenigen Vergehen, die mit Haft oder Geldstrafe bis zu 300 Mark bedroht werden, und bei den Vergehen des § 146a der Gewerbeordnung. Es wird für den Wegfall der Schöffen auf dieser Stufe in der allgemeinen Begründung (nicht speziell mit bezug auf diese Vergehen, sondern auch mit bezug auf die Übertretungen), geltend gemacht: in diesen Fällen bereite die Aufklärung des Sachverhalts keine besondere Schwierigkeiten. Wenn sich Zweifel ergäben, dann lägen sie vorzugsweise auf rechtlichem Gebiete, und die Schöffen empfänden selbst ihre Mitwirkung bei diesen, das öffentliche Interesse wenig berührenden, geringfügigen Strafsachen als Beschwernis. Nach dem, was ich gehört habe, ist das durchaus nicht der Fall. Die Schöffen interessieren sich für diese, gerade dem täglichen Leben, in dem sie stehen, angehörigen Strafsachen viel mehr als für irgendwelche Schlägereien und andere Dinge, die wirklich das öffentliche Interesse weniger berühren. Namentlich können die Bemerkungen der Begründung bei den hier hauptsächlich in Frage kommenden Vergehen gegen die §§ 146a und 147 der Gewerbeordnung nicht als durchschlagend angesehen werden. Die Schwierigkeiten liegen hier allerdings nicht in der Aufklärung des Sachverhalts — der ist meistens sehr einfach — aber in der Anwendung der Vorschriften auf den Einzelfall, in der Subsumtion, der sog. — teilweise mit Unrecht so genannten

— tatsächlichen Feststellung. Sehr zweifelhaft ist es oft, ob man im Einzelfalle sagen kann, daß ein offenes Ladengeschäft geschlossen, daß dem Arbeiter in einer Fabrik zu unzulässiger Zeit Beschäftigung gegeben, daß ein Gewerbe betrieben worden ist.

Viele Schwierigkeiten bereitet häufig auch der subjektive Tatbestand, die Frage, ob die objektiv vorliegende Zuwiderhandlung auf ein Verschulden des Gewerbetreibenden zurückzuführen ist — nebenbei bemerkt, eine Frage, die in den Urteilen der Strafkammern oft mit größter Leichtigkeit behandelt wird.

Es kann auch nicht anerkannt werden, daß diese Straftaten das öffentliche Interesse wenig berühren. Es steckt gerade in diesen Vorschriften, z. B. in den Bestimmungen über Sonntagsruhe, Ladenschluß und in den auf Grund des § 120e der Gewerbeordnung erlassenen Arbeiterschutzvorschriften, deren Übertretung in § 147,4 mit Strafe bedroht ist, ein großes und wichtiges Stück Sozialpolitik. Es ist von hohem Werte, daß sich der Amtsrichter vor der Entscheidung über diese teils auf rechtlichem, teils auf tatsächlichem Gebiete liegenden Fragen mit zwei im Leben stehenden Männern im Beratungszimmer besprechen kann und hierbei die Sache noch einmal durchdenkt und sich klarmacht, statt sofort nach einer vielleicht umfangreichen Verhandlung das Urteil zu sprechen. Er kann doch nicht in jeder solchen Sache die Urteilsverkündung aussetzen. —

Im schleunigen Verfahren soll der Amtsrichter ohne Schöffen in denjenigen Sachen entscheiden, in welchen die Zuständigkeit des Amtsgerichts begründet ist oder sie durch den Staatsanwalt begründet werden kann, falls

a) ein Verdächtiger, der auf frischer Tat betroffen oder verfolgt ist, vorläufig festgenommen und dem Amtsgerichte zur Vernehmung vorgeführt wird;

b) wenn ein nicht auf frischer Tat Betroffener oder Verfolgter vorläufig festgenommen oder auf Grund eines Haftbefehls oder Steckbriefs vorgeführt wird und die Tat eingesteht;

c) wenn die strafbare Handlung auf einem deutschen Schiffe im Ausland oder auf hoher See begangen ist und der Verdächtige dem zuständigen Gerichte vorgeführt wird;

d) wenn der Verdächtige die schleunige Aburteilung beantragt und der Staatsanwalt zustimmt.

Diese Vorschriften stimmen im wesentlichen mit den Vorschlägen der Strafprozeßkommission überein. Von den Abweichungen wird die Beschränkung auf die nicht der Strafkammer vorbehaltenen Vergehen wohl allgemein gebilligt werden. Bedenklich erscheint mir die Ausdehnung auf diejenigen Verdächtigen, die nach Verfolgung auf frischer Tat vorgeführt werden. Ein gleicher Antrag wurde auch s. Zt. in der Strafprozeßkommission gestellt; er wurde aber abgelehnt, weil man sich sagte, daß gerade bei diesen Verfolgungen leicht Personenverwechslungen vorkommen können. Dagegen liegt meines Erachtens kein Bedenken vor, wie gestern angeregt wurde, das schleunige Verfahren auch bei geständigen Nichtvorgeführten zuzulassen, etwa mit der Beschränkung auf diejenigen Fälle, in denen zu erwarten steht, daß eine Strafe von nicht über sechs Monate Gefängnis herauskommen wird.

Die Erweiterung der absoluten Zuständigkeit der Schöffengerichte auf die Privatklage aus den §§ 303, 223a und 230,2 wird, sofern man überhaupt dieser Ausdehnung der Privatklage zustimmt — ich tue es — keinem Bedenken unterliegen; ebensowenig die Ausdehnung der fakultativen Zuständigkeit auf die Delikte der §§ 184, 244 und 264, trotzdem diese beiden letzten nach der jetzt leider noch in Kraft befindlichen Klassifikation als Verbrechen bezeichnet werden.

Allerdings ist das ganze System — und darin ist den Ausführungen des Herrn Grafen zu Dohna durchweg zuzustimmen — welches der Entwurf in Übereinstimmung mit dem gegenwärtigen Rechte vorschlägt, unbefriedigend, sowohl die willkürliche Wertgrenze als Kennzeichen der absoluten, wie die von der Staatsanwaltschaft zu schätzende Strafe als Kennzeichen der fakultativen Zuständigkeit. Aber bis jetzt ist noch kein System vorgeschlagen worden, welches in höherem Maße befriedigt. Für jetzt möchte ich es also dabei belassen.

Die Angelegenheit der Jugendgerichte will ich nur kurz streifen; sie ist in neuester Zeit von berufener Seite, auch auf der Posener Versammlung, eingehend erörtert worden und auch ziemlich geklärt. Die Einführung von Jugendgerichten überhaupt wird wohl allgemein gebilligt. Bedauerlich ist, daß der Entwurf in § 118^{30} die Einrichtung in das Ermessen der Landesjustizverwaltung stellt. Unbedenklich könnte man — das ist gestern mit Recht angeregt worden — dem Staatsanwalt die Erhebung der Anklage beim Jugendgericht auch dann gestatten, wenn eine wesentliche höhere Strafe als sechs Monate, etwa bis zu fünf Jahren, zu erwarten steht.

Es ist ja den Bemerkungen von Hartmann, die neulich in der «Juristischen Gesellschaft» gemacht wurden, zuzugeben, daß der durch diese Einrichtung gegebene völlige Wechsel des ganzen Verfahrens, ja, bis zu einem gewissen Grade auch des ganzen Rechts, der mechanisch ohne Rücksicht auf die Erziehungsfähigkeit mit dem 18. Lebensjahre des Täters eintritt, etwas mißliches an sich hat. Aber all dergleichen Altersgrenzen im Recht haben ihr Mißliches; ohne sie ist nicht auszukommen, sie sind eingeführt, wie Ihering einmal sagte, im Interesse der Praktikabilität des Rechts. Es geht im Zivilrecht mit der Großjährigkeit bekanntlich ebenso.

Zweckmäßig ist die Zusammensetzung des Jugendgerichts mit einem Amtsrichter und zwei Schöffen. Wenn Freudenthal in einem Aufsatz im «Gerichtssaal» — gestern schien er diesen Gedanken nicht mehr verfolgen zu wollen — anregte, die Schöffen ebenso wie den Staatsanwalt und den Verteidiger wegzulassen, also das Ganze zu einem intimen Gespräche zwischen dem Jugendrichter und dem Angeklagten zu machen, so könnte ich dem zustimmen, wenn es sich nur um eine Vernehmung, um die Anordnung von Erziehungsmaßnahmen und um einen Verweis handelt, der im Strafgesetzbuch als Strafe erscheint, aber eigentlich keine Strafe ist. Zweifellos wird ein geistig und sittlich hochstehender Mann, der in der Seele eines Jugendlichen zu lesen weiß, bei einer Besprechung unter vier Augen dem Angeklagten näherkommen — ich meine das sowohl wörtlich wie bildlich — und damit bessere Ergebnisse erzielen, als wenn er ihm förmlich als Vorsitzender in der Robe mit zwei Schöffen und dem Amtsanwalt an der Seite gegenübertritt. Aber die Verhängung längerer Freiheitsstrafen in Verfolg einer solchen intimen Besprechung halte ich vom Standpunkte deutscher Rechtsanschauung aus für undenkbar.

Die vorgeschlagene Spezialjury möchte ich billigen. Es handelt sich hier allerdings nicht um Schöffen im sonstigen Sinne, um Männer aus dem Volke, um Laien, die die Sache mit natürlichem Verstande beurteilen, sondern um zwei Erziehungssachverständige, die mit zur Entscheidung berufen werden. Es ist das gestern auch von einem hervorragenden Sachverständigen, von Herrn Professor Freudenthal, angefochten worden; er wollte die Lehrer und besonders die Lehrherren ausschließen. Ich möchte glauben, daß obwohl manche Bedenken vorliegen, die Vorteile der Einrichtung die Nachteile überwiegen.

Die größte Schwierigkeit für die Gestaltung der ersten Instanz bildet die Frage: soll zwischen den kleinen Schöffengerichten und den Schwurgerichten überhaupt noch eine der jetzigen Strafkammer entsprechende Stufe bestehen bleiben, evtl. wie ist sie zu gestalten? Eine immer mehr Anhänger gewinnende Meinung — sie hat vorgestern in der Kommission der IKV. die große Mehrheit gehabt — die namentlich von Liszt und Adickes, in neuerer Zeit besonders eingehend von Aschrott (auch gestern in seinem Generalreferat) und von Heimberger in seiner neuesten Schrift verfochten worden ist, will die Strafkammern in erster Instanz gänzlich beseitigen. Liszt schlägt vor, die Delikte zwischen den Schwurgerichten und den kleinen Schöffengerichten zu teilen; Aschrott und Heimberger wollen die Zuständigkeit der kleinen Schöffengerichte auf alle nicht vor die Schwurgerichte gehörigen Fälle ausdehnen und nur evtl., falls sich geeignete Amtsrichter nicht finden sollten, interimistisch ein Landgericht zur Aburteilung bestellen (Landgerichtsdirektor a. D. Dr. Aschrott: Ein Mitglied des Landgerichts!). Ja, ein Mitglied des Landgerichts, evtl. in gehobener Stellung, mit zwei Schöffen.

Viele Gründe sprechen für diesen Vorschlag. Er liegt durchaus, wie Heimberger richtig und eingehend ausgeführt hat, innerhalb der geschichtlichen Entwicklung, die immer mehr dazu drängt, die Zuständigkeit von oben nach unten zu verschieben. Denken Sie an die Schwurgerichte! Ihre Zuständigkeit ist schon in der geltenden Strafprozeßordnung gegenüber dem preußischem Rechte gemindert worden; jetzt soll dies noch mehr geschehen. Die Zuständigkeit der kleinen Schöffengerichte wird erweitert und jetzt auch dem Amtsrichter ohne Schöffen eine große Zuständigkeit eingeräumt. Der Vorschlag entspricht auch der Organisation der Konsular- und Kolonialgerichte.

Die Zuweisung der schweren Straffälle an die Schöffengerichte enthält gegenüber dem Entwurf keine wesentliche Verschiebung, weil das Amtsgericht schon als Jugendgericht für alle Vergehen und viele Verbrechen zuständig sein soll, allerdings nach dem Strafmaß immer nur in verhältnismäßig leichteren und wohl auch einfacheren Fällen. Der Vorschlag würde die Frage der Gestaltung der ersten Instanz glatt lösen, die höchst willkürliche Scheidung nach Wertgrenzen, die ebenso willkürliche fakultative Begründung der Zuständigkeit durch den Staatsanwalt beseitigen und die Organisation der Berufungsinstanz sehr vereinfachen.

Trotzdem möchte ich z. Zt. noch Bedenken tragen, den Vorschlag zu befürworten. Es handelt sich hier häufig um sehr große und schwierige Sachen, um Amtsunterschlagungen in Verbindung mit Buchfälschungen, um verwickelte Fälle von Untreue, um Konkursverbrechen und -Vergehen. Die Tätigkeit, die der Vorsitzende in solchen Sachen vor, während und nach der Hauptverhandlung zu entfalten hat — ich nehme immer eine Hauptverhandlung an, wie wir sie heute haben, nicht eine Hauptverhandlung, wie im englischen Prozesse (wie sie vielfach, auch von Gneist, vorgeschlagen ist, wo der Vorsitzende im wesentlichen eine passive, mehr rezeptive Rolle spielt), sondern eine solche wie heute, wo er sich in ständiger Tätigkeit befindet — eine solche Tätigkeit ist ohne wenigstens einen juristischen Beisitzer sehr schwer zu bewältigen. Schon die Vorbereitung der Hauptverhandlung pflegt in solchen Sachen sehr viel Überlegung und eine kolossale Masse von Verfügungen zu beanspruchen. In der Hauptverhandlung gilt es nicht bloß die Verhandlung zu leiten, Angeklagte, Zeugen, Sachverständige zu vernehmen, sondern auch eine große Masse von Entscheidungen zu treffen über Zeugenbeeidigungen, über Beweisanträge, Beschlagnahmen. Bei solchen Entscheidungen helfen die Schöffen naturgemäß nicht sehr viel. Nun denke man an § 228, 2 des Entwurfs — § 237, 2 des jetzt geltenden Rechts —: Entscheidung des Gerichts, falls eine Maßnahme des Vorsitzenden von einem Prozeßbeteiligten oder vom Verteidiger beanstandet ist; ferner an § 235, 2: Entscheidung des Gerichts, wenn der Vorsitzende eine ungeeignete oder nicht zur Sache gehörige Frage des Schöffen zurückweist. In solchen Fällen ist es doch sehr mißlich, wenn der Richter ohne Unterstützung eines zweiten Richters den Schöffen gegenübertritt.

Alle diese Momente kommen bei den kleinen Sachen, die jetzt vor dem Schöffengericht verhandelt werden, wenig in Betracht; bei den großen würden sie eine sehr bedeutende Rolle spielen.

Und nun die Abfassung der Urteile! Es ist in § 195 des Entwurfs zum Gerichtsverfassungsgesetz, ich möchte sagen: etwas schamhaft angedeutet — mehr eigentlich in den Motiven, als im Gesetz selber — man könnte ja Assessoren zuziehen. Es wäre für die Herren außerordentlich interessant, gerade in solchen Sachen gewissermaßen den Flügeladjutanten des Vorsitzenden zu spielen. Ich habe doch erhebliche Bedenken dagegen, hieraus eine regelmäßige Einrichtung zu machen. In einzelnen Fällen wird man dies ja tun können, aber der betr. Assessor wird sich dauernd nicht sehr glücklich fühlen. Beteiligt er sich bei der Beratung, so kann er möglicherweise Einfluß auf die Schöffen gewinnen, eventuell auch gegen den Vorsitzenden, was offenbar nicht im Sinne des Gesetzes liegt. Beteiligt er sich bei der Beratung nicht, ist er zur Harpokratesrolle verurteilt, so hat das auch etwas mißliches.

Wenn man selbst Landgerichtsdirektoren als Vorsitzende nimmt, so bezweifle ich, daß man eine hinreichende Zahl von Kriminalisten finden wird, die imstande wäre, diese überlastete Stellung auszufüllen. Ich bezweifle auch, daß es möglich ist, die geeigneten Kräfte für die jetzt schon gänzlich umzugestaltende Amtsanwaltschaft zu gewinnen.

Aber ich würde alle diese Bedenken zurückstellen und mich für den Vorschlag entscheiden, wenn sich ergeben sollte, daß auf andere Weise Schöffenmaterial für die Berufungsinstanz nicht zu gewinnen ist.

Wenn ich mich also zunächst für die Aufrechterhaltung einer Zwischenstufe zwischen dem kleinen Schöffengericht und dem Schwurgericht ausspreche, so frägt es sich: wie ist diese zu besetzen? Daß hier überhaupt neben den Berufsrichtern Schöffen zugezogen werden, wie der Entwurf für die erste Instanz vorschlägt, das wird in dem gegenwärtigen Stadium auch wohl von energischen Anhängern des gelehrten Gerichts zugestanden werden. Sehr viele Schriftsteller, so Mügel, von Lilienthal, Holtgreven, Mittermaier haben sich, was die Besetzung der Gerichte anbelangt, für einen Richter und drei oder vier Schöffen ausgesprochen. Es ist auch in der Strafprozeßkommission ein entsprechender Antrag gestellt worden, nach Analogie der Kriegsgerichte in einfachen Fällen einen vorsitzenden Richter und die genannte Zahl von Schöffen beizuziehen.

Hiergegen sprechen aber nahezu die gleichen Gründe, die ich vorhin gegen die Überweisung sämtlicher Sachen an die Amtsgerichte vorbrachte.

Eine verhältnismäßig kleine Gruppe von Schriftstellern, wie Hamm und Heimberger, tritt für die Vorschläge des Entwurfs ein, welche ja auch in der Reichsjustizkommission in der ersten Lesung und ebenso in der Strafprozeßkommission in der ersten Lesung angenommen worden sind. Es würde danach das Gericht mit zwei Richtern und drei Schöffen besetzt sein.

Einige schlagen das Verhältnis von zwei zu vier vor; das ist der Eventualvorschlag von Schubert. Ein Vorschlag eines Landrichters Sieskind in der Liszt'schen Zeitschrift geht dahin, das Verhältnis von zwei zu zwei zu wählen.

Die Strafprozeßkommission hat in zweiter Lesung das Verhältnis von drei zu vier angenommen, also eine Zusammensetzung, welche der der preußischen Bezirksausschüsse entspricht.

Von Aschrott wurden früher, ehe er hier einen anderen Vorschlag machte, auch für die erste Instanz drei Richter und zwei Schöffen vorgeschlagen. Ich möchte das ablehnen. Der unharmonische Aufbau unserer Strafgerichtsorganisation würde noch unharmonischer werden, wenn in der höchsten Stufe nur Laien, die Geschworenen, über die Tatfrage zu entscheiden hätten, in der unteren Stufe Laien in der Mehrheit und dann in der mittleren Laien in der Minderheit. Wenn man überhaupt Schöffen zuläßt, so muß man, wie die Begründung des Entwurfs in Übereinstimmung mit der Strafprozeßkommission meiner Meinung nach zutreffend hervorhebt, ihnen die Überzahl einräumen, weil anderenfalls die gelehrten Richter, deren Rechtskenntnisse und dialektische Gewandtheit ihnen den Haupteinfluß sichern, die Schöffen ganz in den Hintergrund drängen würden.

Hiergegen führte Aschrott auch gestern an: bei zweifelhaften Rechtsfragen sei die Mitwirkung der Schöffen nicht wünschenswert; ihr Einfluß bei der Tatfeststellung sei durch das Erfordernis der Zweitdrittel-Mehrheit gesichert. Das ist richtig, wenn die Schöffen zusammenhalten. Das wird aber sehr selten der Fall sein. Leicht wird es einem gewandten Richter gelingen, einen von zwei widerstrebenden Schöffen herüberzuziehen.

Hierzu kommt nun die immer unterschätzte Frage der Subsumtion. Ist eine bestimmte Äußerung als Beleidigung, als Bedrohung anzusehen? Darüber sind Juristen und Laien öfter sehr verschiedener Auffassung. Als junger Referendar arbeitete ich bei einem sehr erfahrenen Kreisrichter, der sagte mir einmal: »Bei rechtlicher Beurteilung dessen, was die Leute sagen, muß man von ihrer Redeweise, von ihrer Mundart ausgehen. Wenn der eine zum anderen sagt: »Ich schlage Dir den Brägen ein!«, so hat das keine andere Bedeutung, als wenn ich hier zu Ihnen sage: »Ich bin in diesem Punkte anderer Meinung« (Große Heiterkeit). Ist ein bestimmter Stock ein gefährliches Werkzeug? Kann irgend ein bestimmtes Moment, das jemand durch falsche Vorspiegelung erstrebt hat, noch im Sinne des Lebens als Vermögensvorteil (§ 263) angesehen werden? Für alle solche Fragen ist die Mitwirkung einer Mehrheit von Schöffen dringend wünschenswert.

Die Kombination von drei Richtern und zwei Schöffen hat sich nach den in der Strafprozeßkommission gemachten Mitteilungen in Württemberg recht schlecht bewährt. Die Schöffen sind da zu völliger Bedeutungslosigkeit heruntergesunken und haben auch nicht einmal auf die Strafzumessung Einfluß gehabt; sie haben das selber empfunden.

Ich bin für eine Mehrheit von Schöffen, also auch nicht für den Sieskindschen Vorschlag, die Kammern aus zwei Richtern und zwei Schöffen zusammenzusetzen, schon deshalb, weil das österr. Vierrichter-Kollegium sich mit der deutschen Auffassung nicht recht verträgt.

Honemann, der neben den mittleren Schöffengerichten für bestimmte Delikte noch gelehrte Gerichte wünscht, und Wachenfeld neigen zu der Kombination drei zu vier. Ich habe in zweiter Lesung der Strafprozeßkommission auch dafür gestimmt, möchte aber jetzt annehmen, daß diese Besetzung für Schöffengerichte erster Instanz nicht im Verhältnis zur Bedeutung der meisten Sachen steht und der Besetzung der Berufungsinstanz übermäßige Schwierigkeiten bereitet.

Gegen das System des Entwurfs sind mehrfache Bedenken geltend gemacht worden. Bei Meinungsverschiedenheiten zwischen beiden Richtern über Rechtsfragen würden die Schöffen nicht wissen, welcher Meinung sie folgen sollen. Die Entscheidung würde ganz vom Zufall abhängen. Siege der Vorsitzende, so würde die Stellung des Beisitzers herabgedrückt, siege der Beisitzer, so würde die des Vorsitzenden erschüttert. Diese Bedenken sind nicht von der Hand zu weisen, aber sie stehen jeder Kombination entgegen, bei der mehrere Richter einer Mehrheit von Schöffen gegenüberstehen, auch der Kombination von drei zu zwei. Es kommt recht oft vor, daß drei Richter drei verschiedene Meinungen haben — oft noch mehr, jeder eine Prinzipalmeinung und noch eine Eventualmeinung; dann werden die Schöffen erst recht nicht wissen, wem sie folgen sollen. Es kann auch vorkommen, dass zwei Richter die Ansicht des Vorsitzenden nicht teilen und so dessen Ansehen geschmälert würde.

Wenn eingewendet wird: der Beisitzer würde durch die Abfassung der Urteile überlastet werden, so ist das bei der Kombination von einem Richter und mehreren Schöffen, wie sie vielfach gewünscht wurde, noch mehr der Fall. In der Militärstrafprozeßordnung haben wir die gleiche Kombination; bei dem Kriegsgericht besteht in schwereren Fällen die Zusammensetzung: zwei Kriegsgerichtsräte, drei Offiziere, in der oberen Instanz stehen fünf Offizieren zwei Oberkriegsgerichtsräte gegenüber, ohne daß sich hier Mißstände gezeigt hätten;

die Offiziere sind bei den gemeinen Delikten auch nur Laien, wenn auch gebildetere Laien, als man sie sonst als Schöffen hat. Ich möchte also die vom Entwurfe vorgeschlagene Lösung annehmen.

Bezüglich der Schwurgerichte sind in neuerer Zeit vielfach Reformvorschläge gemacht worden, über die Sie näheres in meiner Arbeit in der Mittermaier-Liepmann'schen Sammlung und in dem von Kleinfeller über die Beratungen unserer Unterkommission erstatteten gedruckten Berichte finden.

Der Regierungsentwurf schlägt eine Beschränkung der Zuständigkeit vor. Es sollen bestimmte Amtsverbrechen, Urkundenfälschungen, Verbrechen gegen die Konkursordnung und das Bankdepotgesetz den Strafkammern überwiesen werden. Diese Änderungen werden in Juristenkreisen wohl durchweg gebilligt werden. Eine weitere Einschränkung der Zuständigkeit, insbesondere betreffs der Eidesdelikte, wird sich der öffentlichen Meinung gegenüber wohl kaum erzielen lassen.

Im übrigen bringt der Regierungsentwurf wenig neues. Die Herabsetzung der Zahl der in die Spruchliste aufzunehmenden Geschworenen wird natürlich allgemeine Zustimmung verdienen.

Die Unterkommission hatte bezgl. der Organisation namentlich noch die Beseitigung des peremtorischen Ablehnungsrechts vorgeschlagen, die ich noch jetzt für richtig halte.

Die Meinungen hierüber gehen weit auseinander. In neuerer Zeit sind viele Schriftsteller für die Beseitigung eingetreten. Es hat sich aber auch eine immerhin ansehnliche Zahl für die Beibehaltung erklärt. Besonderen Wert messe ich für die Beseitigung der Stimme von Friedmann bei, eines alten sehr bekannten Schwurgerichtsverteidigers, der die Mißbräuche, deren sich die Verteidiger bei der Ablehnung von Geschworenen schuldig machen, aus eigener Erfahrung kannte. Es wird mit diesem peremtorischen Ablehnungsrecht mehr Mißbrauch getrieben, als ein zweckentsprechender Gebrauch davon gemacht, und es läßt sich alles, was vernünftigerweise damit erreicht werden kann, auch durch das Ablehnungsrecht, wie wir es jetzt gegen Schöffen haben, erreichen. Viel Zeit der Geschworenen — es ist das ja gestern von Herrn

Professor Liepmann aus einem Briefe Bismarcks recht drastisch erläutert worden — wird durch dieses Ablehnungsrecht nutzlos verschwendet; ich möchte bei dem Beschluß unserer Unterkommission auf Beseitigung verbleiben.

Es sind noch mancherlei Vorschläge gemacht worden, u. a. von Kleinfeller und Adickes, daß nur ein Richter zugezogen werden soll. Hiergegen spricht ein Teil der Momente, die ich vorhin gegen die Ueberweisung aller nicht zur Zuständigkeit der Schwurgerichte gehörige Straftaten an die Amtsgerichte geltend gemacht habe. Während der Hauptverhandlung ist eine grosse Reihe von Entscheidungen zu treffen, die das Gerichtsverfassungsgesetz und die Strafprozeßordnung dem Gericht, im Gegensatz zum Vorsitzenden zuweist; es ist zu viel verlangt, wenn der Vorsitzende alles allein machen soll, insbesondere wie in England auch allein die hier oft sehr hohe Strafe festsetzen soll.

Unter den übrigen Vorschlägen möchte ich vielleicht noch den von Professor Oetker erwähnen, einen Richter mit auszulosen. Es ist der Vorschlag von Landgerichtsdirektor Weingart etwas abgeschwächt worden; dieser will nur eine juristisch gebildete Persönlichkeit, die das erste juristische Examen gemacht hat, unter den Schöffen haben. Der Vorschlag von Oetker hat das gegen sich, daß er eigentlich den Gedanken des Schwurgerichts aufhebt. Es kommt ein Leiter mit hinein, dem die Geschworenen schließlich folgen werden, und die Laienjustiz hört damit ebenso auf, wie wenn man den von Mittermaier und Liszt gemachten Vorschlag annehmen wollte, den Vorsitzenden mit ins Beratungszimmer hineingehen zu lassen. Der Vorschlag von Weingart ist viel zahmer. Er begründet ihn damit, dass er einmal einen solchen Schwurgerichtsobmann gehabt hat, der früher sein Referendarexamen gemacht hat, eine ganze zeitlang Obmann war und unter dessen Leitung nie ein Fehlspruch vorgekommen sei. Mit dem Examen hängt das aber nicht zusammen. Ich glaube nicht, daß durch dieses Examen eine so bedeutende Gewähr gegeben wird, daß man darauf eine Gesetzesänderung begründen könnte (Sehr richtig!).

Es ist in dieser Beziehung in unserer Unterkommission ein Beschluß nicht zustande gekommen, da drei gegen drei

Stimmen für und gegen die Aufnahme eines Juristen in die Geschworenenbank waren. —

Die Hoch- und Landesverratssachen lässt der Entwurf, entsprechend dem jetzigen Recht, aber entgegen dem einstimmigen Beschlusse der Strafprozeßkommision vor dem vereinigten zweiten und dritten Strafsenate des Reichsgerichts stattfinden, also wieder vor einem Kollegium von 14 Mitgliedern. Der Grund für die Beibehaltung dieses, wie ich zu wissen glaube, dem Reichsgericht selbst unerwünschten Zustandes mit seiner Verschwendung von kostbaren Richterkräften ist mir nicht ersichtlich.

Den Vorschlag Wachenfelds, bei Hoch- und Landesverratssachen Schöffen zuzuziehen, halte ich für nicht diskutierbar.

In der Berufungsinstanz sollen nach dem Vorschlage des Entwurfs Laien nicht mitwirken. Ich halte dies im Gegensatz zu den neueren Ausführungen von Galli und Adickes, die beide in früheren Schriften für die Zuziehung von Laien zur Berufungsinstanz waren, und in Übereinstimmung mit der gestern von der großen Mehrzahl der Redner geäußerten Ansicht für sachwidrig. Die Begründung meint, die Nachprüfung in zweiter Instanz sei immer mit einer gewissen rechtlichen Nachprüfung verbunden, für die Schöffen ungeeignet seien. Aber was hier inbezug auf rechtliche Nachprüfung versäumt wird, kann die Revisionsinstanz nachholen. Dem Angeklagten kommt es viel mehr auf die Tat-, die Subsumtions- und namentlich auf die Nachfrage an («was kriege ich»?), als auf bloße Rechtsfrage. Für eine Entscheidung der Subsumtionsfrage sind auch in der Berufungsinstanz Laien dringend wünschenswert.

Es ist nun weiter gesagt, daß es an dem nötigen Schöffenmaterial fehlen würde. Diese Frage bedarf natürlich eingehender Prüfung. Sollte es sich herausstellen, daß es für die Berufungsinstanz wirklich trotz der Vermehrung des schleunigen Verfahrens, des Privatklageverfahrens und des Strafbefehls an Schöffen fehlen wird, dann möchte ich viel lieber auf den Aschrott'schen Vorschlag für die erste Instanz zurückkommen, als daß ich die Laien in der Berufungsinstanz opfern würde.

Mit Hilfe der Tagegelder können jetzt erheblich weitere

Kreise zum Schöffendienst herangezogen werden als früher; im Gegensatz zu meiner früheren Auffassung möchte ich anheimgeben, ob man nicht auch einzelne derjenigen Gruppen heranziehen könnte, die nach den jetzigen Vorschriften die Berufung ablehnen könnten, z. B. die Volksschullehrer (mit gewissen Kautelen, die im Interesse der Schulverwaltung gemacht werden müssen).

Zugunsten des Entwurfs wird noch darauf hingewiesen, daß auch jetzt schon gelehrte Gerichte über Berufungen gegen Urteile der Schöffengerichte entscheiden und daß dasselbe bei Berufungen gegen Urteile der Kaufmanns- und Gewerbegerichte der Fall ist. Aber bei diesen letzten Gerichten handelt es sich wirklich nicht um derartige Interessen wie die der Strafrechtspflege, und vor die kleinen Schöffengerichte gelangen jetzt nur die minder bedeutenden Strafsachen.

Im übrigen halte ich die Bedenken gegen die Rechtsprechung der Berufungsstrafkammern — die hier anwesenden Herren, die Mitglieder dieser Kammer sind, mögen mir diese freimütige Äußerung nicht übel nehmen — die ich auf Grund einer langjährigen Praxis als Revisionsrichter in der Strafprozeßkommission in Übereinstimmung mit sachkundigen süddeutschen Kommissionsmitgliedern und ohne Widerspruch zu finden, geäußert habe und die in den Protokollen wiedergegeben sind, trotz des von Herrn Direktor Schubert ausgesprochenen energischen Widerspruchs, aufrecht.

Ich möchte noch auf eines hinweisen, das ist die Strafzumessung. Es kommen wirklich bei den Berufungsgerichten erstaunlich viele anscheinend unnötige Herabsetzungen der Strafen vor, welche diesen Kammern, in Berlin wenigstens, die Bezeichnung «die drei barmherzigen Brüder» eingetragen haben (Heiterkeit). Nicht ganz so häufig, aber doch recht oft, kommen auf die Berufungen der Staatsanwaltschaft wegen des Strafmaßes (denen eine gewisse Verminderung dringend zu wünschen ist) schablonenhafte Hinaufsetzungen der Strafe vor.

Wenn man, auch im Interesse des Angeklagten und im Interesse des Vertrauens in die Strafrechtspflege, Laien zuziehen will, so muß man es gerade in der Berufungsinstanz tun, welche für die Tatfrage entscheidend ist. Wie die Sache jetzt liegt, kann der Staatsanwalt die in der Zuziehung von

Laien für den Angeklagten liegenden Garantien bei jedem freisprechenden Urteile durch Einlegung der Berufung ohne weiteres beseitigen. Es ist auch hier wieder einer der vielen Widersprüche im Entwurf und in der Begründung vorhanden, von denen gestern schon vielfach die Rede war. In der Begründung wird eingehend ausgeführt, wie sehr die Laien das Vertrauen in die Strafrechtspflege stärken und wie wenig Vertrauen das Publikum, mit Recht oder Unrecht, zu den Strafkammern gehabt hat; und jetzt wird diese Strafkammer unter dem schönklingenden Namen «Berufungssenat» als die entscheidende Instanz für schwere Vergehen und einen Teil der Verbrechen eingeführt.

Für die Berufungen gegen Urteile des Amtsrichters in Übertretungssachen wollen auch manche, die sonst für die Berufungsinstanz eine Mitwirkung von Schöffen nicht ablehnen, wie mein von mir hochverehrter Präsident Lindenberg eine Berufungskammer mit drei gelehrten Richtern wie bisher bilden. Ich halte dies für unannehmbar; es würde eine bedeutende Verschlechterung des bestehenden Zustandes enthalten, wenn über diese Sachen in beiden Instanzen gelehrte Richter urteilen sollten. Das wird auch von Galli zugegeben, der nur daraus die entgegengesetzte Konsequenz zieht, nämlich die, daß es in erster Instanz bei den zwei Schöffen bleiben soll.

Was die Ersparnis an Schöffen betrifft, so wird sie größer sein, wenn wir Schöffen in die Berufungsinstanz setzen, weil sie dort nicht mit so vielen Sachen befaßt werden, als sie in der ersten Instanz zu erledigen haben würden.

Die Mitwirkung von Schöffen ist bei diesen Sachen auch in bezug auf die Subsumtionsfrage von ganz besonderer Wichtigkeit. Dies wird gewöhnlich unterschätzt. Man sagt immer: diese kleinen Sachen, diese Bagatellsachen! Ja, es sind Bagatellstrafen. Auf die Strafe kommt es den Leuten in diesen Fällen nicht an, sondern darauf: dürfen sie etwas bestimmtes tun oder nicht, müssen sie etwas bestimmtes für die Zukunft tun, oder brauchen sie es nicht zu tun? Ist es eine öffentlich bemerkbare Arbeit im Sinne der Polizeiverordnungen über die äußere Heilighaltung der Sonn- und Feiertage, wenn jemand auf der Straße ein Päckchen sozialdemokratischer Wahlzettel verteilt? Mit der Frage, ob es eine öffentlich bemerkbare Arbeit ist, wenn jemand ein Päckchen kirchlicher Schriften verteilt, sind wir noch nicht beschäftigt worden. (Heiterkeit.) Ist es eine öffentlich bemerkbare Arbeit, wenn ein Reitknecht auf öffentlichem Reitweg ein schwieriges Pferd zureitet, ein Kutscher ein herrschaftliches Gefährt lenkt? Damit sind wir bis jetzt allerdings auch noch nicht befaßt worden. Ist Milch, die zu einem bestimmten Besteller gefahren wird, im Sinne der betr. Polizeivorschriften in Verkehr gebracht? Ist eine bestimmte Einrichtung im Sinne der Bauordnung als erlaubt anzusehen? Ist es eine zur Erhaltung der Ordnung, Sicherheit und Leichtigkeit des Verkehrs erlassene Maßregel, wenn ein Polizeibeamter einen Streikposten von einer Straße fortweist?

Erhebliche Schwierigkeiten bereitet häufig auch die Schuldfrage. Ist es als ein Verschulden des Automobilbesitzers anzusehen, wenn der Kraftwagen nicht den ordnungsmäßigen polizeilichen Stempel trägt — wenn er üblen Geruch verbreitet? Der Fettgehalt des von einem Milchproduzenten feilgebotenen Milchquantums wird als zu gering befunden. Unter welchen Umständen muß das als ein Verschulden des Milchproduzenten angesehen werden? Solche Fragen kommen alle Augenblicke vor.

Alle diese Sachen berühren das öffentliche Interesse in erheblichem Maße, oft viel mehr als manche Vergehen, z. B. »gefährliche« Körperverletzung, bei denen sich zwei Leute, vom Tanzboden zurückkommend, mit der Faust oder gefährlichen Werkzeugen in Gestalt von Stöcken hauen.

Die Mitwirkung verständiger Laien, wenigstens in einer Instanz ist bei Übertretungen von ganz besonderem Werte. Das Publikum, dem diese Laien angehören, lernt dadurch etwas von diesen geradezu unendlich zahlreichen Vorschriften (Sehr richtig!), die sich wie ein Stacheldrahtzaun um den Weg des Staatsbürgers herumziehen, zwischen denen er, namentlich der Gewerbetreibende, immer große Mühe hat, hindurchzukommen. Gerade dadurch, daß ein Teil dieser Laien als Richter mit zugezogen wird, lernt er doch kennen, daß es sich nicht bloß um polizeiliche Vexationen, sondern vielfach um Vorschriften handelt, deren Befolgung im öffentlichen Interesse von großer Wichtigkeit ist. Der Landgerichtspräsident Becker (Oldenburg) sagte in der Reichsjustizkommission, dass in Oldenburg die Schöffengerichte zur Verminderung der Polizeiübertretungen sehr viel mehr beigetragen haben als die Schwurgerichte zur Verminderung der Verbrechen. (Heiterkeit.)

Ganz besonders wichtig erscheint mir, wie schon der Herr Kollege Köhne in seinem vor kurzem in der »Juristischen Gesellschaft« gehaltenen Vortrage hervorhob, die Mitwirkung von Laien bei der Berufungsinstanz gegen Jugendliche. Alle Gründe, die für die Zuziehung der Schöffen in erster Instanz geltend zu machen sind, müssen für die gleiche Organisation in zweiter Instanz angeführt werden, und alles, was das Jugendgericht in erster Instanz gutgemacht hat, könnte bei einem schablonenhaften Verfahren in zweiter Instanz vor einer Strafkammer mit drei gelehrten Richtern zum Opfer fallen.

Will man nun Schöffengerichte in zweiter Instanz, so fragt es sich weiter, wie die Organisation zu gestalten ist. Über die Berufungen gegen Urteile des Amtsrichters in Übertretungssachen sollten nach den Kommissionsbeschlüssen ein Landrichter und zwei Schöffen entscheiden. Dieser Vorschlag ist von Graf Dohna gebilligt, sonst aber vielfach bekämpft worden. Ich halte ihn trotzdem noch jetzt für zweckmäßig. Sollte man annehmen, daß hierdurch die Autorität des Amtsrichters herabgedrückt wird, so könnte man ja an die Stelle des Landrichters einen Landgerichtsdirektor setzen. Will man diese Besetzung nicht, so müßte man auch in Übertretungssachen zwei Richter und drei Schöffen urteilen lassen. Die von Aschrott vorgeschlagene Kombination von drei Richtern und zwei Schöffen halte ich auch hier für weniger gut, würde sie aber natürlich dem Entwurfe bei weitem vorziehen; denn es ist gestern richtig gesagt: zwei Schöffen sind von unserm Standpunkt aus besser als gar keine.

Selbst wenn man aber die Laien in der Berufungsinstanz ablehnt, ist die Vorschrift des Entwurfs, wonach die Berufung gegen alle Urteile des Amtsgerichts an ein Dreimännergericht gehen soll, eine erhebliche Verschlechterung des jetzigen Zustandes. In dem an sich berechtigten Bestreben, im Sinne von Adickes durch Herabsetzung der Zahl der Richter deren Qualität zu heben, hat man hier nicht ausreichend berücksichtigt, welche ungünstigen Erfahrungen man in Preußen vor 1879 mit den Kreis- und Stadtgerichtsdeputaionen gemacht hat, und vor allem, welch wichtige Gewähr für den Angeklagten darin liegt, daß er nur mit vier gegen eins statt mit zwei gegen eins schuldig gesprochen werden kann. Das wird in der Begründung, Seite 143, bei Rechtfertigung der Fünf-Zahl in den Strafkammern auch ausdrücklich anerkannt.

Bei der Frage, wie die kleinen Berufungskammern zusammenzusetzen sind, hat man das aber wieder vergessen — auch einer der verschiedenen Widersprüche! Es kann jetzt kommen, daß jemand in erster Instanz von dem Schöffengericht einstimmig freigesprochen, in zweiter Instanz mit einer Mehrheit von zwei gegen eine Stimme verurteilt wird. Er ist also verurteilt, wenn von sechs Urteilfällern vier, zwei Richter und zwei Schöffen ihn für nichtschuldig und nur zwei für schuldig halten, nämlich die Mehrheit der oberen Instanz. Das ist unannehmbar. Wenn die Regierung auf der Dreirichterkammer besteht, so wird meiner Meinung nach nichts übrig bleiben, als unbedingt die Einstimmigkeit des Berufungsgerichts für einen Schuldigspruch zu fordern.

Wo soll nun die Berufungsinstanz gebildet werden? Ein mündliches Verfahren bei den Oberlandesgerichten — davon hat man sich jetzt wohl überzeugt — ist unmöglich. Die Ablehnung rechtfertigt sich nicht bloß, wie Nagel in seinem sonst sehr guten Aufsatz über die Arbeiten der Strafprozeßkommission im neuesten Bande des «Gerichtssaal» sagt, aus fiskalischen Gründen, sondern, weil es für den Angeklagten und die Zeugen eine unerträgliche Belastung sein würde. Der volkstümliche Gedanke, daß die höhere Instanz auch bei einem höheren Gericht gebildet werden müßte, läßt sich gegenüber den landgerichtlichen Urteilen nicht verwirklichen.

Betreffs der Berufungssenate folge ich durchaus dem, was Aschrott in seiner Schrift ausführt. Sie erscheinen mir als nicht glückliche Zwittergebilde. Weder wird die optimistische Erwartung, daß besonders befähigte Richter die Mitgliedschaft in diesen Kollegien suchen werden, sich erfüllen, noch wird die Bezeichnung als Berufungssenate oder etwa die Wahl eines Oberlandesgerichtsrats als Vorsitzenden diesen Strafkammern eine gehobene Stellung verschaffen. Diese Herren stehen dem praktischen Rechtsleben, der Tatfrage, viel ferner als die Landgerichtsdirektoren und Mitglieder des Landgerichts. Vielmehr werden dadurch, daß die Mitglieder vielfach außerhalb ihres Amtssitzes unter ungünstigen äußeren Verhältnissen tätig sein müssen, Übelstände hervortreten, wie wir sie jetzt bei den detachierten Strafkammern vielfach zu beobachten Gelegenheit haben. (Sehr richtig!)

Eine allgemeine Berufung gegen die Urteile der Schwurgerichte, welche nur von wenigen, z. B. von Slupecki in seiner 1896 erschienenen Schrift über die Reform des Strafprozesses und von Heine im »Recht« befürwortet wird, hat der Entwurf ebenso wenig aufgenommen, wie die von Weingart vorgeschlagene und gelegentlich von Adickes erwähnte Berufung im Strafmaß, die ebenfalls vielfach eine Reproduktion der Beweisaufnahme bedingen müßte. Wie der Versuch in England gelingen wird, wo der Criminal Appeal-Act dem Angeklagten eine sehr eigentümlich verklausulierte Berufung gibt, muß erst die Zeit lehren.

An der Zusammensetzung des Revisionsgerichts soll nicht gerüttelt werden. Den Vorschlägen von Adickes, die Revisionssenate der Oberlandesgerichte nur mit drei statt fünf Richtern zu besetzen, kann ich nicht beitreten; es kommen hier so zahlreiche und schwierige Rechtsfragen zur Entscheidung, daß eine Erörterung der Sache von verschiedenen Gesichtspunkten und deshalb durch eine größere Anzahl Richter sehr wünschenswert ist. Wir haben Umläufe gehabt, wo erst der fünfte Votant auf den Gesichtspunkt gekommen ist, der dann dem Urteil zugrunde gelegt wurde.

Ob man bei dem Reichsgerichte mit fünf Richtern würde auskommen können, wage ich nicht zu entscheiden.

Meine Gedanken resumieren sich also dahin:

Die Vorschläge des Entwurfs zur Gerichtsorganisation sind im allgemeinen als eine brauchbare Grundlage für die weiteren Anlagen über diesen Punkt anzusehen. Jedoch muß

a) die Zuständigkeit des ohne Zuziehung von Schöffen entscheidenden Amtsrichters auf Übertretungen beschränkt werden,

b) auch für die Berufungsinstanz die Zuziehung von Schöffen erfolgen. (Lebh. Bravo!)

Vorsitzender: Wir danken dem Herrn Referenten und treten nun in die Debatte ein.

Professor **Alexander Graf zu Dohna,** Potsdam: Meine Herren! Die Frage nach der angemessenen Gerichtsorganisation und die nach der Notwendigkeit oder Entbehrlichkeit der Berufung hängen so eng mit einander zusammen, daß sie nicht getrennt werden können und auch in dieser Debatte also zusammen behandelt werden müssen.

Die Vorschläge sowohl des Herrn Landgerichtsdirektors Aschrott, wie auch die Ausführungen, die wir soeben gehört haben, fußen auf der Tatsache, daß wir die Berufung bekommen werden und finden sich mit dieser Tatsache ab. Beide Herren, sowohl Herr Landgerichtsdirektor Aschrott, wie Herr Geheimrat Kronecker, sind prinzipiell Gegner der Berufung; sie haben aber ihre grundsätzlichen Bedenken zurückgestellt, aus dem Grunde, weil die Vertretung der Gegnerschaft gegen die Berufung keine Aussicht hat, noch Gehör zu finden.

Nun glaube auch ich, daß es nicht Aufgabe dieser Versammlung ist, doktrinäre Forderungen aufzustellen und sie eigensinnig festzuhalten, und daß wir noch viel weniger, wenn wir überstimmt werden, etwa sagen dürfen, daß wir dann nicht mehr mitmachen. Sondern wir haben den Wunsch und haben die Pflicht, unsere Dienste dem Gesetzgeber anzubieten und mit ihm mitzugehen, soweit wie unsere Überzeugung uns das gestattet. (Sehr richtig!) Aber ich meine, daß wir dem Gesetzgeber eben doch nur durch den Ausdruck unserer Überzeugung dienen können (Sehr richtig!) und daß wir mit dieser Überzeugung nicht aus praktischen Erwägungen zurückhalten dürfen. Deshalb möchte ich Sie bitten, hier noch einmal gegen die Berufung einige Ausführungen machen zu dürfen.

Die Gründe, welche gegen die Berufung sprechen, brauche ich wohl nur noch zu erwähnen; sie sind ja so viel diskutiert worden, daß neues nicht vorzubringen ist. Ich zähle dazu einmal die Verzögerung, welche die Rechtsprechung durch die zweite Instanz notwendig erleidet, die Steigerung der Prozeßkosten, die notwendige Abschwächung oder gar Durchbrechung der Grundprinzipien unseres Verfahrens: der Mündlichkeit der Verhandlung und der Unmittelbarkeit der Beweisaufnahme. Dieses Moment steht in einem umgekehrten Verhältnisse zu einem vierten Punkte, nämlich zu der Gefahr der Abschwächung der Beweiskraft der Beweismittel (Sehr richtig!). Je mehr man versucht, die Mündlichkeit und Unmittelbarkeit in der Berufungsinstanz festzuhalten und deshalb jede Verlesung von Protokollen der ersten Instanz verbietet, umso unwahrscheinlicher scheint es mir zu werden, daß die Zeugenaussagen und die Beweismittel noch dieselbe Beweiskraft in der Berufungsinstanz haben werden wie in der ersten Instanz; und je mehr man die Ergebnisse der ersten Instanz wird verwerten wollen, also verstatten wird, auf die Protokolle der ersten Instanz zurückzugreifen, umso mehr wird das Prinzip der Mündlichkeit und Unmittelbarkeit durchbrochen werden müssen.

Der fünfte Einwand ist meiner Ansicht nach auch nicht abzustreiten, nämlich die Befangenheit des zweiten Gerichts. Es ist meiner Ansicht nach ganz unmöglich, daß nicht die in der ersten Instanz erfolgte Verurteilung oder Freisprechung ihren Einfluß auf die Beurteilung des Gerichtshofs der zweiten Instanz wird geltend machen. Es ist nicht so, als ob hier über eine Frage erstmals geurteilt werden soll, sondern es ist darüber bereits geurteilt, und es handelt sich um eine Überprüfung. Diese Überprüfung kann niemals mit derselben Unbefangenheit geschehen wie die erste Prüfung der Frage.

Das sechste Bedenken betrifft die Gefahr der inzwischen stattgehabten Kollusionen. Während des Vorverfahrens sucht man sie ängstlich zu vermeiden. In der ersten Instanz stellt man Garantien und Kautelen auf (die Zeugen, die später vernommen werden, dürfen die vorangehenden Vernehmungen nicht mitmachen usw.). In der zweiten Instanz ist das alles vernichtet. Auf jede mögliche Art und Weise können sich die Zeugen von dem Inhalte der anderen Aussagen überzeugen, und es ist ihnen kaum mehr möglich, dasjenige, was sie selber wahrgenommen haben, und dasjenige, was sie später gehört haben, auseinanderzuhalten, namentlich weil auch die Länge der Zeit das Gedächtnis trüben wird.

Und nun der siebente und letzte Punkt, der gerade im Rahmen unserer heutigen Tagesordnung besonderes Interesse beansprucht! Er betrifft die fast zur Unmöglichkeit werdende Schwierigkeit, bei Einführung der Berufung in mittleren Strafsachen überhaupt noch eine Gerichtsorganisation zustande zu bringen. Es gibt doch, wenn man Berufungen in mittleren Strafsachen zuläßt, nur die eine Alternative, daß man entweder die ganze Fülle der Strafsachen (ausgenommen die Schwurgerichtssachen, wenn man die Schwurgerichte beibehält) an die Amtsgerichte verlegt, um die Berufung an die Landgerichte zu bringen, oder aber daß man alle Berufungen gegen Landgerichtsurteile an die Oberlandesgerichte bringt; denn eine Berufung ohne Devolutiveffekt ist, glaube ich, jedenfalls nicht dasjenige Rechtsmittel, welches von der allgemeinen Überzeugung, um derentwillen sie ja doch gerade eingeführt werden soll, getragen werden würde (Sehr richtig!). Ich kann mir nicht denken, daß diese allgemeine Meinung befriedigt werden würde, wenn, wie es die Kommission vorgeschlagen hat, die Urteile eines Siebenmänner-Kollegiums an den Landgerichten von einem Neunmänner-Kollegium an demselben Landgerichte nachgeprüft werden sollten.

Diese Alternative hat nun zwar der Entwurf vermieden; er hat ein — wir haben ja eben den Ausdruck gehört — Zwittergebilde in der Gestalt der Berufungssenate an die Stelle gesetzt. Das sind weder Landgerichtsorganisationen, noch Oberlandesgerichtsorganisationen, sondern ein Mittelding. Aber gerade darin liegt wohl ihre Schwäche. Ich glaube, daß das Laienauge den Unterschied zwischen dem Berufungssenate, der am Landgericht seinen Sitz hat, und der bisherigen Strafkammer nicht erkennen wird, und andererseits glaube ich mit Herrn Landgerichtsdirektor Aschrott, der das ja des näheren ausgeführt hat, daß die Besetzung in praxi gar keine andere sein würde.

Das sind also meiner Ansicht nach die Gründe gegen die Berufung. Und nun hören wir einmal die Gründe, die dafür sprechen sollen.

Ich kann nur drei finden. Einmal die Möglichkeit einer Korrektur falscher Urteile; zweitens die Vermeidung von Ueberraschungen, welche für den Angeklagten gefährlich werden können, und drittens die öffentliche Meinung, die dafür kämpft.

Nun, was die Korrektur falscher Urteile anbetrifft, so frägt es sich eben, ob die Gewähr dafür, daß das Berufungsurteil besser als das erste Urteil ausfällt, wirklich geboten wird. Die Gründe, welche es wahrscheinlich machen, daß die Urteile schlechter werden, habe ich bereits angeführt. Sie liegen namentlich in der Länge der Zeit, in der Unsicherheit des Gedächtnisses, in der Trübung der Beweismittel und in so vielem anderen.

Die Garantie eines richtigeren Urteils kann wohl nur in der besseren Besetzung des Gerichtshofs gefunden werden, darin, daß die Zusammensetzung des Gerichtshofs größere Garantien für eine vollständig abklärende Beurteilung bietet. Ja, warum wollen wir denn dann diese Garantien der Besetzung nicht schon der ersten Instanz zugute kommen lassen? (Sehr richtig!). Es wird mir wahrscheinlich eingewendet werden, daß, wenn wir solchen Apparat für sämtliche Fälle beibringen müssen, dann die Kosten der Rechtsprechung zu groß werden. Ich glaube, daß auch dieses Bedenken nicht zutrifft, u. z. aus dem Grunde, weil meiner Ansicht nach ein zu großer Optimismus hinsichtlich des Prozentsatzes der Fälle herrscht, welche demnächst in die Berufungsinstanz gehen werden. Es gibt ja — zumal für den insolventen Verurteilten — gar keine Hemmungsvorstellung, die Sache nicht in die Berufungsinstanz zu treiben. Einer Begründung bedarf die Berufung nicht, und schlechter kann es ihm vermöge des ganz verfehlten Verbots der reformatio in pejus nicht gehen. Also was soll ihn hindern, zu versuchen, ob er nicht in zweiter Instanz besser wegkommt? Wenn wir nun bei Streichung der Berufung in all den Fällen, die sonst in die Berufungsinstanz gehen würden, die erste Instanz sparen, werden wir mit dieser Ersparnis imstande sein, auch für die verhältnismäßig wenigen Fälle, in denen eine Berufung nicht eintreten würde, einen größeren Apparat bereit zu stellen.

Der zweite Punkt betrifft die Vermeidung von Ueberraschungen. Die Berufung wird für notwendig erachtet, weil man sagt: Häufig hört der Angeklagte erst in der Hauptverhandlung, was für ein Verdacht eigentlich gegen ihn vorliegt; er wird dann erst auf die Entlastungsmittel aufmerksam, die er beibringen könnte usw. Ja, dann handelt es sich also darum, die Hauptverhandlung in einer Weise vorzubereiten, daß solche Ueberraschungen nicht möglich sind; und da frägt es sich doch, ob es nicht besser ist, diese Kautelen in das Vorverfahren zu verlegen, als erst ein Urteil ins Unreine zu machen.

Was der Entwurf in dieser Beziehung bringt, ist schon sehr viel. Die Parteienöffentlichkeit im Vorverfahren, der Vortermin, die Erweiterung der Rechte des Verteidigers, alles das ist sehr viel, und es ist meiner Ansicht nach zu viel, wenn man hinterher noch zwei Instanzen hat. Es hat auch gestern Herr Landgerichtsdirektor Aschrott ausgesprochen: Eine derartig reich ausgestattete Voruntersuchung und dann noch zwei Instanzen, das ist zu viel. Es ist aber wohl zu wenig, wenn man die zweite (oder besser gesagt die erste) Instanz streicht. Es würde sich hier aber meiner Ansicht nach ein Weg finden, um durch weitere Ausgestaltung der bestehenden Ansätze, namentlich dadurch, daß der Verteidiger genaue Einsicht in die Akten des Vorverfahrens erhält, den Angeklagten schon im Vorverfahren vor Überraschungen derartig zu sichern, daß er mit einer Instanz auskommt.

Und das dritte ist die öffentliche Meinung. Nun, ich glaube, daß wir auch ein Stück der öffentlichen Meinung bilden, und daß es doch fraglich ist, ob diejenigen, welche derartig nach der Berufung verlangen, ganz genau wissen, was sie eigentlich damit fordern.

Das sind die Gründe gegen und das ist meiner Ansicht nach die Widerlegung der Gründe für die Berufung. Trotzdem werden wir sie bekommen (Sehr richtig!), und es handelt sich jetzt also, nachdem der Überzeugung Ausdruck gegeben ist, daß dieses Verfahren falsch ist, darum, zu fragen: Wie sollen wir uns verhalten, wenn wir die Berufung bekommen? Da, glaube ich, kann man nur den Vorschlägen des Herrn Landgerichtsdirektors Aschrott beistimmen, daß es dann besser ist, sowohl die kleinen wie die mittleren Strafsachen an die Amtsgerichte zu bringen, damit die Berufung an die Landgerichte gehen kann, zumal es dadurch zugleich möglich wird, eine übersichtliche und einfache Abgrenzung der sachlichen Zuständigkeit zu erhalten.

Herr Geheimrat Kronecker hat mir vorhin zugegeben,

daß die Art der kasuistischen Regelung, wie sie heute besteht und wie sie im Entwurf und von der Kommission vorgeschlagen ist, ihre schweren Bedenken hat. Er glaubt aber, daß dem nicht abzuhelfen sein wird. Nun, wenn wir alles an die Amtsgerichte bringen, was nicht vor die Schwurgerichte gehört, so ist die Sache ganz klar. Solange wir die Schwurgerichte haben, müssen wir freilich eine gewisse kasuistische Auswahl treffen, weil es eine Fülle von Strafsachen gibt, die sich wegen ihrer Struktur nicht zur Aburteilung durch ein Laiengericht eignen. Aber im übrigen könnten wir mit ganz scharfen und klaren Grenzen auskommen. Ich meine, daß es unter keinen Umständen zulässig ist, daß wir in einem Gesetzbuch aus dem zweiten Jahrzehnte des 20. Jahrhunderts — solange wird es wohl noch dauern — noch eine Abgrenzung der sachlichen Zuständigkeit in Vermögensdelikten nach der Höhe des Schadens aufrecht erhalten. Ich kann mir gar nicht denken, wie man das eigentlich motivieren will. Es gibt doch nur zwei Möglichkeiten der Begründung; entweder man sagt sich: Die Strafwürdigkeit des Täters wächst mit der Höhe der Summe, die er entwendet hat; oder man sagt: Die Schwierigkeit der Beweisführung wächst in diesem Maßstabe. Beide Behauptungen sind vollständig unhaltbar; darüber braucht wohl kein Wort verloren zu werden.

Wir würden also dann, wenn wir die Berufung bekommen, mit wenigen Gerichten und mit einer ganz klaren sachlichen Zuständigkeitsabgrenzung auskommen können. Deshalb würde ich mich in diesem Eventualfalle im allgemeinen den Vorschlägen des Herrn Landgerichtsdirektors Aschrott anschließen. (Bravo!)

Kriegsgerichtsrat Dr. **Steidle**, München: Meine hochverehrten Herren! Bei der Frage der Organisation der Strafgerichte unter Berücksichtigung der Einführung der Berufung dürften wir doch vielleicht mehr, als es bisher geschehen, von internationalen Ausblicken auf nationalen Boden zurückkehren. England, die Schweiz, Schweden und Amerika können für eine spätere Reform unseres Prozesses vorbildlich bleiben. Maßgebend für die jetzige Reform aber dürften sein die auch bei internationalen Aktionen unseres Heeres und der Marine schon seit acht Jahren bewährten Einrichtungen der Reichs-

Militärstrafgerichtsordnung. Eine Reihe von Fragen, die bisher aufgeworfen und besprochen wurde, ist ja in diesem Gesetz bereits gelöst. Es ist das ein Punkt, auf den Herr Senatspräsident Professor Dr. Weiffenbach vom Reichsmilitärgericht vorgestern Abend im Gespräch mit mir auch zurückkam. Aus seinen Äußerungen schloß ich, daß er auch an den Debatten teilnehmen würde, und ich habe deshalb gestern Vor- und Nachmittag, so reichlich Gelegenheit sich geboten hätte, das Wort zu ergreifen, damit zurückgehalten. Nun glaube ich, mich vielleicht doch heute, wenn nicht in letzter, so doch in vorletzter Stunde, auch noch kurz äußern zu dürfen.

Herr Geheimrat Kronecker hat heute wiederholt unsere Militärstrafgerichtsordnung berührt. Was nun die Erfahrungen mit der Berufung anlangt, so kann ich Sie versichern, daß sie bei uns in den acht Jahren, die das immerhin bedeutende Gesetz jetzt in Kraft ist, nicht abgeschlossen sind, speziell hinsichtlich der breiten Zulassung der Berufung. Die Auffassungen über den Wert der Berufung sind außerordentlich geteilt, obwohl volle neue Verhandlung bei uns möglich ist in II. Instanz mit teilweiser Schriftlichkeit, insofern erstinstanzliche Zeugenaussagen benutzt werden dürfen.

Herr Graf zu Dohna hat ja eben auch vor einer breiten Einführung der Berufung gewarnt. Wir haben die Berufung in der weitesten Form. Ich erinnere mich sehr wohl, daß damals, als das Gesetz in Kraft trat, gerade diejenigen Herren, die in die Berufungsinstanz der höheren Militärgerichtsbarkeit kamen, also die Oberkriegsgerichtsräte — und das waren damals selbstverständlich nach Lage der Verhältnisse ergrautere, sehr erfahrene Männer unserer Branche — die Auffassung gehabt haben: Das Gewicht der ganzen Sache liege in der zweiten Instanz. Es ist mir nun ungemein interessant gewesen, gestern in den Ausführungen z. B. von Herrn Professor Mittermaier direkt die Frage gestellt zu hören: Wo liegt denn überhaupt der Schwerpunkt? Ich kann Sie versichern: Unsere Auffassung hat sich bezüglich der niederen und höheren Gerichtsbarkeit in dieser Frage geklärt, und zwar dahin geklärt, daß der Schwerpunkt nicht in der zweiten Instanz, sondern in der ersten liegt (Geheimrat Professor Dr. von Liszt: Sehr richtig!). Will man den Schwerpunkt in der zweiten

Instanz suchen, so könnte man ja ebensogut sagen: Warum nicht in der dritten? Warum soll nicht der Schwerpunkt in der Revision liegen?

Nein, je besser die erste Instanz funktioniert, desto besser ist es natürlich überhaupt um unser prozessuales Verfahren bestellt. Je besser die Vorarbeiten in der ersten Instanz sind (um also hier auch auf die Voruntersuchung oder das Ermittlungsverfahren anzuspielen), desto besser wird natürlich der Prozeß in der ersten Instanz überhaupt durchgeführt werden können.

Herr Professor Harburger hat sich gestern mit warmen Worten auf Grund unserer süddeutschen Erfahrungen gerade für eine gründliche Vorbereitung der Hauptverhandlung ausgesprochen. Und von unseren Berufsrichtern, von den Herren bei den Oberkriegsgerichten und ebenso von jenen beim Reichsmilitärgericht hören wir immer wieder (und wir sehen das aus den namentlich vom Reichsmilitärgericht außerordentlich exakt durchgearbeiteten Entscheidungen, die in der Wissenschaft jetzt geradezu schon als mustergültig anerkannt sind), daß es eben zumeist in der ersten Instanz gefehlt hat. Da werden die großen Fehler gemacht, die sich dann in die zweite Instanz und schließlich, wenn es zur Revision kommt, bis nach oben durchschleppen.

Es dürfte also der Wunsch nach einer Beibehaltung des bisherigen Ermittlungsverfahrens, vielleicht sogar nach einer Vertiefung der Voruntersuchung, ein Wunsch, der gestern doch auch von verschiedenen Seiten geltend gemacht worden ist, jedenfalls auf Grund praktischer Erfahrungen sehr berechtigt sein.

Gestern Abend hat Herr Professor Sommer noch betont, welch große Rolle die technischen Hilfsmittel in den Kriminalfällen spielen. Ja, die technischen Hilfsmittel kommen aber hauptsächlich gerade im Vorverfahren zur Anwendung. Wo kämen unsere aburteilenden Gerichte hin, wenn erst in der Hauptverhandlung die Sachverständigen ihre Hilfsmittel produzieren wollten! Das sind alles Dinge für den ersten Zugriff. Der erste Zugriff kann nicht sicher, peinlich und exakt genug sein!

Herr Geheimrat von Lilienthal hat uns gestern Nachmittag das Beschuldigten-Verhör charakterisiert. Das ist eine Frage, die die Militärstrafgerichtsordnung in ganz präziser Form dahin gelöst hat, daß, wenn es irgendwie möglich ist, das Beschuldigtenverhör durch denjenigen erfolgt, der das Ermittlungsverfahren führt und der bei uns auch gewöhnlich die Anklage vertritt. Unsere Verhältnisse sind ja allerdings in manchen Punkten nicht mit den bürgerlichen zu vergleichen. Wir sind in der Beziehung vielleicht glücklicher gestellt, denn wir können uns den Beschuldigten zitieren. Wir dürfen — das gilt übrigens ebenso im bürgerlichen Verfahren —, wenn es sich um einen Beschuldigten in einem auswärtigen Orte handelt, auch hinreisen. Wenn wir den Amtsrichter oder Gerichtsoffizier nicht mit den Vernehmungen beauftragen wollen, weil wir glauben, daß der persönliche Eindruck wichtig ist, lassen wir uns den Beschuldigten kommen. Wir lassen auch Zeugen miterscheinen, um die Tragweite und Durchschlagskraft ihrer Aussagen für die Hauptverhandlung zu prüfen.

Vorhin hat übrigens Herr Graf Dohna gleichfalls ein besseres Vorverfahren befürwortet. Auch da befinde ich mich also momentan in guter Gesellschaft.

Nun komme ich zu der Frage, ob die Akten des Vorverfahrens dem Gerichte zugänglich gemacht werden sollen. Meine Herren! Die Forderung, ohne Akten in die Hauptverhandlung zu treten, scheint mir — verzeihen Sie das Wort — ganz ungeheuerlich. Wie denkt man sich den Verhandlungsführer? Ich habe s. Zt. beim Amts- und Schöffengericht, in Strafkammern und Schwurgerichtssitzungen amtiert, dann unter dem alten bayerischen Verfahren, also noch als Auditeur die Aufgabe gehabt, Verhandlungen zu führen, aber immer auf Grund sehr gut vorbereiteter Akten. Ich habe seit über acht Jahren die Ehre, sehr häufig in Kriegsgerichten die Verhandlungen zu führen, aber auch da, muß ich sagen, meistens auf Grund sehr gut vorbereiteter Untersuchungen. Wenn man zum Verhandlungsführer bestimmt wird, dann ist es selbstverständlich das Erste, daß man sich den Akteninhalt genau ansieht und daß man — welcher Schwurgerichtsvorsitzende wird das auch bei Ihnen nicht tun? — unter Umständen als Verhandlungsführer direkt sagt: «Ja, Herr Anklagevertreter oder Herr Verteidiger, das oder jenes ist vergessen und sollte noch ergänzt werden.» Man würde ja in eine peinliche Situation kommen, wenn das Fehlende erst am letzten Tage auffallen sollte. Das kann allerdings passieren; so aber wird das Beweismittel noch telegraphisch rechtzeitig zur Stelle geschafft, mag es sich um einen Zeugen, einen Urkundenbeweis oder irgend sonst etwas handeln. Der Verhandlungsführer muß das Beweismittel in der Hand haben; er muß möglichst fest, möglichst gesichert in seiner Position sein, sonst wankt die Sache an allen Ecken und Enden!

Gestern Abend — das war mir außerordentlich interessant — wurde durch Herrn Medizinalrat Leppmann vom ärztlichen Standpunkt aus die Akteneinsicht als dringendes Bedürfnis gefordert. Ja, wenn das Gesetz werden sollte, was gestern Vormittag und Nachmittag hier vertreten wurde, welche Akten stehen dann den medizinischen Sachverständigen zur Verfügung? Herr Professor Aschaffenburg hat sich gestern Abend in hochinteressanter Weise vom psychologischen Standpunkt aus dazu erklärt, in welcher Weise wesentliche Teile der Akten, nämlich die Protokolle, gefaßt sind; wie wichtig es ist, ob sie die Aussagen in direkter oder indirekter Rede wiedergeben. Ja, das deutet doch auch wieder darauf hin, daß gerade die Sachverständigen, die in der Hauptverhandlung dann gehört werden sollen, ein ungeheures Gewicht auf das Voraktenmaterial, d. h. überhaupt auf Akten legen.

Und das dürften nicht geteilte Akten sein, nicht Akten, die zum Teil der Staatsanwalt in einem roten Umschlage hat, zum Teil der Verteidiger in einem blauen und vielleicht zum Teil der Untersuchungsführer in einer Ledermappe, sondern es müssen geschlossene Akten sein. Bei uns ist es Vorschrift — (sie wird allerdings nicht immer eingehalten, es ist ja etwas ganz mechanisches, aber an sich besteht diese Vorschrift in der Geschäftsordnung —) daß die Akten vom ersten Augenblick an zu sammeln, zu foliieren und zu heften sind. Ein solches Gewicht wird bei uns darauf gelegt. Man denke nur; was könnte sonst alles aus den Akten verschwinden! Ein unter Umständen scheinbar unwesentliches Dokument kann im Laufe des Prozesses eine außerordentliche Wichtigkeit bekommen, wenn es sich um den Tag, um die Stunde und anderes handelt, das in der Hauptverhandlung festgestellt werden soll.

Herr Oberbürgermeister Adickes hat gestern den Wunsch nach Verminderung des Schreibwerks ausgesprochen. Sie kann natürlich auch unter Ausnützung der Akten dadurch herbeigeführt werden, daß nicht wie früher von allen Sachen erst Konzepte und dann Reinschriften, sondern gleich letztere angefertigt werden. Man arbeitet jetzt vielfach mit Stenogramm, Schreibmaschine und Telephon. Früher hat man wegen jeder Anfrage ein Anschreiben erlassen müssen; jetzt benützt man das Telephon und macht in die Akten Vermerke. So können vorzügliche Akten entstehen.

Herr Amtsrichter Friedeberg hat gestern nachmittag davon gesprochen, welche Bedeutung die Akten auch für die nähere Erforschung des Vorlebens eines Beschuldigten haben.

Alles das sind Momente, die jedenfalls für das von größter Wichtigkeit sind, worauf ich jetzt wieder zurückkommen will: für die weitere Tätigkeit der aburteilenden Gerichte.

Diese gliedern sich bei uns ganz einfach in Standgerichte, Kriegsgerichte und das Reichsmilitärgericht.

Bei den Standgerichten wirken drei Laien — Offiziere — mit; man kann sie ihrer jetzigen Zuständigkeitsgrenze nach einigermaßen mit unseren Amts- bezw. Schöffengerichten vergleichen. Bedenken Sie aber den Unterschied, um wieviel besser der bürgerliche Beschuldigte gegenüber dem militärischen gestellt ist, indem der bürgerliche einen Amtsrichter und zwei Laien als aburteilende Richter hat, während der militärische im Standgericht nur von Laien — drei Offizieren — abgeurteilt wird! Dazu kommt noch, daß die Anklage im militärischen Verfahren von dem Gerichtsoffizier, im bürgerlichen aber von einem Amtsanwalte vertreten wird. Ich möchte noch darauf hinweisen — gestern abend hat mich die Bemerkung eines Herrn darauf gebracht, zu berühren, daß wir in Bayern schon meist rechtskundige Amtsanwälte haben, die allmählich in die staatsanwaltschaftliche Karriere hineinkommen. Auch in Hessen hat man in dieser Beziehung ausgezeichnete Erfahrungen gesammelt. Eine wie treffliche Schule der Selbständigkeit wäre das für die Referendare; je früher der junge Jurist selbstverantwortlich gemacht wird, je besser für ihn und alle am Strafprozeß interessierten Kreise. Was der Gesetzgeber dem jungen Gerichtsoffizier zumutet, sollte er doch in viel höherem Maße schon den Referendaren anvertrauen können.

Was nun die Kriegsgerichte anlangt, so sind sie wohl das wichtigste Glied in unserer Organisation und wohl auch der wichtigste Vergleichspunkt gegenüber dem bürgerlichen Verfahren. Unsere Kriegsgerichte sind, wie Herr Geheimrat Kronecker vorhin angedeutet hat, aus fünf Richtern zusammengesetzt. In den meisten Fällen bestehen diese aus einem Juristen — das ist der Verhandlungsführer, der Kriegsgerichtsrat — und vier Offizieren. Denken Sie sich diese schwierige Situation, und doch werden wir ihr im ganzen und großen, kann ich sagen, gerecht. Wir haben es allerdings mit einem qualifizierten Laienmaterial zu tun. Aber da ergibt sich die Frage: warum sollen solche qualifizierte Laien nicht auch für die künftigen, ähnlich wie unsere Kriegsgerichte zu gestaltenden Strafkammern, oder wie man sie nennen will, zu finden sein? Ich habe in München schon einmal in einer Diskussion darauf hingewiesen. Man hat ja längst die Erfahrung gemacht, daß es nicht gut tut, den X. oder Y. ohne weiteres als Laienrichter zu nehmen, sondern man weiß ganz gut die richtigen Männer zu berufen. Das ist bei Handelskammern längst der Fall. Man wird immer Elemente herausfinden, die sich auch für die Strafjustiz besonders eignen.

In schwereren Fällen urteilen wir mit zwei Juristen (zwei Kriegsgerichtsräten) und drei Offizieren. Die Kriegsgerichte sind bei einfachen und schwereren Vergehen und bei allen Verbrechen zuständig, selbst bei Hochverrat gegen Kaiser und Reich. Also das sogar, was dem Reichsgericht im bürgerlichen Verfahren durch den Gesetzgeber vorbehalten ist, hat man uns anvertraut, und ich glaube, daß wir uns dieser schweren Verpflichtungen, die uns durch das Gesetz auferlegt sind, wohl bewußt sind. Das ganze schwurgerichtliche Verfahren liegt in unseren Händen. Wahllos spielt sich das Wochenprogramm des Kriegsgerichts ab, und wie oft hat sich dieser einfache Organismus mit Fällen zu befassen, die für die Geschworenen Wochen und Monate lang aufbewahrt worden wären. Das geht bei uns sozusagen klippklapp, und die Sache funktioniert. Auch die Berufungen in Standgerichtsachen ressortieren zu den Kriegsgerichten.

Bezüglich der Oberkriegsgerichte habe ich bereits eingangs erwähnt: die Erfahrungen sind noch nicht abgeschlossen, aber sie gehen dahin, daß man eigentlich an die Ausdehnung der Berufung im bürgerlichen Verfahren nur mit großer Vorsicht herantreten sollte.

In bezug auf das Reichsmilitärgericht möchte ich noch hervorheben — das ist Ihnen ja an sich bekannt — daß auch hier der Gesetzgeber Laien, Offiziere, neben den juristischen Senatspräsidenten und Räten mitwirken läßt.

Die Frage, die ich bei den Kriegsgerichten berührt habe, führt mich selbstverständlich auf das Schwurgericht hinüber, auf diesen «Felsen», wie er genannt wurde. Herr Geheimrat Kronecker hat vorhin auch angedeutet, daß man jetzt damit umgeht, diesem Felsen vielleicht einen Sockel in der Person eines Juristen zu geben. Nun, das sind doch wohl alles nur Hilfsmittel. Das Schwurgericht ist ein außerordentlich schwerfälliger Apparat. Ich habe in einem Vortrag in München, der auch vor kurzem bei Winter in Heidelberg erschienen ist, darauf hingewiesen, wenn die bayerische Armee so patriotisch war, ihre Militärschwurgerichte aufzugeben, die mit ihr in dem großen Kriege 1870-71 ihre Tätigkeit entfaltet haben und noch dreißig Jahre später in Tätigkeit waren, wenn das in einem, wenn auch kleinen Körper zu ermöglichen war, warum soll ein analoger Vorgang nicht auch im großen möglich sein, warum soll man nicht auch die Zivilschwurgerichte fallen lassen! Herr Oberbürgermeister Adickes hat gestern wieder die Kräftevergeudung angedeutet. Ist es nicht eine fabelhafte Kräftevergeudung, daß diese Hunderte von Männern, die jedes Jahr an einem Schwurgerichtssitz zur Wahl kommen, ihre Zeit und Kraft opfern müssen! Es handelt sich ja hier schließlich auch um eine finanzielle Frage. Man geht damit um, die Geschworenen zu entschädigen. Ich meine, daß man an Ort und Stelle oder vielleicht in den Nachbarorten gewiß Leute finden würde, die, wenn auch in volkstümlicher, so doch in angesehener Stellung, es immerhin, wie es seither war, als eine Ehrensache betrachten würden, als Schöffen, als Geschworene zu amtieren.

Parteipolitische Rücksichten, die Herr Landgerichtsdirektor Aschrott gestern geltend gemacht hat und die in dieser Frage wahrscheinlich hinter den Kulissen eine Hauptrolle spielen, sollten hier doch zurücktreten. Ist das deutsche Volk nicht reif genug? Würde es nicht, wenn heute der Gesetzgeber den Mut hat, mit dieser Frage an das Volk heranzutreten und zu sagen: «Wir brauchen diesen schwerfälligen Apparat nicht mehr, er hat sich bewährt, er hat sich teilweise glänzend bewährt, aber wir haben jetzt, den modernen Verhältnissen entsprechend, etwas, das flotter arbeitet, das einfacher und billiger ist, insbesondere nicht bloß finanziell billiger, sondern auch bezüglich der Kräfte der Männer, die zur Strafjustiz herangezogen werden müssen» — würde nicht das deutsche Volk durch seine Vertreter im Reichstag auch «Ja und Amen» dazu sagen!

Es ist gestern hinsichtlich der Urteile das schöne Wort gefallen, daß doch etwas «künstlerisches» darin stecke. Ja, was liegt denn in einem Schwurgerichtsurteile? Wenn wir es in die Hand nehmen, so sehen wir: es besteht lediglich darin, daß erst die Fragestellung, dann die Antwort und dann die kurze Begründung der Strafzumessung kommt, auf welche die Geschworenen gar keinen Einfluß haben. Ein Schwurgerichtsurteil ist und bleibt eben ein Torso. Ein Torso in der Skulptur kann ein Kunstwerk sein; aber das Urteil des Schwurgerichts wird selbst für den Beschuldigten aus dem Grunde etwas unbefriedigendes an sich haben, weil er vergeblich nach den Gründen seiner Verurteilung darin forschen wird.

Der Schuldbeweis und die Strafzumessungsbegründung — all das muß in die Hand gemeinschaftlich, nicht getrennt aburteilender Richter gelegt werden, und deshalb wäre es wohl das einfachste, die Schwurgerichte verschwinden zu lassen. Ob das natürlich jetzt möglich ist, ist eine andere Frage. Vom militärischen Erfahrungsstandpunkt aus ist diese aber entschieden zu bejahen.

Und da komme ich überhaupt zu der Frage, ob man jetzt schon eine Prozeßreform vornehmen soll oder nicht.

Vorsitzender: Es dürfte das nicht mehr zur speziellen Frage gehören.

Kriegsgerichtsrat Dr. **Steidle**, München (fortfahrend): Zum Schlußwort! Es ist von verschiedenen Seiten bezgl. der Jugendgerichte erwähnt worden, daß ja nach dieser Richtung hin eine glänzende Leistung des Gesetzgebers vor uns liegt. Nun, ich darf da vielleicht auch noch betonen: seit dem 1. Januar sind in München, sind in ganz Bayern Jugendgerichtshöfe eingerichtet worden. Also es würde da auch ohne Gesetzesreform gehen, und es wird sich fragen, ob man nicht die Prozeßreform besser hinausschiebt, wenn es sich wirklich nur um einige Jahre handelt, bis die Strafrechtsreform kommt.

Als ich gestern früh hierher ging, fiel mir «Die Welt am Montag» in die Hände. Darin steht ein Leitartikel, «Süß-Sauer» überschrieben. Es finden sich dort wieder entsetzliche Ausfälle bezüglich unserer Strafrechtspflege. Wenn sich im Volke solche Unzufriedenheit geltend macht, dann zeigt sich doch auch, daß nach einer Reform des Strafrechts dringend verlangt wird, und — das ist ja ein Punkt, der gestern sehr viel zur Sprache gekommen ist — wenn das materielle Recht schon in Bälde revidiert werden kann, warum soll man dann den Prozeß jetzt noch rasch ändern, angesichts der Tatsache, daß in wenigen Jahren, in fünf oder sieben Jahren — auch zehn Jahre würden gar keine Rolle spielen — wiederum eine Änderung eintreten muß, da dann das materielle und das prozessuale Recht zusammen zu reformieren sein würden.

Ich habe vom Standpunkte des Militärkriminalisten aus gesprochen. Ich bitte diese scheinbare Einseitigkeit mir zu verzeihen. Ich wollte nicht pro domo reden, sondern ich habe meine Ausführungen, wie Sie aus meinen Bemühungen ersehen mögen, machen wollen pro patria! (Bravo!)

Rat am bayerischen Obersten Landesgericht und Professor Dr. **Harburger**, München:

Meine Herren! In Ansehung des Gegenstandes der heutigen Debatte, der Gerichtsorganisation, möchte ich sehr realistisch sprechen. Ich meine, wir sollten keine Zukunftsmusik treiben, sondern mit dem Herrn Berichterstatter des heutigen Tages annehmen, daß die Strafkammer beibehalten und daß die Übertragung der Strafkammerzuständigkeit auf die Amtsgerichte nicht so bald stattfinden wird.

Infolgedessen ergibt sich für uns die Frage: wie sollen

die Strafkammern organisiert sein? Hier möchte ich mich trotz der gegenteiligen Stellungnahme unseres Herrn Berichterstatters für den Aschrott'schen Vorschlag in der ursprünglichen Art, für die Bildung der Strafkammer aus drei Juristen und zwei Schöffen aussprechen und zwar aus dem einfachen Grunde, weil in den Strafkammern nicht selten eine Reihe von Prozeßfragen auftaucht. Bezüglich solcher Fragen gibt es selbstverständlich, wenn zwei Juristen da sind, sehr leicht zwei verschiedene Meinungen. Dann sitzen die Schöffen ratlos da.

Wenn in der Begründung der Novelle zum Gerichtsverfassungsgesetze steht, diesem Bedenken sei ein entscheidendes Gewicht nicht beizumessen, so nimmt man m. E. die Sache etwas zu leicht. Zudem ist auch der bekannte Spruch: In dubio pro reo in Prozeßfragen nicht verwendbar, weil man nicht immer vorhersehen kann, wie schließlich das Ergebnis der Beschlußfassung wirken wird, ob pro oder contra.

Wir haben also die große Schwierigkeit, daß die Schöffen in Prozeßfragen mit entscheiden sollen und oft keine genügende Grundlage dazu haben. Daß sie die Möglichkeit besitzen sollen, lediglich kraft ihres gesunden Menschenverstandes zu den zwei divergierenden Ansichten der Juristen Stellung zu nehmen, das halte ich geradezu für eine Unmöglichkeit, und das ist für mich der Grund, weshalb ich haben möchte, daß die Strafkammer mit drei Juristen und zwei Laien besetzt sei. Solchen Falles bestünde doch eine gewisse Wahrscheinlichkeit dafür, daß sich in Prozeßfragen eine Mehrheit von zwei zu eins unter den Juristen ergäbe.

Ich habe mich in Württemberg brieflich bei einigen Herren erkundigt, die noch unter der früheren Gerichtsverfassung in der Praxis gestanden sind, und diese erklärten, daß nicht selten sich Schwierigkeiten eingestellt haben, wenn irgend welche Prozeßfragen zur Entscheidung gekommen sind, obschon die Sachen bei den Oberamtsgerichten verhältnismäßig einfache waren. Übrigens bemerkten die Herren, daß man von den kleinen Verhältnissen in Württemberg nicht einen Schluß auf die großen Verhältnisse im Reiche ziehen könne, zumal wenn es sich um die wichtigeren und schwierigeren Strafkammersachen handelt, und daß es wohl besser wäre, wenn nicht zwei Juristen, sondern drei da wären.

Ich glaube ebenfalls, daß diese Frage besser geregelt würde, wenn die Schöffen in der Minderheit wären. Wir hätten dann einen weiteren Vorteil. Wir brauchten von vornherein ein Drittel Schöffen für die Strafkammern weniger. Das ist natürlich auch gerade gegenüber der befürchteten Kalamität, daß man unter Umständen nicht eine genügende Anzahl von geeigneten Schöffen finden kann, ein Vorzug.

Auf die Schwurgerichtsfrage gehe ich nicht näher ein, und zwar aus dem einfachen Grunde, weil ja bisher sämtliche Redner die Überzeugung ausgesprochen haben, daß die Schwurgerichte einstweilen beibehalten werden müssen.

Ebenso werde ich über die prinzipielle Frage, ob Berufung oder nicht Berufung, kein Wort verlieren. Ich bin übrigens seit vielen Jahren ein begeisterter Anhänger der Berufung; ich habe diese Überzeugung bereits im Jahre 1884 als Berichterstatter beim 17. deutschen Juristentage mit dem Erfolge vertreten, daß sich damals der deutsche Juristentag für die Berufung ausgesprochen hat; seitdem bin ich in dieser meiner Überzeugung nicht erschüttert worden.

Ich komme deshalb gleich zu der Frage der Organisation der Berufungsgerichte. Hier stimme ich dem Herrn Berichterstatter insofern bei, als ich es für eine Verschlechterung erachte, daß in Zukunft die Berufungskammern gegen die Urteile der Amtsgerichte in allen Fällen nur aus drei Richtern zusammengesetzt sein sollen. Wenn man erwägt, daß die Zuständigkeit der Amtsgerichte erweitert werden soll, so kann man es nicht für entsprechend erachten, daß die Zahl der Richter in der Berufungskammer verringert werden soll. Es würde im Gegenteil zu wünschen sein, daß der Status quo bliebe und bei Vergehen auch in Zukunft nicht drei, sondern fünf Richter mitwirken.

Zu den gewichtigsten Bedenken aber gibt nach meiner Auffassung die geplante Zusammensetzung der sog. Berufungssenate Anlaß. Hier hören wir vor allem, daß es geradezu unmöglich sei, die Berufungssenate bei den Oberlandesgerichten einzurichten. Nun, ich weiß nicht, ob diese Unmöglichkeit so groß ist. Ich berufe mich hierfür auf nichts geringeres als die beiden Entwürfe, die in den Jahren 1894 und 1895 von der Reichsregierung dem Reichstage vorgelegt worden sind. Alles, was nunmehr in der Begründung des Entwurfs gegen die Berufungssenate am Oberlandesgerichte vorgeführt wird, das ist damals gerade als die Hauptsache, als das Wichtigste dafür hervorgehoben worden. Da lesen wir z. B. (Verh. des Reichstags 1895/97, Anl. Bd. I, S. 348): «Die Entscheidung über die Berufung soll grundsätzlich dem Oberlandesgericht übertragen werden. Dies erscheint als unerläßliches Erfordernis, wenn der unternommene gesetzgeberische Schritt zu dem angestrebten Ziele führen soll, das öffentliche Vertrauen in die Strafrechtspflege zu stärken bezw. wieder herzustellen.» «Zum Wesen der Berufung gehört nicht nur ein Wechsel in der Person des erkennenden Richters.» «Der zweite Richter muß ein höherer sein.» «Mit dem Berufungsverfahren ist fast immer auch eine Kritik der Entscheidung des ersten Richters verbunden.» «Gleichgeordnete Richter erscheinen einem großen Teile der Bevölkerung zur Nachprüfung der Urteile ihrer Amtsgenossen nicht geeignet.» «Mit Vertrauen erfüllt die Rechtnehmenden nur das Bewußtsein, daß die weitere Prüfung der Sache durch das obere Gericht stattfindet.» Es wird dann weiter darauf hingewiesen, daß die Meinungen über die Erfahrungen in der Rheinprovinz und in Hannover, wo die Berufungsentscheidungen bei den Landgerichten selbst erfolgten, sehr geteilt seien, und es wird insbesondere betont, daß man in Frankreich und Belgien, wo man auch die Berufungssenate bei den Zuchtpolizeigerichten eingerichtet hatte, 1856, bezw. 1846 davon abgekommen ist und die Entscheidung wiederum dem Appellgericht übertragen hat. Ferner wird dort gesagt, daß hinsichtlich der Einheitlichkeit und Kollegialität der Landgerichte Unzuträglichkeiten zu befürchten seien, wenn ein Teil ihrer Mitglieder zu einer dem anderen übergeordneten Instanz erhoben würde.

Schließlich wird für die Oberlandesgerichte mit zu großen Bezirken die Errichtung von abgezweigten Strafsenaten vorgeschlagen. Als Einwand gegen diese hören wir nun heute, daß schon die früheren detachierten Strafkammern schauderhafte Zustände gezeitigt hätten. Ich würde mir das gern gefallen lassen, wenn nicht gerade in der Novelle wiederum so etwas wie die detachierten Kammern oder sogar fast wie abgezweigte Berufungssenate herauskäme.

Es ist ja in Aussicht genommen, daß mehrere Landgerichtsbezirke zu einem Berufungsbezirk zusammengezogen werden können. Wenn wir so innerhalb eines Oberlandesgerichtsbezirks mehrere solche Berufungssenate haben würden — einer soll am Sitze des Oberlandesgerichts bestehen —, so wären der oder die anderen schließlich doch nichts anderes als detachierte Strafsenate; dann kann man das bei Zuteilung der Berufung an das Oberlandesgericht ebenso gut machen, und von diesem abgezweigte Senate wären etwas einheitlicheres als die nunmehr in Aussicht genommenen Berufungssenate. Die »Berufungssenate« sollen aus einem Senatspräsidenten oder einem Oberlandesgerichtsrat oder einem Landgerichtspräsidenten oder Landgerichtsdirektor und aus Mitgliedern der verschiedenen Landgerichte zusammengesetzt werden. Das sind also zusammengewürfelte Senate, die in keinem Fall eine dauernde Existenz haben und in keinem Falle zu einer einheitlichen Rechtsprechung zusammenwirken können.

Nun wird in der Begründung gesagt, wenn man abgezweigte Berufungssenate des Oberlandesgerichts errichten wollte, so würde das eine Zerrüttung der Organisation der Oberlandesgerichte ergeben. Ich meine aber: es bringt das, was jetzt in Aussicht genommen ist, nicht bloß eine Zerrüttung der Oberlandesgerichte, die öfter einen Senatspräsidenten oder einen Rat an den auswärtigen Sitz des Berufungssenats absenden sollen, sondern es bringt noch dazu eine Zerrüttung der Landgerichte, weil, wie wir ja hören, die beteiligten Landgerichte auch wiederum Mitglieder an die Berufungssenate abgeben sollen. Denn eine richtige Geschäftsverteilung innerhalb der Landgerichte ist unmöglich, wenn einmal dieser, einmal jener Richter vom Landgericht an den entfernt gelegenen Ort des Berufungssenats abreisen und dort tätig sein soll.

Außerdem ist von einer Einheitlichkeit der Praxis unter solchen Umständen gar keine Rede. Gerade die festen Senate, die immer zusammen arbeiten, bei denen sich die Mitglieder in ihren Anschauungen immer mehr nähern und allmählich eine gleichmäßige Auffassung der Dinge bekommen, was insbesondere auch für die Frage der Strafzumessung von großer Bedeutung ist — gerade die feste Organisation ist ja ein Hauptvorteil, und das Zusammenwürfeln von Richtern macht die Rechtsprechung ganz gewiß nicht gleichmäßiger.

Mit verschiedenen Vorrednern bedaure auch ich, daß die Strafkammern als Berufungsgerichte nicht selten geringfügige Änderungen am Strafausmaß vornehmen. Ich bin der Anschauung, daß dieses Markten um einige Mark oder einige Tage oder Wochen etwas sehr ungesundes ist, und würde bedauern, wenn sich die bisherige Praxis in Zukunft wiederum zeigen würde. Es ist unbedingt zu wünschen, daß die Berufungsgerichte in dieser Beziehung einen vernünftigeren Standpunkt einnehmen.

Übrigens bedarf die gesamte Beurteilung der Fälle, die in einer Gegend vorkommen, wenn sich die Rechtsprechung überhaupt eines Vertrauens erfreuen soll, einer gewissen Einheitlichkeit der Praxis, und diese Einheitlichkeit der Praxis ist nach meiner Überzeugung eben nur dann erreichbar, wenn auch eine dauernde Zusammensetzung der einzelnen Senate gegeben ist.

Gegen die Bildung der Berufungssenate an den Landgerichten spricht noch ein weiteres Bedenken insofern, als sich hier eigentümliche persönliche Verhältnisse in unangenehmer Weise geltend machen können. Es kommt vor, daß ältere Herren im Landgerichte sitzen, die nicht zum Vorrücken an höhere Gerichte qualifiziert worden sind. Es sind das im Zweifel dann solche Herren, die für nicht besonders hervorragend gelten. Sollen nun die älteren Mitglieder in die Berufungssenate kommen, diejenigen Mitglieder also, die man für nicht geeignet erachtet hat, in höhere Gerichte aufgenommen zu werden? Dann verderben sie in dubio das, was die jüngeren Kräfte in der ersten Instanz gut gemacht haben. Würde aber das umgekehrte Verhältnis eintreten und würde man die jüngeren Kräfte in die Berufungsinstanz setzen, dann brauche ich nicht zu schildern, was das für eine Einheitlichkeit und Kollegialität am Gerichte geben würde.

Alle diese Dinge sind nach meiner Auffassung zu vermeiden in dem Augenblick, in dem wir die Strafsenate an die Oberlandesgerichte bringen oder da, wo deren Bezirke, wie das in Preußen teilweise unbestrittenermaßen der Fall ist, zu groß sind, detachierte Strafsenate schaffen. Auch die letzteren sind in den Entwürfen von 1894 und 1895 auf das Wärmste empfohlen. Daß sich seitdem die Verhältnisse auf einmal ganz und gar zuungunsten dieser detachierten Abteilungen geändert haben sollen, kann ich nicht ohne weiteres annehmen.

Gegen die Einrichtung der Berufungssenate bei dem Oberlandesgericht ist auch der Zeitverlust geltend gemacht worden, der durch die Reisen der beteiligten Personen nach dem Sitze des Oberlandesgerichts entsteht. Ich meine aber, wieder in Übereinstimmung mit dem Entwurf von 1895, daß bei den heutigen Verkehrsverhältnissen die größere Entfernung des Sitzes des Berufungsgerichts höchstens die Folge haben kann, daß sich jemand, sei er Zeuge oder Angeklagter, für eine bis zwei Stunden mehr auf die Eisenbahn setzen muß.

Was die Kostenfrage anlangt, so darf nicht übersehen werden, daß, wenn Richter zu den zusammengesetzten Berufungssenaten fortreisen müssen, auch dadurch Tagegelder und Reisekosten erwachsen; die Ausgaben für diese Kosten könnten besser zur Deckung etwaiger höherer Zeugengebühren verwendet werden. Im übrigen sollte die Kostenfrage erst in letzter Linie stehen; es muß eben die Justiz einmal bezahlt werden, und ich glaube, eine gute Justiz wird niemals zu teuer bezahlt. Man denke doch auch an den bekannten Satz: Justitia fundamentum regnorum. (Bravo!)

So komme ich zu dem Resultate, daß die Berufungssenate mit Aussicht darauf, daß sie das Vertrauen der Bevölkerung gewinnen, nur in Übereinstimmung mit den beiden Entwürfen von 1894 und 1895 als oberlandesgerichtliche Senate gebildet werden können. Ob sie mit oder ohne Schöffen gebildet werden sollen, das ist eine andere Frage. Ich meine, daß für und gegen ihre Zuziehung dieselben Gründe sprechen wie hinsichtlich der erstinstanziellen Gerichte.

Es wurde von Herrn Geheimrat Kronecker vorhin bemerkt: Besser zwei Schöffen als gar keine. Die Bedeutung der Schöffen ist m. E. nicht die, daß die Laien im Gericht überwiegen sollen und müssen. (Sehr richtig!) Ihre Hauptfunktion ist die, daß das Laienelement mit seinen bürgerlichen und natürlichen, nicht durch mißverstandene Jurisprudenz unter Umständen verdorbenen Begriffen zu Worte kommt. Das ist der Hauptzweck, und da können zwei vernünftige Schöffen genau so viel ausrichten wie drei.

Wenn ihrer auch nur zwei wären, könnte ja die Bejahung der Schuldfrage nicht ohne die Zustimmung wenigstens eines von ihnen erfolgen.

Anderseits können durch das Übergewicht der Juristen, wenn also die Drei-Zahl gegeben ist, in reinen Rechtsfragen entschieden bessere Resultate erzielt werden, als das sonst der Fall wäre.

Zum Schlusse möchte ich noch einmal meiner Überzeugung Ausdruck verleihen, daß, wie das auch der 17. Juristentag in Würzburg ausgesprochen hat, nur durch die Betrauung eines höheren Gerichts mit der Entscheidung über die Berufung gegen die Strafkammerurteile in der Tat die Forderung des Volkes erfüllt, daß also nur mit der Übertragung der Berufung an die Oberlandesgerichte ein befriedigendes Ergebnis erzielt werden kann. (Bravo!)

Landgerichtsdirektor a. D. Dr. **Aschrott**, Berlin: Meine Herren! Zunächst ein paar Worte der Erwiderung auf die Ausführungen des Herrn Kriegsgerichtsrats Steidle!

Herr Kriegsgerichtsrat Steidle hat uns in sicherlich dankenswerter Weise verschiedenes aus seinen Erfahrungen mit der Militärstrafprozeßordnung vorgeführt. Ich möchte dabei aber zunächst eine Äußerung unterstreichen, die er am Anfange seiner Rede getan hat: »Die Erfahrungen mit der Militärstrafprozeßordnung sind noch nicht abgeschlossen.« Das waren die eigenen Worte des Herrn, und ich glaube, wir müßten schon nach diesen Worten etwas bedenklich dagegen sein, wenn die Forderung gestellt wird, Erfahrungen mit der Militärstrafprozeßordnung jetzt bei der Stellungnahme zu dem Entwurf unserer Strafprozeßordnung zu verwerten. Dann aber noch ein Zweites. Im Militärstrafprozesse gibt es kein amtsgerichtliches Schöffengericht, sondern die unterste Instanz bildet ein ausschliesslich aus Nichtjuristen zusammengesetztes Gericht. Das ist natürlicherweise für die ganze Formation des Verfahrens von Bedeutung. Zur Kennzeichnung der untersten Instanz bei den Militärgerichten — man nennt sie Standgerichte — mag folgendes Erlebnis dienen. Ein mir bekannter Offizier, der zwei Jahre Gerichtsoffizier war, kam eines Tages zu mir und sagte: »Ich habe jetzt den und den Fall zu behandeln. Wie ist die Sache eigentlich juristisch anzusehen?«

Ich war über die Frage erstaunt; denn der Fall war eigentlich sehr einfach. Nachdem ich dem Offizier meine juristische Auffassung des Falles mitgeteilt hatte, stellte er eine Anzahl Fragen, woraus ich entnehmen mußte, daß der Herr nach zweijähriger Tätigkeit als Gerichtsoffizier noch nicht die einfachsten juristischen Begriffe beherrschte. Ich erlaubte mir deshalb die Frage: »Ja, sagen Sie einmal: Wie machen Sie es denn sonst« — der Herr steht nicht in Berlin, sondern, wie ich ausdrücklich bemerken will, an einem ganz kleinen Orte — »in Fällen, die Ihnen juristisch zweifelhaft sind?« »O, dann gehe ich zu dem mir bekannten Anwalt und hole mir darüber Rat, wie das juristisch zu handhaben ist«. (Große Heiterkeit.) »In diesem Falle konnte ich es nicht, denn der Angeklagte hat den Anwalt zu seinem Verteidiger«. (Große Heiterkeit.)

Das militärgerichtliche Verfahren beruht auf so eigenartigen Verhältnissen, daß wir es bei unserer Stellungnahme zur Strafprozeßreform nach meiner Meinung kaum werden heranziehen können. Das Einzige aus dem Militärstrafprozesse, was vielleicht von Wert für unsere Stellungnahme bei der Strafprozeßreform ist, besteht darin, daß im Militärstrafprozesse regelmäßig derselbe Jurist (Kriegsgerichtsrat) die Voruntersuchung führt (Ermittelungsverfahren heißt es dort), der auch die Anklage vertritt. Es sind Ausnahmefälle, wenn nicht derselbe Kriegsgerichtsrat die Anklage vertritt. Das ist ein Beleg für die Auffassung, die gestern hier erörtert und speziell von Herrn Geheimrat von Lilienthal hervorgehoben worden ist. Es kommt bei der von uns gewünschten Reform des Vorverfahrens ja viel weniger darauf an, ob der Jurist, der das Vorverfahren führt, »Herr Staatsanwalt« oder »Herr Untersuchungsrichter« heißt; es ist uns in erster Linie darum zu tun, daß nicht die Verantwortlichkeit zwischen Staatsanwalt und Untersuchungsrichter geteilt ist und daß derjenige, der die Sache in der mündlichen Verhandlung zu vertreten hat, wirklich informiert ist. Das aber ist nur möglich, wenn der Staatsanwalt das Vorverfahren leitet und dann derselbe Vertreter der Staatsanwaltschaft auch in der Hauptverhandlung die Anklage zu vertreten hat.

Was nun im übrigen die heute zur Debatte stehende Frage betrifft, so ist mir bei den bisherigen Reden das Wort eingefallen: »Das Bessere ist der Feind des Guten« Es werden für die Gerichtsorganisation alle möglichen Kombinationen vorgeschlagen. Sicher läßt sich an jeder Kombination irgend etwas aussetzen. Ich bin absolut überzeugt: Man wird keinen Vorschlag machen können, an dem nicht irgend etwas auszusetzen sein wird. Was wir in erster Linie im Auge behalten müssen, das ist: Den realen Verhältnissen Rechnung zu tragen.

Die realen Verhältnisse sagen uns nun zunächst: Es mögen gegen die Berufung noch so viele Einwände erhoben werden — wir sind dem Herrn Grafen zu Dohna sehr dankbar, daß er diese Einwände auch hier zur Sprache gebracht hat —, wir bekommen keine Strafprozeßreform ohne Berufung, und darum müssen wir uns, wie wir auch zur Berufungsfrage stehen, damit abfinden und müssen die Gerichtsorganisation mit Rücksicht auf die Berufung entsprechend zu gestalten suchen.

Auf den Boden der realen Verhältnisse muß man sich aber auch bezüglich des Materials stellen, das wir für die Organisation der Gerichte zur Verfügung haben. Wir müssen uns mit Rücksicht auf die realen Verhältnisse Sparsamkeit in der Besetzung der Gerichte auferlegen und zwar nach beiden Richtungen hin, sowohl bezüglich der Berufsrichter wie der Laienrichter.

Bezüglich der Laienrichter ist es eine Hauptfrage: Haben wir genug Schöffenmaterial, um auch Laienrichter in der Berufungsinstanz zuzuziehen? Daß die Zuziehung von Laienrichtern in der Berufungsinstanz notwendig ist, dagegen besteht hier in der Versammlung wohl kaum ein Widerspruch. Stellt man sich überhaupt auf den Standpunkt: Laienrichter müssen zur Strafjustiz zugezogen werden, um wieder ein größeres Vertrauen in die Strafjustiz zu schaffen, so muß das in beiden Instanzen geschehen. (Sehr richtig!)

Ist nun genug Material für die Zuziehung von Laienrichtern auch in der Berufungsinstanz vorhanden? Ich kenne selbstverständlicherweise die Unterlagen nicht, die vom Reichsjustizamte sicherlich mit großem Fleiße beschafft worden sind und aus denen die Befürchtung herausgelesen worden ist, daß kein genügendes Material vorhanden sei. Ich möchte aber zwei Punkte hervorheben, die dabei beachtet zu werden verdienen und die mit der durchaus veränderten Position zusammenhängen, die wir durch Gewährung von Diäten an die Schöffen bekommen. Durch die Gewährung der Diäten an die Schöffen — sie ist vorgeschlagen und wird ja zweifellos auch durchgehen — sind wir 1) in der Lage, auf viel weitere Kreise für die Laienrichter zurückzugreifen als bisher. Und wir sind 2) in der Lage, den Laienrichtern zuzumuten, mehr als fünfmal im Jahre zu sitzen. Die Bestimmung unseres heutigen Gesetzes, daß der Schöffe bloß zu fünf Sitzungen herangezogen werden soll, hat ihren guten Grund, solange der Mann keine Entschädigung bekommt. Wenn der Mann eine Entschädigung bekommt, so kann man ihn ruhig zehn- oder zwölfmal im Jahre, also etwa in jedem Monat einmal heranziehen. Nehmen Sie bloß eine zehnmalige Heranziehung des Schöffen an, so haben Sie genau eine Verdoppelung; die Schöffen, die bisher für fünf Sitzungen in Anspruch genommen wurden, genügten also für doppelt so viel Sitzungen.

Ich erachte aber die häufigere Heranziehung der Schöffen (also die zehn- oder zwölfmalige im Jahre anstelle der fünfmaligen) auch im Interesse der Sache für erwünscht (Sehr richtig!). Denn wer selbst lange Schöffenrichter gewesen ist — und ich bin es sehr lange gewesen — der weiß, daß sich auch die Schöffen erst einarbeiten müssen. Wenn sie das erste Mal ihres Amtes walten, dann sitzen sie meist recht feierlich in ihrem schwarzen Rock da und fühlen sich zunächst von dem ganzen äußeren Gepräge der Verhandlung so sehr in Anspruch genommen, daß sie der eigentlichen Sache kaum ihre volle Aufmerksamkeit schenken. Erst nach und nach gewöhnen sie sich ein. Dasjenige, was ihnen zunächst aufgefallen ist und worüber sie ihre Beobachtungen gemacht haben, wird ihnen selbstverständlich, und sie gewöhnen sich auch sonst daran, in richterlicher Funktion tätig zu sein. Während man das erste Mal mit den Schöffen viele Fragen lang und breit zu erörtern hat, wissen sie das zweite und dritte Mal schon Bescheid, die Sache geht dann wie am Schnürchen. Wenn man zwei- oder dreimal mit einem Schöffen verhandelt hat, wird man regelmäßig famos mit ihm fertig, man braucht ihm fast gar nichts mehr zu erklären.

Warum sollen wir uns das nicht zunutze machen und die Schöffen mehr als fünfmal im Jahre zuziehen!

Und noch eines zu demselben Gegenstande! Es betrifft das Strafmaß. Wenn man das erste mal selbst mit einem ganz intelligenten Schöffen zusammen zu judizieren hat, so bekommt man manchmal Anschauungen zu hören, daß man sich sagt: «Um Gottes Willen! Wenn ich den anderen Schöffen jetzt nicht herumkriege, kommt ein ganz blödsinniges Urteil heraus; denn der Mann beurteilt die Sache zu sehr nach seinen persönlichen Verhältnissen und ist infolgedessen zehnmal so so scharf, wie irgend ein Richter sein würde.» Es ist nämlich eine durchaus falsche Auffassung, daß die Schöffen im allgemeinen für mildere Strafen seien als die Richter. In der Mehrzahl der Fälle sind die Schöffen und besonders solche, die zum erstenmale funktionieren, viel strenger. Da heißt es gar zu häufig: «An dem Kerl muß ein Exempel statuiert werden.» Dann wird eine Strafe vorgeschlagen — der jüngste Schöffe hat ja zuerst darüber abzustimmen —, bei der es dem Richter sehr unangenehm sein würde, wenn der andere Schöffe darauf einginge; man sucht das dann möglichst zu verhindern. Auch bezüglich des Strafmaßes aber gewöhnt sich der Schöffe, der häufiger funktioniert, allmählich in die Gerichtspraxis ein.

Also eine häufigere Heranziehung der Schöffen, die bei Gewährung von Diäten sehr wohl möglich wäre, würde im Interesse unserer Strafjustiz liegen.

Und dann das Berufsrichtermaterial! Gegen meinen Vorschlag, die ganze erste Instanz abgesehen von Schwurgerichtssachen an die Amtsgerichte zu verlegen, ist nach meiner Auffassung in den bisherigen Verhandlungen nur ein wesentlicher Einwand erhoben worden, nämlich der: Wo sollen wir die Amtsrichter herbekommen, welche schwierige Sachen allein mit zwei Schöffen in einer vertrauenswürdigen Weise behandeln werden? Ich gebe zu — ich habe dies gestern schon gesagt —, es wird große Schwierigkeiten machen, und sie sind nicht von heute auf morgen zu beseitigen. Das ist ganz sicher. Aber ich meine, jede Reform bietet Schwierigkeiten, und wenn die Möglichkeit gegeben ist, diese Schwierigkeiten allmählich zu bewältigen, und wenn für die Übergangszeit ein greifbarer

Abhilfevorschlag vorhanden ist, so sollte man die Schwierigkeiten nicht ausschlaggebend für die Stellungnahme gegenüber der Reform sein lassen. Einen Ausweg aber habe ich vorgeschlagen, nämlich den: Nicht an jedes nur mit einem oder zwei Richtern besetzte Amtsgericht ein Schöffengericht hinzusetzen, welches auch die großen Sachen abzuurteilen hat, sondern entweder durch Regelung im Gesetze oder dadurch, daß der Justizverwaltung eine entsprechende Befugnis erteilt wird, die größeren Sachen an ein bestimmtes Amtsgericht, etwa das der Kreisstadt oder das nächste mit drei oder fünf Richtern besetzte Amtsgericht, zu bringen. In irgend einer Form ist ein derartiger Ausweg zu finden.

Was im übrigen den Ersatz der bisherigen Strafkammer betrifft, so wurde heute in der Debatte wiederholt erwähnt, ich hätte diesbezüglich zwei verschiedene Vorschläge gemacht, und es wurde bald der eine Vorschlag, bald der andere Vorschlag behandelt. Ich möchte deshalb, um Mißverständnissen entgegenzutreten, folgendes anführen. Ich habe früher, insbesondere in Frankfurt a. M., in der Tat als Ersatz für die Strafkammer in erster Instanz ein Kollegium von drei Richtern und zwei Schöffen vorgeschlagen. Aber ich habe das vorgeschlagen, nachdem ich ausdrücklich vorher ausgeführt hatte: Ich will keine Berufung. Die Strafkammer, die ich damals haben wollte, sollte eben die alleinige Instanz sein. Jetzt müssen wir damit rechnen, eine Berufung zu bekommen — ich bin übrigens persönlich von meiner Anschauung über die Berufung nicht abgekommen —, und mit Rücksicht darauf sage ich jetzt: Wenn zwei Instanzen, dann allgemein als erste Instanz das amtsgerichtliche Schöffengericht mit einem Richter und zwei Schöffen, und nur für die zweite Instanz die Strafkammer, bestehend aus drei Richtern und zwei Schöffen. Ich glaube hiernach nicht, daß ich inkonsequent gewesen bin; die Verhältnisse haben sich nur geändert.

Und nun noch ein Wort über den Amtsrichter! Es ist wiederholt davon gesprochen worden: Man braucht vernünftige Richter speziell für die Strafjustiz. Sehr richtig, aber auf der anderen Seite muß hervorgehoben werden: Für die Tätigkeit, die dem Amtsrichter als Vorsitzenden des Schöffengerichts obliegen würde, braucht man keine großen Juristen. Die juristischen Fragen, die da vorkommen, sind meist recht einfacher Natur. Die schwierigste juristische Frage, die nach meiner Erfahrung bei dem jetzigen Schöffengerichte vorkommt, ist immer die der Rechtsgültigkeit einer Polizeiverordnung. Die meisten anderen Fragen sind durch die Judikatur des Reichsgerichts so klar gestellt, daß, wenn der Richter einen guten Kommentar zur Hand nimmt, er mit seiner juristischen Bildung stets ohne Schwierigkeit dasjenige herausfindet, was er für den Einzelfall braucht. Und das wird auch bei dem amtsgerichtlichen Schöffengerichte mit erweiterter Zuständigkeit der Fall sein. Was wir aber von dem Amtsrichter fordern müssen, der in einem amtsgerichtlichen Schöffengerichte mit erweiterter Zuständigkeit den Vorsitz führt, das ist, daß er ein erfahrener Richter sein muß. Wir können keinen jungen Assessor — ich hoffe, es wird sich hierdurch niemand beleidigt fühlen — als Vorsitzenden eines Schöffengerichts brauchen. Das geht einfach nicht. Es muß ein erfahrener Richter sein, ein Richter, der Autorität in der Bevölkerung besitzt. Ob er ein bischen mehr oder weniger von Jurisprudenz versteht, ist ziemlich gleichgültig.

Ganz kurz möchte ich nun noch auf eine zweite Frage eingehen. Es ist gestern, speziell von Herrn Oberbürgermeister Adickes, davon gesprochen worden, man solle die Berufung einschränken. Ich bin mit ihm der Ansicht, daß so, wie der Entwurf die Berufung regelt, die Zahl der Fälle, in denen Berufung eingelegt wird, sehr groß werden dürfte. Es besteht für den Angeklagten kaum irgend welche Hemmungsvorstellung, warum er nicht Berufung einlegen soll; und ich glaube deshalb, in all' den Fällen, wo die Strafen nur einigermaßen höher sein werden, wird Berufung eingelegt werden. Man wird mit der Berufung genau dieselbe Erfahrung machen, wie wir sie in den Unfallversicherungssachen gemacht haben, wo der Mann, wenn ihm 25 % Rente zugebilligt sind, alle Rechtsmittel erschöpft, um möglicherweise 30 % herauszubekommen, während es in der Tat fast ein einfaches Würfelspiel ist, ob man 25 oder 30 % Rente geben soll; ebenso wie es auf ein Würfelspiel hinausläuft, ob man 25 oder 30 Mark Geldstrafe ausspricht; das hängt wirklich meist von Zufälligkeiten ab.

Ich fürchte also in der Tat eine sehr starke Belastung der Berufungsinstanz, und ich glaube, man muß das bei der ganzen Organisation von vornherein scharf ins Auge fassen. Aber von den Beschränkungen der Berufung, die Herr Oberbürgermeister Adickes vorgeschlagen hat, ist mir bloß eine sympatisch — ich habe sie auch in meiner Abhandlung erwähnt — nämlich, daß man in denjenigen Fällen, wo das Rechtsmittel nur bezüglich der reinen Rechtsfrage eingelegt ist, von der Berufung überhaupt Abstand nimmt. Es werden dabei vor allem die Fälle in Betracht kommen, in denen es sich um die Gültigkeit von Polizeiverordnungen handelt. Warum man eine Sache, die in tatsächlicher Hinsicht absolut klar ist und wobei auch gegen die Strafe keine Bedenken bestehen, noch durch zwei Instanzen weiterschleppen soll, das sehe ich nicht ein. Ich würde eine Bestimmung für empfehlenswert halten, etwa dahingehend: «Der Verurteilte muß angeben, weshalb er Berufung einlegt; wenn sich aus seinen Angaben ergibt, daß er sie lediglich aus Rechtsgründen einlegt, so wird das Rechtsmittel, auch wenn er es als Berufung bezeichnet hat, als Revision behandelt.» Aber weitergehende Einschränkungen in der Berufung, glaube ich, wird man nicht empfehlen können.

Herr Geheimrat Kronecker führte an, daß man möglicherweise Berufungen bei einer Geldstrafe von dreißig oder fünfzig Mark ausschließen könnte. Das erscheint mir sehr gefährlich. Was würde die große Masse des Volkes dazu sagen? Wird man nicht sagen — und damit komme ich auf ein Wort, das gestern gefallen ist —, das sei ein Bourgoisstandpunkt? Weil für diejenigen, die in einigermaßen behaglichen Verhältnissen leben, eine Strafe von 50 Mark gewissermaßen eine Bagatelle sei, werde die Berufung der großen Masse des Volkes versagt, für die 50 Mark vielleicht ein Kapital sind. Ich habe sehr erhebliche Bedenken gegen eine solche Einschränkung der Berufungen.

Ich will Ihre Zeit nicht weiter in Anspruch nehmen und nur eins nochmals betonen: Man muß, wenn man irgend eine Reform durchsetzen will, auch zu den Leuten Vertrauen haben, die man an die maßgebenden Stellen setzt, um die Reform dann praktisch zu verwirklichen. Und ich glaube, wir können zu unseren Amtsrichtern Vertrauen haben. Wenn die Justizverwaltung bei der Auswahl der Amtsrichter in geeigneter Weise vorgeht, dann werden in absehbarer Zeit keine Schwierigkeiten mehr bestehen, es bei der großen Reform dahin zu bringen, daß wir als erste Instanz bloß zwei Gerichte haben: Ein Gericht, welches unsere heutigen Schwurgerichtssachen und vielleicht auch noch einige Sachen, die jetzt vor der Strafkammer verhandelt werden, abzuurteilen hat, und ein Gericht, welches alle anderen Sachen aburteilt.

Geh. Justizrat Professor Dr. **von Liszt**, Charlottenburg (zur Geschäftsordnung): Ich stelle zuerst den Antrag, daß für die jetzt kommenden Redner mit Einschluß meiner Wenigkeit die Redezeit auf zehn Minuten beschränkt werde.

Vorsitzender: Nach diesem Muster der Selbstbeschränkung wird gegen den Antrag kein Einwand zu erheben sein. (Zuruf: 5 Minuten!)

Geheimer Justizrat Professor Dr. **von Liszt:** Ich bin auch mit 5 Minuten einverstanden.

Vorsitzender: Wir können die Fünfminuten-Guillotine immer noch für später ins Auge fassen. Ich glaube, daß die Beschränkung der Redezeit auf 10 Minuten jetzt doch der Mehrheit der Versammlung entspricht.

Die Sache ist also geregelt.

Geheimer Justizrat Professor Dr. **von Liszt**, Charlottenburg: Es war gar kein Opfer, das ich brachte, als ich den Antrag auf Beschränkung der Redezeit stellte, und zwar insbesondere deshalb, weil ich durchaus auf dem Standpunkte stehe, den Herr Landgerichtsdirektor Aschrott jetzt in seinen Schlußworten vertreten hat. Ich möchte nur allen denjenigen, die in der Lage sind, auf die künftigen Geschicke unseres Entwurfs in irgend einer Weise, im Reichstag oder in den Regierungen, einzuwirken, dringend an das Herz legen, sich diesen Gedanken der Beseitigung der Zwischenstufe, also der jetzigen Strafkammer oder was an deren Stelle treten soll, recht ernstlich durch den Kopf gehen zu lassen.

Ich fasse die Situation so auf, daß der Entwurf an der uns jetzt beschäftigenden Frage: Laien in der Berufungsinstanz? völlig scheitern kann. Es sind, wie ich glaube annehmen zu dürfen, die Vorschläge der Regierung: Fernhaltung der Laien aus der Berufungsinstanz und insbesondere die Bildung dieser merkwürdigen Berufungssenate, einfach unannehmbar. (Sehr gut!) Die Laien müssen, wenn sie in der ersten Instanz notwendig sind, in der Berufungsinstanz erst recht vorhanden sein.

Ich furchte anderseits, daß von Seiten der verbündeten Regierungen diesen etwa im Reichstage geäußerten Wünschen durchaus nicht ohne weiteres wird entsprochen werden können, und daß sich da sehr bedeutende politische Schwierigkeiten herausstellen werden. Wir kommen aber über diese Schwierigkeiten mit einem Schlage hinweg, wenn wir uns mit der Zweiteilung der Gerichte erster Instanz — ich sehe natürlich vom Reichsgericht einerseits und vom Amtsrichter ohne Schöffen anderseits ab — begnügen.

Es wird uns da nun entgegengehalten, daß dann eine ganz bedeutende Arbeitslast von dem Amtsrichter zu bewältigen sei, und daß wir die dafür geeigneten Persönlichkeiten nicht in genügender Zahl zur Verfügung hatten. Ja, auch wenn der Entwurf, so wie er jetzt vorliegt, angenommen wird, so bedeutet das eine ganz kolossale Hebung der Stellung unserer Amtsrichter. Der Amtsrichter wird eventuell als Jugendrichter, er wird ohne Zuziehung von Schöffen, er wird bei der erweiterten Zuständigkeit des Schöffengerichts wiederum mit einer ganzen Reihe von Sachen befaßt werden, die er jetzt noch nicht hat; und mit der Art und Weise, die Amtsgerichte zu besetzen, mit der bisher, vielfach wenigstens, in unseren Justizverwaltungen vorgegangen ist, wird gebrochen werden mussen. Man wird tüchtige Leute als Amtsrichter zu bestellen haben.

Ich mache weiter darauf aufmerksam, daß mit dieser Hebung der Stellung der Amtsrichter ganz notwendig eine Reorganisation unserer Amtsanwaltschaft verbunden ist. Es wird auch hier wiederum nicht angehen, daß wir uns die Sache so bequem machen wie bei der bisherigen Weise der Besetzung. Das Problem ist also schon heute durch den Entwurf gestellt, und es wäre nur eine weitere Durchführung der Lösung des Problems, wenn diese jetzt der Strafkammer zugewiesenen Sachen ganz — ich würde gar nichts dagegen haben, wenn ein Teil den Schwurgerichten zugewiesen wird –, meinetwegen ganz den Amtsgerichten zugewiesen würden. Dann wäre die Organisation des Berufungsgerichts sehr leicht. Da uns von seiten des Reichsjustizamts ja an Stelle der bisherigen Strafkammer schon das mittlere Schöffengericht konzediert worden ist, so würde dieses mittlere Schöffengericht dann das geborene Berufungsgericht sein. Ich würde für meine Person es sogar für durchaus möglich halten, dieses Berufungsgericht mit einem Richter und vier Schöffen zu besetzen, und zwar, wie ich betonen möchte, im Interesse der Juristen und im Interesse der Justizverwaltung selbst; denn ein Jurist hat einen ungleich größeren Einfluß auf vier Schöffen als zwei Juristen, weil die zwei Juristen sich immer gegenseitig kontrebalanzieren, sich immer entgegentreten werden.

Wir hätten damit diese Organisationsfrage gelöst, und wir hatten — und das ist das Letzte, was ich zu betonen habe — damit die ganze Frage der Berufung überhaupt gelöst. Und wenn Kollege Graf zu Dohna mir mit seinen Bedenken gegen die Berufung aus voller Seele gesprochen hat, so fallen auch diese Bedenken in diesem Augenblick alle hinweg; denn dann bleibt es eben so, wie es bisher ist: Berufung gegen schöffengerichtliche Urteile und keine Berufung gegen schwurgerichtliche Urteile. Alle Schwierigkeiten sind in dem Augenblick aus der Welt geschafft, wo wir uns mit dieser Zweiteilung begnügen. (Bravo!)

Professor Dr. **von Hippel**, Göttingen: Meine Herren! Ich möchte meine in einigen Punkten zum Teil recht abweichenden Auffassungen hier wenigstens in aller Kürze vortragen.

Insgesamt halte ich den neuen Entwurf für einen Fortschritt, wenn auch in wichtigen Einzelpunkten Verbesserungen notwendig sind; und insbesondere halte ich für meine Person auch die Einführung der Berufung für einen großen Fortschritt.

Ich halte es auch keineswegs für nachteilig, daß dem Vorsitzenden die Akten des Vorverfahrens zur Verfügung stehen. Ich stehe auf dem Standpunkt: Es kann nur der eine Verhandlung erfolgreich leiten, der ganz genau weiß, was bisher geschehen ist. Das kann man auf andere Weise nicht erfahren als aus den Akten; und wenn sich jemand dadurch voreingenommen machen läßt, dann liegt das nicht an den

Akten, sondern an dem Menschen; er eignet sich dann nicht für die Funktion, die er ausüben soll. Wer die Verhandlung leitet, muß die Fähigkeit besitzen, durch neue Ergebnisse der Verhandlung seinen Standpunkt modifizieren zu können.

Wenn ich mir dann die Gerichtsorganisation des Entwurfs ansehe, so ist meine Überzeugung die, daß einem wesentlichen Fortschritt in den mittleren Sachen, den Strafkammersachen, ein wesentlicher Nachteil in den kleinen Sachen gegenübersteht, ein Nachteil, der sich noch ausgleichen und ändern läßt.

Es soll der Amtsrichter künftig bei allen Übertretungen und bei gewissen kleinen Vergehen allein judizieren. Bisher war hierfür das Schöffengericht zuständig; und wenn über irgend etwas Einigkeit besteht, dann wohl darüber, daß unsere Schöffengerichte zur Zufriedenheit fungiert haben. Die Berufung in diesen Sachen geht heute an die Fünfmänner-Kammer, was angesichts der Notwendigkeit einer Zweidrittel-Mehrheit für den Schuldspruch von Bedeutung ist; sie soll künftig an die Dreimänner-Kammer gehen. In beiden Neuerungen liegen nach meiner Überzeugung wesentliche Verschlechterungen in bezug auf die Garantien der Gerechtigkeit, Verschlechterungen, zu denen kein Anlaß vorhanden ist und die jeden Augenblick, auch noch in letzter Stunde, im Entwurf korrigiert werden könnten.

Der richtige Grundgedanke, der dahinter steckt, scheint mir der zu sein: vereinfachtes Verfahren für Bagatellsachen. Dann muß man sich aber über diesen Punkt: was ist eine Bagatellsache? doch schärfer aussprechen. Nach meiner Meinung ist eine Bagatellsache niemals eine Sache, bei der Freiheitsstrafe, wenn auch nur ein paar Tage, in Frage kommen; denn hier handelt es sich zugleich um die Ehre und das fernere Fortkommen des Beschuldigten. Nur wenn auf kleine Geldstrafe oder Verweis erkannt wird, kann man von einer Bagatellsache reden; man könnte daher dem Amtsrichter die Befugnis geben, ohne Schöffen zu judizieren, wenn er sich mit einem Verweis oder einer geringen Geldstrafe begnügen will. Wenn es aber an die Freiheit geht, geht es auch an die Ehre: und das ist gerade im Kreise der IKV. in früheren Jahren in allen Zusammenhängen sehr scharf betont worden.

Durchaus unbefriedigend ist deshalb nach meiner Überzeugung weiter das sog. schleunige Verfahren, welches der Entwurf einführen will.

Im schleunigen Verfahren soll der Amtsrichter in allen amtsgerichtlichen, sogar in den Überweisungssachen, ohne Schöffen judizieren können. Das Urteil kann zwar nicht auf Zuchthausstrafe, wohl aber auf erhebliche Gefängnisstrafe und Überweisung an die Landespolizeibehörde lauten. Diesem Verfahren fehlen alle ausreichenden Garantien genügender Aufklärung und gerechter Entscheidung.

Die Festnahme auf frischer Tat insbesondere, durch die die Einleitung des schleunigen Verfahrens möglich wird, bedeutet keineswegs, daß die Sache klar ist; und was das Geständnis anbelangt, so möchte ich an das heutige Formular zu § 211 Abs. 2 StrPO. erinnern, in dem die Worte «glaubwürdiges Geständnis» gleich vorgedruckt sind. Ich möchte bemerken, daß erfahrene Bettler und Landstreicher das Bedürfnis haben, alsbald ein solches «glaubwürdiges Geständnis» abzulegen, um damit womöglich dem Schicksal der Überweisung an die Landespolizeibehörde zu entgehen.

Das schleunige Verfahren ist zwar ein solches, in dem es «klipp-klapp» geht, wie vorhin ein Redner sagte, aber es fehlt hier die ausreichende Gewähr für eine gerechte Entscheidung. Auch hier läßt sich aber eine Korrektur ohne weiteres vornehmen; ich würde dringend wünschen, daß das ganze schleunige Verfahren aus dem Entwurf gestrichen würde (Sehr richtig!).

Neben dem schleunigen Verfahren haben wir das Strafbefehlverfahren und die polizeiliche Strafverfügung; und diese sind als abgekürzte Verfahrensarten völlig ausreichend. (Zuruf: Noch schlimmer!) Nein, nicht schlimmer, weil bei Widerspruch hier der volle Instanzenzug bleibt. Bei dem schleunigen Verfahren wird aber der Betreffende der geordneten ersten Instanz beraubt. Insofern liegt ein fundamentaler Unterschied vor.

Für die mittleren Strafsachen bietet der Entwurf m. E. einen großen Fortschritt, wenn auch die nähere Ausgestaltung diskutabel bleibt.

Wir sollen in der ersten Instanz das Schöffengericht mit

zwei Richtern und drei Schöffen bekommen. Gegen die Teilnahme von zwei Richtern sind vorhin schon von so vielen Seiten wesentliche Bedenken geäußert worden, daß ich diese Angelegenheit jetzt übergehen möchte.

Als Berufungsinstanz sollen wir das Fünfmänner-Kollegium erhalten. Die besonderen Garantien, die der Entwurf für seine Besetzung gewähren will, wurden vorhin als ungenügend bezeichnet; ich möchte aber auf einen wichtigen Punkt hinweisen, nämlich den, daß nur ständig angestellte Richter künftig in diesem Fünfmänner-Kollegium mitwirken sollen. Man kann sagen: das sollte schon heute allgemein der Fall sein. Aber es ist nicht allgemein der Fall, und deshalb ist die gesetzliche Vorschrift, daß es geschehen soll, ein wesentlicher Fortschritt.

Ich halte es im übrigen für durchaus diskutabel, inwieweit hier der Einzelne Verbesserungen dem Entwurf gegenüber erstreben will. Unmöglich ist mir jedoch der Standpunkt: wenn nicht die Schöffen auch in die Berufungsinstanz hineinkommen, ist der Entwurf unannehmbar. Ich bin nicht in der Lage, soweit gehen zu können. Ich glaube, wir müssen mit der Ausdehnung der Laienbeteiligung schrittweise vorgehen. Auch wer weiter gehen will, sollte aber daraus keinen unbedingten Ablehnungsgrund entnehmen.

Beim Verfahren gegen Jugendliche möchte ich als einzigen Punkt den großen Fortschritt betonen, den dieses Verfahren insgesamt bedeutet. Es handelt sich nicht darum, wie vorhin gesagt wurde, daß Jugendgerichte beliebig im Verwaltungswege eingeführt werden können. Das Entscheidende ist die freie Wahl zwischen Sicherungsmaßregeln und Strafe; und die läßt sich im Verwaltungswege nicht einführen. Darin liegt der große entscheidende Vorzug des Entwurfs.

Professor Dr. **P. Merkel**, Königsberg: Meine Herren! Ich habe mir eigentlich das Wort erbeten, um etwas über die Tagesordnung hinauszugehen. Es steht ja heute nur die Besetzung der Gerichte im Verhältnis zu der Einführung der Berufung zur Debatte. Es wurden aber schon von den Vorrednern einige Exkursionen gemacht, und ich möchte mir zu einer solchen Exkursion die Erlaubnis der Versammlung einschließlich des Herrn Vorsitzenden erbitten.

Vorsitzender: Vorgängige Erlaubnis zu Verbrechen scheint mir nicht angängig (Heiterkeit).

Professor Dr. **P. Merkel**, Königsberg (fortfahrend): Es handelt sich, um die Frage gleich zu präzisieren, darum: Wie kann man der Belastung der Berufungsinstanz vorbeugen? Daß wir die Berufung bekommen, darüber sind wir ja, glaube ich, einig, einschließlich meines Herrn Vorredners, des Grafen zu Dohna. Aber wir sind uns noch nicht darüber einig: Wie kann man wohl die allzu große, mit Recht von allen Seiten befürchtete Belastung der Berufungsinstanz vermeiden? Ich glaube, wir müssen da auf das zurückkommen, was gestern in dieser Beziehung von Herrn Geheimrat von Lilienthal geäußert ist. Wir müssen bessere Garantien für die Verhandlung in der ersten Instanz schaffen, und ich glaube, wenn diese Garantien geschaffen sind, dann werden wir die Berufungsinstanz nicht so belastet sehen, wie das befürchtet wird.

Diese Garantie erblicke ich hauptsächlich in der Vermehrung des Parteibetriebes in der ersten Instanz, genau in dem Sinne, in dem Herr Geheimrat von Lilienthal sie gestern vorgeschlagen hat. Wir müssen mehr zivilprozessuale Formen, wenn ich so sagen darf, in das Strafverfahren einführen; wir müssen den Angeklagten mehr, als bis jetzt geschehen, heranziehen; wir müssen dem Staatsanwalte die Möglichkeit nehmen, schleunige Sachen in der Sitzung zu bearbeiten, nur nebenbei zuzuhören und schließlich den Antrag zu stellen, ohne genau zu wissen, was vorher eigentlich passiert ist. Ferner müssen wir den Vorsitzenden auf eine mehr passive, auf eine ergänzende Rolle beschränken. Er muß nur dann eingreifen dürfen, wenn die Parteien nach seiner Meinung oder der Auffassung des Gerichts nicht genügendes oder nicht klares Material vorgebracht haben.

Ferner glaube ich, daß die Erfüllung der Forderung, dem Vorsitzenden oder sagen wir überhaupt: dem Gericht die Akten zu nehmen, sehr wesentlich dazu beitragen würde, den Parteibetrieb in der ersten Instanz zu vermehren und ein Urteil hervorzubringen, das dem Empfinden der Beteiligten mehr entspricht. Wenn das aber der Fall ist, dann kommen auch weniger Berufungen.

Ferner müssen wir für den Angeklagten Garantien schaffen; seine Stellung muß gewahrt werden; er muß vor Überraschungen geschützt werden. Ist das der Fall, so wird der Angeklagte weniger Berufungen einlegen.

Wie können diese Garantien geschaffen werden? Erstens durch den Staatsanwalt, indem er in der Anklageschrift das, was vom Verdächtigen vorgebracht ist, mit den Gegenbeweisen aufführt. Zweitens dann durch eine bedeutend weitergehende Offizialverteidigung, als wir sie jetzt schon haben. Es muß für den Angeklagten in Zukunft eine Art Armenrecht geben, damit er in allen Sachen, in denen irgend welche schwierigen Rechtsfragen zu lösen sind, einen erfahrenen Verteidiger zur Seite hat.

Ferner darf die Verteidigung nicht in der Weise beschränkt werden, wie das bisher der Fall ist. Es muß zwar die materielle Wahrheit gewahrt werden; darin bin ich mit all den Herren Vorrednern einer Meinung; aber das kann auch dadurch geschehen, daß der Verteidiger nur dann beschränkt wird, wenn er sein Amt wirklich mißbrauchen sollte. Also nicht präventiv, wie bisher und wie auch im Entwurfe vorgesehen, sondern repressiv!

Wenn alles das in unserer künftigen Strafprozeßordnung eingeführt wird, dann wird, glaube ich, von der Berufung sehr wenig Gebrauch gemacht werden, und dann brauchen wir auch nicht davor zurückzuschrecken, in die Berufungsinstanz die Laien einzuführen, was ich auch wärmstens befürworten möchte.

Vorsitzender: Die Kürze der Rede entschuldigt um so mehr den Wunsch des Herrn Redners. Er hat allerdings nicht von der Organisation der Strafgerichte unter Berücksichtigung der Einführung der Berufung, sondern von der Organisation unter Berücksichtigung der Nichtberufung gesprochen. (Heiterkeit.)

Geh. Hofrat Professor Dr. **von Lilienthal**, Heidelberg: Meine Herren! Ich muß auch noch einmal auf einen Gegenstand zurückkommen, der eigentlich außerhalb unserer Tagesordnung liegt. (Heiterkeit.) Aber ich kann das nicht ändern. Er ist heute zu sehr, namentlich von dem Herrn Kriegsgerichtsrat Steidle, in die Debatte hineingezogen worden, und ich möchte nun doch die Sache nicht so hingestellt sehen, als wenn ich und die auch nicht ganz unbeträchtliche Anzahl von Leuten, die glaubt, daß man in der Hauptverhandlung ohne Vorakten auskommen müßte, nun bis zum Exzeß papierscheu wären. (Heiterkeit.) In unserem Verfahren wird immer geschrieben werden, und ich gebe unbedingt zu, daß das nötig ist. Aber die meisten der Fragen, die hier berührt werden, haben ja mit dem, um was es sich für mich und die Herren, die auf meinem Standpunkte stehen, handelt, nicht das Mindeste zu tun.

Daß Vorakten in der Hand des Staatsanwalts vorhanden sind, halte ich für ganz selbstverständlich. Wenn es eine Voruntersuchung gibt, wird es auch Voruntersuchungsakten geben, und daß die Sachverständigen diese Akten lesen werden, ist ebenso selbstverständlich. Aber durchaus nicht selbstverständlich ist es nun, daß diese Akten in der Hauptverhandlung in der Hand des Vorsitzenden sein müssen. Wenn mein verehrter Freund von Hippel sagt: «Man kann eine Verhandlung nicht leiten, wenn man sich nicht darauf vorbereitet hat», so muß ich sagen, daß man eine Verhandlung wohl leiten kann, ohne daß man die sämtlichen schriftlichen Aufzeichnungen über den zu verhandelnden Fall vor sich hat. Ich möchte darauf hinweisen, was mir gestern gesprächsweise mitgeteilt wurde, daß gerade die schlechteren oder (ich möchte mich höflicher ausdrücken) die weniger guten Vorsitzenden der Strafkammern heute schon so handeln. Sie lesen die Akten nicht — vielleicht aus anderen Gründen, auf die wir hier nicht näher einzugehen brauchen. (Heiterkeit.) Es geht schon.

Natürlich müssen Akten vorhanden sein. Unsere Zeit war gestern außerordentlich knapp; ich habe nicht alles, namentlich nicht das, was mir eigentlich selbstverständlich erschien, hervorheben können. Wenn Akten vorhanden sind, so muß natürlich der Verteidiger das Recht haben, die Akten einzusehen. (Geheimrat Professor Dr. von Liszt: Selbstverständlich!) Das gehört zur Vorbereitung der Verteidigung; und wenn ich mir Mühe gegeben habe, auszuführen, daß die Verteidigung sorgfältig vorbereitet sein muß, so hielt ich das für selbstverständlich.

Weiter aber muß ich entschieden dagegen protestieren, daß man mit irgend welchen militärgerichtlichen Erfahrungen in dieser Frage exemplifiziert. Dort liegen die Verhältnisse ganz anders. Wer unsere Akten bei einer Strafkammerverhandlung gesehen hat, der weiß, daß sie aus Polizeiberichten bestehen, und das ist es, was sie so gefährlich macht, — der weiß, daß die Verhandlung durch das so oft typisch gekennzeichnete Bild des Vorsitzenden, der mit dem Finger durch die Akten fährt, um zu sehen, ob sich auch alles wiederholt, ein Zerrbild der Mündlichkeit ergibt. (Sehr richtig!) Es handelt sich darum: Wollen wir eine mündliche Verhandlung haben oder nicht? Wollen wir hören, was man aus dem Zeugen inquisitorisch herausgepreßt hat, damit es übereinstimmt mit dem, was früher der Polizeibeamte von ihm zu hören gemeint hat? Oder wollen wir das hören, was der Zeuge wirklich sagt?

Wenn wir die Frage so stellen — und so muß sie gestellt werden, wenn wir die Sache vom praktischen Standpunkt aus ansehen —, dann werden wohl die meisten mit mir der Ansicht sein, daß wir das mühsam errungene Gut der Unmittelbarkeit der Verhandlung und Beweisführung nicht preisgeben wollen. (Bravo!)

Oberlandesgerichtspräsident a. D. Excellenz Dr. **Hamm**, Bonn: Meine Herren! Ich kann mich ganz kurz fassen. Es handelt sich bloß um wenige Bemerkungen.

Was die letzten Ausführungen betrifft, die Herr Geheimrat von Lilienthal im Anschluß an seinen Bericht gemacht hat, so sind sicher alle Praktiker (und wir alten Leute am meisten) mit der Art des jetzigen mündlichen Verfahrens, die oft ein Zerrbild der Mündlichkeit ist, recht unzufrieden. Aber wir finden bis jetzt nicht, daß uns von ihm oder sonst irgend woher ein Vorschlag gekommen ist, der durch formale Bestimmungen oder durch Abschaffung der Akten Hilfe schaffen kann. Letztere ist unmöglich. Ich kenne keine andere Hilfe dagegen, als gute Auswahl des Vorsitzenden. Es gehört ein Mann an diesen Platz, der im praktischen Leben steht; er braucht nicht gerade ein großer Jurist zu sein. Wenn er nur mitten im Leben steht, dann wird er es nicht so machen, wie es hier geschildert wurde. Dann wird er vor allem nicht mit dem Finger in den Akten den Aussagen der Zeugen folgen.

Übrigens fiel mir gestern Abend bei der Schilderung des Zustandekommens eines Zeugenvernehmungs-Protokolles, worüber die Ärzte hübsche Scherze vorbrachten, ein Erlebnis aus meiner Tätigkeit als junger Staatsanwalt ein. Bei uns am Rhein fing früher das Entmündigungsverfahren mit einem Interrogatorium des Verrückten durch einen Richter in Anwesenheit des Staatsanwalts an. Ein sonst sehr tüchtiger und besonders pflichteifriger Richter schrieb die Antworten des Irren erst im Konzept nieder, stilisierte sie dann und machte daraus ein schönes Protokoll; nur schade, daß die Antworten des Verrückten dadurch viel verständiger wurden, als er sie abgegeben hatte.

Was ich bemerken wollte, hat Herr Landgerichtsdirektor Aschrott in der Hauptsache schon gesagt. Aber bei seinem Vorschlag, die Zuständigkeit des amtsgerichtlichen Schöffengerichts zu erhöhen, übersieht er, daß innerhalb eines Amtsgerichtsbezirkes die Zahl der zu Schöffen geeigneten Personen weit geringer ist, als im größeren und zudem meist eine größere Stadt enthaltenden Landgerichtsbezirk.

Ich möchte dann noch auf einen Punkt zurückkommen, den Herr Graf Dohna gestreift hat. Das ist die reformatio in pejus. Wenn wir eine so volle Berufung erhalten, wie sie der Entwurf und zwar m. E. mit Recht vorschlägt, eine vollständige abermalige Verhandlung, so ist das Verbot der reformatio in pejus nicht mehr sachgemäß; es nimmt uns jedes Hemmungsmittel der Berufung. Wir machen uns damit die einzige Hemmung, Berufung zu ergreifen, die es für den Angeklagten gibt, die Furcht, daß die Strafe in der Berufungsinstanz erhöht wird, zunichte. Die Möglichkeit einer Erhöhung der Strafe in der Berufungsinstanz ließe sich dann nur durch Einlegung der Berufung vonseiten der Staatsanwaltschaft herbeiführen. Da muß ich aber sagen: Ich habe mich als Staatsanwalt immer geweigert, wenn ich die Bemessung der Strafe für der Sache entsprechend hielt, infolge der Berufung des Angeklagten nun gleichfalls Berufung einzulegen. Ich halte es für der Staatsanwaltschaft unwürdig, wenn sie in solchen Fällen, nachdem der Angeklagte Berufung eingelegt hat, nachträglich noch ihrerseits Berufung einlegt, um ihn zur Zurücknahme der Berufung zu veranlassen oder im allgemeinen die Angeklagten vor Einlegung der Berufung abzuschrecken.

Vorsitzender: Damit ist die Liste der Diskussionsredner erschöpft, und ich erteile dem Herrn Referenten das Schlußwort.

Referent Kammergerichtsrat Geh. Justizrat Dr. **Kronecker**, Berlin: Ich möchte die in der Diskussion mehrfach berührte, außerhalb der heutigen Tagesordnung liegende Frage der möglichsten Vermeidung der Berufung streifen. Ich stehe da durchaus auf dem Standpunkte des Herrn Professor Merkel und des Herrn Krieggerichtsrat Steidle: Man soll trotz der Berufung die erste Instanz möglichst verbessern; man soll ein möglichst erschöpfendes Vorverfahren konstruieren, damit der Angeschuldigte zu seinem Rechte kommt, damit er möglichst erfährt, was mit ihm vorgeht, und damit er das nicht erst aus den Verhandlungen erster Instanz zu erfahren braucht. Ich glaube, daß man in der Tat auf diese Weise die Berufungen vermindern würde.

Nun zu der Frage des Vorverfahrens und der Akten! Ich habe einen großen Teil meiner Lebensarbeit dieser Frage in Vorträgen und in Schriften gewidmet, und ich habe die feste Überzeugung, daß der bei den meisten Praktikern herrschende Glaube, ohne Akten nicht auskommen zu können, ein Aberglaube ist (Bravo!).

Diese Gründlichkeit, die im Vorverfahren in unergründlichen Aktenstößen niedergelegt wird, ist vielfach eine Scheingründlichkeit; das gilt nicht bloß von den Polizeiberichten, die Herr Geheimrat von Lilienthal in richtiger Weise kennzeichnete, sondern auch von einem Teil der Protokolle des Untersuchungsrichters. Unsere Untersuchungsrichter meinen die Sache sehr gut. Sie sind vielfach sehr tüchtige Kriminalisten, Männer, die bestrebt sind, die Wahrheit, das heißt das, was sie für Wahrheit halten, aus dem Angeschuldigten, aus dem Zeugen herauszufragen. Aber was dann herauskommt und was in dem Protokolle steht und von den Zeugen ruhig unterschrieben wird, ist schließlich doch das Spiegelbild, wie es sich im Sinne des Richters darstellt, und nicht die objektive Wahrheit, nach der fortwährend gesucht wird. Der Vorsitzende aber vertieft sich in diese Akten, er betrachtet ihren Inhalt vielfach als objektive Wahrheit und will alles darein setzen, diese vermeintliche objektive Wahrheit auch als Ergebnis des mündlichen Verfahrens herauskommen zu lassen. Er betrachtet das mündliche Verfahren — da mögen Sie Vorsitzende anstellen, wie Sie wollen — nur als Probe auf den Inhalt der Akten (Sehr gut!). Es ist das von Völk seinerzeit in der Reichsjustizkommission vorzüglich geschildert worden, und es ist noch heute wahr. Bei der geringsten Abweichung, die ein Zeuge bei der mündlichen Verhandlung vielleicht auf Grund besserer Überlegung von den Aussagen im Vorverfahren macht, greift der Vorsitzende nach seinem Aktenstück, blättert darin nach — ich kenne Vorsitzende, die die Akten halb auswendig kennen (Sehr gut!) — und sagt: «Da haben Sie vor dem Untersuchungsrichter oder Polizeibeamten etwas anderes gesagt. Was ist richtig? Haben Sie damals etwas unrichtiges gesagt? Wollen Sie einen Meineid schwören?» Gerade den Entlastungszeugen wird oft besonders zugesetzt. Endlich besinnt sich der Zeuge: «Es wird wohl so gewesen sein, wie ich damals gesagt habe.»

Nun sagt man: Es ist nicht möglich, ohne ein solches Aktenstück zu verhandeln. Ich teile die Auffassung von Gneist: ich habe gegen diese so viel ausgesprochene Unmöglichkeit ein unbegrenztes Mißtrauen (Heiterkeit und Sehr gut!). Genau dieselbe «Unmöglichkeit» ist 1849 — man weiß es aus den Publikationen von Savigny u. a. — von allen Praktikern des Inquisitionsprozesses gegen das mündliche Verfahren vorgebracht worden: «Hat man nicht die ganzen Akten, kommen bloß die Leute und wird nur flüchtig Protokoll geführt oder gar keines aufgenommen, dann wird die Wahrheit nicht erforscht. Quod non est in actis, non est in mundo; quod est in actis, est in mundo.»

Ich bin dafür, daß möglichst wenig Akten angelegt werden, daß man sich möglichst auf die Protokolle über antizipierte Beweisaufnahmen, über Obduktionen, Augenscheinseinnahmen usw., die Gutachten der Sachverständigen und dergl. beschränkt. Im übrigen aber muß dem Vorsitzenden bloß die spezialisierte Anklageschrift vorgelegt werden, und an der Hand derselben wird er die Verhandlung besser und unbefangener leiten, als an der Hand solch ungeheurer Aktenalpen, wie wir sie vielfach in Schwurgerichtssälen und auch in Strafkammerzimmern aufgebaut sehen (Lebh. Bravo!). So viel über dieses eigentlich nicht hierher gehörige Thema. (Lebhafter anhaltender Beifall!)

Ich komme nun zu der Gestaltung des jetzigen Verfahrens; da sind von Herrn Professor von Hippel von vornherein Bedenken gegen die Zuständigkeit des Einzelrichters geäußert worden. Es ist gesagt worden, es sei das eine Verringerung der Garantien; ein Verfahren vor dem Einzelrichter solle nur zulässig sein, wenn lediglich auf Geldstrafe erkannt wird. Aber die meisten Verurteilten können die Geldstrafe nicht zahlen, und die Freiheitsstrafe kommt dann doch hinterher. Man würde also dann auf dieses Verfahren ganz verzichten müssen.

Im übrigen habe ich meinen Standpunkt bereits dahin klargelegt, daß, wenn wir nicht eine Berufung mit Laien haben, dieses Verfahren in der Tat eine Verschlechterung ist und daß dann der jetzige Zustand bei weitem vorzuziehen ist.

Nun kommt die weitere Frage: Sollen die nicht schwurgerichtlichen Sachen einem Amtsgericht oder wenigstens einem Gerichte mit bloß einem gelehrten Richter zugewiesen werden? Hiergegen habe ich zurzeit erhebliche Bedenken. Wird mir aber klargelegt, daß man anderenfalls Laien nicht in die Berufungsinstanz bringen kann, so würde ich alle diese Bedenken zurückstellen.

Ganz so leicht, wie Herr Landgerichtsdirektor Aschrott es hinstellte, ist der Vorschlag nicht zu verwirklichen. Es kommen vielfach Fragen vor, die das Reichsgericht noch nicht durchgearbeitet hat. Sie beziehen sich namentlich auf die Spezialgesetze (Gewerbeordnung und landesrechtliche Spezialgesetze). Es muß da sehr viel rechtlich gearbeitet werden, und auch ein zweiter Jurist ist in der mündlichen Verhandlung angesichts der hier vorkommenden Anwendungen der rechtlichen Gesichtspunkte unter Umständen von außerordentlich großem Nutzen. Es ist zwar gesagt worden, die Anwesenheit eines zweiten Juristen sei bei der sich ergebenden Meinungsverschiedenheit nicht ratsam. Ich will nicht weiter auf das militärgerichtliche Verfahren exemplifizieren, wo es schließlich doch geht. Auch die Schwierigkeiten bei den Prozeßfragen werden überwunden werden. Auch bei drei Richtern wird sich in Prozeßfragen nicht immer die nötige Mehrheit erzielen lassen.

Ähnlich steht es mit der Frage, ob Juristen oder Laien die Mehrheit haben sollen. Ich fürchte, der Einfluß der Laien wird etwas gering werden, wenn drei Richter und zwei Schöffen zusammen arbeiten. Ich bin durch die Erfahrungen aus Württemberg, wie sie in der Strafprozeßkommission mitgeteilt wurden, in dieser Anschauung bestärkt worden. Aber immerhin ist es besser, zwei Laien als gar keine zu haben. Daß es aber dasselbe wäre, wie der Herr Kollege Harburger sagt, ob zwei oder drei Laien mitwirken, das kann ich nicht anerkennen. Vielmehr werden drei Laien zweifellos einen viel größeren Einfluß haben als zwei. Wenn der Vorsitzende, wie es häufig der Fall ist, einen etwas nachgiebigen Schöffen zu seiner Ansicht bekehrt, so ist noch nicht gesagt, daß er auch den zweiten herüberzuziehen vermag. Ich halte drei Schöffen für besser, würde aber auch zwei schließlich annehmen.

Herr Professor Harburger will eine Berufung an das Oberlandesgericht! Das ist meines Erachtens unmöglich. Die Angeklagten würden vielfach die größten Schwierigkeiten haben, um das Geld aufzubringen, damit sie an den Ort des Gerichts reisen können. Mit einem Armenrecht kann hier nicht geholfen werden, weil die Kosten zu groß sein würden. Man kommt also zu dem Auskunftsmittel der detachierten Strafsenate. Davon ist die Reichsregierung auch schon zurückgekommen. Sie sind nur in der abgeschwächten und verschämten Form der Berufungssenate vorgeschlagen. Ich halte beides für unannehmbar. Auch die detachierten Strafkammern haben sich nicht bewährt. Die Juristerei ist kein Gewerbe, das im Umherziehen betrieben werden kann (Heiterkeit). Der Richter arbeitet schlechter, wenn er nicht an seinem Amtssitze unter den gewohnten Verhältnissen tätig ist und seine Bibliothek zur Verfügung hat.

Wenn der Herr Kollege Harburger meinte, daß die Oberlandesgerichte eine Einheitlichkeit der Rechtsprechung in einer Gegend verbürgen, so meine ich demgegenüber, daß durch sie eine Uniformität namentlich in der Strafzumessung entstehen würde, die schädlich, nicht nützlich ist.

Ich resumiere mich dahin: Unter Umständen würde auf die Brücke zu treten sein, die nichtschwurgerichtlichen Sachen dem Amtsgerichte zu überweisen, allenfalls unter Schaffung einer zweiten Instanz von drei Richtern und zwei Schöffen. Aber die conditio sine qua non wäre: Laien in der Berufungsinstanz, Weglassung der Laien erster Instanz bei Aburteilung der Vergehen gegen die Gewerbeordnung und Berufung an die Landgerichte, nicht an die Oberlandesgerichte (Bravo!).

Vorsitzender: Damit, meine Herren, ist dieser Gegenstand der Tagesordnung erledigt. Die Verhandlung wird wesentlich dazu beigetragen haben, die Anschauungen erkennen zu lassen, die bei der Gruppe in bezug auf diese Frage gegenüber dem vorliegenden Entwurfe bestehen.

Ich möchte nun vorschlagen, eine Pause eintreten zu lassen bis 2 Uhr mit akademischem Viertel.

(Schluß der Sitzung $1^1/_4$ Uhr nachm.)

Nachmittagssitzung.

Beginn $2^1/_4$ Uhr.

Vorsitzender: Ich eröffne die Sitzung, und wir schreiten nunmehr zum letzten Spezialthema, das den Gegenstand der Beratung bildet, zu der Frage:

Die Stellung der Staatsanwaltschaft im Strafprozesse.

Ich bitte Herrn Oberlandesgerichtsrat Rosenberg, Colmar, als Referent das Wort zu ergreifen.

Referent Oberlandesgerichtsrat **Rosenberg,** Colmar i. E.: Hochgeehrte Versammlung! Der Entwurf einer neuen Strafprozeßordnung bringt für die Staatsanwaltschaft eine wichtige Neuerung, nämlich eine erhebliche Einschränkung des Legalitätsprinzips, welches als gesetzliche Regel für die Amtshandlungen dieser Behörde gilt. § 152 Abs. 2 unserer heutigen Strafprozeßordnung schreibt bekanntlich vor:

> «Die Staatsanwaltschaft ist, soweit nicht gesetzlich ein anderes bestimmt ist, verpflichtet, wegen aller gerichtlich strafbaren und verfolgbaren Handlungen einzuschreiten, sofern zureichende tatsächliche Anhaltspunkte vorliegen.»

Einzelne Ausnahmen von dieser Regel bestehen schon jetzt, und zwar sowohl bei der Einleitung eines Strafverfahrens wie bei der Durchführung und Einstellung desselben. Die Einleitung eines Strafverfahrens darf unterbleiben bei Verbrechen und Vergehen, die im Auslande begangen sind, bei Vergehen, die im Wege der Privatklage verfolgt werden können, und bei dem sogenannten objektiven Verfahren, welches die Einziehung oder Unbrauchbarmachung von Gegenständen bezweckt. Die Durchführung eines Strafverfahrens ist nicht notwendig, wenn der Beschuldigte sich im Auslande aufhält und seine Gestellung vor das zuständige Gericht nicht angemessen erscheint, also wenn der Beschuldigte zwar abwesend, seine Auslieferung aber möglich ist. Die vorläufige Einstellung eines Strafverfahrens kann beantragt werden, wenn das Vorverfahren mehrere, derselben Person zur Last gelegte strafbare Handlungen betrifft und für die Strafzumessung die Feststellung des einen oder des anderen Straffalls unwesentlich ist.

Der Entwurf will diese Ausnahmen erheblich vermehren.

Der Grundsatz der Opportunität soll direkt eingeführt werden für die Erhebung der öffentlichen Klage in folgenden Fällen:

1. in Sachen gegen Personen, die wegen einer anderen Tat eine schwere Strafe zu verbüßen oder zu erwarten haben (Entwurf § 153);

2. in Sachen, die vor den Amtsgerichten ohne Schöffen zu verhandeln sind (E. § 154), d. h. also bei allen Übertretungen, bei denjenigen Vergehen, die mit Geldstrafe bis 300 Mk. oder mit Haft bedroht sind, sowie bei einigen Vergehen gegen die Gewerbe-Ordnung, die mit höherer Geldstrafe bedroht sind (E. z. GVG. § 23 Abs. 2);

3. in Sachen, in welchen die Tat zugleich im Inlande und im Auslande begangen ist und inländische Rechtsgüter nicht verletzt sind (E. § 155 Abs. 1);

4. in Sachen, in welchen die Tat von einem Ausländer im Inlande begangen ist und inländische Rechtsgüter nicht verletzt sind (E. § 155 Abs. 2);

5. in Sachen, in welchen die Strafbarkeit von einem Rechtsverhältnis abhängt, das nach bürgerlichem Rechte zu beurteilen ist und das den Gegenstand eines Zivilverfahrens bildet (E. § 156 Abs. 2);

6. in Sachen, in welchen dem Verfahren ein in der Person des Verdächtigen begründetes Hindernis entgegensteht, dessen Beseitigung in absehbarer Zeit nicht zu erwarten ist (E. § 157);

7. gegen jugendliche Personen (E. § 365).

Der Grundsatz der Opportunität soll ferner indirekt eingeführt werden für die Erhebung der öffentlichen Klage in folgenden Fällen: 1. Hausfriedensbruch, 2. gefährliche Körperverletzung, 3. fahrlässige Körperverletzung unter Übertretung einer Amts-, Berufs- oder Gewerbepflicht, 4. Bedrohung, 5. Sachbeschädigung. — Bei den genannten Vergehen soll künftig die Privatklage zulässig sein und die Zulassung der Privatklage soll die gesetzliche Folge haben, daß die öffentliche Klage nur dann erhoben wird, wenn dies im öffentlichen Interesse liegt (E. § 377).

Endlich soll der Grundsatz der Opportunität auch direkt eingeführt werden für den Antrag auf gerichtliche Einstellung des Verfahrens in einzelnen Fällen, in welchen die öffentliche Klage bereits erhoben ist (E. § 153 Abs. 2, § 154 Abs. 2, § 155 Abs. 3, § 156 Abs. 2, § 157 Abs. 2). Es sind dies Fälle, in denen auch die Erhebung der öffentlichen Klage von dem Ermessen der Staatsanwaltschaft abhängig war.

Diese Bestimmungen des Entwurfs haben auf dem letzten Juristentag in Karlsruhe zu lebhaften Debatten und zu heftigen Kämpfen geführt. Die dritte Abteilung des Juristentags hat einen Beschluß gefaßt, der — wenn nicht direkt widerspruchsvoll — zum mindesten nicht recht klar gewesen ist. Das Plenum des Juristentags hat — ohne in Einzelheiten einzugehen — das System des Entwurfs grundsätzlich verworfen. Die erste These, welche vom Juristentage angenommen wurde, lautet:

> «Das Legalitätsprinzip — eine der wichtigsten Garantien einer gleichmäßigen, unabhängigen Rechtsprechung, des Vertrauens des Volkes in die Strafrechtspflege — hat das Verfahren wegen kriminell strafbarer Handlungen auf dem ganzen Gebiet der öffentlichen Anklage zu beherrschen.»

In Wirklichkeit sind die Meinungsverschiedenheiten auf dem Juristentage gar nicht so groß gewesen, wie es nach dem

Wortlaut dieses Beschlusses und nach dem ganzen Verlauf der Debatten den Anschein hat. Der Inhalt der These I, daß das Legalitätsprinzip als gesetzliche Regel gelten soll, ist überhaupt von Niemand angefochten worden. Die bestehenden Ausnahmen sind gleichfalls nicht angefochten worden; eine Ausdehnung der öffentlichen Klage auf alle Beleidigungen und Körperverletzungen wurde von keiner Seite verlangt. Sogar die Notwendigkeit neuer Ausnahmen ist fast allgemein anerkannt worden. Gemäß These III soll die Privatklage auf alle Fälle ausgedehnt werden, in welchen der strafrechtliche Schutz «unmittelbar nur im Interesse des einzelnen Verletzten» gewährt wird. These V bestimmt, daß die Übertretungen von rein polizeilichen Vorschriften sowohl materiell als bezüglich des Verfahrens besonderen Grundsätzen zu unterstellen sind.

Auf dem Juristentage hat es sich also in Wahrheit nicht um die Frage gehandelt: «Soll das Legalitätsprinzip abgeschafft werden?», auch nicht um die Frage: «Soll das Legalitätsprinzip beschränkt werden?», sondern um die Frage: «In welchem Umfange und in welcher Weise soll das Legalitätsprinzip beschränkt werden?

Auf der Landesversammlung der Kriminalistischen Vereinigung in Frankfurt a. Main hat Herr Landgerichtsdirektor Aschrott den Vorschlag gemacht, das Legalitätsprinzip als gesetzliche Regel abzuschaffen und dasselbe nur als gesetzliche Ausnahme für bestimmte Deliktsgruppen beizubehalten.[1]) In seiner neuesten Schrift über den Entwurf hat Aschrott selbst Bedenken gegen die sofortige Durchführung seines Vorschlags geäußert; er hat denselben als das Ziel seiner Wünsche bezeichnet, welches nur allmählich erreicht werden könne.[2]) Ich bin nun ebenfalls der Meinung, daß der Vorschlag, das Legalitätsprinzip abzuschaffen, unter den heutigen Verhältnissen aussichtslos ist. Wie die Stimmung in dieser Frage ist, haben wir in Karlsruhe gesehen, wo die Anhänger der strengen Legalität den Sieg davon getragen haben. — Aber selbst wenn der Vorschlag nicht aussichtslos wäre, würde ich

[1]) Mitteilungen der IKV. Bd. 14 S. 229.

[2]) Aschrott, Der Entwurf einer Strafprozeßordnung und Novelle zum Gerichtsverfassungsgesetze (1908), S. 39.

doch Bedenken haben, einer so radikalen Maßregel zuzustimmen. Die gesetzliche Regel der Legalität hat den großen Vorzug, daß sie der Staatsanwaltschaft eine feste Richtschnur für ihre Amtshandlungen gibt. Die Regel der Legalität hat ferner den Vorzug, daß sie dem Beschuldigten, dem Verletzten und allen anderen Staatsbürgern ein gleichmäßiges und unparteiisches Verfahren der Anklagebehörde sichert, soweit eine solche Sicherheit überhaupt durch gesetzliche Bestimmungen erreicht werden kann. Die Nachteile, welche dadurch entstehen, daß das Legalitätsprinzip bis in seine letzten Konsequenzen verfolgt wird, können durch Zulassung geeigneter Ausnahmen vermieden werden. — Der Grundsatz der Legalität muß also die gesetzliche Regel bleiben. Es kann sich nur darum handeln, denselben in maßvoller Weise zu beschränken.

Die Einschränkung des Legalitätsprinzips ist in erster Linie notwendig bei allen Übertretungen. Diese Notwendigkeit ergibt sich schon aus der unverhältnismäßig großen Zahl von Strafen, welche alljährlich wegen Übertretungen verhängt werden. In Elsaß-Lothringen, welches gegenwärtig 1 800 000 Einwohner zählt, beträgt die Zahl dieser Strafen jährlich 53—54 000 (1906: 54 834, 1907: 53 191). Auf dem Lande ist die Zahl der Bestrafungen gering, in den Städten dagegen sehr groß. In dem Bezirk des Amtsgerichts Metz, der 130 000 Einwohner hat, sind im Jahre 1907 rund 4700 (4692) Bestrafungen wegen Übertretungen erfolgt, also durchschnittlich auf jeden 27. Einwohner eine Bestrafung. Im Bezirk des Amtsgerichts Mülhausen, der 146 000 Einwohner umfaßt, betrug 1907 die Zahl der Übertretungsstrafen rund 6000 (5992), also durchschnittlich auf den 24. Einwohner eine Strafe. Im Bezirk des Amtsgerichts Straßburg, der 160 000 Einwohner enthält, wurden 1907 rund 7500 (7485) Strafen wegen Übertretungen erkannt, also durchschnittlich auf den 20. Einwohner eine Strafe. Wenn man die Durchschnittsziffern von Elsaß-Lothringen auf das Deutsche Reich überträgt, so gelangt man zu dem Resultat, daß in Deutschland jährlich zwei bis drei Millionen Strafen wegen Übertretungen verhängt werden. Man wird nun vielleicht sagen: Die Ziffern aus Elsaß-Lothringen beweisen gar nichts; es können dort besondere Verhältnisse bestehen. Ich habe daher, so weit mir dies bei der Kürze der Zeit möglich war, Stichproben für andere Teile des Deutschen Reichs gemacht. Diese Stichproben haben ergeben, daß die Kriminalität auf dem Gebiet der Übertretungen in Elsaß-Lothringen noch sehr günstig ist und daß in anderen Ländern noch viel mehr gestraft wird als in Elsaß-Lothringen. Im Jahre 1907 sind von den staatlichen Polizeibehörden — also von den Königlichen Polizeipräsidien — Strafverfügungen erlassen worden in:

Königsberg . .	14 490
Hannover . .	17 600
Breslau	19 689
Köln	33 300
Berlin	80 374

Diese hohen Ziffern stellen aber noch lange nicht den Gesamtbetrag der Strafen dar, welche 1907 in den genannten Städten wegen Übertretungen verhängt wurden. Es müssen noch hinzugerechnet werden die Strafverfügungen, welche von den städtischen Polizeiverwaltungen erlassen worden sind. Die Zahl dieser städtischen Strafverfügungen ist keineswegs gering. In Köln z. B. sind 1907 außer den 33 000 staatlichen Strafverfügungen auch noch 13 000 (13 001) städtische Strafverfügungen erlassen worden. Ferner müssen hinzugerechnet werden die gerichtlichen Strafbefehle, welche Übertretungen zum Gegenstand haben. In Köln waren dies 1907 rund 6400 (6407). Drittens müssen hinzugerechnet werden die Urteile, welche von den Amtsgerichten ohne Zuziehung von Schöffen in Übertretungssachen verkündet wurden (§ 211 Abs. 2 StPO.). In Köln betrug die Zahl dieser Urteile 1907 rund 1300. Endlich müßten noch hinzugerechnet werden die Urteile der Schöffengerichte in denjenigen Übertretungssachen, in denen weder eine Strafverfügung noch ein Strafbefehl ergangen war. Die Zahl dieser Urteile habe ich auf Grund des mir vorliegenden Materials nicht feststellen können. Es scheint, daß hierüber eine besondere Statistik nirgends geführt wird. Indessen ist wohl zweifellos, daß nur verhältnismäßig selten wegen einer Übertretung direkt Anklage vor dem Schöffengericht erhoben wird.

Jedenfalls geht aus den von mir mitgeteilten Ziffern hervor, daß die Gesamtzahl der polizeilichen und gerichtlichen Übertretungsstrafen in Köln 1907 mindestens 53000 betragen hat. In der Stadt Köln allein sind also ebenso viel Übertretungsstrafen verhängt worden wie in ganz Elsaß-Lothringen zusammen. In Köln kommt schon auf den neunten Einwohner eine Strafe wegen Übertretung.

Verhältnismäßig noch größer ist die Zahl der Übertretungsstrafen in Stuttgart. In dieser Stadt von 250000 Einwohnern werden jährlich 40000 polizeiliche Strafverfügungen verhängt, also schon auf den sechsten Einwohner eine Polizeistrafe. Als ich die kolossale Ziffer der Stuttgarter Polizeistrafen zum ersten Mal in dem Buch von Weidlich über die englische Polizei[1]) gelesen habe, habe ich mir gesagt: «Das kann doch gar nicht möglich sein. Hier muß entweder ein Schreibfehler oder ein Druckfehler vorliegen. Vielleicht ist eine Null zu viel angehängt worden.» Ich habe mich sodann an das Stadtpolizeiamt Stuttgart mit der Bitte um Auskunft gewendet und diese Behörde hat mir in dankenswerter Weise mitgeteilt, die von Weidlich angegebene Durchschnittsziffer sei ganz richtig; im Jahre 1907 habe die Zahl der Polizeistrafen allerdings nur 38000 betragen, im Jahre 1906 dagegen beinahe 44000. Wollte man die Stuttgarter Ziffern auf das ganze Reich übertragen, so würde man zu der ungeheuren Zahl von zehn Millionen Polizeistrafen im Jahr gelangen. Ich glaube daher, daß meine Schätzung eher zu niedrig als zu hoch gegriffen ist, wenn ich auf Grund der elsaß-lothringischen Ziffern annehme, daß die Gesamtzahl der gerichtlichen und polizeilichen Übertretungsstrafen im Deutschen Reiche jährlich zwei bis drei Millionen beträgt.

Diese zahllosen Bestrafungen müßten ertragen werden, wenn dieselben zur Aufrechterhaltung der Rechtsordnung notwendig oder wenigstens nützlich wären; allein ein großer Teil der Übertretungsstrafen ist zur Aufrechterhaltung der Rechtsordnung weder notwendig noch nützlich, sondern direkt schädlich. Verfolgt werden auch die unbedeutendsten Kleinigkeiten, die geringsten Bagatellen, die lächer-

---

[1]) Weidlich, Die Polizei als Grundlage und Organ der Strafrechtspflege in England etc. (1908), S. 102.

lichsten Lappalien, die es gar nicht wert sind, daß die Polizei- und Gerichtsbehörden Zeit und Mühe auf sie verwenden. Nach dem Legalitätsprinzip muß auf Antrag verfolgt werden das Abrupfen einiger Grashalme auf Wegen oder in Gräben, auch wenn ein Schaden überhaupt nicht entsteht.[1]) Von Amts wegen muß ferner verfolgt werden das Betteln in Notfällen, die noch kein Notstand sind, jede kleine Verzögerung bei den polizeilich vorgeschriebenen An- und Abmeldungen, jeder bedeutungslose Verstoß gegen ein Gebot oder Verbot der Straßenpolizei. In Straßburg z. B. muß ein Droschkenkutscher nicht blos dann verfolgt werden, wenn er seine eigenen Legitimationspapiere vergessen hat, sondern auch dann, wenn er die Legitimationspapiere seines Pferdes — das sogenannte Nationale des Droschkengauls (Heiterkeit) — aus Versehen in einem anderen Rock hat stecken lassen. Er muß ferner auch dann verfolgt werden, wenn er als Erster in seiner Droschke gesessen und geschlafen hat oder wenn er als Erster seine Droschke auf kurze Zeit verlassen hat.[2]) Seine natürlichen Bedürfnisse sind durch Polizeiverordnung abgeschafft! (Große Heiterkeit.)

Verfolgt werden muß eine Übertretung auch dann, wenn culpa levissima, entschuldbarer Irrtum, vorliegt. (Geheimrat Prof. Dr. von Liszt: Das steht doch nirgends im Gesetz!) Das geschieht aber! Der Fremde wird wegen Übertretung einer lokalen Polizeiverordnung selbst dann zur Verantwortung gezogen, wenn er von der Existenz, dem Inhalt und dem Wortlaut dieser Verordnung keine Ahnung haben kann. Der Radfahrer, der an einem Nachmittag zwanzig Ortschaften durchfährt, wird verfolgt, wenn er zufälligerweise auf eine verbotene Straße oder einen verbotenen Platz gerät. Häufig sind die polizeilichen Vorschriften so unklar und so unbestimmt, daß jede Instanz dieselben in anderem Sinne auslegt. Trotzdem muß die Übertretung dieser Vorschriften verfolgt werden, denn der Irrtum über die Tragweite eines Strafgesetzes schützt gleichfalls nicht vor Strafe.

Diese Übertreibung des Legalitätsprinzips hat die schäd-

[1]) Els.-lothr. Feldpolizeistrafgesetz vom 9. Juli 1888 § 18 Ziffer 1.

[2]) Zeitschrift für die gesamte Strafrechtswissenschaft Bd. 22 S. 39—40 Z. 9, 10, 11.

liche Folge, daß die Bedeutung der Strafe herabgedrückt, ihre Wirkung vermindert und die Achtung vor dem Gesetz erschüttert wird. In den Augen des Publikums erscheint die Strafe nicht mehr als gesetzliche Folge einer schuldhaften Handlung, sondern als ein unabwendbarer Zufall, den der schuldlose Täter ebenso ertragen muß wie Regen, Hagel, Gewitter und andere Naturereignisse. (Heiterkeit.)

Herr Rechtsanwalt Thiersch hat diesen Zustand zwar als ganz richtig befunden. Er sagt in dem Aschrottschen Sammelwerk, es käme anderen zugute, wenn einer schuldlos bestraft würde.[1]) Das ist allerdings ein Standpunkt, den ich für meine Person nicht teile. (Sehr richtig!)

Es entsteht nunmehr die Frage: «Wie können diese übermäßigen und unnötigen Bestrafungen vermieden werden?» — Der Juristentag in Karlsruhe hat — wie bereits erwähnt — beschlossen, daß Übertretungen von rein polizeilichen Vorschriften sowohl materiell als bezüglich des Verfahrens besonderen Grundsätzen zu unterstellen sind. Dieser Beschluß enthält keine Lösung. Er verschiebt die Lösung nur auf eine spätere Zeit und auf eine andere Gelegenheit. Es fehlt jede Angabe darüber, welche Grundsätze für das «besondere Verfahren» gelten sollen, dem die Polizeidelikte zu unterstellen sind. Sodann sind die Gelehrten noch immer nicht darüber einig, welche Delikte eigentlich unter den Begriff der «polizeilichen Vorschrift» fallen, welches Begriffsmerkmal das kriminelle Unrecht vom polizeilichen Unrecht unterscheidet. Die kriminalistische Vereinigung hat ja schon vor zehn Jahren in München (1898) eine besondere Kommission zum Studium dieser Frage eingesetzt.[2]) Ich habe noch nicht gehört, daß diese Kommission oder sonst Jemand die Lösung des Problems inzwischen gefunden hat. Ferner wissen wir noch gar nicht, ob das künftige Strafgesetzbuch die Materie der Polizeidelikte von den übrigen Delikten trennen und ad separatum verweisen wird. Die Novelle zur Strafprozeßordnung ist doch nicht für eine entfernte Zukunft bestimmt, sondern sie soll möglichst bald in Kraft treten. Weiter läuft der Beschluß des Juristen-

---

[1]) Aschrott, Reform des Strafprozesses (1906) S. 205.
[2]) Mitteilungen der IKV. Bd. 7 S. 217.

tags offenbar darauf hinaus, die Verfolgung der Polizeidelikte der Staatsanwaltschaft abzunehmen und dieselbe ausschließlich den Polizeibehörden zu übertragen. Daß diese Regelung ein Fortschritt wäre, ist noch lange nicht bewiesen. Die Polizeibehörden bieten keine größere Garantie für eine gleichmäßige und unparteiische Handhabung der Strafrechtspflege als die Staatsanwaltschaft. Schon jetzt wird vielfach geklagt, daß die Polizeibehörde bei Erstattung von Strafanzeigen willkürlich verfahre. Künftig wird man dieselbe Klage bezüglich der Strafverfolgung hören. Ich erinnere z. B. an die ungleichmäßige Handhabung der Polizeistunde, über die vielfach in kleinen Orten geklagt wird. Wo der Herr Bürgermeister, der Herr Amtsrichter, der Herr Kreisdirektor bezw. der Landrat oder gar die Herren Offiziere verkehren, da wird die Einhaltung der Polizeistunde überhaupt nicht kontrolliert. Wo das gewöhnliche Volk — der Arbeiter, der Handwerker, der Kleinbürger — verkehren, wird streng auf die Beobachtung der bestehenden Vorschriften gesehen.

Der Weg, welchen der Juristentag bezüglich der Strafverfolgung von Übertretungen einschlagen will, ist daher nicht gangbar.

Der Weg, welchen der Entwurf einschlägt, ist bereits von der Kommission für die Reform des Strafprozesses empfohlen worden. Zugunsten des Entwurfs kann die Tatsache angeführt werden, daß das System der Opportunität schon seit langer Zeit in anderen Ländern Geltung hat — in Frankreich, Belgien, den Niederlanden, in Schottland, England usw. — und daß Nachteile für die Rechtsordnung in diesen Ländern nicht hervorgetreten sind. Man kann daher mit Recht sagen: Was in anderen Ländern möglich ist, muß in Deutschland auch möglich sein. Zugunsten des Entwurfs kann ferner angeführt werden, daß das System der Opportunität bis zum Jahre 1879 in einem großen Teile von Deutschland — mindestens tatsächlich — bestanden hat. In der Reichsjustizkommission hat der Abg. Gneist, ohne Widerspruch zu finden, erklärt, seit zwanzig Jahren sei in Preußen eine nennenswerte Beschwerde wegen des Opportunitätsprinzips, insbesondere auch in den Kammern, nicht erhoben worden.[1]) Man kann

[1]) Hahn, Materialien zur StPO. Bd. I S. 711.

daher gleichfalls mit Recht sagen: «Was in Deutschland früher möglich war, muß auch heute noch möglich sein.»

Gegen das System der Opportunität ist sowohl in der Reformkommission als auf dem Juristentage geltend gemacht worden, die Regierung könne die abhängige Stellung der Staatsanwaltschaft mißbrauchen, um politische Freunde zu schonen und politische Feinde zu verfolgen. In Karlsruhe ist sogar das alte Gespenst der Kabinettsjustiz wieder heraufbeschworen worden, um gegen den Entwurf Stimmung zu machen. Ich kann mir nun allerdings denken, daß eine Regierung ihre Organe anweist, gegen einen politischen Gegner eine Anklage wegen Hochverrats, wegen Landesverrats, wegen Majestätsbeleidigung, wegen Teilnahme an einer geheimen Verbindung oder wegen eines ähnlichen Deliktes zu erheben. Ich kann mir aber nicht ernsthaft vorstellen, daß eine Regierung ihre Organe anweist, gegen einen politischen Gegner wegen Nichtanmeldung seines Dienstmädchens, wegen Fahrens ohne Laterne oder wegen Unterlassung des vorgeschriebenen Raupens eine Polizeistrafe zu erwirken. Wenn man die Strafverfügung und den Strafbefehl als Waffen im politischen Kampfe benutzen wollte, so würde man doch geradezu mit Kanonen nach Spatzen schießen! Die Kabinettsjustiz bei Übertretungen ist eine doktrinäre Schrulle, die in Wirklichkeit überhaupt nicht vorkommt. Solche Dinge werden nur Leute behaupten, die niemals in der Staatsanwaltschaft gearbeitet haben. Wir alten Staatsanwälte wissen davon gar nichts.

Das Hauptbedenken, welches ich gegen die Einführung des Opportunitätsprinzips bei Übertretungen habe, ist die Ungleichmäßigkeit der Rechtsanwendung, welche sich naturgemäß in den einzelnen Bezirken ausbilden muß. Die Ansicht über das, was im öffentlichen Interesse erforderlich ist, kann sehr verschieden sein und ist auch sehr verschieden. Es kann also vorkommen, daß in einem Bezirke Handlungen verfolgt werden, die in Nachbarbezirken ungeahndet bleiben. Derartige Abweichungen würden sich jedoch stets in mäßigen Grenzen bewegen, wenn die Strafverfolgung überall in den Händen von älteren und erfahrenen Staatsanwälten läge. Je älter ein Staatsanwalt wird, desto weniger ist er geneigt, unnötige und überflüssige Anklagen zu erheben. Allein, wer hat denn in

Deutschland die Übertretungen zu verfolgen? Entweder sind es junge Assessoren, denen noch die nötige Erfahrung fehlt, oder es sind Polizeibeamte — zum großen Teil sogar subalterne Polizeibeamte — die sich bekanntlich aus den verschiedensten Elementen zusammensetzen. Es besteht keine Sicherheit dafür, daß diese Beamtenklassen die großen Machtbefugnisse, welche ihnen eingeräumt werden sollen, stets in der richtigen Weise handhaben werden. Eine Kontrolle der Amtsanwälte durch die ersten Staatsanwälte ist zwar möglich, aber nicht ausreichend. Wenn der Erste Staatsanwalt den Amtsanwalt einmal im Jahre revidiert, so werden drei Viertel der weggelegten Strafanzeigen bereits verjährt sein.

Es bleibt also nur übrig, das Legalitätsprinzip als gesetzliche Regel beizubehalten, der Anklagebehörde aber die gesetzliche Befugnis einzuräumen, in den kleinsten und unbedeutendsten Sachen von dieser Regel abzuweichen. Der Grundsatz «Minima non curat praetor» muß auch im deutschen Strafprozesse Geltung haben. Es kommt nur darauf an, eine passende Übersetzung, eine gleichwertige deutsche Formel zu finden. In der Reformkommission ist der Antrag gestellt worden:

> «Die Staatsanwaltschaft ist befugt, die Strafverfolgung von Übertretungen zu unterlassen, wenn die Verletzung so geringfügig ist, daß ihre Verfolgung und Bestrafung den Interessen der Rechtspflege nicht entspricht.» [1])

Dieser Antrag, welcher leider wieder zurückgezogen wurde, [2]) bringt in klarer, allgemein verständlicher Weise den Gedanken zum Ausdruck, daß jede Übertreibung des Legalitätsprinzips in der Praxis vermieden werden soll. Noch besser scheint mir ein Vorschlag zu sein, welchen der Frankfurter Staatsanwalt Preiser gemacht hat:

> »Bei Übertretungen kann die Staatsanwaltschaft ein Einschreiten ausnahmsweise dann unterlassen, wenn es sich um einen besonders leichten Fall handelt und

[1]) Protokolle der Kommission für Reform des Strafprozesses Bd. I, S. 134.
[2]) Protokolle Bd. I, S. 135.

die Strafverfolgung nicht im öffentlichen Interesse liegt.«[1])

Ich glaube, man kann diesen Satz auch noch kürzer dahin formulieren:

»In besonders leichten Fällen darf die Strafverfolgung einer Übertretung unterbleiben.«

Durch diese Vorschläge wird gleichfalls zum Ausdruck gebracht, daß die Ausnahmen vom Legalitätsprinzip nur für das Grenzgebiet gelten sollen, wo die Strafbarkeit aufhört und die Straflosigkeit beginnt. Besonders leichte Fälle sind diejenigen, welche sich der Grenze der Straflosigkeit nähern.

Die Feststellung, ob ein besonders leichter Fall vorliegt, wird im Strafprozeß ebenso wenig Schwierigkeiten machen, wie im materiellen Strafrecht. Bis jetzt ist noch niemals behauptet worden, daß die Anwendung derselben Formel in § 57 Ziffer 4 des Strafgesetzbuchs zu Zweifeln Anlaß gegeben habe.

Durch die vorgeschlagene Formel soll den Staatsanwälten eine Befugnis eingeräumt werden, welche die preußischen Staatsanwälte vor Einführung der jetzigen Strafprozeßordnung bereits hatten. Bekanntlich hat der preußische Justizminister Simons in einer Verfügung vom 4. April 1854 es getadelt, daß gegen einen mehr als siebzigjährigen Mann, der aus Not um ein Mittagbrot gebettelt hatte, Anklage erhoben worden sei, weil in solchen Fällen ein öffentliches Interesse an der Strafverfolgung nicht bestehe.[2])

Durch die vorgeschlagene Formel soll ferner den Staatsanwälten eine Befugnis eingeräumt werden, welche die Polizeibehörden schon längst für sich in Anspruch nehmen. Den Polizeibehörden fällt es gar nicht ein, jede Bagatelle zu verfolgen, die von irgend einem Schutzmann vorgezeigt wird. Ich kann mich in dieser Beziehung auf einen früheren preußischen Polizeipräsidenten berufen, nämlich auf den Minister und Staatssekretär von Köller. Derselbe hat am 30. Januar 1906 in dem Landesausschuß von Elsaß-Lothringen öffentlich erklärt,

[1]) Festschrift der juristischen Gesellschaft in Frankfurt a. M. für Dr. Hagens.

[2]) Preußisches Justizministerialblatt 1854, S. 14.

er habe als Polizeipräsident in Frankfurt a. M. ganze Berge von Anzeigen unter den Tisch geworfen, weil es sich dabei um Lappalien gehandelt habe. Herr von Köller hat bei diesem Geständnis noch hinzugefügt, das sei sein gutes Recht gewesen. (Geheimrat Prof. Dr. von Liszt: § 346!) Es ist ihm nichts geschehen; das kann ich feststellen. — Der Standpunkt der Polizeibehörde läßt sich nicht bloß vom praktischen, sondern auch vom juristischen Standpunkt aus rechtfertigen. Wenn behauptet wird, daß das Legalitätsprinzip in derselben Weise für die Polizeibehörden gelte, wie für die Staatsanwaltschaft, so wird dies jedenfalls durch den Wortlaut unserer Strafprozeßordnung nicht bestätigt. Der Gesetzgeber sagt in § 161 nicht — wie in § 152 —:

> »Die Behörden und Beamten des Polizei- und Sicherheitsdienstes sind verpflichtet, alle strafbaren Handlungen zu erforschen, soweit nicht gesetzlich ein anderes bestimmt ist«,

sondern er sagt:

> »Die Behörden und Beamten des Polizei- und Sicherheitsdienstes haben strafbare Handlungen zu erforschen.«

Die Pflicht zur Erforschung strafbarer Handlungen besteht zweifellos nicht, wenn und soweit der Staatsanwalt oder das Gericht selbst die Handlungen erforschen. § 161 enthält also kein absolut zwingendes Gebot, welches jedes Ermessen ausschließen würde, sondern eine Ordnungsvorschrift, welche das pflichtmäßige Ermessen nicht ausschließt.

Dieselben Gründe, welche die Milderung des Legalitätsprinzips bei Übertretungen nötig erscheinen lassen, bestehen auch bei Vergehen. Bei letzteren kommt es gleichfalls vor, daß Lappalien verfolgt werden, an deren Bestrafung niemand ein rechtliches Interesse hat. Hierher gehören zahlreiche Fälle von öffentlichen Ausspielungen, z. B. Lösung eines Preisrätsels durch Zeitungsabonnenten (Entsch. des Rg. 16 S. 83), Verlosung unter den Besuchern einer Theater-Vorstellung (Entsch. 1 S. 54), öffentliches Preiskegeln (Goltdammers Archiv Bd. 50, S. 281), Verkauf von Überraschungspaketen zu dem geringen Preise von 25 Pfennigen (Entsch. 19 S. 11) usw. Hierher gehören ferner der Diebstahl und die

Unterschlagung wertloser Sachen, vor allem aber die Zuwiderhandlungen gegen veraltete und überlebte Landesgesetze. In Elsaß-Lothringen z. B. wird das unerlaubte Tragen eines Revolvers, soweit dasselbe nicht unter § 367 Ziffer 9 StGB. fällt, auf Grund von alten französischen Polizeigesetzen als Vergehen bestraft. Es ist nun der Fall vorgekommen, daß ein Afrikareisender auf der Rückfahrt von Genua nach Berlin auf dem Bahnhof Hagenau aus dem Eisenbahnzuge gestiegen ist, um ein Glas Bier zu trinken. Beim Aussteigen ist ihm sein Revolver aus der Tasche gefallen. Nach dem Legalitätsprinzip mußte der Mann bestraft werden und ist auch tatsächlich bestraft worden, weil er bei der Durchreise durch Elsaß-Lothringen keine polizeiliche Erlaubnis zum Tragen seines Revolvers erwirkt hatte! (Heiterkeit.)

Bei Verbrechen besteht ein Bedürfnis, besonders leichte Fälle von der Regel der Strafverfolgung auszunehmen, nach meiner Ansicht nicht. Bei vielen Verbrechen gibt es überhaupt keine leichten Fälle. Es wäre geradezu frivol, wenn man einen Mord, die vorsätzliche Gefährdung eines Eisenbahntransports oder ein anderes gemeingefährliches Verbrechen als Bagatelle bezeichnen wollte. Höchstens könnte in Frage kommen, ob für die Rückfallsdelikte eine Ausnahme zu machen wäre.

Wenn der Staatsanwaltschaft die Befugnis eingeräumt wird, bei geringfügigen Vergehen und Übertretungen die Strafverfolgung zu unterlassen, so ist weiter zu prüfen, ob Garantien gegen einen Mißbrauch dieses Rechts erforderlich sind. Nach meiner Ansicht bietet schon das Beschwerderecht einen wirksamen Schutz. Wenn zwei oder drei Instanzen übereinstimmend erklären, es liege ein besonders leichter Fall vor, so ist die Wahrscheinlichkeit, daß der Fall zu den mittleren oder zu den schweren gehöre, doch recht gering. Indessen wird es sich schon aus taktischen Gründen empfehlen, noch weitere Garantien zu gewähren. Kein Bedenken besteht gegen den Vorschlag, dem Verletzten die subsidiäre Privatklage zu geben. In vielen Fällen jedoch wird kein Verletzter vorhanden sein. Die Popularklage ist zu verwerfen; dieselbe könnte leicht zur Schikane und zu Erpressungen benutzt werden. Es empfiehlt sich daher, einen

Mittelweg einzuschlagen und die Privatklage nicht bloß dem Verletzten, sondern auch denjenigen Staatsbürgern einzuräumen, welche ein berechtigtes Interesse an der Strafverfolgung nachweisen. Die Anwendung dieses Begriffs wird im Strafprozeß nicht schwieriger sein als auf anderen Rechtsgebieten. In § 57 Ziffer 9 des Reichsgesetzes über die Angelegenheiten der freiwilligen Gerichtsbarkeit ist bestimmt, daß jeder, der ein berechtigtes Interesse hat, für die Person des Kindes zu sorgen, Beschwerde gegen Verfügungen des Vormundschaftsgerichts erheben kann. Der Begriff des »berechtigten Interesses« wird ferner verwendet im Strafgesetzbuch — der berühmte § 193 —, im Handelsgesetzbuch (§ 9), im Gesetz zur Bekämpfung des unlauteren Wettbewerbs (§ 6 Abs. 2), im Bürgerlichen Gesetzbuch (§ 343, § 824 Abs. 2) und im Zwangsversteigerungsgesetz (§ 76). — Ich komme also auf anderen Wegen im wesentlichen zu demselben Resultat, zu dem Herr Direktor Aschrott in seiner neuesten Schrift gelangt ist. Herr Direktor Aschrott will die subsidiäre Privatklage nur dem Verletzten geben; als »verletzt« sieht er aber jeden an, der ein rechtliches Interesse an der Strafverfolgung hat. Der Unterschied zwischen den Begriffen »rechtliches Interesse« und »berechtigtes Interesse« wird wohl nicht sehr groß sein.[1])

Gegen diese unsere Vorschläge ist der Einwand erhoben worden, dieselben böten keinen ausreichenden Schutz bei politischen Delikten.

Es ist das Beispiel angeführt worden, daß bei Wahlkämpfen die Anhänger der Regierungsparteien alle möglichen Schandtaten verübten, aber nicht bestraft würden, weil die Regierung erkläre, es handle sich nur um Bagatellen, die bei jeder Wahl vorkämen. In solchen Fällen versage die subsidiäre Privatklage gänzlich, weil Niemand vorhanden sei, der ein berechtigtes oder rechtliches Interesse an der Strafverfolgung habe. Ich halte zunächst dies gar nicht für richtig. Bei jeder Wahl ist mindestens eine Person vorhanden, die ein berechtigtes Interesse an der Strafverfolgung hat — nämlich der durchgefallene Wahlkandidat. (Professor v. Liszt: «Sehr zweifelhaft!») Es sind auch noch andere

---

[1]) Aschrott, Der Entwurf einer Strafprozeßordnung (1908) S. 38.

Leute da. Wenn eine Wahlversammlung gesprengt wird, so hat jedenfalls der Einberufer, der den Saal gemietet und die öffentlichen Bekanntmachungen erlassen hat, ein berechtigtes Interesse an die Strafverfolgung. Ebenso kann der Wirt ein berechtigtes Interesse haben, dem bei einer Wahlversammlung alles kurz und klein geschlagen ist. Ich gehe noch weiter. Der sozialdemokratische Zettelverteiler, von dem heute Morgen die Rede war, hat ein berechtigtes Interesse — daß der kirchliche Zettelverteiler ebenso die gesetzlichen Vorsehriften beobachten muß, wie er selbst. Jeder Wirt und jeder Kaufmann, der sein Lokal zu einer bestimmten Stunde schließen muß, hat ein wohlberechtigtes Interesse, daß seine Geschäftskonkurrenten denselben Beschränkungen unterliegen, denen er unterworfen wird. Allein ich bin vollkommen damit einverstanden und ich glaube, auch Herr Aschrott wird damit einverstanden sein, daß die von uns vorgeschlagenen Ausnahmen vom Legalitätsprinzip bei politischen Delikten überhaupt keine Anwendung finden. Es kommt uns ja nur darauf an, für die kleinen Dinge des täglichen Lebens der Staatsanwaltschaft eine gewisse Freiheit der Bewegung zu verschaffen. Ich würde also vorschlagen, daß ausdrücklich gesagt wird: «Auf politische Delikte finden die Ausnahmen vom Legalitätsprinzip keine Anwendung.»

Neben den Fällen, die jedermann für leichte hält, gibt es noch andere Fälle, welche in der Regel zwar dem unbeteiligten Dritten leicht erscheinen, dem unmittelbar Verletzten dagegen nicht. Für diese relativ leichten Fälle empfiehlt sich eine Ausdehnung der prinzipalen Privatklage, wie sie der Entwurf vorschlägt. Dem Entwurf ist auch darin beizustimmen, daß er die einzelnen Delikte, welche im Wege der Privatklage verfolgt werden können, genau aufzählt. Eine Generalklausel, welche alle Fälle der Privatklage unter einem einheitlichen Gesichtspunkt zusammenfaßte, wird sich schwerlich finden lassen. Gänzlich unbrauchbar ist jedenfalls die These III des Juristentags:

> «Insoweit der Rechtsgüterschutz als solcher durch das Strafgesetz unmittelbar nur im Interesse des einzelnen Verletzten vom Staate gewährt wird, geschieht die Strafverfolgung im Wege der Privatklage.»

Ob eine Handlung unmittelbar im Interesse des einzelnen Verletzten bestraft wird, ist in vielen Fällen recht zweifelhaft. Außerdem wird der verstärkte Rechtsgüterschutz, den die Strafe gewährt, niemals ausschließlich im Interesse des einzelnen Verletzten eingeräumt, sondern stets zugleich im öffentlichen Interesse.

Was die einzelnen Fälle der Privatklage betrifft, so erscheinen die Bestimmungen des Entwurfs nicht einwandfrei. Dieselben sind teils zu eng, teils zu weit. Die Bestimmungen sind zu eng, denn es fehlen manche Fälle, die sich gleichfalls für die prinzipale Privatklage eignen. In den Fällen der §§ 289, 299, 300, 370 Ziffer 4, 5 und 6 des StGB. hat sogar ein so eifriger Verteidiger des Legalitätsprinzips wie der sächsische Generalstaatsanwalt Dr. von Schwarze die Privatklage zulassen wollen.[1]) Ferner ist die Ausdehnung der Privatklage auf Verletzungen von Patentrechten, Zeichenrechten und anderen gewerblichen Urheberrechten sowohl in der Reformkommission[2]) wie auf dem Juristentage[3]) mit guten Gründen verlangt worden.

Zu weit gehen die Bestimmungen des Entwurfs darin, daß sie die Privatklage auf alle Fälle der gefährlichen Körperverletzung erstrecken wollen. Diese Frage ist ja schon vor zwanzig Jahren auf dem Juristentage in Stettin verhandelt worden, wo unser Mitglied — Herr Kammergerichtsrat Kronecker — ein Referat in bejahendem Sinne erstattet hat. Auch die Reformkommission hat sich eingehend mit dieser Frage befaßt.[4]) Meiner Ansicht nach kann die Frage, ob die Privatklage auch in den Fällen des § 223a StGB. zulässig sein soll, weder mit einem kurzen «Ja» noch mit einem kurzen «Nein» beantwortet werden. Ein Bedürfnis, die Strafverfolgung von Messerhelden und Revolverschützen einzuschränken bezw. zu erschweren, liegt jedenfalls nicht vor. Will man in dieser Frage, die in keiner Weise dringend ist, nicht bis zur Reform des materiellen Strafrechts warten, so genügt es vollkommen, die Privatklage nur bei denjenigen Körperverletzungen

---

[1]) Hahn, Materialien Bd. I S. 1101.

[2]) Protokolle der Kommission für die Reform des Strafprozesses II, 47.

[3]) Verhandlungen des 29. Juristentags, Bd. 5 S. 457. 468.

[4]) Protokolle Bd. 1 S. 290, Bd. 2 S. 44.

zuzulassen, die mittels einer anderen Waffe als eines Messers, einer Stich- oder Schußwaffe begangen sind.

Auf die Frage der jugendlichen Personen will ich heute nicht eingehen, da diese Frage bereits von Herrn Geheimrat von Liszt in eingehender Weise behandelt worden ist. Ich möchte nur dem Bedenken Ausdruck geben, ob der Entwurf in dieser Beziehung nicht zu weit gegangen ist. Es kann doch unmöglich dem subjektiven Belieben der Staatsanwaltschaft überlassen werden, ob sie gegen einen siebzehnjährigen Mörder oder Brandstifter Anklage erheben will oder nicht. Die Achtung vor dem Gesetz müßte geradezu erschüttert werden, wenn die Staatsanwaltschaft in solchen Fällen das öffentliche Interesse verneinen wollte. Hier muß irgend eine Bestimmung getroffen werden, sei es durch Herabsetzung der Altersgrenze, sei es durch Ausnahmen bezüglich schwerer Verbrechen. Etwas muß jedenfalls geschehen. —

Nach § 157 des Entwurfs kann die Staatsanwaltschaft von jedem Einschreiten absehen, so lange dem Verfahren ein in der Person des Verdächtigen begründetes Hindernis entgegensteht. Diese Vorschrift muß nach meiner Ansicht ganz gestrichen werden. Zunächst ist ein praktisches Bedürfnis für dieselbe überhaupt nicht nachgewiesen. Daß gegen einen Geisteskranken keine Anklage erhoben wird, ist doch ganz selbstverständlich. Irgend welche Mißstände sind bei dem jetzigen Rechtszustand überhaupt nicht hervorgetreten. Sodann ist der Wortlaut der neuen Vorschrift viel zu unbestimmt. Derselbe bietet sowohl den Verteidigern als den Staatsanwälten ein vollkommen gesetzliches Mittel, unangenehme Sachen in der einfachsten Weise zu erledigen. Es wird von Zeit zu Zeit ein ärztliches Attest eingeholt, daß das Nervenleiden oder ein sonstiges Leiden des Beschuldigten die Aufregungen einer Gerichtsverhandlung nicht gestatten. Auf Grund solcher Atteste wird dann die Sache hingeschleppt, bis sie in Vergessenheit gerät. —

Gegen die übrigen Einschränkungen des Legalitätsprinzips, welche der Entwurf vorschlägt, bestehen keine erheblichen Bedenken. Ich kann mich in dieser Beziehung vollständig den Ausführungen anschließen, welche Herr Direktor Aschrott in seiner neuesten Schrift gemacht hat.

Es ist gestern der § 155 des Entwurfs erheblich zerpflückt worden. Für so schlimm halte ich ihn, offen gestanden, nicht. Der Sinn ist klar, und der Grundgedanke ist ganz gerechtfertigt. Wir sollen die Zeit nicht für Dinge verschwenden, bei denen lediglich ausländische Interessen in Frage kommen.

Außer der Einschränkung des Legalitätsprinzips gibt es noch manche anderen Reformfragen, welche im Entwurf zwar nicht berührt sind, welche hier aber mindestens angedeutet werden müssen.

Bekanntlich ist es streitig, ob das Legalitätsprinzip auch für die Vorgesetzten der Staatsanwaltschaft — die Leiter der Justizverwaltungen — gilt. Ich möchte die Frage schon nach dem Wortlaut des § 152 der Strafprozeßordnung mit «Ja» beantworten. Wenn der Gesetzgeber der Staatsanwaltschaft die Pflicht auferlegt, in allen Fällen einzuschreiten, in denen nicht gesetzlich ein anderes bestimmt ist, so kann er doch unmöglich gewollt haben, daß diese gesetzliche Pflicht von den Vorgesetzten der Staatsanwaltschaft durch abweichende Dienstvorschriften wieder aufgehoben wird. Der Entwurf will nun merkwürdigerweise das Wort «gesetzlich» in § 152 streichen. Es soll also nicht mehr heißen «soweit nicht gesetzlich ein anderes bestimmt ist», sondern «soweit nicht ein anderes bestimmt ist». Ein Grund für diese Änderung wird in den Motiven nicht angegeben. Bei dieser Sachlage scheint mir der Beschluß durchaus gerechtfertigt zu sein, welchen der letzte Juristentag in Karlsruhe gefaßt hat. Gemäß These II soll nämlich ausdrücklich festgestellt werden, daß auch die Vorgesetzten der Staatsanwaltschaft, einschließlich der obersten Justizverwaltung, an das Legalitätsprinzip gebunden sind. Durch eine solche Erklärung, die nach meiner Ansicht lediglich deklaratorische Bedeutung hätte, würde jeder Zweifel beseitigt werden.

Eine andere Streitfrage ist in dem Entwurf gleichfalls nicht gelöst worden, nämlich die Frage, wie weit die Gehorsamspflicht der Staatsanwälte sich erstreckt. Eine Einschränkung dieser Gehorsamspflicht ergibt sich schon aus der Natur der staatsanwaltschaftlichen Tätigkeit. Der Staatsanwalt kann von seinen Vorgesetzten allerdings gezwungen werden, eine bestimmte Anklage zu erheben und eine bestimmte

Rechtsansicht vorzutragen. Er kann aber nicht gezwungen werden, in der Hauptverhandlung eine bestimmte Meinung über die Schuldfrage zu vertreten. Bezüglich der Schuldfrage ist es gar nicht möglich, einen bindenden Dienstbefehl für die Hauptverhandlung zu erteilen, weil kein Vorgesetzter im voraus wissen kann, welche neuen Tatsachen und Beweismittel in der Hauptverhandlung vorgebracht werden. Es liegt im eigensten Interesse der Staatsanwaltschaft und der Justizverwaltung, daß die freie Stellung des Staatsanwalts in der Hauptverhandlung vom Gesetzgeber ausdrücklich anerkannt wird. Durch eine solche Anerkennung wird das persönliche Ansehen der Staatsanwälte gehoben und das Vertrauen der Laienrichter sowie des Publikums zu den Staatsanwälten gestärkt. — Schon bei Beratung des Gerichtsverfassungsgesetzes haben die Abg. Reichensperger und Miquel in der Reichsjustizkommission beantragt, ausdrücklich auszusprechen, daß der Staatsanwalt bei Stellung und Begründung seiner Schlußanträge nur seiner eigenen Überzeugung zu folgen habe. Dieser Antrag ist von der Reichsjustizkommission auch angenommen, später aber — auf den Widerspruch des Bundesrats — vom Reichstage wieder gestrichen worden. Ich kann mich darauf beschränken, hier die Worte anzuführen, mit welchen der Geschichtsschreiber der preußischen Staatsanwaltschaft die Ablehnung der Anträge Reichensperger und Genossen kritisiert hat. Herr Justizrat Dr. Otto sagt in seiner bekannten Jubiläumsschrift:

> «Nach meinem bescheidenen Dafürhalten hat die Regierung damals dem Ansehen der Staatsanwaltschaft einen schlechten Dienst erwiesen, indem sie die erwähnten Anträge so energisch bekämpfte und zu Falle brachte. Die von ihr vertretene Ansicht, die Staatsanwaltschaft sei eine hierarchische Institution, die einzelne Person bedeute gar nichts und sei lediglich das Sprachrohr der Behörde, scheint mir nur mit Einschränkungen richtig und widerspricht jedenfalls ganz und gar der Auffassung, welche man im öffentlichen Leben von der Stellung des Staatsanwalts durchweg hat. Wenn jemals ein Beamter dem Publikum als auf seinen eigenen Füßen stehend erscheint, so ist

es der Staatsanwalt in der Audienz. Und so muß es auch sein! Denn wie soll er imstande sein, auf Richter, Schöffen und namentlich auf Geschworene irgend welchen Einfluß auszuüben, irgend welchen Eindruck zu machen, wenn man nicht weiß, ob der Inhalt seines Vortrags auch seiner Überzeugung entspricht? Wie wenig würdevoll ist es überhaupt, von einem Beamten zu verlangen, daß er etwas vertritt, was ihm nicht richtig erscheint. In welche schiefe Lage versetzt man ihn, wenn man einem Verteidiger die Möglichkeit gibt, zu sagen, das, was der Staatsanwalt ausgeführt habe, möge er wohl auf höheren Befehl ausgeführt haben; daß das seine persönliche Ansicht sei, könne er unmöglich annehmen.»[1])

Über die Stellung der Staatsanwaltschaft im Ermittlungsverfahren habe ich den Ausführungen des Herrn Geheimrats von Lilienthal nichts weiter hinzuzufügen.

Die Frage, ob die Kriminalpolizei unter der Staatsanwaltschaft stehen soll, hat die kriminalistische Vereinigung bereits auf ihrer letzten Versammlung in Posen beschäftigt. Ich kann mich daher kurz fassen. Meines Erachtens ist es allerdings nicht möglich, der Staatsanwaltschaft die beständige, unmittelbare Verfügung über jeden einzelnen Kriminalbeamten einzuräumen. Ein ordnungsmäßiger Geschäftsbetrieb wäre bei einer solchen Einrichtung nicht möglich. Dagegen ist es möglich, in allen Orten, in welchen besondere Kriminal-Abteilungen bestehen, einen direkten Geschäftsverkehr zwischen den Vorstandsbeamten dieser Abteilung und der Staatsanwaltschaft herbeizuführen, und zwar nicht als Ausnahme, sondern als Regel. Ebenso ist es möglich, jeder Staatsanwaltschaft einzelne bewährte Kriminalbeamte zur unmittelbaren Verwendung beizuordnen, wie dies seit Jahrzehnten in Hessen geschieht. Wenn in dieser Beziehung erst einmal ein Anfang gemacht ist, so wird sich diejenige Institution mit der Sicherheit eines Naturgesetzes entwickeln, die von der IKV. erstrebt wird.

[1]) Otto, Die preußische Staatsanwaltschaft (1899) S. 175.

Hiernach fasse ich meine Ausführungen dahin zusammen, daß die Tendenz der Reformen, welche der Entwurf für die Staatsanwaltschaft bringt, durchaus zu billigen ist, daß aber diese Reformen im einzelnen teils der Änderung, teils der Ergänzung bedürfen. —

Ich hatte mir einige Thesen vorbereitet. Diese sind zum Teil allerdings durch die Ereignisse des gestrigen Tages bereits überholt worden.

These 3 ist durch den Vorschlag, daß ein besonderes Gesetz für Jugendliche in Aussicht genommen werden soll, erledigt. These 7 hat durch die Vorschläge des Herrn Geheimrats von Lilienthal ihre Erledigung gefunden.

Die übrigen Thesen bitte ich so zu behandeln, wie das bezüglich derjenigen des Herrn Geheimrats von Lilienthal geschehen ist. Sie sollen nur als Unterlage für die weitere Diskussion dienen.

Thesen:

I. Das Legalitätsprinzip ist als gesetzliche Regel beizubehalten.

II. Bei Vergehen und Übertretungen kann die Staatsanwaltschaft in besonders leichten Fällen von einer Strafverfolgung absehen. In diesen Fällen ist jeder, der ein berechtigtes Interesse an der Strafverfolgung nachweist, zur Erhebung der subsidiären Privatklage befugt. Auf politische Delikte finden diese Vorschriften keine Anwendung.

IV. Die Fälle der Privatklage sind zu vermehren.

V. § 154 und 157 des Entwurfs sind zu streichen.

VI. In dem Gerichtsverfassungsgesetz (§ 147) ist zum Ausdruck zu bringen

a) daß die dienstlichen Anweisungen der Vorgesetzten mit dem Legalitätsprinzip nicht in Widerspruch stehen dürfen,

b) daß die dienstlichen Anweisungen der Vorgesetzten sich nicht auf die tatsächliche Würdigung des Beweismaterials in der Hauptverhandlung erstrecken dürfen.»

(Lebhaftes Bravo!)

Vorsitzender: Wir danken dem Herrn Referenten und treten nun in die Diskussion ein.

Staatsanwalt Dr. **Feisenberger**, Magdeburg: Meine Herren! Ich habe mich auf dem Juristentage in Karlsruhe als einen Anhänger des strengen Legalitätsprinzips bekannt, und ich stehe trotz aller damals und zwischenzeitlich gehörten Gegenansichten auf diesem Standpunkt auch heute noch. Ich bleibe auf diesem Standpunkt auch jetzt stehen vornehmlich aus demselben Grunde, den ich damals geäußert habe und der die Grundlage meiner Ausführungen gebildet hat, nämlich dem: Was wir wollen und was wir erstreben, das ist, das Vertrauen in unsere Strafrechtspflege zu heben. Das Legalitätsprinzip ist meines Erachtens ein Pfeiler solches Vertrauens, und wir sollten nicht ohne dringendste Not daran gehen, an diesem starken Vertrauenspfeiler zu rütteln.

Was wird in dem Entwurfe gegen das Legalitätsprinzip angeführt? Was sind denn das für Gründe? Sind es denn, wenn wir die Gründe einmal recht besehen, die der Entwurf gegen das Legalitätsprinzip in das Feld führt, Gründe, die überhaupt noch prozessualer Natur sind? Es sind vielmehr Gründe politischer, kriminalpolitischer und materiellrechtlicher Natur. Denn was soll erreicht werden? Es soll zunächst erreicht werden, daß nicht unnütz gestraft wird, daß wegen Bagatellen nicht gestraft wird. Dieses durchaus erstrebenswerte Ziel sucht man nun nicht auf dem meines Erachtens allein richtigen Wege der Änderung der materiellen Gesetzgebung zu erreichen, sondern auf dem Wege strafprozessualer Regelung, indem man einfach gegenüber gewissen strafbaren Handlungen sagt: sie werden überhaupt nicht mehr bestraft. Denn das ist doch im wesentlichen der Erfolg. Wenn es heißt: Es soll nur gestraft werden, wenn ein öffentliches Interesse vorliegt, dann wird in den allermeisten Fällen, soweit sie überhaupt zur Kenntnis der Staatsanwaltschaft kommen, nicht mehr eingeschritten werden. Ob es aber wirklich kriminalpolitisch richtig ist, daß nicht gestraft wird, daß Gesetze, die nun einmal bestehen, für die Regel nicht angewendet werden — und das wird meines Erachtens die unausbleibliche Folge sein — das ist eine Frage, die ich doch nicht so ohne weiteres bejahen möchte.

Der zweite wesentliche Grund, der uns in dem Entwurfe vorgestellt wird, ist der, daß man sagt, man empfinde die kleinen Strafen, die verhängt werden, als ein Uebel. Was will man also? Man will die Frage der Regelung der Strafmittel, des Ersatzes, der für die heutigen kleinen Strafen etwa zu schaffen wäre, insbesondere die Frage des Ersatzes der kurzzeitigen Freiheitsstrafe — und gerade sie ist im Entwurfe besonders betont — auf prozessualem Wege regeln. Ich weiß auch hierbei wieder nicht, ob das kriminalpolitisch der richtige Weg ist. Ich halte ihn nicht dafür.

Meine Herren! Nun aber noch ein weiteres! Was ist denn öffentliches Interesse? (Sehr richtig!) Wer kann uns denn klar machen, was öffentliches Interesse ist? Und selbst wenn man es klar machen könnte, ist dann die Staatsanwaltschaft wirklich die Behörde, die das öffentliche Interesse, d. h. also doch das Interesse, das ein Verband, sei es ein staatlicher, sei es ein kommunaler Verband, hat, zu beurteilen vermag? Heute kann in einem von zwei nebeneinander liegenden Orten das öffentliche Interesse es auf das dringendste erfordern, daß wegen einer Handlung eingeschritten wird, während in dem unmittelbar benachbarten Orte, der vielleicht noch keine halbe Stunde entfernt ist, die Verhältnisse so liegen, daß wegen gleicher Handlung ein Einschreiten durch das Interesse des Orts nicht erforderlich, vielleicht sogar ihm entgegen ist. Davon erfährt die Staatsanwaltschaft zunächst gar nichts, sondern sie bekommt die Anzeige, und sie soll sich dann auf Grund der Anzeige schlüssig machen, ob ein öffentliches Interesse vorliegt oder nicht; denn die Auffassung, die von Herrn Landgerichtsdirektor Aschrott, wenn ich die Ausführungen in seiner Schrift recht verstehe, vertreten wird, daß der Staatsanwaltschaft dadurch eine Mehraufgabe zuteil wird, daß er also offenbar annimmt, die Staatsanwaltschaft stelle zunächst einmal lange Ermittelungen an, ob ein öffentliches Interesse vorliegt oder nicht, widerspricht jedenfalls unseren heutigen Erfahrungen und dem, was heute in der Praxis üblich ist. Bei den Sachen, die heute zur Anzeige kommen, werden in der Regel keine Ermittelungen über das Vorliegen eines öffentlichen Interesses erhoben. Wenn jemand anzeigt, er sei beleidigt worden, dann macht man sich auf Grund der Anzeige schlüssig, und ich glaube nicht, daß das anders sein wird, wenn es sich um Uebertretungen oder wenn es sich um geringfügige Vergehen handelt.

Ich glaube also, daß, wenn man überhaupt das öffentliche Interesse maßgebend sein lassen und wenn man infolgedessen dazu kommen will, das Legalitätsprinzip einzuschränken und eben dahin einzuschränken, daß nur dann vorgegangen werden soll, wenn ein öffentliches Interesse vorliegt, man dann doch auch ganz andere Fürsorge treffen müßte in der Richtung: wer und was maßgebend dafür sein soll, daß ein öffentliches Interesse als vorliegend angesehen wird. Denn ich halte, wie gesagt, überhaupt und insbesondere bei Uebertretungen die Staatsanwaltschaft nicht für die dafür geeignete Behörde. Dafür will mir die Verwaltung als die geeignete Behörde erscheinen; sie muß wissen, ob es in ihrem Gebiete, in ihrem Kreise aus örtlichen oder sachlichen Gründen notwendig ist, daß irgendwo eingeschritten wird oder daß dies nicht geschieht.

Nun, meine Herren, ist gesagt worden: Wir leiden ja heute schon auf diesem Gebiete unter einer großen Heuchelei; denn tatsächlich ist es ja doch schon heute so, daß die Polizei in vielen Fällen nicht einschreitet, während sie in anderen Fällen einschreitet und diesem Odium, das dadurch auf die Polizei gewälzt wird, diesem Vorwurf, der dadurch erhoben wird, will man nunmehr in Zukunft die Staatsanwaltschaft in noch höherem Grade unmittelbar aussetzen, als es heute schon mittelbar der Fall ist. Das ist auch in dem erwähnten Buche von Herrn Landgerichtsdirektor Aschrott wieder hervorgetreten. Er sagt in seiner Schrift, die Staatsanwaltschaft solle sich darüber nicht beklagen, sie müsse diese Aufgabe und damit eine größere Anfeindung auf sich nehmen. Ja, ist denn das eine Lösung der Frage, wie wir größeres Vertrauen im Volke gewinnen? Können wir denn größeres Vertrauen im Volke gewinnen, wenn wir uns von vornherein darüber klar sind, wenn ein so überzeugter Vertreter des Opportunitätsprinzips wie Herr Aschrott es uns besonders deutlich zeigt, daß die Ausdehnung dieses Prinzips dazu beitragen wird, eine Behörde, die ein wesentlicher Faktor der Rechtspflege ist, größerer Anfeindung auszusetzen, eine Behörde, die heute, wenn sie ja auch Justizverwaltungsbehörde ist, doch jedenfalls in den

Augen des Publikums als unantastbare Justizbehörde dasteht! Denn das wird mir jeder Staatsanwalt bestätigen: Wenn die Leute aus dem Volke zu uns kommen und unsere Hilfe nachsuchen, so wissen sie und vertrauen darauf: Der Staatsanwalt muß einschreiten. (Geheimrat Professor Dr. von Liszt: Sehr richtig!) Wenn mir hier irgend etwas am Herzen liegt, so ist es dieses: Man soll eine derartige Behörde, die so hohe Aufgaben hat, die doch eine Hüterin des Rechts sein und bleiben soll, keinen neuen Anfeindungen aussetzen! Man soll im Gegenteil ihr das Vertrauen, soweit sie es besitzt, zu erhalten und sonst es zu stärken suchen. Dieses Ziel ist aber nur zu erreichen, wenn man ihren Handlungen den festen Boden des Rechts läßt, und sie nicht auf den schwankenden Boden der Zweckmäßigkeit stellt!

Herr Oberlandesgerichtsrat Rosenberg hat in dankenswerter Weise die Fälle seiner Babette vermehrt (Heiterkeit). Nun, die Fälle sind ja alle sehr schön. Aber wie stellt er sich die Regelung in Zukunft vor? Die Polizei erläßt eine Strafverfügung. Schön! Was tut der Mann heute? Er geht ans Gericht. Das wird in Zukunft ebenso bleiben. Nicht die Staatsanwaltschaft wird und kann dann von dem Mann angerufen werden, sondern nur das Gericht.

Oder aber die Polizei tut das nicht, sie legt die Sache unmittelbar der Staatsanwaltschaft vor; dann schreitet der Staatsanwalt gegen den Droschkenkutscher A. ein, weil ihm die Polizei die Anzeige vorlegt, und sich dahin äußert, daß es im öffentlichen Interesse liegt, daß eingeschritten wird. Aber gegen B. schreitet der Staatsanwalt nicht ein, weil die unter dem Legalitätsprinzip stehende Polizei (ich glaube, daß sie z. Zt. darunter steht und daß sie ihre Anzeigen der Staatsanwaltschaft vorlegen muß, und daran ändert der Entwurf nichts) dem Staatsanwalt zwar die Anzeige vorlegt, aber mit ihrer Äußerung, daß kein öffentliches Interesse vorliege. — Glaubt man denn, daß das wiederum dazu beitragen wird, das Vertrauen in die Justiz zu heben? Darauf allein kommt es uns doch aber an. Nicht handelt es sich bei unseren Beratungen um das Vertrauen zu der Verwaltung, sondern um das Vertrauen zu der Justiz. Wir wollen das Vertrauen in die Rechtspflege heben, und solange die Staatsanwaltschaft ein Organ und lediglich ein Organ der Rechtspflege ist, solange soll man ihr — ich kann es nicht oft genug betonen — den festen Grund und Boden des Vertrauens, auf den das Legalitätsprinzip sie gestellt hat, nicht entziehen.

Eine ganz andere Frage, die ich nur streifen, die ich aber nicht näher erörtern will, ist die, ob es richtig und überhaupt gut ist, daß die Staatsanwaltschaft eine reine Justizbehörde ist, ob es nicht möglich sein wird, daß man die Staatsanwaltschaft in absehbarer Zeit — ich halte es jetzt für durchaus unmöglich — ganz anders organisiert. Das wird kommen, und das wird dann kommen, wenn wir einmal dazu gelangt sind, einen Parteiprozeß einzuführen. Wir bewegen uns — das ist ganz zweifellos — auf dieser Bahn. Wir steuern nach und nach einem Parteiprozesse zu. Wenn nach den heute hier erörterten Vorschlägen dem Gericht in der Verhandlung die Akten nicht mehr vorgelegt werden sollen, so kommt man damit schon zu einer Art Parteistellung auch des Staatsanwalts in der Hauptverhandlung, und auf diesem Weg, auf dem wir sind, wird sich, soweit man überhaupt in die Zukunft sehen zu können glauben darf, dann auch die weitere Entwicklung vollziehen. Kommt man nach vielen Jahren zu einem gewissen Abschlusse dieser Entwicklung auf der Bahn des Parteiprozesses, dann wird man und muß man meines Erachtens auch dahin kommen, daß die Staatsanwaltschaft ihres Charakters als Justizbehörde entkleidet, daß sie eine Verwaltungsbehörde, ein wirklicher Kläger wird, der ein öffentliches Interesse vertritt, geradeso wie es heute der Fall ist, wenn irgend eine Verwaltung im Verwaltungsstreitverfahren ein öffentliches Interesse gegen den Beklagten vertritt.

Das wird selbstverständlich nicht hindern, daß die Staatsanwaltschaft im Vorverfahren auch die Interessen des Beschuldigten wahrnimmt. Denn sie wird es so machen, wie es jeder macht, der einen Prozeß führt; sie wird das Material sammeln, und wie heute jeder vernünftige Kläger, wenn er sein Material sammelt, auch daran denken wird: »Was wird der andere sagen, den ich verklagen will?« so wird die Staatsanwaltschaft — alsdann ist sie ja meines Erachtens nicht mehr Staatsanwaltschaft im heutigen Sinne und wird irgend einen anderen Namen bekommen, der ihren späteren Aufgaben besser entspricht — eben den Prozeß vorbereiten, und es wird sich alles in den Formen eines Parteiprozesses abspielen.

Allerdings wird ein Vorbehalt dabei stets zu machen sein, auf den Herr Geheimrat von Lilienthal schon hingewiesen hat; man wird niemals, wie es heute im Zivilprozesse der Fall ist, dem Gerichte die Möglichkeit entziehen können, alles anzuordnen, was es zur Erforschung der Wahrheit für notwendig hält. Dazu werden wir natürlich niemals kommen können, wenn wir überhaupt ein geordnetes Staatswesen erhalten wollen, daß man den Strafprozeß sich als Zivilprozeß abspielen läßt, also eine Parteiwahrheit sich auch im Strafprozesse Geltung verschaffen läßt.

Alles das ist aber ferne Zukunftsentwicklung, und auch wer diese Entwicklung wünscht, muß sich dem Entwurf gegenüber auf den Boden der Gegenwart stellen. Wir haben es heute nicht mit dem Parteiprozesse, sondern wir haben es heute noch mit dem Anklageprozesse zu tun; und da kann ich nicht genug wiederholen: Solange wir die Staatsanwaltschaft als ein Justizorgan anzusehen haben, solange dürfen wir ihr den gesicherten Boden des Legalitätsprinzips, auf dem sie als Justizorgan steht und der dazu dient - ich will gar nicht sprechen von dem Vertrauen in die Staatsanwaltschaft, sondern von dem Vertrauen in die Rechtspflege — das Vertrauen in die Rechtspflege zu sichern, meines Erachtens nicht entziehen.

Wenn ich nun dazu übergehen darf, mich noch ganz kurz zu den einzelnen Thesen des Herrn Oberlandesgerichtsrats Rosenberg zu äußern, so muß man sich ja, da man sich nicht Illusionen hingeben darf, auf eine mittlere Linie zu vereinigen suchen, auch selbst wenn man Anhänger des strengen Legalitätsprinzips aus dem von mir angeführten Grunde ist. Eine solche mittlere Linie scheint mir in den Thesen des Herrn Oberlandesgerichtsrats Rosenberg ganz glücklich getroffen zu sein. Ich hätte nur einen Zusatz gewünscht, der allerdings mit auf die These 3 Bezug hat, auf die Herr Oberlandesgerichtsrat Rosenberg heute nicht mehr eingegangen ist. Es steht in der These: »Wenn dies im öffentlichen Interesse liegt«. Ich möchte doch sagen, ob man nicht dazu setzen sollte — es ist das auch gestern schon angedeutet worden —: »Und nicht gegen die Interessen des Jugendlichen verstößt.« Es ist gestern gesagt worden, daß hier verschiedene öffentliche Interessen im Kampfe liegen, und ich bin der Ansicht, daß man das auf diese Weise zum Ausdruck bringen kann.

»Die Fälle der Privatklage sind zu vermehren.« Herr Oberlandesgerichtsrat Rosenberg hat die These 3 des deutschen Juristentages scharf angegriffen und gesagt, sie sage uns eigentlich gar nichts darüber, was ein unmittelbares privates Interesse ist. Das ist richtig, darüber sagt sie uns nichts. Darüber sollte sie auch nichts sagen, sondern sie sollte nur einen Grundsatz aufstellen. Sie sollte sich nicht in Einzelheiten verlieren; dazu ist eine These nicht da. Die These des Herrn Oberlandesgerichtsrates Rosenberg sagt uns ja auch nicht, welche Dinge der Privatklage unterstellt werden sollen und welche nicht, sondern er spricht hier auch wiederum nur einen Grundsatz aus, indem er sagt: »Die Fälle der Privatklage sind zu vermehren.«

Und da möchte ich noch auf eines wieder zurückkommen, was ich auch in Karlsruhe schon ausgeführt habe. Ich bin der Ansicht, daß man in all' den Fällen, in denen man die Möglichkeit einer Privatklage sieht, die Privatklage an die erste Stelle und die evtl. Verfolgung seitens der Staatsanwaltschaft an die zweite Stelle setzen soll; denn ich weiß nicht, was für ein Interesse die Oeffentlichkeit daran hat, daß eine strafbare Handlung gerade von der Staatsanwaltschaft verfolgt wird, wenn die Möglichkeit gegeben ist, daß sie von einem anderen verfolgt wird, der ein besonderes unmittelbares Interesse daran hat. Ich glaube, im allgemeinen hat die Oeffentlichkeit doch nur das Interesse, daß Straftaten aufgeklärt werden und gegebenenfalls Bestrafung eintritt; wenn das dadurch geschieht, daß eine Privatklage erhoben wird, so bin ich der Auffassung, daß die Staatsanwaltschaft nur dann einschreiten soll, wenn eben eine Privatklage nicht erhoben wird; es wird meines Erachtens auch gesetzgeberisch-technisch ganz leicht möglich sein, derartiges in eine Strafprozeßordnung hineinzuflechten.

Was die These 6 des Herrn Oberlandesgerichtsrats Rosenberg anbetrifft, so ist zu a) zu bemerken, daß das ja mit dem übereinstimmt, was auf dem Juristentage, man darf sagen wohl die allgemeine Meinung gewesen ist.

Im Anschluß hieran möchte ich hier das auch noch einmal betonen, was Herr Oberlandesgerichtsrat Rosenberg schon gesagt hat: Die Furcht vor Kabinets- und Klassenjustiz ist nach unseren Erfahrungen in der Staatsanwaltschaft tatsächlich, wenigstens für die kleinen Sachen, vollständig unbegründet. Und wenn uns Staatsanwälten gesagt wird oder vielleicht gesagt werden kann: »Ja, selbst wenn es wahr wäre, selbst wenn Ihr solche Anweisungen bekämt, würdet Ihr uns das ja doch nicht sagen!« so gebe ich zu: Wir würden es nicht sagen, wir dürften es auch nicht sagen. Aber wir würden es auch nicht ableugnen; wir würden dann eben schweigen, aber doch niemals, zumal in einer solchen Versammlung, wie der heutigen, etwas vortragen und behaupten wollen, was mit unserer Erfahrung nicht übereinstimmt. Ich kann Herrn Oberlandesgerichtsrat Rosenberg in seinen Erfahrungen als früherer Staatsanwalt nur darin beitreten, daß man in der Staatsanwaltschaft allerdings von solchen Anweisungen in kleinlichen Dingen noch nichts gehört hat (Geheimrat Professor Dr. von Liszt: Harden—Moltke! — Das war allerdings groß.) Das war keine kleine Sache (Heiterkeit.).

Was dann die These 6b betrifft, so kann ich hier nur betonen, daß man heute sagen kann: an der Grenze des Gerichtssaales hört für jeden Staatsanwalt, der ja doch nicht Wachs in den Händen seiner vorgesetzten Behörde, sondern ein Mann ist, der eine eigene Meinung und eine eigene Überzeugung hat — solche muß man ihm zuerkennen, wenn man ihm nicht jede Spur von Rückgrat absprechen will; und sie wird ihm auch allgemein zuerkannt, und keine Justizverwaltung wird sich auf einen anderen Boden stellen wollen, weil es für sie am allerschlimmsten wäre, derartige haltlose Beamte in der Staatsanwaltschaft zu haben — an der Grenze des Gerichtssaales hört die Anweisung, es sei denn zur Vertretung von Rechtsgrundsätzen, auf. Das ist selbstverständlich: wenn die Regierung ein Interesse daran hat, daß bezgl. einer gewissen Polizeiverordnung, bezgl. eines gewissen Strafgesetzes ein bestimmter Standpunkt rechtlich vertreten wird, so hat sie das unbedingte Recht, von dem Staatsanwalt zu verlangen, daß er diesen Standpunkt, wenn er auch nicht seiner juristischen Überzeugung, nicht seiner rechtlichen Auffassung entspricht, bezgl. der Rechtsfrage vertritt. (Geheimrat Professor Dr. von Liszt: Sehr richtig!) Aber sie nimmt nicht das Recht für sich in Anspruch und kann es meines Erachtens nicht für sich in Anspruch nehmen, dem Staatsanwalte bezgl. der tatsächlichen Beurteilung der Vorgänge, die sich in der Hauptverhandlung abspielen, irgendwelche Anweisungen zu erteilen.

Was die These 7 anbetrifft, so ist ja bezgl. des Ermittlungsverfahrens gestern schon das Notwendige gesagt worden.

Bezüglich des Verkehrs mit den Kriminalabteilungen möchte es mir scheinen, wenn ich zunächst einmal von den Berliner Verhältnissen absehe, daß es in den kleinen und Mittelstädten, auch in den größeren Städten leicht möglich wäre, soweit sie nicht derartige Zentralen sind wie Berlin, dem nachzukommen, was These 7b uns hier vorschlägt. Ob und wieweit es in Berlin möglich sein wird, das ist nach Mitteilungen, die mir von sachkundigster Seite gemacht worden sind, sehr fraglich und jedenfalls mit ganz besonderen Schwierigkeiten verknüpft. Aber ich sollte meinen, wenn man den guten Willen hat, dann wird sich auch ein Weg finden, und ich glaube, an organisatorischen Einrichtungen sollte ein Gedanke, der sonst gut ist, dessen Güte man allseitig anerkennt, auch in der Großstadt nicht scheitern (Bravo!).

Vorsitzender: Ich habe zunächst zu konstatieren, daß sich ein erfreuliches Interesse an der Debatte entwickelt hat, indem jetzt noch 11 Redner gemeldet sind (Heiterkeit).

Herr Geheimrat Kronecker hat den Antrag auf Schluß der Rednerliste gestellt. Ist die Versammlung damit einverstanden, daß die Rednerliste geschlossen wird?

. . . . . (zur Geschäftsordnung): Ich bitte die Rednerliste nicht zu schließen, denn man weiß nicht, welche Gesichtspunkte noch in der Debatte hervortreten werden. Da es sich doch jetzt gewissermaßen um die Schlußdebatte handelt, so ist es vielleicht besser, wenn man die Rednerliste noch nicht schließt.

Vorsitzender: Was sagt der Herr Antragsteller zu dieser Äußerung?

Kammergerichtsrat Geh. Justizrat Dr. **Kronecker**, Berlin: Ich möchte meinen Antrag aufrecht erhalten.

Geh. Justizrat Professor Dr. **von Liszt** (zur Geschäftsordnung): Ich würde vielleicht den Vermittlungsantrag stellen, daß wir die Rednerliste nicht schließen, aber die Redezeit auf 5 Minuten (die ja etwas in die Breite gezogen werden können) beschränken. Ich halte es für sehr gefährlich, die Debatte bei dieser so außerordentlich wichtigen Frage übers Knie zu brechen.

Kammergerichtsrat Geh. Justizrat Dr. **Kronecker**: Ich ziehe meinen Antrag zurück.

Vorsitzender: Der Antrag auf Schluß der Rednerliste ist zurückgezogen und die Bemessung der Redezeit — Sie hatten ursprünglich 10 Minuten beantragt? (Geheimrat Professor Dr. von Liszt: Erweiterte 5 Minuten!) — auf 5 Minuten mit einer kleinen Gnadenfrist beantragt. Ich bitte die Herren Redner, sich daran gütigst halten zu wollen.

Privatdozent Staatsanwalt Dr. **Klee**, Berlin: Meine Herren! Ich bin zwar nicht Mitglied der IKV., aber ich bitte, mir trotzdem zu gestatten, meine Ansicht in der Frage der Stellung der Staatsanwaltschaft im Prozesse hier zu äußern. Ich muß von vornherein mit Bedauern verkünden, daß ich gezwungen bin, in erheblichen Punkten von der Mehrzahl der Herren, die zu dieser Frage gesprochen haben, abzuweichen, insbesondere auch von meinem Herrn Kollegen Feisenberger.

Wenn ich insbesondere an die Reden denke, die gestern zu dieser Frage gehalten worden sind, so habe ich mich des Eindrucks nicht erwehren können, daß man dem Angeklagten im Gegensatz zur Staatsanwaltschaft ein möglichst weites Entgegenkommen gezeigt hat, während man geneigt war, die Kompetenzen der Staatsanwaltschaft zurücktreten zu lassen. Ich habe etwa den Eindruck gehabt, als ob die Staatsanwaltschaft, zeitweise wenigstens, dort gesessen hat, wo sie andere Menschen hinzubringen pflegt, nämlich auf der Anklagebank (Heiterkeit). Es handelt sich ja nun nicht darum, daß man entweder nur die eine oder nur die andere Seite der Sache betont, sondern um die Beleuchtung einer Frage von verschiedenen Gesichtspunkten, und da ist es gerade bei der IKV. nicht wunderbar, daß hier mehr auf den Einzelnen als auf das öffentliche Interesse Gewicht gelegt worden ist, deswegen nicht, weil ja auch bei den Fragen des materiellen Rechts, bei den Fragen der materiellen Strafrechtsreform, wie ja genügsam bekannt ist, der Gesichtspunkt der Spezialprävention, die vom Einzelnen ausgeht, gegenüber dem Gesichtspunkte der Generalprävention in den Vordergrund gerückt wird.

Ich verkenne gar nicht, daß die Skepsis, die aus verschiedenen Reden gegen die Staatsanwaltschaft als solche, wie sie im heutigen Prozeß gestellt ist, herausgeklungen hat, gewisse tatsächliche Grundlagen hat. Und zwar meine ich, daß insbesondere zwei Gründe dazu beigetragen haben, die in weiteren Volkskreisen bestehende Unpopularität der Staatsanwaltschaft zu stärken, eine Unpopularität, die sich sogar auch in juristischen Kreisen, wie gar nicht zu verkennen ist, bemerkbar macht. In erster Linie ist das bestehende Gesetz daran Schuld, das Gesetz, wie es der Entwurf, meines Erachtens in dankenswerter Weise verbessern will. Andererseits aber auch die Gestaltung, wie sie die Funktion der Staatsanwaltschaft in der Praxis allmählich, meines Erachtens in nicht wünschenswerter Weise gefunden hat.

Um zunächst auf den ersten Gesichtspunkt näher einzugehen, möchte ich mich unbedingt für eine Erweiterung des Opportunitätsprinzips in der Richtung des Entwurfs aussprechen. Man hat der Staatsanwaltschaft Verfolgungssucht vorgeworfen. Dieses Urteil beruht teils auf mangelhaftem Erkennen des Publikums; denn das Publikum sieht ja — und darin steht die Staatsanwaltschaft in gewisser Weise ungünstig da — nur die anklagende Tätigkeit der Staatsanwaltschaft, während die doch den bei weitem größeren Raum einnehmende Einstellungstätigkeit für das große Publikum nicht in die Erscheinung tritt. Ich glaube beinahe aussprechen zu dürfen, daß der Kampf mit den Anzeigen, dem Denunziantentum, mit Falschanzeigen, besonders in großen Zentren, für den Staatsanwalt ein schwierigerer ist als der Kampf mit dem sog. Verbrechertum. (Sehr richtig!)

In anderer Beziehung ist aber das Urteil des Publikums doch einigermaßen begründet. Daran ist aber wiederum nicht die Staatsanwaltschaft schuld, sondern das bestehende Gesetz, und das erkennt der Entwurf in seiner Begründung ganz zutreffend an: Wir sind gezwungen, in Fällen, in denen das menschliche Gefühl, das natürliche Gefühl sagt: «Hier darf nicht gestraft werden», Anklage zu erheben. Ich meine, wenn man die Tatsachen des Lebens ansieht, so sprechen sie schon dafür, daß das Legalitätsprinzip, wie wir es haben, eine Überspannung des Strafprinzips in jeder Beziehung ist. Denn eine sehr große Reihe von strafbaren Handlungen (und durchaus nicht ganz leichten strafbaren Handlungen) kommt ja gar nicht zur strafrechtlichen Sühne, weil entweder keine Anzeige erstattet, oder weil der Täter nicht zu ermitteln ist. Schon das weist doch auf eine gewisse Natürlichkeit des Opportunitätsprinzips hin.

Nun ist gesagt worden, der Entwurf habe eine Frage behandelt, die eigentlich in das materielle Recht gehört. Es müßte der Hebel im materiellen Recht angesetzt, es müßte da eine Reihe von strafbaren Handlungen als straflos ausgeschieden werden. Ich glaube aber, daß wir damit auch nicht viel weiter kommen; denn es wird immer eine ganze Reihe von Handlungen übrig bleiben, bei denen doch in Frage steht, ob zweckmäßigerweise anzuklagen ist oder nicht. Denken Sie an gewisse Vergehen, an Unterschlagungen oder Diebstähle, die in großer Notlage begangen sind, ohne daß man den Begriff des Notstandes anwenden kann, an gewisse fahrlässige Tötungen, Verbrühen von Kindern durch Unachtsamkeit von Eltern, die diese Kinder trotzdem vorher lange gepflegt und geliebt haben! In all' diesen Fällen glaube ich, daß das natürliche Gefühl gegen die Anklage spricht, und daß hier eine Anklage gerade dazu beiträgt, die Staatsanwaltschaft und überhaupt die Strafrechtspflege unpopulär zu machen. In diesen Fällen liegt die Sache nicht so, daß es nicht im öffentlichen Interesse liegt, daß eingeschritten wird, sondern sie liegt sogar so, daß es im öffentlichen Interesse liegt, daß *nicht* eingeschritten wird, und nach dieser Richtung gibt uns meines Erachtens der Entwurf, der noch auszubauen sein wird, eine Handhabe.

Ich gehe nunmehr auf die Kautelen ein, die dafür verlangt worden sind, daß ein Mißbrauch des Opportunitätsprinzips nicht platzgreift. Man will nämlich dem Verletzten und eventl. noch weiteren Kreisen, allen denjenigen, die ein berechtigtes Interesse haben, das Recht der Erhebung einer subsidiären Klage zugestehen. Aber wie gesagt, meine Herren, es liegt in vielen Fällen im Interesse der Strafrechtspflege, daß der betr. Täter überhaupt nicht zur Bestrafung kommt; mit dieser subsidiären Privatklage und mit der subsidiären Popularklage nun schon erst recht, (denn damit würden wir ein Denunziantentum schlimmster Sorte großziehen) ist daher nichts geholfen. Das wäre die eine Seite der Sache.

Man hat gestern insbesondere vorgeschlagen, die Staatsanwaltschaft mehr als Partei aufzufassen und dem Angeklagten in zivilprozessualer Weise gleichzustellen. Ich meine, daß das, was da alles ausgeführt worden ist, doch im letzten Grunde auf eine Verkennung der Aufgabe der Staatsanwaltschaft, die das öffentliche Interesse, das der Gesamtheit, und nicht Privatinteressen vertritt, hinausläuft. Nicht die Parteistellung der Staatsanwaltschaft ist es, was uns helfen kann, sondern eine Betonung ihrer öffentlich-rechtlichen Stellung auch im Prozesse; denn im anderen Falle drängt man sie geradezu in eine subjektive Auffassung der Anklage, insbesondere in der Hauptverhandlung, hinein, eine Auffassung, die ich für ein großes Übel halte. (Bravo!)

Professor Dr. **Goldschmidt**, Berlin: Meine Damen und Herren! Ich hatte mich eigentlich gemeldet, um eine positive Aufgabe zu erfüllen, die mir aber leider — oder ich kann auch sagen: nicht leider — von Herrn Staatsanwalt Dr. Feisenberger im wesentlichen vorweggenommen ist. Dagegen ist mir eine neue Aufgabe negativer Natur gestellt worden, und zwar durch den Herrn Referenten. Ich will mit dieser Aufgabe negativer Natur beginnen.

Die zweite These des Herrn Referenten hat ja im wesentlichen den Mittelpunkt seiner Ausführungen gebildet. Sie lautet: «Bei Vergehen und Übertretungen kann die Staatsanwaltschaft in besonders leichten Fällen von einer Strafverfolgung absehen.» Nun hat Herr Oberlandesgerichtsrat Rosenberg, wie Herr Staatsanwalt Feisenberger schon gesagt hat, die Beispiele seiner teppichklopfenden Babette wesentlich vermehrt, und ich muß anerkennen, daß diese teppichklopfende Babette der Ausgangspunkt der ganzen Reformbestrebungen hinsichtlich der Bestrafung der Übertretungen gewesen ist. (Geheimrat Professor Dr. von Liszt: Bravo!) Um so mehr beklage ich es, daß ich mich gegen den Autor dieser Bewegung wenden muß.

Zunächst ist mir zweifelhaft, ob die Polizeibehörde, auch insoweit sie als strafverfügende Behörde einschreitet, unter dem Legalitätsprinzip steht; soweit die Staatsanwaltschaft gar nicht mit der Verfolgung der Übertretung befaßt wird, halte ich die Polizei für durchaus befugt, darüber zu befinden, ob sie einschreiten will oder nicht.*) Daß sie das tatsächlich tut, ist offenes Geheimnis. Aber wir wollen einmal von dem Falle ausgehen, daß die Staatsanwaltschaft in die Lage kommt, eine Übertretung verfolgen zu müssen. Hier ist die Frage aufzuwerfen, ob eine Einschränkung des Legalitätsprinzips notwendig ist. Der Juristentag hat diese Frage verneint und statt dessen die Ausscheidung der Polizeiübertretungen aus dem Gebiete des kriminellen Strafrechts gefordert. Herr Oberlandesgerichtsrat Rosenberg sagt nun, die Gelehrten seien sich nicht einig über die Unterschiede zwischen polizeilichem und kriminellem Unrecht. Ich meine, wer diese Behauptung heutzutage aufstellt, sollte wenigstens den Versuch machen, sich mit meinen Arbeiten über Verwaltungsstrafrecht auseinanderzusetzen. Es gibt Behauptungen, die mit einer gewissen Hartnäckigkeit immer und immer wiederkehren, ohne daß der Versuch gemacht wird, die entgegenstehenden Auffassungen zu widerlegen. Nur auf das eine möchte ich hinweisen (das ist nicht von mir, sondern von Herrn Geheimrat Kahl gesagt worden, der hier in unserer Mitte weilt): Daß ein Unterschied zwischen Verbrechen und Polizeidelikten besteht, weiß jeder; es kommt aber nicht darauf an, ob ein Delikt in diese oder jene Gruppe gerechnet wird, sondern es ist verhängnisvoll, wenn die beiden Gruppen in eine Verbindung gebracht werden, die ihrem Wesen widerstreitet.

Ich will indessen auf alles das gar kein Gewicht legen. Unser Entwurf steht ja auf dem Standpunkte, daß das materielle Recht vorläufig noch nicht geändert werden soll. Alle Bestimmungen des Entwurfs müssen also unter diesem Gesichtspunkte beurteilt werden. Daß es eine Änderung des materiellen Rechts wäre, wenn die Polizeidelikte ausgeschieden würden, darüber ist gar kein Zweifel. Ich bin denn auch weit davon entfernt, die Thesen etwa unter diesem Gesichtspunkte zu

*) Vgl. darüber bereits Goldschmidt, MIKV. XII 241 bei Note 1.

kritisieren. Ich gebe ohne weiteres zu, daß man sich damit befreunden kann, daß die Staatsanwaltschaft bei Vergehen und Übertretungen auf Grund unseres heutigen Strafgesetzbuches in besonders leichten Fällen von einer Strafverfolgung absieht. Aber daß da ein Sicherheitsventil geschaffen werden muß, hat der Herr Referent selbst zugestanden. Er sagt: Es ist in diesen Fällen jeder, der ein berechtigtes Interesse nachweist, zur Erhebung der subsidiären Privatklage befugt.

Es ist schwer, den Begriff des berechtigten Interesses zu definieren. Herr Oberlandesgerichtsrat Rosenberg ist sehr weit gegangen. Er hat gesagt, daß die Tatsache ungleicher Behandlung schon ein berechtigtes Interesse abgeben könne. Aber dann haben wir fast eine subsidiäre Popularklage (Sehr richtig!), und diese könne man auch ruhig einführen.

Herr Geheimrat von Liszt hat gestern schon auf Kautelen hingewiesen. Ob man diese gerade in einem Beschluß und einer Kontrolle des Gerichts sehen möchte, darüber kann man wohl verschiedener Ansicht sein. Es würde vielleicht ausreichen, wenn man den Ankläger zwänge, sich der Vertretung durch einen Rechtsanwalt zu bedienen. Auf diesem Wege würde schon eine Kautel gegen unbegründete Popularklagen und Schikanen geschaffen.

In einer Hinsicht bringt Herr Oberlandesgerichtsrat Rosenberg eine grundsätzliche Einschränkung; denn, hat er hinzugefügt, auf politische Delikte soll die Ausdehnung des Opportunitätsprinzips keine Anwendung finden. Der Begriff des politischen Delikts ist sehr schwer zu bestimmen. Die Strafrechtswissenschaft hat geglaubt, ihn über Bord werfen zu können. Es ist nicht sicher, ob man mit dem Begriffe gute Erfahrungen machen wird.

Die dritte These hat Herr Oberlandesgerichtsrat Rosenberg selbst fallen gelassen. Auf sie möchte ich daher nicht eingehen. Es fiel mir nur das eine auf: Er will bei Verbrechen jugendlicher Personen das Legalitätsprinzip ferner walten lassen. Es gibt aber gewisse Verbrechen, bei denen man das Opportunitätsprinzip einführen könnte. Ich erinnere Sie an unsere Rückfallsverbrechen, an die Qualifikationsverbrechen. Wenn z. B. ein Jugendlicher über einen Zaun klettert, um ein Kaninchen wegzunehmen, so hat er ein Verbrechen begangen. Aber dennoch könnte nach These 3 das Opportunitätsprinzip keine Anwendung finden, weil es auf Vergehen und Übertretungen Jugendlicher beschränkt werden soll. Soviel über die Thesen des Herrn Oberlandesgerichtsrats Rosenberg.

Nun muß ich aber eines sagen: Ich hatte immer geglaubt, daß Herr Oberlandesgerichtsrat Rosenberg mehr auf die prinzipielle Stellung der Staatsanwaltschaft eingehen würde; denn die Frage: Legalitäts- oder Opportunitätsprinzip? ist doch nur ein Ausschnitt aus dieser prinzipiellen Stellung. Dabei hätte ich gerade von Herrn Oberlandesgerichtsrat Rosenberg ganz gern Aufklärung darüber erhalten: Wie ist eigentlich die prinzipielle Stellung der Staatsanwaltschaft in unserem heutigen Strafprozesse? Ich glaube, sie ist sehr zweifelhafter Natur. Einmal die staatsrechtliche: Die Staatsanwaltschaft ist einerseits Verwaltungsbehörde, anderseits ist sie heute dem Legalitätsprinzip, d. h. nur dem Gesetz, unterstellt. Insoweit scheint sie Justizbehörde zu sein. Wenn man fragt: Welche Stellung hat sie?, so erhält man gewöhnlich die Antwort, sie sei Justizverwaltungsbehörde. Aber «Justizverwaltung» ist nach meiner Überzeugung ein ganz anderer Begriff, nämlich Ausübung der Gerichtsherrlichkeit. Ebenso zweifelhaft ist die prozessuale Stellung der Staatsanwaltschaft. Sie ist einerseits Partei, sie erhebt die Anklage. Anderseits hat sie ausdrücklich die Pflicht der Unparteilichkeit. Außerdem hat sie noch eine Fülle von anderen Funktionen (Zustellung, Vollstreckung, insbesondere Strafvollstreckung).

Ich glaube, daß diese prinzipielle Stellung den gerechtesten Bedenken unterliegt. Insofern stimme ich mit dem großzügigen Programm, das Herr Staatsanwalt Feisenberger entworfen hat, überein: Wenn wir mit dem Anklageprozeß Ernst machen wollen, wird man der Staatsanwaltschaft eine ganz andere Stellung anweisen müssen als bisher. Man wird sie mit der Kriminalpolizei vereinigen, dem Ministerium des Innern unterstellen und auf die Anklagefunktion beschränken müssen.*) Dann wird man auch dem Gericht eine unbefangene Stellung der Staatsanwaltschaft gegenüber schaffen.

*) Vgl. dazu bereits Vergleichende Strafrechtsdarstellung, Allgem. Teil, I 393, 394.

Ich will Sie aber mit solchen weitausschauenden Zukunftsplänen hier nicht behelligen. Daß sie in dem Entwurfe der Strafprozeßordnung nicht zum Ausdrucke kommen können, darüber ist volle Klarheit. Aber es hat mich gefreut, daß Herr Staatsanwalt Feisenberger diesen weiten Ausblick in die Zukunft gestreift hat (Bravo!).

Geh. Justizrat Professor Dr. von Liszt, Charlottenburg: Meine sehr geehrte Herren! Ich möchte zunächst gegen zwei Äußerungen meines Kollegen Klee hier Verwahrung einlegen, die ich mir nur daraus erklären kann, daß ihm die bisherigen Verhandlungen unserer IKV. doch nicht so recht geläufig sind.

Es fällt uns gar nicht ein, unsere Vorschläge irgendwie zu Gunsten des Angeklagten und zu Ungunsten des Staatsanwalts zu machen. Unsere ganzen Bestrebungen zur Reform des Vorverfahrens zielen auf eine wesentlich erweiterte Stellung und auf eine erweiterte Machtbefugnis des Staatsanwalts ab.

Zweitens ist für uns nicht das Interesse des Einzelnen gegenüber dem Gesamtinteresse ausschlaggebend, sondern alle, die auf dem Boden der soziologischen Auffassung des Verbrechens stehen, betonen in erster Linie das Gesamtinteresse und erst in zweiter Linie das des Einzelnen.

Ich möchte mich dann auch bezüglich der sonstigen Ausführungen am heutigen Nachmittage noch gegen ein paar Äußerungen wenden, wobei ich im wesentlichen auf das gestern gesagte zurückgreifen kann.

Ich glaube, daß Herr Oberlandesgerichtsrat Rosenberg doch wahrscheinlicherweise in unserem preußischen Osten nicht unmittelbar tätig gewesen ist. Denn wer im preußischen Osten in politischer Beziehung tätig gewesen ist, der weiß ganz genau, daß mit zweierlei Maß gemessen wird (Sehr richtig!), daß die bestehenden polizeilichen oder etwas darüber hinausgehenden kriminellen Bestimmungen zwar, sagen wir: gegenüber den Sozialdemokraten und Liberalen in aller Strenge, nicht aber gegenüber den Konservativen zur Anwendung gebracht werden. Ich meine das nicht ganz allgemein; aber ich weiß aus allereigenster Erfahrung, daß es, wenn es sich um politische Interessen handelt, ganz ohne weiteres geschieht.

Das gilt aber nicht bloß für den Osten, es gilt auch für den Westen, und ich habe hier in Excellenz Hamm einen klassischen Zeugen. Excellenz Hamm hat uns ja in Karlsruhe erzählt, daß er selber einmal in einem Falle, wo zweifellos ein Verbrechen begangen war, die Staatsanwaltschaft angewiesen oder aufgemuntert hat — ich weiß nicht, ob er selber oder sein Untergebener es gewesen ist — hier eine Verfolgung nicht eintreten zu lassen. Ich finde das vom menschlichen Standpunkt aus bewundernswert. Ich hätte meinerseits freilich nicht den Mut, gegenüber der klaren, unzweideutigen Bestimmung des Gesetzes eine solche Gesetzesverletzung auf mich zu nehmen. Aber ich möchte nur betonen: Können Sie wirklich mit gutem Gewissen sagen, falls ein Mann aus der guten Gesellschaft zu Ihnen als Staatsanwalt kommt und sagt: «Um Gottes Willen, machen Sie meine Tochter nicht unglücklich!» daß Sie sich da in derselben Weise verhalten werden, als wenn etwa ein sozialdemokratischer Agitator zu Ihnen kommt, der die Bergarbeiter gerade in dem betr. Bezirke rebellisch macht? Werden Sie wirklich beim besten Willen, bei der größten Gewissenhaftigkeit imstande sein, aus Ihrer Haut herauszukommen und die gleichen Fälle gleich zu behandeln? Wir sehen, wir kommen über die politischen Erwägungen gar nicht hinweg.

Ich stimme dem vollständig bei: Wie die Dinge heute liegen, haben wir im großen und ganzen zur Staatsanwaltschaft wirklich das große Vertrauen — nicht immer zum Justizminister, aber zur Staatsanwaltschaft — daß sie, nachdem sie durch das Legalitätsprinzip gebunden ist, auch demgemäß vorgeht. Führen Sie heute, wie der Entwurf das vorschlägt, das Opportunitätsprinzip, wenn auch nur in eingeschränktem Maße, ein, so ruinieren Sie die ganze Stellung der Staatsanwaltschaft; Sie drücken sie auf den Standpunkt einer reinen Verwaltungsbehörde hinunter. Es ist uns von Herrn Oberlandesgerichtsrat Rosenberg gesagt worden: Wenn die Gerichte darüber zu entscheiden hätten, ob die Verfolgung oder Nichtverfolgung im öffentlichen Interesse liegt, so würden ja die Gerichte zu politischen Behörden herabgewürdigt. Wenn aber die Staatsanwaltschaft jetzt gerade nach der Meinung des Herrn Oberlandesgerichtsrats Rosenberg entscheiden soll, ob die Erhebung oder Nichterhebung im öffentlichen Interesse liegt, so wird die Staatsanwaltschaft, die sich heute mit besonderer Vorliebe die objektivste Behörde der Welt nennt, gerade dadurch, um mit Rosenberg zu sprechen, zu einer reinen politischen Behörde herabgewürdigt.

Ich habe gestern betont (ich wiederhole es noch einmal): Mir wäre von meinem parteipolitischen Standpunkt aus nichts sympathischer als das Opportunitätsprinzip uneingeschränkt mit der Kontrolle der staatsbürgerlichen Anklage. Aber wenn ich mich auf den Standpunkt der gegebenen Verhältnisse stelle, dann muß ich sagen: Ich kann mir für unsere Staatsanwaltschaft, für unsere ganze Justizverwaltung, für unsere ganze Strafrechtspflege nichts gefährlicheres denken, als das Legalitätsprinzip jetzt in dieser Ausdehnung und ohne jede Kontrolle zu durchbrechen.

Nun könnten wir ja darüber sprechen, in welcher Weise Kontrollmaßregeln zu schaffen und durchzuführen sind. Das ist in fünf Minuten natürlich nicht möglich. In unserer vorgestrigen Versammlung haben wir uns u. a. darüber besprochen, daß wir vielleicht mit einer generellen Klausel auskommen könnten. Wir würden nur verlangen, daß Kontrollen geschaffen werden und zwar andere Kontrollen, als der Entwurf uns gibt, und wir würden uns, unter der Voraussetzung, daß solche Kontrollen gegeben werden, auch mit den Bestimmungen des Entwurfes einverstanden erklären können. Ob das nun die subsidiäre Privatklage des Verletzten oder desjenigen ist, der ein berechtigtes Interesse geltend machen kann, oder die subsidiäre Popularklage oder eine gerichtliche Entscheidung usw., darüber können wir uns am heutigen Abend nicht schlüssig machen. Das würden wir dahingestellt sein lassen. Ich möchte nur dem Herrn Referenten gegenüber betonen: Es kann nicht gesagt werden, daß, wenn wir gerichtliche Entscheidung verlangen, nun alle Querulanten an das Gericht gehen werden; denn es würde diese gerichtliche Entscheidung nicht in einem größeren Umfange als bisher nach § 169. sondern in einem kleineren Umfang, als es bisher der Fall ist, einzutreten haben. Es würde die Überschwemmung also nicht größer als unter dem geltenden Rechte, sondern geringer werden.

Es ist § 365 bezgl. der Jugendlichen aus unserer Beratung ausgeschaltet worden, und ich bin daher nicht in der

Lage, auf Durchbrechung des Legalitätsprinzips bei den Jugendlichen einzugehen. Aber all' die Gründe, die gegen das Opportunitätsprinzip den Erwachsenen gegenüber sprechen, all' diese Gründe gelten mit verdoppelter und verdreifachter Wucht, dort wo es sich um unsere Jugendlichen handelt. Es ist die Möglichkeit nicht ausgeschlossen (wenigstens wird der Verdacht immer bestehen), daß dem Sohn eines gutsituierten Staatsbürgers gegenüber anders vorgegangen werden wird, als dem Sohn eines Proletariers gegenüber, und die Spielweite, die uns der Entwurf gibt, ist auf der einen Seite 15 Jahre Gefängnis und auf der anderen Seite eine bloße Mahnung, die erteilt wird.

Wiederum würde ich sagen: Die allergrößte Gefahr für das Rechtsbewußtsein unseres Volkes erblicke ich in diesem § 365, und allen denjenigen, denen an unserem Jugendgericht und unserm Verfahren gegen Jugendliche gelegen ist, würde ich die dringende Bitte zurufen: Vergiften Sie uns diese im ersten Entstehen, in der ersten Entwicklung begriffene Einrichtung nicht dadurch, daß Sie parteipolitische und klassenpolitische Gegensätze in das Verfahren hineintragen! (Bravo!)

Professor Dr. **Freudenthal**, Frankfurt a. M.: Meine Herren! Die letzten Ausführungen des Herrn Vorredners nötigen mich, eine Frage hier zu behandeln, die mir am Herzen liegt, — mit so wenigen Worten, wie sie in der verfügbaren Zeit eben nur möglich sind, nämlich die, ob bei den Jugendlichen das Legalitätsprinzip, das wir alle ja wohl eben als Prinzip billigen, nicht entgegen dem, was Herr Professor von Liszt soeben ausgeführt hat, zu durchbrechen ist. Nach meiner Ueberzeugung muß das geschehen. Nach meiner Meinung müssen wir den Entwurf in diesem Punkte aufrecht erhalten, aus einer ganzen Reihe von Gründen, von denen ich nur einige hier werde aussprechen können.

Es ist die Autorität des Juristentages, die ich sehr hoch anschlage, gegen den Entwurf ins Feld geführt worden. Der 29. Juristentag hat in der strafrechtlichen Sektion in der Tat das Legalitätsprinzip auch für die Jugendlichen gefordert. Aber dem 29. Juristentage möchte ich hiermit den 27. entgegenstellen, der genau das Gegenteil beschlossen hat: Er hat die Forderung aufgestellt, die unser Entwurf in § 365 verwirklicht, und ich meine, er hat damit recht getan (Sehr richtig!).

Es bestehen zwei Möglichkeiten: Entweder hat der Staatsanwalt die Befugnis, eine ihm unpassend erscheinende Strafverfolgung Jugendlichen gegenüber kurzerhand abzubrechen, oder das Gericht hat hierüber zu beschließen. Da ist dann wieder die Möglichkeit, daß dieser Beschluß erst in der Hauptverhandlung ergeht (dies hält Herr Geheimrat von Lilienthal in seiner Besprechung des Entwurfs für das Richtige), oder aber, daß das Gericht den Einstellungsbeschluß vor der Hauptverhandlung faßt.

Nun meine ich, liegt es hier so, daß wir die Wahl zwischen zwei Uebeln treffen müssen. In keinem Falle kommen wir zu einer uns restlos befriedigenden Entscheidung. Aber wo ist es denn in menschlichen Dingen anders? »Le tout à fait n'est pas de ce monde.« Wir werden uns in irgend einer Weise zwischen den beiden Uebeln entscheiden müssen. Ich habe keinen Zweifel, wohin die Entscheidung gehen muß.

In der einen Wagschale liegt nämlich zwar das Interesse, das wir alle daran haben, daß die Staatsanwaltschaft nicht durch das neue Gesetz zum Gegenstande des Mißtrauens gemacht wird. Niemand wird das wünschen. Ich meine aber, daß dieses Moment hier bei den Jugendlichen viel weniger in Betracht kommt als sonst, wie ich überhaupt ein grundsätzlicher Gegner der Anführung des Mißtrauens gegen unsere Justizorgane, als eines Argumentes gegen sonst zweckmäßige Maßnahmen bin. Ich sehe in diesem immer wieder angeführten Mißtrauen, das man bald gegen dieses, bald gegen jenes Organ hegt, einen der Gründe dafür, daß wir so langsame Fortschritte machen. Wenn man etwas mehr Vertrauen dazu hätte, daß jeder seine Pflicht und Schuldigkeit tun werde, — wie man das in Amerika ohne Weiteres annimmt, oft genug mit weniger Grund als bei uns, — dann würde dies Vertrauen gerechtfertigt und zugleich die Verwirklichung des Zweckmäßigen leichter werden. Einer der ersten Grundsätze gesunder Kriminalpolitik ist der, daß man selbst Straffälligen Vertrauen entgegenbringt, damit sie dieses Vertrauen rechtfertigen. In erster Linie möchte ich wünschen, daß man bei den Organen der Rechtspflege begönne und zu ihnen Vertrauen hätte.

Glauben wir denn übrigens wirklich, daß die Beurteilung

der Staatsanwaltschaft und ein etwaiges Mißtrauen des Volkes ihr gegenüber von der Behandlung wesentlich abhängen wird, die den Jugendlichen durch die Staatsanwaltschaft zuteil werden wird? Nach meiner Meinung stehen da ganz andere Dinge in erster Linie. Es wird sich um politische Delikte, auch vielleicht um gewisse Uebertretungen handeln, aber um die Behandlung von Jugendlichen ganz gewiß nicht in besonderem Maße.

Warum trägt man denn kein Bedenken, die Garantien bei der Behandlung Jugendlicher in anderen Fällen zu vermindern? Warum sehen wir denn z. B. schon im geltenden Rechte von dem Schwurgerichte gegenüber Jugendlichen ab? Warum dehnen wir denn jetzt im Entwurfe die Zuständigkeit der mit zwei Schöffen neben dem einen Berufsrichter besetzten Amtsgerichte auf Fälle aus, in denen bisher die Fünfmänner-Kammern geurteilt haben? Eben darum, weil wir meinen, daß wir bei den Jugendlichen diese Garantien entbehren können. Ich glaube, das Volk wird ein sehr feines Empfinden dafür haben, daß die Staatsanwaltschaft, wenn sie die Strafverfolgung Jugendlicher kurz abbricht, in vielen Fällen ein gutes Werk tut, daß sie es nämlich dadurch ermöglicht, den Jugendlichen nicht in einen langen Strafprozeß hineinzuziehen und ihn vor allem nicht in die für ihn so gefährliche Hauptverhandlung zu bringen.

Ich meine auch, die Jugendlichen in ihrer Allgemeinheit sollen nicht darunter leiden, daß man die Staatsanwaltschaft vor Mißtrauen schützen will. In erster Linie sollten uns hier die jugendlichen Verbrecher, deren alljährlich abzuurteilende große Zahl bekannt ist, stehen und nichts anderes.

Einen gewissen Ausgleich gewährt unser Entwurf ja auch dadurch, daß er in § 365 Abs. 2 die Vorlegung der Akten an die Vormundschaftsbehörde im Falle der Nichtklageerhebung verlangt. Das halte ich für sehr gut, obwohl es gewiss keine vollkommen ausgleichende Bestimmung ist.

Wir haben aber in gleicher Richtung noch andere Bestimmungen:

Vor allen Dingen bitte ich, Sie auf folgendes aufmerksam machen zu dürfen. Sonst ist es beim Opportunitätsprinzip das öffentliche Interesse an der Verfolgung, das entscheidet.

Hier ist es etwas völlig anderes: Hier ist es das öffentliche Interesse an der Bestrafung, von dem die Klageerhebung abhängen soll. Vom öffentlichen Interesse an der Verfolgung ist nicht die Rede. Ich behaupte, daß man Vorliegen oder Fehlen des öffentlichen Interesses an der Bestrafung regelmäßig sehr gut feststellen kann und daß in weitaus der Ueberzahl der Fälle dabei keine Schwierigkeit bestehen wird, selbst wenn man annimmt, daß eine Schwierigkeit bezüglich der Feststellung des öffentlichen Interesses an der Strafverfolgung besteht.

Wenn früher das Reichsgericht erkannt hat, daß der Antrag auf gerichtliche Entscheidung in den Fällen, die hier in Frage stehen, deshalb nicht statthaft sein soll, weil der Opportunitätsgesichtspunkt nicht vom Gerichte nachgeprüft werden solle und könne, so kommt das bei dem öffentlichen Interesse an der Bestrafung nicht in Betracht. Warum sollte das Gericht dies nicht nachprüfen? Und wenn § 177 des Entwurfes, der von dem Antrag auf gerichtliche Entscheidung gegenüber versagter öffentlicher Klage spricht, bei den Jugendlichen nicht anwendbar sein sollte, — was mir zweifelhaft scheint —, so mache man ihn anwendbar; dann hat man eine starke Kautel.

Man kann ferner bei der Staatsanwaltschaft sehr wohl Spezialisten für Jugendliche schaffen, und ich meine, daß die von Herrn Landgerichtsdirektor Aschrott empfohlenen Jugendanwälte es wert sind, daß wir für sie eine Lanze brechen. Wenn diese Spezialisten bei der Staatsanwaltschaft vorhanden sind, werden wir sehr wohl ihnen anvertrauen dürfen, was ihnen § 365 gewähren will.

Verhüten wir endlich eine Diskreditierung des eben erst geschaffenen Jugendgerichts! Denken wir daran, daß es das Jugendgericht ist, dem statt der Staatsanwaltschaft die Entscheidung über die Verfolgung des Jugendlichen zufallen würde. Wenn das Jugendgericht aber in einem Einzelfalle die Strafverfolgung ablehnt und die Sache darauf in die Instanzen geht und die Strafverfolgung von der höheren Instanz beschlossen wird, hat dann wirklich der Jugendrichter in der Hauptverhandlung noch die Autorität, die er für die Entscheidung zwischen der Bestrafung und den Erziehungsmaßregeln von

§ 374 des Entwurfs haben muß? Wir wollen — und darin stimme ich mit Herrn Professor **von Liszt** voll überein — freie Bahn schaffen für eine fördersame und gedeihliche Behandlung der jugendlichen Verbrecher vor den Jugendgerichten. In deren Interesse liegt § 365 des Entwurfs, wie ich glaube, in hohem Maße.

Rat am bayerischen Obersten Landesgericht und Professor Dr. **Harburger**, München: Ich möchte mich gegen die Beschränkungen aussprechen, die bezgl. des Legalitätsprinzips in Aussicht genommen sind, und zw. zunächst gegen die Beschränkung in § 155, insbesondere um deswillen, weil nach meiner Auffassung diese Beschränkungen gegen § 3 des Strafgesetzbuches angehen und ohne eine Änderung dieses Paragraphen wohl nicht durchführbar sind.

Insbesondere sind Straftaten, die teils im Inland, teils im Ausland begangen wurden, eben zugleich im Inland verübt und unterliegen nach der kategorischen Bestimmung des § 3 der Bestrafung nach den deutschen Gesetzen. Dies gilt auch von den Handlungen, die an Bord eines ausländischen Schiffes in einem deutschen Hafen begangen wurden. Die Bemerkung auf S. 254 der Begründung, daß vielfach solchen Falles die Tat als im Gebiete des Staates begangen angesehen wird, dem das Schiff angehört, ist ungenau, da dies nur nach dem französischen Recht der Fall ist.

Die Ausführungen auf Seite 254 erscheinen mir auch in Bezug auf die leichteren Delikte besonders bedenklich. Es wurde schon darauf hingewiesen, daß hier leicht und ohne Absicht eine ungleiche Behandlung eintritt und daß wenigstens die Befürchtung, daß eine ungleiche Behandlung beabsichtigt sei, entstehen könnte. Das wird besonders in Bezirken mit verschiedenen sozialen Schichten der Fall sein, und darum wird man sagen können, es ist geradezu für die Staatsanwaltschaft ein Danaergeschenk, wenn man es in ihr Ermessen stellt, ob sie die Anklage erheben wolle oder nicht. Übrigens könnte dies ein eigentümliches Resultat zeitigen. Einerseits schriebe der Buchstabe des Gesetzes der Staatsanwaltschaft vor, sie solle das öffentliche Interesse in der Weise wahrnehmen, daß sie, soweit es nicht nötig ist, die Anklage nicht erhebt. Andererseits könnte sich aus der scheinbar oder wirklich verschiedenen Behandlung anscheinend oder wirklich gleicher Fälle eine Unzufriedenheit ergeben. Das öffentliche Interesse geht aber dahin, eine solche Unzufriedenheit zu vermeiden. So könnte es also kommen, daß die Staatsanwaltschaft, wenn sie den Wortlaut des Gesetzes anwendet, unter Umständen gegen dessen Geist verstößt.

Die Richtung, von der aus für die dermalen zweifellos vorhandenen Mißstände die Abhilfe kommen muß, wurde auch schon von anderen bezeichnet; es ist nur zu machen mit einer Änderung des materiellen Rechts. In Deutschland wird zu viel reglementiert und mit Strafen gedroht. Man wird sich darauf beschränken müssen, nur bedeutendere Verfehlungen auf dem Übertretungsgebiete mit kriminellen Strafen zu bedrohen und sich damit begnügen müssen, für manche Dinge auf dem Gebiete des Polizeirechts reine Ordnungsstrafen anzuwenden.

Aber insbesondere glaube ich, daß es notwendig sein wird, das jetzt herrschende System in der Richtung vollkommen aufzugeben, daß öffentlich-rechtliche Fragen, Kontroversen über öffentlich-rechtliche Berechtigungen oder Verpflichtungen aut dem Wege des Strafverfahrens ausgetragen werden. Fragen des Wegepolizeirechts, des Baurechts, des Gewerberechts, die oft sehr bestritten sind, werden heutzutage in der Weise ausgetragen, daß man den Betreffenden in den Anklagezustand versetzt. Das verlangt unsere Rechtsordnung nicht. Solange eine Streitfrage auf dem Gebiete des öffentlichen Rechts vorhanden ist, möge man sie auf dem Wege des verwaltungsrechtlichen Feststellungsverfahrens zur Entscheidung bringen, und erst, wenn sich jemand gegen eine solche Entscheidung oder gegen die feststehende Auslegung eines Gesetzes vergangen hat, hat das Strafgericht einzuschreiten. Daß man aber von vornherein die Entscheidung auf dem Wege sucht, daß der Mann strafrechtlich verfolgt wird, das halte ich für jedem Rechtsgefühl geradezu in das Gesicht schlagend (Lebh. Bravo!). Ich habe jüngst den Fall erlebt, daß gegen den Direktor einer hochangesehenen Privateisenbahngesellschaft in drei Instanzen als Angeklagten verhandelt wurde, weil er der Ansicht war, daß seine Gesellschaft nicht verpflichtet sei, längs eines Bahnhofs ein Trottoir herzustellen, wie ihr durch eine

Polizeiverordnung auferlegt worden war. Solche Fragen gehören vor die Verwaltungsgerichte und nicht vor die Strafgerichte. Dadurch würde die Zahl der Übertretungen und leichteren Delikte viel geringer werden, und dann, glaube ich, wird man es bezüglich der staatsanwaltschaftlichen Verfolgungspflicht beim Alten bleiben lassen können; denn nichts ist gefährlicher, als das Vertrauen, das die Staatsanwaltschaft z. Zt. glücklicherweise im deutschen Reiche genießt, dadurch zu untergraben, daß in dem einen Falle die Verfolgung eintritt und in dem anderen nicht.

Von diesem Standpunkt aus glaube ich, mich entschieden gegen die Vorschläge aussprechen zu sollen, die eine Abschwächung des Legalitätsprinzips bezielen (Bravo!).

Oberlandesgerichtspräsident a. D. Excellenz Dr. Hamm, Bonn: Die Frage, um die es sich handelt, ist meines Erachtens in zweierlei Beziehungen in eine schiefe Stellung gekommen. Einmal schon dadurch, daß die Frage auf eine Entscheidung zwischen Legalitäts- und Opportunitätsprinzip gestellt ist — ich hätte die Frage auf Ausdehnung der Privatklage gestellt — zweitens aber dadurch, daß die Behandlung der Uebertretungen und die Bestrafung der Jugendlichen damit verquickt worden ist. Letztere beide Fragen scheide ich ganz aus. Bei Uebertretungen kann nicht entschieden werden, ob ihre Verfolgung im öffentlichen Interesse liegt, denn sie sind überhaupt nur wegen des öffentlichen Interesses verfolgbar. (Sehr richtig!) Und bei den Jugendlichen handelt es sich nicht darum, ob die Verfolgung im öffentlichen Interesse erforderlich, sondern ob im Interesse des Jugendlichen eine Verfolgung gestattet ist.

Die Frage, um die es sich hier handelt, ist die der Ausdehnung eines verkümmerten Instituts unserer Strafprozeßordnung und unseres Strafgesetzbuches, nämlich der Privatklage. Das Surrogat der Privatklage ist in unserm Strafgesetzbuch der Strafantrag des Verletzten geworden. Das ist ein ganz falsches System. Man kann die Frage, ob ein öffentliches Interesse an der Verfolgung vorliegt, nicht auf dem Wege des Strafantrags lösen. Denjenigen Herrn, die sagen, sie wollten das Legalitätsprinzip nicht durchbrechen, antworte ich: Ist es denn nicht schon in vielen Fällen durch das Erfordernis eines Strafantrags des Verletzten durchbrochen? Wenn bei Ehebruch der Ehegatte keinen Strafantrag stellt, weil er die ehebrecherische Gattin nicht bestraft haben will, so liegt das ganz anders, als z. B. bei der leichten Körperverletzung. Bei letzterer ist ein Strafantrag nötig, nicht weil der Verletzte ein Interesse an der Nichtverfolgung haben kann, sondern weil die Öffentlichkeit meist kein Interesse an der Verfolgung hat und das Interesse des Verletzten an der Verfolgung so gering sein kann, daß auch er auf die Verfolgung keinen Wert legt. Das ist dann doch eine Durchbrechung des Legalitätsprinzips. Wer streng auf dem Standpunkte des Legalitätsprinzips steht, muß sagen: es geht nicht, die Verfolgung einer leichten Körperverletzung, die aber vielleicht eine große Insulte für den Betreffenden enthalten kann, davon abhängig zu machen, ob der Verletzte einen Antrag stellt, oder sich etwa durch Geld abfinden läßt.

Die Frage muß so gestellt werden: Werden diejenigen Fälle, in denen das Strafgesetzbuch, also das materielle Recht, die Verfolgung vom Strafantrage des Verletzten nicht aus dem Gesichtspunkte, daß der Verletzte ein Interesse an der Nichtverfolgung hat, sondern aus dem Gesichtspunkte, daß kein öffentliches Interesse für die Verfolgung besteht, abhängig macht — nicht viel besser reguliert durch die Privatklage zusammen mit der Aufhebung des Legalitätsprinzips, als durch das im materiellen Strafrecht aufgestellte Erfordernis des Strafantrags des Verletzten? Die jetzigen materiellen Bestimmungen des Strafrechts über den Strafantrag bringen eine Kasuistik hervor, die unausstehlich ist. Es ist in keiner Weise sachgemäß, daß zwischen einer leichten Ohrfeige und einem Stiche mit einem Messer dahin ein Unterschied gemacht wird, daß in dem einen Falle ein Strafantrag nötig ist, in dem anderen Falle, wo es sich um ein gefährliches Werkzeug handelt, nicht. Die Entscheidung darüber, ob ein öffentliches Interesse an der Verfolgung besteht, kann nicht in einer kasuistischen Bestimmung, sondern nur in den Umständen des einzelnen Falles liegen. Im einzelnen Falle kann die Verfolgung einer Ohrfeige ein viel größeres öffentliches Interesse haben, als die eines Stiches mit einem Messer, z. B. wenn ein roher Bursche dem Mädchen, das er geschwängert hat und das von ihm Alimente für das Kind verlangt, eine Ohrfeige gibt. Die Entscheidung muß im einzelnen Falle getroffen werden.

Wir wollen keine generelle Aufhebung des Legalitätsprinzips, sondern wir wollen nur in all' den Fällen, wo schon jetzt im materiellen Recht anerkannt ist, daß in der Regel kein öffentliches Interesse an der Verfolgung besteht, und bloß verfolgt werden soll, wenn der Verletzte es beantragt, in all' diesen Fällen wollen wir das Erfordernis eines Strafantrages des Verletzten aufheben und statt dessen dem Verletzten das Recht der Privatklage, aber der Staatsanwaltschaft zugleich das Recht geben, sofern der Verletzte Privatklage nicht erhebt, die öffentliche Klage zu erheben, wenn dies nach den besonderen Umständen des Falles im öffentlichen Interesse geboten erscheint.

Wir haben unter dem Reichs-Strafgesetzbuche während der ersten Jahre wegen übermäßiger Ausbildung des Erfordernisses eines Strafantrages des Verletzten die tollsten Zustände gehabt. Da sind unerträgliche Sachen vorgekommen. Der Strafantrag konnte bis zum letzten Momente zurückgenommen werden, und es wurde geradezu zum Skandal, wie die Verletzten sich noch im letzten Augenblick durch Geld abfinden ließen. Beinahe an der Barre des Gerichts wurde das Geld hingezählt, und dann sagte der Verletzte: «Ich ziehe meinen Strafantrag zurück.» Da hätte der Staatsanwalt befugt sein müssen, einzugreifen und zu sagen: «Ich erhebe die öffentliche Klage und dulde nicht, daß der Mann durch Geld abgefunden wird.» Man hat dann sehr bald durch die Novelle von 1876 die Zahl der Antragsdelikte und die Rücknahme des Antrags beschränkt.

Meines Erachtens muß man einen Schritt weiter gehen und den Strafantrag in den Fällen, wo in der Regel kein öffentliches Interesse an der Verfolgung besteht, ganz streichen. Die Unterscheidung zwischen Delikten, die im Wege der öffentlichen und solchen, die im Wege der Privat-Klage verfolgt werden, ist schon im römischen Recht vorhanden, wo man zwischen delicta privata und publica unterschied und die Mehrzahl delicta privata waren. Das muß uns, nachdem die öffentliche Klage die Regel geworden ist, zu einer erweiterten

Zulassung der Privatklage führen. Es gibt eine Reihe von Delikten, bei welchen in der Regel ein öffentliches Interesse an der Verfolgung nicht besteht, vor allem die größere Zahl der Antragsdelikte. Bei diesen muß die Privatklage zugelassen und die öffentliche Klage in das Ermessen der Staatsanwaltschaft gestellt werden. Das ist das, was der Entwurf machen will und dem wir zustimmen sollten. Aber nicht, wie Herr Oberlandesgerichtsrat Rosenberg will, daß allgemein bei leichten Fällen von Vergehen und Uebertretungen die Privatklage zugelassen wird, sondern so, daß die Delikte bestimmt werden, bei welchen sie zugelassen wird, so bei der leichten Körperverletzung, dem einfachen Hausfriedensbruch und dergl. Nehmen wir aber vor allem, was der Entwurf übersehen hat, die Patentverletzungen mit hinein, wie alle Verletzungen des geistigen Eigentums. Bei dem unlauteren Wettbewerb ist es schon so gemacht. Es ist da in Nachfolge verdienender Weise der Versuch gemacht, den Begriff des Verletzten zu erweitern. Wir haben im unlauteren Wettbewerb einen Strafantrag und eine Privatklage von gewerblichen Vereinen und Kammern. Man muß m. E. allgemein den Begriff des Verletzten erweitern, nicht nur ein pekuniäres, sondern auch ein ideales Interesse berücksichtigen.

Meine Herren! Die ganze Sache hätte nach meiner Ansicht nicht so viel Staub aufgewirbelt, wenn man gesagt hätte, daß es sich um die Entwickelung der verkümmerten Privatklage handle. Es wurde s. Zt. das deutsche Strafgesetzbuch vor der deutschen Strafprozeßordnung fertiggestellt (jetzt ist es ja umgekehrt), und man konnte daher damals die Privatklage nicht in der erforderlichen Weise ausbauen.

Der Strafantrag des Verletzten ist immer ein Zwitterding zwischen einem materiellen und einem prozessualen Rechtsinstitut gewesen. Wenn wir bei den betreffenden Delikten den Strafantrag des Verletzten streichen, dagegen die Privatklage unter Ausdehnung des Begriffs des Verletzten zulassen und auf diese Weise den Staatsanwalt in die Lage setzen, bei Nichterhebung oder Nichtdurchführung der Privatklage, wo es im einzelnen Falle nötig erscheint, die Verfolgung im Wege der öffentlichen Klage in die Hand zu nehmen, dann haben wir eine große Verbesserung erreicht. Namentlich fällt dann auch die Möglichkeit weg, daß der Verletzte sich sein Verfolgungsrecht abkaufen läßt.

Der Vorschlag, daß das Gericht über die Erhebung der öffentlichen Klage entscheiden soll, ist unpraktisch. Das Gericht darf man nicht mit derartigen Entscheidungen nach Ermessen belasten und damit richterlichen Entscheidungen im Volke das Ansehen völliger Objektivität rauben.

Die Staatsanwaltschaft ist zwar keine Verwaltungs- aber auch keine reine Justizbehörde, sondern sie steht in der Mitte zwischen beiden; ihrer Stellung entspricht ein Entscheiden nach Ermessen aus dem Gesichtspunkt des öffentlichen Interesses.

Als in den 40er Jahren des vorigen Jahrhunderts Savigny, einer der damaligen zwei preußischen Justizminister, in Preußen für die Errichtung einer Staatsanwaltschaft eintrat, sollte damit eine Justizbehörde als Kontrollbehörde gegenüber der bis dahin allmächtigen Polizei begründet werden und galt das als ein großer liberaler Fortschritt.

Noch eins möchte ich bemerken mit Rücksicht darauf, daß Herr Geheimrat von Liszt den Vorschlag Gneists, die Popularklage einzuführen, wieder aufgenommen hat. Die Popularklage hat eine große Gefahr. Sie kann dazu führen, daß jeder aus dem Volke, der von einer Straftat Kenntnis erhalten hat, ohne Verletzter zu sein, an den Straftäter herantritt und ihn zum Zwecke der Erpressung bedroht: «Ich erhebe gegen dich die Popularklage wegen der Tat, wenn du mir nicht soundsoviel Geld gibst.» Zudem müßte doch die rechtskräftige Abweisung einer Popularklage eine abermalige Strafverfolgung ausschließen. Dann wäre es aber das Allereinfachste für einen Straftäter, der z. B. ein Unzuchtverbrechen begangen hätte, sich jemanden zu kaufen, der ihn mit der Popularklage verfolgt, aber dann keine ausreichende Beweise erbringt. Muß daraufhin die Klage abgewiesen werden, so wäre der Täter auf diesem Wege gegen jede Verfolgung gedeckt.

Amtsgerichtsrat Dr. **A. Hartmann**, Berlin: Verehrte Anwesende! Herr Geheimrat von Liszt hat ein Bild in Beziehung auf die Handhabung des Legalitätsprinzips entworfen, das ich für durchaus richtig halte. Ich muß gestehen, daß ich in dieser Hinsicht jedes Wort unterschreiben möchte, das Herr Geheimrat von Liszt hier ausgesprochen hat. Genau so ist es wenigstens im Osten der Monarchie, so weit mein Gesichtskreis reicht. Es gilt bei uns jetzt noch genau so wie früher in gewissen Grenzen in Wahrheit der Satz: die großen Diebe läßt man laufen und die kleinen hängt man.

Aber ich kann Herrn Geheimrat von Liszt nicht in der Schlußfolgerung beitreten, die er daraus gezogen hat. Ich muß bekennen, diesen Schluß zu verstehen, ist mir überaus schwer. Weil der jetzige Zustand, also das Legalitätsprinzip, tatsächlich eine Unwahrheit geworden ist, weil der wirkliche Zustand im Widerspruch mit dem Gesetze steht, weil das Gesetz sich als ohnmächtig erwiesen hat, den Mißständen zu begegnen, die Herr Geheimrat von Liszt so beredt geschildert hat, soll das Legalitätsprinzip aufrecht erhalten werden? Das ist kaum zu verstehen.

Ich kann mir nur einen Grund dafür denken. Herr Geheimrat von Liszt wird sagen: wenn wir das Legalitätsprinzip haben, so ist immer noch eine gewisse Schranke vorhanden, welche verhindert, daß der Zustand noch schlimmer wird. Nur so kann man diesen Standpunkt begreifen. Das aber halte ich eben für einen fundamentalen Irrtum. Das Legalitätsprinzip ist ja doch faktisch mit einem Anklagemonopol, mit einer Gesamtheit von Einrichtungen, von Verhältnissen und Zuständen verbunden, welche dahin geführt haben, daß der Sinn des Publikums, der Verletzten selbst, für eigene Strafverfolgung im ganzen wenig entwickelt ist, und daß es außerordentlich schwer ist, selbst irgendwie vorzugehen, wenn der Staatsanwalt seinerseits nicht vorgeht.

Wird das Legalitätsprinzip beseitigt, so wird meines Erachtens die Folge sein: es tritt frische Luft ein, es hört ein starker Widerspruch zwischen Gesetzeslage und wirklichen Verhältnissen auf; daneben aber entwickelt sich die Kraft des Publikums, selbst vorzugehen und nun seinerseits (und sei es auch zunächst im Wege der Presse, so lange nicht öffentliche Einrichtungen dafür geschaffen sind), dafür einzutreten, daß das Recht verwirklicht wird, im Wege der Privatklage, oder in welcher Art und Weise das immer sein mag.

Das Legalitätsprinzip dient also nicht dazu, schlimmeres zu verhüten, sondern wenn wir das Legalitätsprinzip aufheben und durch das Opportunitätsprinzip ersetzen, haben wir den Vorzug allgemeiner reiner Luft und einer wirklichen aktiven Beteiligung des Publikums an der Strafverfolgung.

Geh. Hofrat Professor Dr. **von Lilienthal**, Heidelberg: Meine Herren! Ich möchte mich zunächst mit zwei Worten gegen den verehrten Herrn Kollegen Klee wenden. Ich glaube, gerade am gestrigen Tage haben wir eigentlich die Staatsanwaltschaft weniger angegriffen, als ihr ein bischen den Hof gemacht. Wir haben ihr von allen Seiten das vollste Zutrauen ausgesprochen. Ich weiß nicht, was man eigentlich mehr verlangen könnte. Jedenfalls weiß ich mich von jeder feindlichen Tendenz der Staatsanwaltschaft gegenüber frei, und ich möchte das auch für die wenigen Worte, die ich noch zu sagen habe, ganz besonders betonen.

Es handelt sich um Legalitätsprinzip oder Opportunitätsprinzip. Ich habe gar keine Bedenken, zu bekennen, daß ich ein Anhänger des Legalitätsprinzips bin und daß ich das Legalitätsprinzip so weit durchgeführt sehen möchte, wie das irgend möglich ist. Nun muß man ja allerdings zugeben, daß es für die Übertretungen — und ich will hier nur von den Übertretungen sprechen — tatsächlich nur auf dem Papiere steht und daß sich daran wohl auch nicht viel ändern läßt. Ob diese Überzahl von Strafandrohungen für Übertretungen nun wirklich notwendig wäre, das ist ja eine Frage des materiellen Rechts, auf die wir hier nicht einzugehen brauchen. Aber wenn die Staatsanwaltschaft die Wahl hat, Übertretungen zu verfolgen oder nicht zu verfolgen, so ist eine Kontrolle unentbehrlich, und ich möchte noch einmal betonen, daß ich gerade hier in diesen Fällen die Popularklage für eine durchaus geeignete Kontrolle halte und zwar aus dem Grunde, weil hier alle die Bedenken, die sonst mit vollem Rechte geltend gemacht worden sind, wegfallen. Bei Übertretungen kann man keine Erpressung ausüben; das zieht nicht, das hat keinen Sinn. Es wird sich auch so leicht niemand bei einer einfachen Übertretung berufen fühlen, den anderen vor den Kadi zu schleppen.

Aber es gibt eine ganze Reihe von Fällen, wo einzelne Übertretungen eine politische Bedeutung erlangen, an die man vielleicht gar nicht gedacht hat. Ich möchte hier an ein Beispiel erinnern, das der Herr Kollege Heinemann in seiner Besprechung des Entwurfs in der «Neuen Zeit» angeführt hat. Nach dem preußischen Preßrecht, das in dieser Beziehung noch in Kraft steht, sind Plakate auch mit polizeilicher Genehmigung nur zulässig, wenn sie sich auf gesetzlich nicht verbotene Versammlungen, gefundene und gestohlene Sachen usw. beziehen. Alle anderen Plakate sind unmöglich. Diese Bestimmung wird bei politischen Plakaten ziemlich häufig angewendet, aber niemals auf die große Menge sonstiger Plakate (was auch außerordentlich schade wäre), die man z. B. in Bahnhöfen sieht, in denen Mädchen darauf aufmerksam gemacht werden, wo sie sichere Unterkunft finden, oder in denen zum Beitritt zu christlichen Vereinen usw. aufgefordert wird. Wenn in einem Falle, wo gegen ein politisches Plakat eingeschritten worden ist, jemand ex populo auftritt und ebenfalls ein Einschreiten gegen die anderen erwähnten Plakate erzwingt, dann wird die Sinnlosigkeit dieser Bestimmung auch weiteren Kreisen klar, und das wird zu ihrer Aufhebung führen. So ist es auch in vielen anderen Fällen: es kann durch Auslegung der Gerichte oder durch Änderung des Gesetzes die richtige Bahn eingeschlagen werden, nachdem man die Torheit einer Bestimmung oder deren üblicher Anwendung durch eine Popularklage klargelegt hat. Deshalb würde ich die Klage für ein wertvolles Kontrollmittel halten.

In allen anderen Fällen gebe ich zu, daß sie gefährlich ist; aber für die Übertretungen habe ich mich davon nicht überzeugen können. und ich glaube, bei näherer Überlegung wird es auch den Gegnern der Popularklage nicht ganz leicht werden, hier die wirkliche Gefahr nachzuweisen. Es will mir deshalb gerade hier in diesen Fällen, bei den Übertretungen, die Popularklage als das wirksamste Korrektivmittel erscheinen (Bravo!).

Rechtsanwalt Dr. S. **Löwenstein**, Berlin: Meine Herren! Es ist selbstredend, daß jeder denkende Kriminalpolitiker eine Einschränkung unserer allzuvielen Strafprozesse, wenn sie nicht mit einer Erschütterung des Vertrauens in die Strafrechtspflege selbst verbunden ist, freudig begrüßen wird. Eine Einschränkung der Strafprozesse wird die Abschaffung des Legalitätsprinzips zweifellos zur Folge haben. Aber mit dieser Einschränkung wird meiner Überzeugung nach, wenn sie auf der Grundlage des Gesetzes erfolgt, wie der Entwurf sie will, auch das Vertrauen in die Unparteilichkeit der Strafrechtspflege zusammenbrechen.

Maßgebend soll künftig für eine große Reihe von Delikten bezüglich ihrer Strafbarkeit bezw. ihrer Bestrafung das öffentliche Interesse sein. Herr Staatsanwalt Feisenberger hat die Schwierigkeit hervorgehoben, die die Definition des Begriffes des öffentlichen Interesses verursachen muß. Meine Herren! Diese Schwierigkeit ist meiner Überzeugung nach nicht vorhanden. Im Gegenteil! Theoretisch mag man sie zugeben; praktisch ist die Frage, was öffentliches Interesse ist, längst gelöst, und diese Lösung ist eine derartige, daß uns vor ihr grauen kann und uns der Appetit vergeht, sie noch auf weitere Delikte auszudehnen, als die Strafprozeßordnung dies bereits getan hat.

Praktisch — und darauf kommt es für uns praktische Strafpolitiker einzig und allein an — bedeutet «öffentliches Interesse» weiter nichts als das sachgemäße Ermessen, und das sachgemäße Ermessen ist weiter nichts als die freie Willkür der strafverfolgenden Behörde. Daran läßt sich nicht rütteln und nicht deuteln für jeden, der die Praxis unserer strafverfolgenden Behörden in bezug auf das einzige Delikt kennt, bei dem der Begriff des öffentlichen Interesses schon heute eine Rolle spielt, in bezug auf die Beleidigung. Sie können es an ein und demselben Gericht, an ein und derselben Abteilung des Schöffengerichts erleben — ich spreche jetzt gar nicht von politischen Dingen, ich spreche gar nicht von Befangenheit und Voreingenommenheit —, daß Herr Schulze die Frau Müller eine unanständige Person genannt hat, und daß öffentliche Klage erhoben worden ist, daß aber umgekehrt Frau Müller die Frau Schulze als unanständige Person bezeichnet hat und diese auf den Weg der Privatklage verwiesen wird.

Ich will gar nicht reden von den Fällen, wo nun gar in diese der Allgemeinheit gleichgültigen Sachen noch ein politisches oder persönliches Moment hineingetragen wird. Hier können Sie es erleben, daß die königliche Staatsanwaltschaft ein öffentliches Interesse annimmt, wenn der Bürger Schulze dem Kriminalbeamten soundso, nachdem dieser ihn angefahren hat, erwidert: «Halten Sie den Mund!» und öffentliche Klage erhebt, und daß, wenn ein sozialdemokratischer Reichstagsabgeordneter in voller Öffentlichkeit ein Schurke, Bestecher, Erpresser genannt ist, das öffentliche Interesse verneint wird. Das muß davon überzeugen, daß der Begriff des öffentlichen Interesses mit dem freien Ermessen, mit der Willkür praktisch identisch ist, und wenn Sie an die Stelle der Gesetzesworte «öffentliches Interesse» die Wahrheit setzen: «Nach dem Ermessen der königlichen Staatsanwaltschaft», dann möchte ich denjenigen sehen, der noch für diesen Entwurf stimmt.

Ich bin der Meinung, daß der Herr Referent seinem Vorschlage selbst das Urteil gesprochen hat, und zwar mit zwei Worten, indem er sagte: «Meinetwegen lassen wir insoweit eine Ausnahme eintreten, als politische Delikte in Frage kommen.»

Es ist bei dieser Gelegenheit von anderen Rednern auch wieder erwähnt worden, die Definierung des Begriffes «politisches Delikt» sei eine schwierige. Ich antworte: sie ist eine überaus leichte. Politisches Delikt ist jedes Delikt, welches im Strafgesetzbuche vorkommt, bezw. es kann zu einem politischen Delikte werden, und dieser Nachweis ist unendlich einfach. Der Herr Referent hat von der Gleichgültigkeit des Radfahrens auf verbotenen Straßen gesprochen. Nehmen wir an: Heute ist in Berlin Wahl. Die Schlepper treten in Aktion. Der konservative Schlepper radelt über die Friedrichstraße, der sozialdemokratische hinter ihm her. Ist das ein politisches Delikt oder ist es kein politisches Delikt? Wird nicht in dem einen Falle das öffentliche Interesse verneint, im andern Falle das öffentliche Interesse bejaht werden?

Und selbst die teppichklopfende Babette begeht ja in gewissem Sinne auch ein politisches Delikt, jedenfalls ein Delikt, daß in einem Falle das öffentliche Interesse sehr lebhaft tangiert, im andern Falle nicht. Ist es die teppichklopfende Babette des Herrn Bürgermeisters, die den unter ihm wohnenden Herrn Schulze oder Herrn Müller belästigt, dann ist natürlich ein öffentliches Interesse nicht gegeben, und der Vorfall ist ganz gleichgültig. Aber stelle man sich vor, die teppichklopfende Babette stört den darüber wohnenden Herrn Minister oder in einem kleinen Orte den Herrn Bürgermeister! Glauben Sie, daß dann kein öffentliches Interesse vorläge, energisch einzuschreiten und das Teppichklopfen der Babette zu verbieten?

Auf der Basis, die der Entwurf uns vorschlägt, kann das ideale Ziel der Einschränkung der Strafprozesse nicht erreicht werden. Wenn es einen Weg gibt, dann ist es der Weg, den Exzellenz Hamm hier vorgeschlagen hat, dessen Ausführungen ich im wesentlichen unterschreiben möchte: Die Ausdehnung der Privatklage, und zwar nicht nur auf diese gleichgültigen Übertretungen, die überhaupt für die große Strafrechtspflege (mögen sie auch zu Millionen vorkommen) von untergeordneter Bedeutung sind, sondern auch auf die unendlich viel wichtigeren kleinen Eigentumsdelikte. Ich nenne: Unterschlagungen, Betrügereien, kleine Diebstähle, die im alltäglichen Leben immer und immer wieder vorkommen und unendlich viele Menschen zu Verbrechern stempeln, weil sie wegen dieser Bagatellsachen vor Gericht gezogen werden mußten, während sie, wenn die Sachen im Wege der Privatklage hätten verfolgt werden können und müssen, wahrscheinlich straffrei ausgegangen und nicht zum Auswurf der menschlichen Gesellschaft degradiert worden wären (Bravo).

Referendar **S. Bleeck**, Charlottenburg: Wenn Sie mir erlauben wollen, Ihre Aufmerksamkeit in Anspruch zu nehmen, obgleich ich wissenschaftlich ein vollkommen unbeschriebenes Blatt bin oder, genauer gesagt, kein Blatt beschrieben habe, und obgleich meine inferiore Dienststellung mir keinen Anspruch auf Ihre Aufmerksamkeit gibt, so will ich mich kurz fassen und hoffe Ihre Erlaubnis nicht zu mißbrauchen.

Ich möchte zunächst eine Bemerkung machen, die mir zu dem Thema des jetzigen Referats zu gehören scheint. Sie betrifft die Stellung der Staatsanwälte bei den Amtsgerichten, die Stellung der Amtsanwälte. Es ist ja sonst schon wiederholt darauf hingewiesen, daß es doch durchaus notwendig ist, auch an die Amtsgerichte Staatsanwälte mit juristischer Vorbildung, mit der Befähigung zum Richteramt zu setzen, aber ich glaube, es wäre doch dringend erwünscht, hier, bei der Erörterung der Stellung der Staatsanwaltschaft, davon zu sprechen; die Forderung ist um so dringlicher, je weiter man die Zuständigkeit der Amtsgerichte ausdehnen und je mehr man der Staatsanwaltschaft wichtige Entscheidungen im Prozesse und dem Staatsanwalt eine gesteigerte Tätigkeit in der Hauptverhandlung geben will.

Dann möchte ich noch eine kurze grundsätzliche Bemerkung zu der Frage des Legalitätsprinzips machen. Wenn man das Legalitätsprinzip einschränken will, so kreuzen sich dabei, glaube ich, mehrere Ideen, aus denen heraus man gegen das Legalitätsprinzip ist.

Die eine ist die, daß zu viel gestraft wird und daß nicht alles, was heute als strafbare Handlung erscheint, wirklich einer Strafe würdig ist. Soweit man aus diesem Gesichtspunkte heraus das Legalitätsprinzip einschränken will, werden wir, glaube ich, alle damit einverstanden sein, daß dieser Gesichtspunkt betont wird. Es gibt in der Tat eine erhebliche Anzahl von strafbaren Handlungen, die nicht bestraft werden sollten. Da handelt es sich aber nicht um ein öffentliches Interesse an der Strafverfolgung, sondern es handelt sich um ein öffentliches Interesse an der Bestrafung, und soweit die Bestrafung ausgeschlossen werden soll, handelt es sich um eine Änderung des materiellen Strafgesetzes, die ich nicht unbedingt aus der Strafprozeßordnung herausweisen möchte, die aber meiner Ansicht nach unbedingt zur Kognition der Gerichte und nicht der Staatsanwaltschaft gehört. Denn es handelt sich um eine Modifikation des staatlichen Strafanspruchs. Es müßte das Gericht dann aussprechen, daß wohl die Tat begangen, aber eine Strafe nicht notwendig ist. Das käme also im wesentlichen auf dasselbe hinaus, wie die bedingte Verurteilung. Aber die Abgrenzung der zur Straflosigkeit geeigneten Fälle könnte nicht nach dem öffentlichen Interesse an der Strafverfolgung geschehen — einem Kennzeichen, das ohnehin sehr unbestimmt ist —, das entscheidende ist die Eigenart des einzelnen Falles.

Soll in Abgrenzung nach der Art der Straftat, nach dem Paragraphen, unter den die einzelne Tat fällt, gesucht werden, so könnte man zunächst bei allen wirklichen Polizeiübertretungen die Möglichkeit gewähren, im Einzelfall von der Bestrafung abzusehen, und da die echten Polizeiübertretungen nach unserm geltenden Strafgesetzbuche nicht besonders hervorgehoben sind, so glaube ich, ließe sich nichts dagegen einwenden, wenn man bezüglich aller Übertretungen sagt: Dem Gericht ist die Möglichkeit gegeben, wenn im einzelnen Fall aus Billigkeitsgründen eine Bestrafung nicht erforderlich erscheint, die Straflosigkeit eintreten zu lassen.

Bei Verbrechen und Vergehen wäre ein ähnliches Prinzip einzuführen. Das Unterscheidungsmerkmal, das der Strafprozeßentwurf aufstellt, scheint mir durchaus ungeeignet zu sein. Er sagt: Es soll das Legalitätsprinzip bei denjenigen Vergehen beseitigt werden, die zur Zuständigkeit des Amtsrichters ohne Schöffen gehören. Was für welche das aber sind, richtet sich wieder danach, mit welcher Strafe die Handlungen bedroht sind. Das ist doch der Gesichtspunkt, der gar nicht hierher gehört. Wenn man einen allgemeinen Gesichtspunkt heraussuchen will, könnte man nur diejenigen Handlungen nehmen, bei denen eine geringere Schuld vorhanden ist. Man könnte vielleicht sagen, daß bei allen fahrlässigen Handlungen eine Bestrafung nicht eintreten soll, soweit die Fahrlässigkeit aus besonderen Gründen im einzelnen Fall als entschuldbar erscheint. Jedenfalls handelt es sich bei der Frage, ob im einzelnen Falle von der Bestrafung abgesehen werden soll, um eine echte Rechtsentscheidung, um eine Entscheidung über die Billigkeit, über die Gerechtigkeit im einzelnen Fall im Gegensatz zu der im Gesetz generell festgelegten, im Einzelfall aber unter Umständen unzutreffenden Gerechtigkeit. Das ist entscheidend für meine Ansicht, daß das Gericht die zur Entscheidung berufene Behörde ist.

Die andere Grundidee nun, warum man das Legalitätsprinzip durchbrechen will, ist die, daß man eine übermäßige Fülle von Strafprozessen und eine übermäßige Belastung der Strafgerichte und der Staatsanwaltschaften verhindern will. Soweit das in Betracht kommt, ist natürlich nichts gewonnen, wenn man die Entscheidung, ob im Einzelfalle gestraft werden muß, vom Gericht fällen und im Prozeß suchen läßt. Es handelt sich hier aber auch um eine andere Aufgabe. Hier können vereinfachte Verfahrensarten helfen, so der Strafbefehl, der sich auch darauf beschränken könnte, die Schuld festzustellen, ohne eine Strafe festzusetzen.

Man könnte aber auch das beschleunigte Verfahren weiter

ausbauen. Allerdings glaube ich, man müßte auch da nach anderen Gesichtspunkten vorgehen, als der Entwurf es will.

Ich würde schließlich kein Bedenken tragen, sogar eine sehr wesentliche Erleichterung der Tätigkeit der Strafgerichte dadurch herbeizuführen, daß man bei allen Gewohnheitsverbrechern, mit denen doch nicht mehr viel zu machen ist, das akkusatorische Prinzip vollkommen ausschaltet, daß man da ein rein inquisitorisches und von allen Förmlichkeiten und Umständlichkeiten vollkommen freies Verfahren einführt. Man würde damit, glaube ich, eine sehr viel größere Erleichterung der Strafrechtspflege herbeiführen, als mit dem, was der Entwurf vorschlägt. Man könnte bei Leuten, die etwa schon ihre zwanzig Jahre gesessen haben oder schon zwei- bis dreimal im Arbeitshaus waren und soundsooft bestraft worden sind, für weitere Anklagen ein solch' erleichtertes Verfahren einführen. Damit würde, glaube ich, an Arbeitsersparnis wesentlich mehr gewonnen sein, und auf einem besseren Wege, als mit der Einschränkung des Legalitätsprinzips, die der Entwurf vorschlägt.

Dann möchte ich nur noch bezüglich der These 2 des Herrn Oberlandesgerichtsrats Rosenberg das Eine sagen, daß, wenn für diese Fälle beim Vorhandensein eines berechtigten Interesses die Möglichkeit einer subsidiären Privatklage gegeben wird, damit der Zweck der Einschränkung des Legalitätsprinzips geradezu verloren geht. Denn es hängt dann doch nicht mehr von der Eigenart der Tat ab, ob eine Bestrafung eintritt, sondern es wird doch wieder die Möglichkeit einer Verfolgung und Bestrafung auch in den leichten Fällen gegeben, in denen eine Bestrafung der Billigkeit nicht entsprechen würde.

Staatsanwalt Dr. **Honemann**, Berlin: Meine Herren! Ich muß sagen, daß ich von der heutigen Debatte etwas enttäuscht bin. Ich hatte gehofft, etwas über die Stellung der Staatsanwaltschaft und nicht bloß über Legalitätsprinzip oder Verfolgung der Jugendlichen zu hören (Sehr richtig!). Die Stellung der Staatsanwaltschaft ist meines Erachtens eine ganz andere, als sie heute Abend hier besprochen und geschildert wird. Wenn man die Stellung der Staatsanwaltschaft betrachten will, muß man meines Erachtens auf ihre Aufgaben zurückgehen, und da ich glaube, daß die Aufgaben, die uns gestellt werden, auch diejenigen sind, die uns nach dem Gesetze zustehen, so meine ich, daß kein Zeitpunkt günstiger wäre als der jetzige, um einmal zu prüfen, was eigentlich die Staatsanwaltschaft zu tun hat.

Wir haben heute und vorgestern den Jahresabschluß gemacht. Wir haben unsere 1740 Sachen erledigt, und nun wollen wir einmal sehen, wie viel davon auf die Anklage kommen. Bei 700 Sachen ist auf Einstellung erkannt, 400 wurden an andere Behörden abgegeben, was noch mit den eigentümlichen Organisationsverhältnissen von Berlin zusammenhängen kann. 600 Sachen sind wirklich zur Anklage gekommen. Soll nun eine Behörde, wie die Staatsanwaltschaft, in ihren ganzen Befugnissen und allem, was sie treibt, bloß mit Rücksicht auf diese 600 Anklagen — das sind, wenn ich die nicht materiell erledigten Sachen weglasse, genau 6/13 — organisiert werden? Soll wirklich diese Behörde, die bei 7/13 der Fälle einstellt und bloß bei 6/13 anklagt, als Anklagebehörde hingestellt, soll sie unter das Ministerium des Innern gebracht werden? Soll ihr der Parteistandpunkt eingeimpft werden? Ja, wie soll die Staatsanwaltschaft, wenn sie als Anklagebehörde, als subjektiv von der Berechtigung der Anklage durchdrungen, wie die Rechtsanwaltschaft im Zivilprozesse, dem Angeklagten gegenüber steht, noch diese 7/13 einstellen können? Ich meine, daß schon dieser Gesichtspunkt allein darauf hinweist, daß die Staatsanwaltschaft eine Justizbehörde bleiben muß, und ich glaube sogar, nicht fehlzugehen, wenn ich sage, daß das Hauptaugenmerk und die Hauptaufgabe der Staatsanwaltschaft auf das Abweisen von Querulanten und auf das Einstellen gerichtet ist. Anklagen kann jeder; Einstellen und Querulanten abweisen, darin liegt die Schwierigkeit.

Der zweite Punkt, der hier in Frage kommt und der Staatsanwaltschaft etwas Schwierigkeiten macht, sind meines Erachtens die Rechtsmittel, die es gegen Einstellungen gibt. Nach der Strafprozeßordnung gibt es gegen einstellende Bescheide die Anrufung der Dienstaufsichtsbehörde. Ich muß eingestehen, daß ich nicht so ganz in andere Verwaltungszweige eingeweiht bin; aber meinem Gefühle widerspricht es, sachliche Bescheide mit Dienstaufsichtsbeschwerden anzufechten.

Meines Erachtens muß es gegen sachliche Bescheide auch eine sachliche Beschwerde geben.

Nun ist allerdings die große Frage: an wen sollte sich die sachliche Beschwerde gegen sachliche Bescheide der Staatsanwaltschaft richten? Hier ist nun ein Gesichtspunkt erwähnt und in die Debatte geworfen, der meines Erachtens gut ist, wenn er nicht wieder von einem falschen Prinzip ausgeht oder wenigstens dessen verdächtigt wird. Das ist nämlich der, die Entscheidung über die sachliche Beschwerde dem Gerichte zu übertragen. Wenn man mit dem Bescheide der Staatsanwaltschaft nicht einverstanden ist, dann hat die Staatsanwaltschaft darüber zu befinden, ob sie mit einem neuen Bescheide und neuen Beweismitteln in das Ermittlungsverfahren eintreten will. Will sie das nicht, dann legt sie die Sache der Strafkammer zur Entscheidung vor. Das könnte als Mißtrauen gegen die Staatsanwaltschaft aufgefaßt werden; und es könnte, wenn dann das Gericht anderer Ansicht ist, die Staatsanwaltschaft sich verletzt fühlen. Ich glaube aber, das ist garnicht so. Wenn wir heute eine Voruntersuchung geführt haben und der Staatsanwalt stellt den Antrag auf Außerverfolgungsetzung, dann ist es schon vorgekommen, daß das Gericht sagte: «Nein, wir halten die Unterlagen für ausreichend, wir erheben Anklage.» Es hat kein Staatsanwalt darin etwas verletzendes gefunden, sondern es als sachliche Auffassung angesehen.

Dann ist ein anderer Gesichtspunkt erwähnt worden, der meines Erachtens weiter hätte ausgeführt werden können. Er betrifft das Anklagemonopol der Staatsanwaltschaft. Die Grundfesten der Staatsanwaltschaft sind meines Erachtens Legalitätsprinzip und Anklagemonopol. Über die Auffassung des Legalitätsprinzips und dessen Wesen bestehen natürlich verschiedene Ansichten, und ich glaube, die Hauptsache und ein großer Anstoß für die heutige Debatte ist: was versteht man eigentlich unter Legalitätsprinzip? Meines Erachtens heißt Legalitätsprinzip weiter nichts, als daß die Staatsanwaltschaft bei jeder Anzeige einschreiten muß. Die Fälle, in denen die Staatsanwaltschaft von Amtswegen, weil ihr irgend etwas mitgeteilt wird, einschreitet, sind nur höchst selten; sie kommen vor. Es werden in Ehesachen und bei Jugendlichensachen mitunter Dinge festgestellt, die ein Einschreiten erfordern. Sonst schreitet sie nur auf Antrag und auf Anzeigen hin ein. Der Unterschied zwischen Strafantrag und Anzeige ist bloß der, daß der Antrag in einer bestimmten Form gestellt werden muß.

Das Anklagemonopol der Staatsanwaltschaft, das durch die Privatklage etwas durchbrochen wird, hat nun meines Erachtens auch eine gewisse Schattenseite, nämlich die: Was der Staatsanwalt nicht vor das Gericht bringt, kommt nicht vor das Gericht. Infolgedessen müssen sich die Verwaltungsbehörden, wenn sie irgendwelche Streitfragen haben, sei es politischer Art (wenn das doch einmal erwähnt werden soll), oder anderer Art, an die Staatsanwaltschaft wenden. Die Staatsanwaltschaft ist in einer Zwangslage. Sie kann davon überzeugt sein, daß der Antrag der Behörde, sei es aus politischen, sei es aus anderen Gründen, materiell nicht gerechtfertigt ist. Aber was soll sie machen? Damit die Sache zum Klappen kommt, muß die Staatsanwaltschaft den Standpunkt der Behörde vertreten. Ich kann darüber nicht weiter sprechen. Aber ich glaube, daß mancher politische Prozeß der Staatsanwaltschaft in die Schuhe geschoben wird, während der eigentliche Urheber ein anderer ist.

Ich meine, es wäre angängig, wenn man in solchen Fällen das Anklagemonopol subsidiär durchbrechen würde. Man würde, wenn die Staatsanwaltschaft das Verfahren einstellt (nehmen wir an: Der Polizeipräsident hält eine Sache für unzüchtig, die Staatsanwaltschaft nicht), sagen: «Herr Polizeipräsident! Treten Sie auf, verfechten Sie Ihre Anklage und holen Sie sich die Freisprechung!» Es kann auch vorkommen, daß der Regierungspräsident oder Provinzialsteuerdirektor irgend eine Auffassung hat, die von der Staatsanwaltschaft nicht geteilt wird. Wenn man diesen Behörden eine subsidiäre Anklagebefugnis einräumt, so würde sehr viel von dem Odium, das heute auf der Staatsanwaltschaft lastet, ihr wohl genommen werden.

Bloß diese Gesichtspunkte wollte ich erwähnen, weil ich glaubte, daß sie für die Stellung der Staatsanwaltschaft doch auch wichtig sind.

Dr. iur. et rer. polit. **Richard Breithaupt,** Kassel: Meine Herren! In den zweitägigen Verhandlungen sind zuweilen tadelnde Worte über die Tätigkeit der Polizei gefallen. Dieser Tadel trifft meines Erachtens nur da zu, wo keine Kriminalpolizei besteht; denn in Wahrheit hat die Kriminalpolizei auf vorzügliche Erfolge zurückzublicken. Das ist daraus zu erklären, daß es sich bei den Kriminalkommissaren um Fachleute handelt, und zwar um solche, die gerade auf einem der wichtigsten Gebiete der Strafrechtswissenschaft, oder besser gesagt: in ihrer Haupthilfswissenschaft, der «Kriminalistik» — die Lehre von der Natur des Verbrechens und ihrer Aufdeckung —, besonders geschult sind. Ich erinnere Sie an die Erfolge der Kommissare Wanowski und Nasse. Der erstere war es, der in großartiger Weise den Knabenmörder aus dem Scheunenviertel festgestellt hat, und Nasse ermittelte den rätselhaften Mörder des Wiener Juwelenhändlers Frankfurter in Berlin. Ich weiß nicht, ob sich ein Ermittlungsrichter oder Untersuchungsrichter solche Erfolge zurechnen darf.

Ich bin der Meinung (ich habe das gestern schon verlangt), daß die Strafrichter Fachrichter, daß sie wieder «peinliche Richter» werden sollten, wie das in früheren Jahrhunderten der Fall gewesen ist, daß aber, solange dieser Zustand nicht besteht, die Ermittlung und Untersuchung ausschließlich der Staatsanwaltschaft, und zwar Hand in Hand mit der Kriminalpolizei, anvertraut werden sollte.

Man wird natürlich in Preußen den berühmten Geldpunkt gegen eine notwendigerweise damit verknüpfte Verstärkung der Kriminalkommissare einwenden. Man wird sagen: Es wird zu teuer, wenn in allen Landgerichtsstädten wissenschaftlich gebildete Kriminalkommissare bestellt werden. Ich kann darauf nur erwidern, dann möge man einige unnötige und überflüssige Behörden aufheben, besonders die gänzlich überlebten, antiquierten Schulabteilungen an den königlichen Regierungen. Dann hat man das nötige Geld zur Verfügung. Die Geldmittel, die hierfür bisher aufgewandt sind, genügen für die notwendigen Kriminalkommissare.

Ich möchte deshalb wünschen, daß die These des Herrn Oberlandesgerichtsrats Rosenberg dahin erweitert werde, daß an allen Landgerichtsorten besondere Kriminalabteilungen mit wissenschaftlich oder wenigstens fachmännisch gebildeten Kriminalkommissaren errichtet werden und daß ein unmittelbarer Geschäftsverkehr zwischen ihnen und der Staatsanwaltschaft stattfinden soll.

Es war mir heute morgen durch den Schluß der Debatte leider nicht möglich, zu dem wichtigen Beratungsgegenstande der Berufung das Wort zu ergreifen. Ich wollte den Herrn Unterstaatssekretär bitten, mir gütigst nur einen ganz kurzen Satz gegenüber Herrn Geheimrat Kronecker zu gestatten.

Vorsitzender: Es kann nur geschehen, wenn seitens des Herrn Geheimrats Kronecker kein Widerspruch erfolgt.

Kammergerichtsrat Geh. Justizrat Dr. **Kronecker**: Ich habe kein Bedenken. Im Gegenteil, ich bitte, es zu gestatten.

Dr. iur. et rer. polit. **Breithaupt**, Kassel (fortfahrend): Auch ich halte die detachierten Strafsenate nach den Erfahrungen mit den detachierten Strafkammern für einen Nonsens. Aber man kann ja einen Oberlandesgerichtsrat als Vorsitzenden eines Berufungssenats in der Landgerichtsstadt dauernd domizilieren und diesen gehobenen Strafrichtern neben dem Vorsitz in den mit Schöffen gebildeten Berufungssenaten dadurch ausreichende Beschäftigung zuweisen, daß ihnen der Vorsitz im Schwurgericht anvertraut wird, vorausgesetzt, daß meinem gestrigen Vorschlage — der Einführung der Berufung gegen Schwurgerichtsurteile — nicht Folge gegeben wird. Damit würde ein geordneter Instanzenzug gewährleistet und die technischen und finanziellen Nachteile vermieden sein, die eine Ueberführung der Beweismittel nach dem Sitz des Oberlandesgerichts naturgemäß mit sich bringt.

Vorsitzender: Nun, hochverehrte Versammlung, die Rednerliste ist erschöpft. Wir sind damit am Schlusse der Diskussion auch über das dritte Spezialthema: «Die Stellung der Staatsanwaltschaft im Strafprozeß», angelangt, und ich erteile dem Herrn Referenten das Schlußwort.

Referent Oberlandesgerichtsrat **W. Rosenberg**, Colmar: Meine Herren! Ich glaube, daß nicht bloß äußerlich, sondern auch innerlich die Stunde der Dämmerung für uns gekommen ist, von der Herr Oberbürgermeister Adickes bei Beginn unserer Verhandlungen gesprochen hat. Ich verzichte auf das Schlußwort und möchte nur die Herren, die vor mir gesprochen haben, bitten, mein Schweigen nicht nach dem Satze zu beurteilen: Qui tacet, consentire videtur! (Heiterkeit.)

Vorsitzender: Damit sind wir zum Ende der Beratung gekommen.

Ich möchte nun die hohe Versammlung bitten, noch in eine wohlwollende Erwägung des Abschlusses unserer diesmaligen Verhandlungen einzutreten. Wie ich mir gestern bereits nach den beiden Generalreferaten zu bemerken gestattete, scheint es nicht zweckmäßig — und der Gang der Verhandlungen hat das ja bestätigt —, über alle die Einzelheiten, die gelegentlich der Diskussion zur Sprache gekommen sind und teilweise auch in Résumés oder Thesen von seiten der Herren Referenten ihren Abschluß gefunden hatten, etwa zur Abstimmung zu schreiten. Das Schwergewicht unserer diesmaligen Tagung (das darf ich wohl sagen) liegt in dem Gedankenaustausch, in der Aussprache, die gestern und heute stattgefunden hat (Sehr richtig!), und ich hoffe, daß diese heilsam und nützlich nach der Richtung hin wirken wird, wo sie nach unserm Hoffen und Erwarten so wirken soll.

Ich habe aber gestern auch schon angedeutet, daß es vielleicht doch am Platze sein dürfte, am Schluß unserer Verhandlungen, wenn die einzelnen Spezialberatungsgegenstände erledigt sein würden, was in diesem Augenblicke der Fall ist, noch einen kurz zusammenfassenden Gesamtüberblick der wesentlichen Punkte der Stellungnahme zu geben, welche durch den Gedankenaustausch repräsentiert ist, der gestern und heute gegenüber dem Entwurfe der Strafprozeßordnung stattgefunden hat. Es hätte etwa in der Weise geschehen können, daß Ihr Vorsitzender versucht haben würde, ein Résumé der Verhandlungen zu geben. Soviel Courage aber, muß ich sagen, habe ich doch nicht besessen, Ich habe mich deshalb mit den einzelnen Herren Referenten ins Benehmen gesetzt, und wir sind nach näherer Erwägung der Sache dazu gekommen, Ihnen eine derartige allgemeinste Zusammenfassung als Abschluß unserer Verhandlungen zu empfehlen.

Ich werde mir nun gestatten, diese Zusammenfassung sehr langsam vorzulesen, und Sie mögen dann erwägen, ob Sie Bedenken tragen, sich unserer Auffassung anzuschließen, daß diese Zusammenfassung als ein abschließendes, objektives Résumé angesehen werden kann. Sollten Sie keine Bedenken tragen, so könnte das als ein gewissermaßen etwas feierlicheres Schlußrésumé, wenn ich mich so ausdrücken darf, hier noch in den Akten dieser Tagung seine Verzeichnung finden.

Das, worüber die Herren Referenten und ich einig geworden sind, und was wir in der allergrößten Kürze abzufassen bemüht waren, ist das Folgende:

«Die Deutsche Landesgruppe der IKV. hält an ihrer Auffassung fest, daß für die Besserung unserer Strafjustiz eine durchgreifende Reform des Strafprozesses erforderlich ist, die im Zusammenhange mit einer Reform des Strafrechts vorgenommen werden müßte. Sie kann daher den jetzt vorgelegten Entwurf nur als ersten Schritt für die notwendige große Reform von Strafrecht, Strafprozeß und Strafvollzug betrachten, erachtet aber auch hierfür folgende Aenderungen des Entwurfs für notwendig:

1. Bei der im Entwurfe vorgesehenen Regelung der Berufung müssen auch in der Berufungsinstanz Laien zugezogen werden. Dabei ist die Möglichkeit ins Auge zu fassen, für das erstinstanzliche Verfahren mit zwei Gerichten, einem höheren und einem unteren Gericht, ohne eine Mittelstufe auszukommen.
2. Völlige Selbständigkeit der von allen inquisitorischen Elementen zu befreienden Hauptverhandlung, Beibehaltung des Grundsatzes des jetzigen § 244, Absatz 1 der Strafprozeßordnung.
3. Gegen die Verhängung der Untersuchungshaft hat auf Antrag mündliche Verhandlung stattzufinden. Jedem wegen Verbrechens oder Vergehens Verhafteten ist auf Antrag ein Verteidiger zu bestellen (Sehr gut!).
4. Durchbrechungen des Legalitätsprinzips sind nur unter weitergehenden Kautelen, als sie der Entwurf aufstellt, zulässig.

Ferner wird der dringende Wunsch ausgesprochen, daß die Behandlung jugendlicher Uebeltäter in formeller und materieller Beziehung durch ein Spezialgesetz geregelt werden möge.»

Das ist dieses zusammenfassende, von den Herren Referenten und mir für zutreffend erachtete Résumé, und ich frage, ob die Versammlung geneigt ist, ihm beizutreten (Zustimmung).

Wenn kein Widerspruch erfolgt, so nehme ich das an. — Es erfolgt kein Widerspruch. Das Résumé ist also angenommen.

Nun komme ich noch mit einer anderen Proposition. Sie bezieht sich auf die weitere Wirksamkeit der in Frankfurt eingesetzten Strafprozeßkommission. Es ist ja die Arbeit der Landesgruppe und ihres delegierten Organs, der Strafprozeßkommission, nicht abgeschlossen, sondern wir stehen noch mitten in der weiteren Arbeitsbetätigung, je nach Maßgabe der kommenden legislativen Vorgänge. Ich darf daher wohl annehmen, daß es auch den Intentionen der Landesgruppe entspricht, wenn nach Maßgabe dieser weiteren legislativen Tätigkeit, soweit es möglich ist, die Landesversammlung selbst, aber in dringenden Fällen auch die bestehende Kommission eingreift, und daß zu diesem Zwecke vor allem das Mandat der Kommission aufrecht erhalten wird.

Ich würde deshalb der Landesversammlung folgende Beschlußfassung unterbreiten:

»Die Versammlung beauftragt ihre in Frankfurt a. M. eingesetzte Strafprozeßkommission, die weitere legislative Behandlung des Strafprozeßentwurfs zu verfolgen und im geeigneten Augenblicke durch Veranlassung der Einberufung der Landesversammlung oder, soweit das nicht ausführbar erscheint, selbständig zu dem Entwurf erneut Stellung zu nehmen.«

Das ist der Vorschlag, der der Tagung der Gruppe nach der von mir vorhin bezeichneten Richtung zu unterbreiten ist. Ist die Versammlung damit einverstanden? Ich bitte diejenigen, die damit einverstanden sind, sitzen zu bleiben, bezw. soweit sie stehen, stehen zu bleiben (Heiterkeit!).

Der Antrag ist einstimmig angenommen.

Wir haben diese Tagung lediglich zu einem besonderen, außerordentlichen Zwecke berufen; sie ist eine außerordentliche. Es ist deshalb, glaube ich, kein Anlaß gegeben, auf die Frage einzugehen, die ja sonst naheliegen würde und die sich auf die Organisation der Gruppe selbst bezieht. Ich glaube, die Landesversammlung wird damit einverstanden sein — verzeihen Sie! ich bin ja selbst dabei beteiligt — daß in der Besetzung der Organisation der Gruppe keine Änderung eintreten, daß dieses vielmehr der nächsten ordentlichen Versammlung vorbehalten bleiben soll. Sollte jemand mit uns unzufrieden sein, so bitte ich, dieses jetzt zum Ausdruck zu bringen. — Es scheint auch nicht der Fall zu sein.

Die Versammlung ist also damit einverstanden, daß die Tagung als eine außerordentliche nach der Richtung anders behandelt wird als die ordentlichen Tagungen, bei denen wir eine jeweilige Erneuerung unseres Bureaus durchführen.

Unter diesen Umständen bleibt mir, da auch von anderer Seite irgend eine Anregung nicht erfolgt, nichts übrig, als dem allerherzlichsten Danke nach verschiedenen Richtungen Ausdruck zu geben.

Ich habe vor allem für die ausgezeichnete Vorbereitung unserer diesmaligen Tagung zu danken, die durch unsere Berliner Mitglieder und Freunde besorgt wurde. Wir haben keinen formell organisierten Arbeitsausschuß, an den sich ein solcher Dank richten könnte. Wir richten diesen Dank an unsere lieben Berliner Mitglieder und Freunde, die in so ausgezeichneter Weise dafür gesorgt haben, daß wir unter diesen günstigen Verhältnissen hier tagen konnten.

Wir danken insbesondere, was die materielle und geistige Vorbereitung dieser Angelegenheiten betrifft, dem Herrn Landgerichtsdirektor Aschrott und dem Herrn Staatsanwalt Rosenfeld für ihre vielfältigen Bemühungen.

Wir danken ganz besonders dem hohen Präsidium des Abgeordnetenhauses, das uns ermöglicht hat, hier in diesen ausgezeichneten Räumen zu tagen (Sehr gut!), die uns in ähnlicher Pracht, kann ich wohl sagen, bei unseren bisherigen Tagungen noch niemals zur Verfügung standen und die vielleicht auch etwas ein günstiges Milieu für die Ausgestaltung unserer Debatten, wenn ich mich so ausdrücken darf, gebildet haben. Ich möchte auch auf das zurückkommen, was ich schon am Begrüßungsabende gesagt habe: Möge die Tatsache, daß wir in parlamentarischen Räumen tagen, eine gute Vorbedeutung nach der Richtung sein, daß unsere Meinung auch einigen Eindruck bei den Parlamentariern machen möge.

Ich habe ferner den herzlichsten Dank all' den Vertretern der Regierungen und Behörden auszusprechen, die unsere diesmalige Tagung besucht und hier auch in so eingehender Weise an unseren Beratungen teilgenommen haben. Wir können nur wünschen, daß das Ergebnis der Beratung sich auch nach dieser Richtung hin fruchtbringend für die weitere Ausgestaltung des wichtigen Gesetzgebungswerkes bewähren möge, an dem wir zu unserem bescheidenen Teile mitzuarbeiten für unsere ernste und aufrichtige Bürgerpflicht halten.

Ich habe schließlich noch einen ganz besonderen Dank den Herren Referenten auszusprechen, sowohl den zwei Generälen, die wir darunter haben (Heiterkeit), als auch den Spezialreferenten, für die vortreffliche Vorbereitung unserer diesmaligen Beratungen.

Diesem herzlichen Dank an die Referenten schließt sich der Dank an alle die Diskussionsredner an, die nicht bloß zur Belebung der Tagung, sondern auch dazu beigetragen haben, daß in den Akten der diesmaligen Tagung ein reicher Schatz von Erwägungen niedergelegt sein wird, von dem wir hoffen, daß er sich fruchtbringend für die weitere Entfaltung des Gesetzgebungswerkes gestalten möge.

Mit einem herzlichen Dank an alle, die sich um die Tagung verdient gemacht haben, schließe ich die Sitzung.

Geh. Hofrat Professor Dr. **von Lilienthal**, Heidelberg: Meine Herren! Ich glaube, in Ihrer aller Sinne zu sprechen, wenn ich hervorhebe, daß die Möglichkeit einen verhältnismäßig so ungeheuren Stoff in verhältnismäßig so kurzer Zeit zu erledigen, ganz wesentlich auf die vortreffliche Leitung zurückzuführen ist, die unsere Verhandlungen durch unsern verehrten Herrn Vorsitzenden gefunden haben (Sehr wahr!).

Sie erlauben mir wohl, auch zugleich der Freude darüber Ausdruck zu geben, daß er während dieser Tagung dieses für ihn ja auch mit vieler Mühe verbundene Amt hat ausüben können, während er in Posen leider daran verhindert war, und ich hoffe, daß ich in Ihrer aller Sinne rede, wenn ich den Wunsch ausspreche, daß auch unsere ferneren Verhandlungen unter seiner ausgezeichneten Leitung stehen und damit eines guten Erfolges sicher sein werden (Lebh. Bravo!).

Vorsitzender: Ich danke herzlich für dieses Zeichen des Wohlwollens, an dem auch die Versammlung teilnimmt, und kann versichern, daß ich auch ferner treu zur IKV. halten werde.

Den Dank aber möchte ich noch auf die übrigen Herren des Bureaus hiermit ausdrücklich erstrecken.

(Schluß der Sitzung 5 3/4 nachmittags.)

Öffentliche Versammlung.

Montag, den 4. Januar 1909, abends 8 Uhr.

Vorsitzender: Meine hochverehrten Damen und Herren! Dank der Güte des Herrn Medizinalrats Leppmann und des Herrn Kollegen Aschaffenburg sind wir in der Lage, mit der diesmaligen Tagung der deutschen Gruppe der IKV. auch eine öffentliche Versammlung zu verbinden, in welcher über

Die Stellung der Ärzte zu dem Entwurfe der Strafprozeßordnung

von den beiden genannten Herren gesprochen werden soll.

Ich begrüße herzlichst die sämtlichen erschienenen Damen und Herren und gestatte mir noch weiter die ergebenste Mitteilung, daß es durchaus den Wünschen der beiden Herren Vortragenden entspricht, wenn sich an ihre Vorträge eine Diskussion reiht, und zwar soll diese Diskussion dann stattfinden, wenn beide Herren gesprochen haben werden.

Ich erteile nun das Wort zunächst Herrn Medizinalrat Leppmann.

Medizinalrat Dr. **Leppmann**, Berlin: Meine sehr geehrten Damen und Herren! Der ärztliche Stand hat ein besonderes Interesse an dem Entwurf einer neuen Strafprozeßordnung, weil er mehr als jeder andere Erwerbs- und Berufsstand dazu berufen ist, gleichsam Gehilfe bei der Strafrechtspflege zu sein, weil er mehr als jeder andere Stand zur Sachverständigentätigkeit berufen ist, und diese Sachverständigentätigkeit nicht selten mit den sonstigen Zielen seiner Betätigung kollidiert.

Wenn wir heute die Stellungnahme der Ärzte zu dem jüngst bekannt gegebenen Entwurfe besprechen wollen, so wollen wir uns, ich möchte sagen, auf das rein ärztliche beschränken. Wir wollen nicht die Gedanken aussprechen, die wir als langjährige Zuschauer an der Barre vielleicht über die Zweckmäßigkeit der gesamten Anordnung des Prozesses aussprechen könnten. Wir wollen nicht das ausdrücken, was uns vom allgemeinen staatsbürgerlichen Standpunkt aus erfreulich oder unerfreulich erscheint, und das, was wir gleichsam, ich möchte sagen, aus der allgemeinen Zuschauererfahrung dazu bemerken könnten. Wir wollen demnach alles das erwähnen, was wir für notwendig halten: 1. zur Wahrung unserer Standeswürde und zur Erfüllung der Sachverständigenaufgaben, und 2. zum Schutze derjenigen, die unsere natürlichen Schutzbefohlenen sind, nämlich zum Schutze der Kranken und der Gebrechlichen.

Da drängt sich uns zunächst die wichtige und grundsätzliche Frage auf, die immer und immer wieder in Ärztekreisen in den Vordergrund tritt, nämlich die Frage, ob denn nicht unsere Gutachten unter Umständen für die Strafgerichte bindend sein müßten, ob nicht das, was wir fern von aller Strittigkeit als feststehendes Gut unserer Wissenschaft vor der Barre praktisch vertreten, auch für die Urteilsfällung unumstößliche Wahrheit sein müßte. Es gibt immer und immer wieder Ärzte — und es sind nicht die schlechtesten unseres Standes — die entrüstet und betrübt sind, daß all' unser Mühen, all' unser Streben, in möglichst, ich will sagen, volkstümlicher Form das auszumarkten, was unsere Wissenschaft als wirklich gesichert hingestellt hat, zunichte wird, daß Urteile ergehen, die eine Nichtachtung der ärztlichen Gutachten bedeuten.

Diese Frage drängt sich jetzt doppelt auf, weil das Laienelement in der Rechtspflege zunehmen und weil namentlich ein reines Laiengericht bestehen bleiben soll. Denn man muß es wohl offen aussprechen, daß jeder, der Jahre der Praxis als Sachverständiger hinter sich hat, ein Gegner der Schwurgerichte sein muß, mögen diese sonst eine noch so hohe soziale oder politische Bedeutung haben; denn jeder muß sagen, daß gerade die ärztlichen Gutachten von Schwurgerichten nicht verstanden oder nicht geachtet werden.

Nun, meine sehr verehrten Damen und Herren! Dennoch wollen wir uns in dieser Beziehung bescheiden. Wir sind davon überzeugt, daß es eine der wichtigsten Errungenschaften unseres modernen Rechtslebens ist, daß jeder Beweis frei gewürdigt werden muß, und an dem Grundsatze der freien Beweiswürdigung wollen wir nicht rütteln. Deshalb möchten wir von vornherein grundsätzlich erklären, daß wir nicht glauben, daß der ärztliche Stand berechtigt bezw. verpflichtet ist, eine derartige Forderung zu stellen, und wir meinen daher, daß die Gutachten, selbst kollegiale Obergutachten von Fachbehörden, für eine gerichtliche Entscheidung nicht bindend sein sollen.

Gerade deshalb müssen wir uns aber das Recht zusichern lassen, daß wir vor Gericht mehr zu bedeuten haben, als ein bloßes Beweismittel. Wir sollen Gehilfen der Richter sein, und infolgedessen sollten wir auch mit unserm Wissen aktiv in den Prozeß eintreten können.

Die alte Strafprozeßordnung ließ uns wenigstens einen Funken solchen aktiven Eintretens. Sie bestimmte in § 81, daß niemand ohne den Antrag eines Sachverständigen in eine Irrenanstalt zur Beobachtung geschickt werden konnte. Der zum Prozeß geladene Sachverständige war also nicht bloß ein technischer Auskunftgeber; nein, er durfte selbständig einen Antrag stellen, und es ist eine Tücke des Schicksals, daß gerade das aus der Strafprozeßordnung ausgemerzt ist, daß sich jetzt die Richter das Recht zuerkennen wollen, auch ohne Mitwirkung oder womöglich gegen den Willen von Sachverständigen derartige Beschlüsse zu fassen.

Wir halten das für verfehlt, und wir sind der Überzeugung, daß wir auch noch in anderer Beziehung berechtigt sein müssen, Anträge zu stellen, und zwar Anträge 1) auf Akteneinsicht, 2) auf Vernehmung von Zeugen, Herbeischaffung von Beweismitteln und Auskünften zur Vorbereitung des Gutachtens.

Nun werden Sie sagen: Ja, in dem neuen Entwurfe steht, daß das alles, was Sie wünschen, auf «Verlangen» des Sachverständigen geschehen kann. Wir wollen aber mehr als ein «Verlangen». Wir wollen ein Recht haben, welches strafprozessual wichtig ist, wir wollen das Recht zu Anträgen, welche nur durch einen Gerichtsbeschluß abgelehnt werden können und wogegen es dann nur eine Beschwerdeinstanz geben soll. Wir halten das für sehr wichtig, denn wir sehen, daß wir vor Gericht in dieser Beziehung verschieden behandelt werden. Wir sehen, daß oft unsere bestgemeinten Anregungen, die zur Aufklärung einer Sache oder zur Aufklärung des Zustandes einer Person unumgänglich notwendig sind, einfach abgelehnt werden, weil sie den Herren Richtenden gegenüber dem vorhanden Tatsachenmaterial, ich möchte sagen, zu breit oder nicht wichtig genug erscheinen. Sie erscheinen den Herren Richtenden als eine Tüftelei und Klügelei, und so haben wir das Gefühl, daß manchmal Strafsachen beendet werden, ohne daß vom Sachverständigenstandpunkt aus die Sache erschöpft ist, ohne daß das objektive Recht, wie wir es meinen, gefunden wird. Es würde also ein besonderer Wunsch sein, daß uns das zugestanden wird.

Nun handelt es sich noch um einen sehr schwerwiegenden Punkt. Es kommt vor, daß die verschiedenen Sachverständigen in dem gleichen Prozesse verschieden behandelt werden. Wir kennen in unserer Strafrechtspflege nicht wie die anderen Länder das Institut des Sachverständigen und des Gegensachverständigen. Das ist nirgends ausgesprochen. Aber in der Praxis hat es sich herausgebildet, daß Sachverständige, die vom Beschuldigten geladen oder bestellt werden oder auf Anregung des Beschuldigten geladen sind, schlechter behandelt werden als die anderen. Das richtet sich tatsächlich nicht nach der Persönlichkeit; denn man kann an sich selber verschiedene Erfahrungen machen. Ich habe das große Glück, ein ziemlich erhebliches Vertrauen bei den deutschen Gerichten zu genießen, und doch habe ich erst neulich eine solch eigenartige Erfahrung machen müssen. Ich will nicht abschweifen; aber es ist ein charakteristisches Beispiel. Ich wurde vom Vorsitzenden eines Schwurgerichts zu einer Schwurgerichtsverhandlung geladen. Da schrieb ich: «Der Name des Beschuldigten ist mir unbekannt; ich bitte um Akteneinsicht und eventuell um die Möglichkeit, den Beschuldigten (der in Untersuchungshaft war) zu untersuchen.» Darauf kam die Antwort: «Sie sind vom Verteidiger benannt, weiteres ist nicht beantragt und wird daher abgelehnt.» Ich wurde, weil ich vom Verteidiger benannt war, als Sachverständiger zweiter Klasse behandelt. Das kann nicht so bleiben. Wir müssen doch mit dem gleichen Rüstzeuge kämpfen.

Jetzt wird ja die Sache etwas anders. Es wird in der Voruntersuchung der Schleier des Inquisitionsverfahrens ein wenig gelüftet. Es wird dem Beschuldigten schon zeitig genug bekannt gegeben, wessen er beschuldigt ist, und es werden ihm die Mittel an die Hand gegeben, sich eine Gegenwehr zu schaffen. Er kann Sachverständige benennen. Er kann, wie schon früher, Sachverständige am Augenschein teilnehmen lassen, und er kann Sachverständige zur Hauptverhandlung stellen.

Wir wollen es prinzipiell eingeführt haben, daß sämtlichen Sachverständigen die gleichen Rechte eingeräumt werden. Es ist ja möglich, daß es Tatsachen gibt, bei denen die Akten sämtlichen Sachverständigen verschlossen bleiben müssen. Das wollen wir anerkennen. Aber wir wollen auch den Leitsatz aufstellen: gleiches Recht für alle!

Nun gibt es noch gewisse Erschwerungen der Sachverständigentätigkeit. Das scheinen solche Kleinigkeiten zu sein, daß es fast kleinlich ist, wenn man darüber einen Leitsatz aufstellen wollte, da es sich gleichsam nur, ich möchte sagen, um eine Ordnungsvorschrift handeln würde, die von jedem Landgerichtspräsidenten oder von dem Herrn Justizminister erlassen werden könnte. Aber wenn man immer und immer wieder die Erfahrung macht, daß derartige Dinge außer Acht gelassen werden, so muß man sagen: man sollte sie endlich in das Gesetz aufnehmen.

Die Ladung des ärztlichen Sachverständigen ist, wenn er sich nicht professionsmäßig mit der Sache beschäftigt, sondern als ärztlicher Praktiker dieser Pflicht nachkommen muß, eine schwere Last und stört seine sonstige praktische oder wissenschaftliche Tätigkeit sehr, und es ist sehr dankenswert — das ist eine Anregung, die schon früher gefallen ist und einen fruchtbaren Boden im Entwurf gefunden hat —, daß wir jetzt mehr schriftlich werden gutachten können. Der Entwurf der Strafprozeßordnung sieht vor, daß nicht bloß über einfache Körperverletzungen, sondern auch über eine Menge anderer Dinge schriftliche Gutachten erstattet werden können.

Wir müssen aber verlangen, daß, wenn wir zur mündlichen Verhandlung geladen werden, uns auch der Sachverhalt, den wir begutachten sollen, mitgeteilt wird. Wir müssen auch die Person kennen lernen, um die es sich handelt. Ferner muß uns auch mitgeteilt werden, wie lange unsere Anwesenheit an Gerichtsstelle ungefähr dauern wird. Es ist allen beschäftigten Ärzten schon passiert, daß sie in einer Sache gegen

Schulze und Genossen, die sie nicht kennen, geladen werden. Sie kommen hin und meinen, die Verhandlung dauert einige Stunden, werden aber in Wirklichkeit auf eine Woche festgehalten. Solche Schäden können durch eine gehörige Benachrichtigung ausgeglichen werden.

Es ist im Entwurf gesagt, daß die endgültige Entlassung des Sachverständigen, nachdem er sein Gutachten abgegeben hat, mit Erlaubnis des Vorsitzenden und unter Zustimmung der Prozeßbeteiligten erfolgen kann. Das genügt nicht. Wir machen die Erfahrung, daß, bevor wir endgültig gutachten, namentlich in den großen und langdauernden Prozessen oft Stunden und Tage kommen, wo Zeugen vernommen, Beweismittel vorgeführt, Sachen vorgelesen werden, die uns gar nichts angehen, und wo wir nicht fort können, bloß deshalb, weil der Vorsitzende einen Revisionsgrund fürchtet.

Überhaupt muß man sagen: wer in den letzten 30 Jahren bei Gericht gewesen ist, der kann sich der Überzeugung nicht verschließen, daß die Frische und die Natürlichkeit der Verhandlung untergegangen ist durch die Furcht vor Revisionsgründen (Sehr richtig!), und wenn das bei der neugefaßten Strafprozeßordnung nicht anders wird, dann nützt uns die neue Fassung nichts.

Es muß dem Vorsitzenden die Möglichkeit gegeben werden, Sachverständige zeitweilig zu beurlauben (auch wenn sie noch nicht vernommen sind), so weit er es für angemessen hält und so weit es nicht notwendig ist, daß sie im Interesse ihres Gutachtens der Verhandlung beiwohnen. Ich möchte nicht an bestimmte Prozesse erinnern, wo ich mit den Mitsachverständigen das Gefühl gehabt habe, daß nur gewisse Reibungen zwischen Prozeßbeteiligten der Grund gewesen sind, daß sie auf unser Gesuch um Beurlaubung erwidert haben: «Nun gerade nicht! Jetzt bleibt ihr hier!» Das war also geradezu eine Strafe für uns. In dieser Beziehung muß dem Vorsitzenden freie Hand gelassen werden.

Endlich wollen wir die Ausmerzung des Begriffs der «sachverständigen Zeugen».

Welche Annehmlichkeiten das Amt eines sachverständigen Zeugen mit sich bringt, das wird nur der begreifen, der schon einmal an einer Gerichtskasse den bekannten Guerillakrieg um die Gebühren geführt hat. Zudem werden diese sachverständigen Zeugen dazu benützt, um das geistige Gut des Ärztestandes zu billigem Preise oder umsonst auszunutzen (Heiterkeit). Das ist ganz sicher. Wem ist es noch nicht passiert, daß er unter dem Vorwande, sachverständiger Zeuge zu sein, halb gezwungen oder bekost worden ist, ein Gutachten abzugeben (Heiterkeit). Das möchte man doch endlich einmal beseitigen. Kollege Schulze aus Greifswald, der hier anwesend ist, hat diesen Punkt zum Gegenstand einer größeren Arbeit gemacht.

Ich kann nur sagen: die Bestimmung über die sachverständigen Zeugen ist entbehrlich. Wenn ein Arzt Bekundungen über Beobachtungen machen soll, die er gemacht hat, dann soll er eventuell als Zeuge für reine Wahrnehmungen geladen werden. Sobald sich aber ein Gutachten daran anknüpfen soll, muß er eben als Sachverständiger vernommen werden.

Da wir nun meinen, daß die neue Strafprozeßordnung, wenn sie zur Einführung gelangt, eine sehr lange Dauer haben wird, so glauben wir, daß auch diese Minima hier erwähnt werden müssen und haben eine diesbezügliche Forderung aufgestellt.

Wichtig ist nun aber der Schutz der Personen, die unserem Schutze anvertraut sind, und da handelt es sich zunächst um einen Punkt, den Kollege Straßmann bereits 1904 in der deutschen Medizinalbeamtenversammlung hervorgehoben hat. Es betrifft derselbe eine Forderung, die wir deshalb erheben wollen, weil wir die Grenzen unseres Könnens erkennen, und außerdem vielleicht aus einem gewissen egoistischen Grunde, da wir manchmal dabei den leidenden Teil darstellen. Es handelt sich nämlich um die Erhebung einer Anklage im wesentlichen auf Grund eines Gutachtens. Die Erhebung einer Anklage im wesentlichen auf Grund eines Gutachtens findet in sehr vielen Fällen wegen ärztlicher Kunstfehler statt. Sie kann aber auch bei anderen Delikten, z. B. bei Kindsmord, stattfinden.

Nun, meine Damen und Herren! Das ist eine große Gefahr. Die Praxis hat uns gelehrt, daß doch eben die wissenschaftlichen Anschauungen in einem großen Kulturstaate bei bestimmten, offiziell aufgerufenen Sachverständigen, ja, man kann sagen: selbst bei einem Sachverständigenkollegium der vornehmsten Art, nicht derart sind, daß nicht unter Umständen wesentlich abweichende Anschauungen neben dieselben gestellt werden könnten. Wenn aber jemand nach Anschauungen gehandelt hat, die von den offiziellen Gutachten abweichen, die aber berechtigt und als Gemeingut der Wissenschaft anerkannt sind, so sollte er nicht wegen Fahrlässigkeit vor Gericht gestellt werden. Er vermeidet die Anklage am besten, wenn er im Vorverfahren ein anderes Gutachten beibringen kann. Deshalb sollte die prinzipielle Bestimmung in den Entwurf eingefügt werden, daß, wenn eine Anklage im wesentlichen nicht auf einem Zeugenbeweise, sondern auf einem ärztlichen Gutachten beruht, dann der Beschuldigte vor Eröffnung des Hauptverfahrens das Recht haben soll, eine weitere Begutachtung zu fordern, und daß zu dieser weiteren Begutachtung womöglich ein Sachverständiger, den er benennt, bestellt wird. Ich glaube, das ist wirklich eine Forderung der Gerechtigkeit.

Nun möchte ich aber auf einen anderen Punkt eingehen; er betrifft die Behandlung der Zeugen vor Gericht. Es ist ja bereits ständige Rubrik der Witzblätter geworden, daß es heute manchmal viel unbehaglicher ist, Zeuge, als Angeklagter zu sein, da die gesamte Vergangenheit in der unliebenswürdigsten Weise hervorgezerrt und, wenn man irgendwo ein kleines Fleckchen hat, es vor Gericht serviert wird. Vor allen Dingen wird bei der Zeugenvernehmung auf den Gesundheitszustand des Zeugen wenig oder gar nicht Rücksicht genommen. Es steht in dem neuen Entwurfe nur: «Der Zeuge muß vor Gericht erscheinen, wenn er nicht genügende Entschuldigungsgründe hat.» Welches die genügenden Entschuldigungsgründe sind, das ist nicht gesagt, wahrscheinlich mit Absicht nicht, weil man sich gesagt hat: wenn zu viele Entschuldigungsgründe angegeben sind, dann wird die Möglichkeit, eine geordnete Verhandlung zu führen oder zusammen zu bekommen, verringert. Tatsächlich hat sich in der Praxis der Zustand herausgebildet, daß jemand, wenn er überhaupt noch, ich möchte sagen, kriechen kann, mit Hintansetzung sämtlicher gesundheitlicher Rücksichten zum Gericht kommen muß. Es hat sich der Zustand herausgebildet, daß nur eine dringende und erhebliche Gesundheitsgefahr, ja, bei manchen Gerichtsbehörden sogar nur Lebensgefahr davon befreit, vor Gericht zu erscheinen, und das ist ein großes Unrecht gegenüber den Beteiligten. Es gibt eine große Menge Personen, auf die eine gerichtliche Vernehmung ungünstig wirkt. Es gibt zunächst eine große Menge nervöser Personen. Ich habe in einer Arbeit über Zwangsvorstellungen einmal weiter ausgeführt, daß eine Gerichtsladung für einen nervösen Menschen manchmal der Ausgangspunkt monatelanger und über monatelanger Beschwerden des Allgemeinbefindens ist. Es gibt auch viele Personen, deren Atmungsorgane nicht in Ordnung sind, bei denen das Erscheinen vor Gericht bei ungünstiger Witterung eine Schädigung ihrer Gesundheit bedeuten kann.

Es liegt ja aber im Interesse der Rechtspflege, daß nicht durch übermäßige gesundheitliche Entschuldigungen die Abwickelung eines Strafprozesses unmöglich gemacht wird.

Wir haben uns daher die Sache so gedacht: es soll zunächst eine erhebliche und dringende Gesundheitsgefahr vom Hinkommen zum Gericht und unter Umständen auch von der Vernehmung zuhause befreien; denn wir wissen, daß bei nervösen und bei tuberkulösen Personen auch die Hausvernehmung eine Gefahr bedeuten kann. In anderen Fällen, wo eine mindere Gesundheitsgefahr vorliegt — und das ist ein Gedanke, der entschieden gesetzlich verwertet werden kann und muß — soll der Richter abmessen, ob zwischen der Wertigkeit der Zeugenaussage und der Gesundheitsgefahr eine Proportion existiert. Es soll auch bei minderer Gesundheitsgefahr die Zeugenschaft abgelehnt werden können, wenn das Zeugnis nicht wertig ist. Ich habe gesehen, daß ein Zuckerkranker, der zweimal Atteste eingesandt hatte, gezwungen wurde, vor Gericht zu erscheinen, und zitternd und bibbernd ungefähr so aussagen mußte: «Ich heiße Karl mit Vornamen, und der gewünschte Zeuge heißt Franz. Ich kenne den Angeschuldigten gar nicht und habe mit der Sache nichts zu tun». Dazu hat der Mann seine Gesundheit schädigen müssen. Das muß fortfallen.

Wir haben deshalb die These aufgestellt: «Zur Ablehnung der Zeugenschaft an Gerichtsstelle, unter Umständen auch außerhalb derselben, soll eine durch die Vernehmung bedingte, dringende und erhebliche Gesundheitsgefahr berechtigen. Dasselbe soll aber auch bei einer minderen Gesundheitsgefahr möglich sein, sobald die Wichtigkeit bezw. der Wert der evtl. Aussage in keinem entsprechenden Verhältnis zu der Gesundheitgefährdung steht».

Nun noch einiges über die Haft. Ich stehe ja grundsätzlich auf dem Standpunkte, daß die Verhältnisse der Haft, sowohl der Untersuchungshaft, wie der Strafhaft, durch ein Strafvollzugsgesetz geregelt werden müssen. Aber wenn ich die Bestimmungen in dem neuen Strafprozeßentwurfe sehe, muß ich glauben, daß dieses Strafvollzugsgesetz noch recht lange auf sich warten lassen wird, da es eine Gleichheit der Hafteinrichtungen in den verschiedenen deutschen Staaten bedingt, die wir noch nicht haben. Wir werden also in die Strafprozeßordnung gewisse Hilfsbestimmungen hereinbringen müssen.

Wer der Sache nähergetreten ist, weiß, wie schädlich die Untersuchungshaft ist. Sie ist viel schädlicher, als der oberflächlich Hinblickende glaubt, viel schädlicher namentlich, meine sehr geehrten Anwesenden, hinsichtlich der Stählung zum Kampfe gegen die Anklage, als man ahnt. Sehr viele Angeschuldigte, die Sie als Untersuchungshäftlinge auf der Anklagebank sehen und die scheinbar in ganz geläufiger Rede mit der angeblichen Raffiniertheit auf die Anklage antworten, sind tatsächlich innerlich gebrochen; sie befinden sich in einer Art von Taumel, der eine Andeutung von Stumpfsinn hat, und sie kommen erst wochenlang nach der Verhandlung zu sich.

Die Untersuchungshaft hat auf das Seelen- und Nervenleben des Menschen einen viel größeren Einfluß, als Sie denken. Wir sehen außerdem, daß namentlich die Lunge leidet. Das Aufkeimen des Tuberkulosebazillus ist nicht selten durch den seelischen Einfluß der Untersuchungshaft bedingt, der den Körper schlaff macht. Diese Schädigungen sehen wir erst dann, wenn auf die Untersuchungshaft die Strafhaft folgt.

Andererseits läßt sich nicht leugnen, daß die Untersuchungshaft auch insofern sozial schädlich ist, als sie den Respekt vor der eigentlichen Strafe herabsetzt. Wer zitternd in die Untersuchungshaft kommt und sieht: es ist nicht so schlimm, verliert leicht — das ist namentlich bei jugendlichen Personen der Fall — den Respekt vor der Strafe, so daß die Untersuchungshaft auch nach der Richtung hin ungünstig wirkt.

Nun hat man versucht, sie seltener zu machen, Man hat Bestimmungen getroffen, wonach sie eingeengt werden muß. Das Bedauerliche bei diesen Bestimmungen ist, daß sie sich rein an bestimmte Gesetzesvorschriften anschließen und daß sie sich gar nicht mit der Person des Rechtsbrechers beschäftigen, der doch wegen verschiedener Delikte in Haft kommen kann. Wir sind der Meinung, daß mindestens zum Ausdruck gebracht werden müßte, daß die Untersuchungshaft aus gesundheitlichen Gründen aufgehoben werden kann, daß unter Umständen, wie es im Entwurf heißt, geprüft werden soll, ob nicht die Untersuchungshaft, namentlich nach einer gewissen Dauer, aufgehoben werden muß. Das sollte eintreten können, auch wenn die evtl. zu erkennende Strafe länger als drei Monate dauert. Es soll ja alle zwei Monat eine Art erneuter Prüfung stattfinden. Da muß auch geprüft werden (und auch schon vorher), ob nicht der Gesundheitszustand so wesentlich leidet, daß er gegenüber den sonstigen Interessen des Prozesses in den Vordergrund tritt und berücksichtigt werden muß.

Wir haben das in einer These ausgeführt: «Zur Aufhebung bezw. Nichtverhängung der Untersuchungshaft sollen auch gesundheitliche Gründe maßgeblich sein, u. zw. soll geprüft werden, ob etwa sich zeigende gesundheitliche Schäden im Mißverhältnis zur Schwere der Straftat bezw. zum Zwecke der Haft stehen».

Nun, meine Herren, noch der Antritt der Strafhaft! Es steht in dem neuen Entwurf ebenso wie im Gesetz, daß die Strafhaft aufgeschoben werden muß, wenn jemand so krank ist, daß eine dringende und nahe Gefahr für das Leben besteht. Also das absolute Muß der Aufhebung der Strafhaft ist eigentlich nur gegeben bei jemandem, der so krank ist, daß er überhaupt kein Objekt der Strafhaft sein kann. Ich halte das auch für richtig. Es muß unter Umständen die Gesundheit des Individuums hinter der sozialen Gefahr, die das Individuum bietet, zurückstehen. Es ist aber ein kolossaler Sprung, wenn zwischen der absoluten Krankheit und der absoluten Gesundheit kein Zwischenglied bleibt.

Nun steht in dem neuen Entwurf ebenso wie in der alten Strafprozeßordnung, daß die Vollstreckung einer Freiheitsstrafe auch aufgeschoben werden kann, wenn den Verurteilten und seine Angehörigen andere Nachteile treffen, die über den Strafzweck hinausgehen. Dann kann der Aufschub in der Regel bis zur Dauer von sechs Monaten erfolgen. Wenn man gesehen hat, wie häufig gerade körperliche und nervöse Krankheitszustände zunächst den Antritt einer Haft so erschweren, daß man tatsächlich dem zur Haft Kommenden (und zwar sind das dann immer nicht die sog. Gewohnheitsverbrecher, sondern es sind die Personen, die noch einen sozialen Wert haben, die einmal über die Rechtsordnung gestrauchelt sind) sagen kann: «Auf dich wird die Strafe einen wesentlich größeren Nachteil ausüben, als auf einen anderen; wenn man dich ein halbes Jahr, ein ganzes Jahr ausschalten könnte, wenn man dich unterdessen behandeln und stärken könnte, würdest du die Haft besser aushalten» — dann muß man bedauern, daß hierauf in der Strafprozeßordnung keine Rücksicht genommen ist. Es muß auch über den Gesundheitszustand etwas darin stehen.

Ich muß allerdings anerkennen, es sind die Behörden in der Beziehung verständig. Namentlich sind die Staatsanwaltschaften hier in Berlin in der Beziehung sehr liberal. Sie lassen diesen Zustand als einen jener Umstände gelten, die der § 488 der jetzt geltenden Strafprozeßordnung als besondere Nachteile bezeichnet. Aber es wäre doch wichtig, daß diese Anschauung auch in der Strafprozeßordnung zum Ausdruck gebracht würde, damit denjenigen Beamten, die das Gesetz in dieser Beziehung handhaben, eine Stütze und damit auch dem Verurteilten die Möglichkeit gegeben würde, durch Gerichtsbeschluß über diese Sachen befinden zu lassen.

Infolgedessen haben wir die These eingefügt: «Unter den Gründen, nach welchen auf Antrag eines Verurteilten die Strafvollstreckung ausgesetzt werden kann (§ 473 des Entwurfs) soll die besondere Gefährdung der Gesundheit des Verurteilten oder bereits bestehende Kränklichkeit ausdrücklich genannt werden.» Ich glaube, das ist das Mindeste, was wir fordern müssen.

Meine sehr verehrten Anwesenden, ich bin mit meinen Ausführungen zu Ende. Wir haben uns die Arbeit so geteilt, daß der Herr Kollege Aschaffenburg namentlich die psychische, psychologische und psychiatrische Seite unserer Forderungen hier vertreten wird. (Bravo!)

Thesen des Medizinalrats Dr. Leppmann, Berlin:

I. Der ärztliche Stand hat ein besonderes Interesse an dem Entwurf einer neuen Strafprozeßordnung, da er häufiger und mannigfaltiger als alle anderen Berufsstände zur Sachverständigen-Tätigkeit in der Strafrechtspflege herangezogen wird und diese Tätigkeit für ihn besondere Opfer gegenüber seiner sonstigen Betätigung bedingt.

II. Er muß sich deshalb für berechtigt halten, Forderungen bei der Neugestaltung des Strafprozeßverfahrens zu stellen, welche bezwecken:

a) Wahrung der Standeswürde und Schaffung günstigster Vorbedingungen zur Erfüllung der Sachverständigen-Aufgaben;

b) den besseren Schutz der natürlichen Schutzbefohlenen des Aerztestandes, nämlich der Kranken und Kränklichen.

III. Unter den diesbezüglichen Forderungen ist die, daß das ärztliche Gutachten unter irgend einer Form bindend für ein Strafgericht sein soll, fallen zu lassen. Es soll der Grundsatz der freien Beweiswürdigung auch in bezug auf ärztliche Gutachten bestehen bleiben.

IV. Es soll aber im Gesetz kenntlich gemacht werden, daß der Sachverständige, insbesondere der ärztliche Sachverständige, mehr ist als ein bloßes Beweismittel, daß er einen Gehülfen des Richters darstellt. Zu diesem Zweck soll der ärztliche Sachverständige, insbesondere der in Deutschland approbierte Arzt bzw. die Aerztin das Recht haben, Anträge zu stellen:

a) auf Akteneinsicht;

b) auf Vernehmung von Zeugen und Beschuldigten, auf Herbeischaffung von Auskünften und sonstigem Material zur Vorbereitung des Gutachtens,

c) auf Verbringung eines Beschuldigten in eine Irrenanstalt zur Beobachtung des Geisteszustandes.

Die Ablehnung solcher Anträge soll nur durch besonderen Gerichtsbeschluß mit Beschwerdeinstanz statthaft sein.

V. Alle ärztlichen Sachverständigen, die in einem Strafprozeß mitwirken, sollen gleichmäßig behandelt werden. Insbesondere muß jedem, namentlich auch den vom Beschuldigten im Ermittlungs- und Vorverfahren zugezogenen bzw. zur Hauptverhandlung gestellten Sachverständigen, soweit dies den Umständen nach möglich ist, die gleiche Gelegenheit zur Vorbereitung ihrer Gutachten gegeben werden, wie den sonst geladenen.

VI. Zur Erleichterung der ärztlichen Sachverständigen-Tätigkeit ist folgendes notwendig:

a) In der Ladung des Sachverständigen soll die Person bzw. das Sachverhältnis, welche begutachtet werden sollen, ausdrücklich bezeichnet werden. Es soll auch angegeben werden, wie lange ungefähr die Anwesenheit des Sachverständigen an Gerichtsstelle notwendig sein wird.

b) Der Vorsitzende soll das Recht haben, die Sachverständigen zeitweilig während einer Verhandlung von der Gerichtsstelle zu beurlauben, soweit er annimmt, daß die betreffenden Teile der Verhandlung für die Abgabe des Gutachtens unerheblich sind.

c) Die besonderen Bestimmungen betreffs sachverständiger Zeugen sind fortzulassen.

VII. Zum Schutze anderer Prozeßbeteiligter, nämlich der Beschuldigten, Zeugen und Verurteilten dienen folgende Forderungen:

a) Wird die Anklage im wesentlichen auf ein Sachverständigen-Gutachten gestützt, so darf der Antrag des Angeschuldigten auf Einholung noch eines anderen Gutachtens, womöglich unter Beauftragung eines bestimmten, von ihm benannten Sachverständigen, vor Eröffnung des Hauptverfahrens nicht abgelehnt werden.

b) Zur Aufhebung bzw. Nichtverhängung der Untersuchungshaft sollen auch gesundheitliche Gründe maßgeblich sein, und zwar soll geprüft werden, ob etwa sich zeigende gesundheitliche Schäden im Mißverhältnis zur Schwere der Straftat bzw. zum Zweck der Haft stehen.

c) Unter den Gründen, nach welchen auf Antrag eines Verurteilten die Strafvollstreckung ausgesetzt werden kann (§ 473 des Entwurfs) soll die besondere Gefährdung der Gesundheit des Verurteilten oder bereits bestehende Kränklichkeit ausdrücklich genannt werden.

d) Zur Ablehnung der Zeugenschaft an Gerichtsstelle, unter Umständen auch außerhalb derselben, soll eine, durch die Vernehmung bedingte, dringende und erhebliche Gesundheitsgefahr berechtigen.

Dasselbe soll aber auch bei einer minderen Gesundheitsgefahr möglich sein, sobald die Wichtigkeit bzw. der Wert der eventuellen Aussage in keinem entsprechenden Verhältnis zu der Gesundheitsgefährdung steht.

Vorsitzender: Die Versammlung gibt durch ihren Beifall dem Dank Ausdruck, den wir dem Herrn Vortragenden schulden für die ebenso knappe wie klare Darstellung sowohl der persönlichen ärztlichen Interessen, wie der Interessen der ärztlichen Schutzbefohlenen an der Ausgestaltung des Strafprozesses.

Ich darf nun den Herrn Kollegen Aschaffenburg bitten, seinerseits das Wort zu ergreifen.

Professor Dr. **Aschaffenburg**, Köln: Meine Damen und Herren! Der Verein der deutschen Medizinalbeamten sowie eine Reihe psychiatrischer Gesellschaften und Korporationen haben im Laufe der letzten Jahre sehr energisch ihre Wünsche zur Strafrechtsreform geäußert und zum Teil unter Beihilfe von Juristen in bestimmte Formen gebracht; Wünsche, von denen wir alle gehofft und erwartet hatten, daß der eine und andere, vielleicht sogar alle in der neuen Strafprozeßordnung berücksichtigt werden würden. Als ich aber gleich nach dem Erscheinen, am 1. September 1908 den neuen Entwurf zu Gesicht bekam und die mich speziell interessierenden psychiatrischen Paragraphen nachschlug, da war das Ergebnis dieser Nachforschungen unendlich betrübend. Von sämtlichen Wünschen, die wir vorgebracht haben, ist nicht ein einziger berücksichtigt worden, und der einzige Paragraph, der eine nennenswerte Aenderung erfahren hat, ein Paragraph, auf den ich später zurückkomme, ist zweifellos nicht zu seinem Besten geändert worden.

Gestatten Sie mir — ich möchte nicht sämtliche Bestimmungen erwähnen, um nicht zu sehr ins Detail zu gehen — wenigstens an einer Reihe von Beispielen zu zeigen, daß die Forderungen, die wir aufgestellt haben, durchaus begründet sind. Daß wir gar keinen Wert darauf gelegt haben, sie gerade in der Form wiederzufinden, die wir vorgeschlagen haben, ist selbstverständlich.

Eines der charakteristischsten Beispiele, bei dem es mir ganz rätselhaft ist, warum man nicht auf unseren Vorschlag eingegangen, ist die Vereidigung Geisteskranker. Der § 56 der früheren Strafprozeßordnung, der jetzige § 58, lautet dahin, daß unbeeidigt zu vernehmen sind (abgesehen von Kindern): Personen, die wegen mangelnder Verstandesreife oder wegen Verstandesschwäche von dem Wesen und der Bedeutung des Eides keine genügende Vorstellung besitzen.

Dieser Paragraph ist in seiner jetzigen, der früheren gleichen Form unbrauchbar; das kann man leicht an einem Schulfalle illustrieren. Wenn wir einen Querulanten vor Gericht laden, also einen Mann, dessen ganzes Leben, ganzes Denken von wahnhaften Vorstellungen durchwebt ist, die sich alle in ganz bestimmter Richtung bewegen, und ihn nach dem Wesen und der Bedeutung des Eides fragen, so kann er eine Auskunft geben, die vielleicht besser ist als die der meisten anderen; denn es gehört zu seiner Eigenart, die Eide anderer auf ihre Richtigkeit zu prüfen, und zwar mit scharfer Kritik. Wenn er aber anfängt, auszusagen, so mischt sich Wahres und Unwahres durcheinander. Es ist sogar möglich, daß er in bewußter Absicht, um seine Feinde zu vernichten, um sein vermeintliches Recht durchzufechten, um das falsche Spiel seiner Gegner aufzudecken, Falsches aussagt. Der Richter muß ihn nach der bestehenden Gesetzgebung vereidigen und kann doch dann nicht gegen ihn einschreiten, weil es sich eben um einen geisteskranken Menschen handelt.

Dieses Beispiel zeigt Ihnen ohne weiteres, daß die ausschließlich intellektuelle Bewertung der Eidesformel völlig verfehlt ist. Wir können es nicht davon abhängig machen, ob jemand ein Verständnis dafür hat, was der Eid bedeutet. Er muß auch in der Lage sein, die Wahrheit zu sagen.

Eine sehr charakteristische Entscheidung des Reichsgerichts hat sich ausdrücklich dahin ausgesprochen, die Tatsache, daß eine altersschwachsinnige Frau nicht mehr imstande sei, das Richtige auszusagen, weil ihr Gedächtnis versage, könne keinen Grund zur Nichtvereidigung abgeben, solange die Vernommene noch in der Lage sei, das Wesen und die Bedeutung des Eides zu ermessen; und es ist hinzugefügt worden: Es wäre ja vielleicht gerade zu erwarten, daß eine in ihrem Gedächtnis etwas unsichere Frau durch die Vereidigung vorsichtiger und klarer in den Aussagen werden würde. Genau das Umgekehrte ist richtig. Wer oft bei Gericht gewesen ist, der weiß, daß viele Zeugen, besonders wenn sie zum ersten Mal vor Gericht erscheinen, in eine solche Aufregung geraten, daß sie die törichtsten Antworten geben, z. B. ihr Alter falsch angeben und dergleichen.

Der Eid soll nach dieser Reichsgerichtsentscheidung die Eidesfähigkeit erhöhen. Er setzt sie aber zweifellos herab; bei Leuten, deren Gedächtnis ohnehin versagt, hebt die Erregung über die Vereidigung die Fähigkeit, die Wahrheit zu sagen, völlig auf.

Es ergiebt sich daraus, daß die Beeidigung davon abhängig zu machen ist, ob jemand in der Lage ist, genügend klar zu denken, und daß er nicht in seinen Aussagen durch wahnhafte Ideen beeinträchtigt ist. Gleichzeitig muß er imstande sein, sich die Tatsachen, über die er aussagen soll, ins Gedächtnis zurückzurufen. Wenn das Gedächtnis versagt oder grobe Lücken aufweist, so hilft kein Eid. Der Zeuge kann vernommen, aber darf nicht beeidigt werden.

Ich habe das Beispiel der Vereidigung vorausgeschickt, um zu zeigen, daß hier ernste rechtliche Gründe die Neuformulierung des Paragraphen notwendig machen, keine persönlichen Interessen der Ärzte, außer dem natürlichen Interesse des Arztes, der seine Patienten vor unbilligen Forderungen zu schützen sucht. Und doch ist in den Protokollen der Kommission zur Vorbereitung der Strafprozeßreform, die sich über tausenderlei Einzelheiten unterhalten hat, nicht ein Wort davon zu finden, daß man Bedenken gegen die frühere Fassung für beachtenswert gehalten hat; ebensowenig finden wir einen Widerhall der literarischen Diskussion.

Ich komme zu unserer zweiten Forderung, die für die juristischen Mitglieder unserer Versammlung eine schwer verdauliche Kost darstellt. Es handelt sich um das Verlangen nach psychiatrischer Untersuchung von Zeugen. Ich weiß sehr wohl, das wichtigste Gegenargument, das geäußert werden wird, ist das Bedenken: das Verlangen nach Untersuchung eines Zeugen würde in Zukunft eine Quelle bösartiger Schikanen seitens der Verteidiger werden, die jeden unbequemen Zeugen damit treffen können, daß sie sagen: »Der Mann ist geistig nicht klar, er muß sich einer Untersuchung unterwerfen.«

Die Bereitschaft des Publikums, als Zeuge zu erscheinen, ist ohnehin nicht sehr groß und wird durch die Gefahr, die ihm jetzt drohen soll, nicht erhöht werden. Und doch ist das, was wir verlangen, notwendig. Natürlich nicht — und das führt vielleicht zu einer Versöhnung mit den Juristen — für gewöhnliche Fälle, sondern nur bei ganz außergewöhnlicher Sachlage, als Ausnahmemaßregel. Ich möchte die Forderung geradezu einschränken auf diejenigen Personen, die Verbrechen anzeigen. Ich habe dabei hauptsächlich solche im Auge, die sexuelle Delikte erfinden oder auch aus wahnhafter Vorstellung glauben, angegriffen, beleidigt oder geschädigt zu sein, und nun irgend einen angesehenen Menschen in eine sehr unangenehme und heikle Situation hineinbringen. Wenn bei uns in Deutschland die Außerverfolgungsetzung oder die Freisprechung vor Gericht gleichbedeutend wäre mit einer absoluten Reinigung von einem Verdachte, so ließe sich das vielleicht noch ertragen. Aber es ist eine alte Erfahrung, die jeder von uns schon gemacht haben wird, daß das Publikum immer glaubt: Wenn einer freigesprochen worden ist, so ist es nur geschehen, weil man es ihm nicht hat beweisen können. Sehr häufig kommt noch hinzu, daß der Verdacht besteht, man habe die Angeschuldigten ihrer gesellschaftlichen Stellung wegen nicht zu verurteilen gewagt. Das wird natürlich nur heimlich ausgesprochen, aber nicht gar so selten geglaubt.

Deshalb muß eine Schutzmaßregel gegen falsche Anschuldigungen seitens Hysterischer oder Geisteskranker geschaffen werden. In einem Falle, bei dem ich als Sachverständiger mitzuwirken hatte, war eine Angeschuldigte im ersten Verfahren zu fünf Jahren Zuchthaus verurteilt worden. Im Wiederaufnahmeverfahren wurde sie von dem Verdacht — es handelte sich um einen angeblichen Giftmordversuch — in glänzendster Weise gereinigt. Man hätte der Unglücklichen die Verurteilung und eine dreijährige Haftverbüßung ersparen können, wenn schon beim ersten Verfahren eine Begutachtung des Geisteszustandes der Anklägerin vorgenommen worden wäre, die sich auf eine hinreichend genaue Beobachtung hätte stützen können.

Wir sind gern bereit, den Paragraph so zu formulieren, daß ein Mißbrauch ausgeschlossen ist; wir sind einverstanden, daß gegen die Anordnung alle Rechtsmittel aufgeboten werden dürfen, man mag ihn mit allen juristischen Kautelen versehen, aber diese Forderung müssen wir unbedingt aufstellen (Geheimrat Professor Dr. von Liszt: Sechs Wochen in die Irrenanstalt!).

Der Paragraph, den ich vorhin als einen solchen bezeichnete, bei dem zwar eine Veränderung, aber keine zum besseren eingetreten ist, ist § 81 unserer früheren Strafprozeßordnung, der § 80 des Entwurfs. Der Paragraph lautet in seiner neuen Fassung: «Ist zur Vorbereitung eines Gutachtens über den Geisteszustand des Beschuldigten nach der Erklärung des Sachverständigen eine längere Beobachtung erforderlich, so hat der Richter dem Sachverständigen, soweit tunlich, hierzu Gelegenheit zu geben. Erklärt der Sachverständige, daß die erforderliche Beobachtung außerhalb einer Irrenanstalt nicht ausführbar ist, und wird sie dem Sachverständigen auch nicht dadurch ermöglicht, daß der Beschuldigte sich freiwillig in eine solche Anstalt aufnehmen läßt, so kann, sofern die öffentliche Klage bereits erhoben ist, das Gericht anordnen, daß der Angeschuldigte in einer öffentlichen Irrenanstalt unterzubringen ist; die Anstalt ist vom Gericht zu bezeichnen. Vor der Anordnung ist der Verteidiger zu hören; hat der Angeschuldigte keinen Verteidiger, so ist ihm ein solcher für das Verfahren über die Unterbringung zu bestellen. Gegen die Anordnung ist sofortige Beschwerde zulässig: die Beschwerde hat aufschiebende Wirkung. Sobald die Beobachtungen zur Abgabe des Gutachtens ausreichen, hat der Sachverständige dem Gericht Anzeige zu machen. Die Unterbringung in der Anstalt darf, auch wenn sie in demselben Verfahren oder in einem anderen Verfahren, das dieselbe Tat zum Gegenstande hat, wiederholt angeordnet wird, ohne Einwilligung des Angeschuldigten in ihrer Gesamtdauer sechs Wochen nicht überschreiten!»

Meine Damen und Herren! Dieser etwas langatmige Paragraph gibt uns, wie der frühere, die Möglichkeit, in all' den Fällen, wo das Benehmen eines Angeschuldigten während der Voruntersuchung oder während einer Verhandlung Zweifel an seiner Zurechnungsfähigkeit erweckt hat, eine Beobachtung in einer Irrenanstalt zu beantragen.

Diese Bestimmung ist, wenn auch nicht ganz so, wie wir es möchten, in dem Entwurfe wieder erschienen. Aber wir müssen ein anderes und wichtiges Verlangen hinzufügen, und von diesem Verlangen können wir unter keinen Umständen abgehen. Wir müssen verlangen, daß die Dauer der Beobachtung unter besonderen Umständen sechs Wochen überschreiten darf; diese Verlängerung darf nicht von der Einwilligung des Angeschuldigten abhängig sein. Das Bedürfnis zur Ausdehnung der Beobachtungsfrist trat mir zum ersten Male im folgenden Falle entgegen: Vor langen Jahren wurde uns in die Klinik in Heidelberg ein Patient eingewiesen, der wegen eines Mordversuchs angeklagt, aber wegen Unzurechnungsfähigkeit freigesprochen war. Wir haben ihn ungefähr $2^1/_2$ Monat in der Klinik beobachtet. Wir hatten das ganze Aktenmaterial und die früheren Gutachten gelesen und wußten, was für Erscheinungen früher bei ihm aufgetreten waren. Wir kamen aber nicht dahinter: ist der Mann krank oder nicht? $2^1/_2$ Monate haben wir uns den Kopf zerbrochen, ob wir den Mann zurückhalten könnten oder nicht. Erst am Schlusse dieser $2^1/_2$ Monate äußerte er ein ganz umfangreiches Wahnsystem, das er bis dahin sorgfältig verschwiegen hatte.

Die Fälle, in denen innerhalb der üblichen Frist von sechs Wochen keine Klärung der Sachlage möglich ist, gehören zu den seltenen Ausnahmen. Und so wird auch das Bedürfnis nach Ausdehnung der Beobachtungsfrist uns nur ausnahmsweise entgegentreten.

Aber die Ausnahme wird zur Regel in den Fällen, wo

die Gerichte — und das tun sie ganz gerne — dem Sachverständigen nicht beistimmen. Der Sachverständige arbeitet mit großer Sorgfalt und Mühe sechs Wochen an einem umfangreichen Aktenstoß, an einem schwierigen Patienten. Er verfaßt ein Gutachten nach bestem Wissen und Können, und das Gericht liest es durch oder läßt es sich in der mündlichen Verhandlung vortragen, und sagt auf Grund des Eindruckes, den die kurze Beobachtung während der Verhandlung macht: «Wir sind anderer Ansicht.»

Wenn die Gerichte über das Gutachten hinweggehen, so müssen wir uns bescheiden. Wenn aber die Gerichte beschließen, ein Obergutachten einzuholen, so tritt einer wirklichen Klärung der Fehler des § 81 hindernd in den Weg. Ich behaupte, daß die Methode, nach der jetzt die Obergutachten abgefaßt werden müssen, unzulänglich ist. Die Obergutachter bekommen zwar die Akten und das ganze Material; sie haben auch die Möglichkeit, den Angeklagten zu beobachten, aber nicht unter Verhältnissen, die in allen Fällen zur Beobachtung ausreichend sind. Ich gebe gern zu, daß man, wenn man einige Erfahrung hat — und die haben die Obergutachter — leichter mit einem schwierigen Falle fertig wird, als mancher der Vorgutachter. Allein für besondere Fälle sind die Verhältnisse in den Zuchthäusern und Gefängnissen ungeeignet. Ich sage das gerade auf Grund meiner $3^1/_2$ jährigen Tätigkeit an einer anscheinend besonders geeigneten Anstalt, an einer Irrenanstalt, die an einem Gefängnis angegliedert war. Ich habe die Erfahrung gemacht, daß in solcher Beobachtungsabteilung manches gar nicht zur Kenntnis des Arztes kommt. Namentlich ein epileptischer Anfall, der die Sachlage klären würde, entgeht in einem Gefängnis sehr leicht der Aufmerksamkeit des Personals und wird, zumal wenn er sich Nachts abspielt, jedenfalls nicht so beobachtet, daß er mit der Sicherheit verwertet werden kann, die in schwierigen Fällen von Sachverständigen verlangt werden muß.

So kommen wir zu der Forderung, daß in den Ausnahmefällen, wo ein Obergutachten erforderlich ist, und der Obergutachter es verlangt, eine zweite persönliche Beobachtung in einer Irrenanstalt möglich sein muß. Obergutachten werden meist nur verlangt, wenn es sich um Leben und Tod oder langjährige Zuchthausstrafe handelt. Da können doch sechs Wochen wirklich nicht in Betracht kommen. An das Märchen, daß die sechs Wochen für einen geistig Gesunden eine Gefahr bedeuten, glaubt von Psychiatern und wohl hoffentlich bald auch von den Laien niemand mehr. —

Eine weitere Forderung, die sich nicht in einem Paragraph hat formulieren lassen, geht von einer Erfahrung aus, die nicht so sehr psychiatrischer, als psychologischer Natur ist. Wir halten es für erforderlich, daß die Gerichtsprotokolle und vor allem die der Voruntersuchung anders abgefaßt werden müssen. Wer einen Aktenstoß öffnet, liest gleich zur Einleitung die Anzeige des Gendarmen oder des ersten Vernehmenden, in der es meist heißt: «Ich gebe zu, daß ich das und das gemacht habe.»

So steht es in direkter Rede da. Kommt nun der Vernommene später vor den Untersuchungsrichter und sagt: «Das habe ich nicht so erzählt,» so wird ihm das nicht geglaubt; bei dem jetzigen Verfahren habe ich es nicht einmal, sondern hundertmal erleben musssen, daß der Gendarm, der Polizist, der Kriminalbeamte gefragt wurde: «Haben Sie das wörtlich so aufgenommen, wie der Mann es gesagt hat?» worauf der Mann — unter Eid und fest überzeugt davon, daß er die Wahrheit sagt — erklärt: «Das habe ich genau so aufgenommen, wie der Angeschuldigte es ausgesprochen hat.»

Ich habe vor Jahren einmal aus den Akten eines Strafprozesses einen netten Satz notiert, der ein grelles Licht auf diese Art der Protokollierung wirft. «Offenbar waren die nachher zu mir geäußerten inkriminierten Worte noch eine Folge dieser früheren Auseinandersetzungen.» (Heiterkeit.) Der Zufall hat es gewollt, daß die Person, die diesen schönen Satz geprägt hat, ein schwachsinniges Mädchen war, das von der Volksschule weggeschickt wurde und auch in der Hilfsschule versagte. (Bewegung.)

Aber nicht nur der Angeklagte und der Zeuge kommen in Verlegenheit, auch der Sachverständige. Wenn er behauptet: «Der Mann ist schwachsinnig», dann sagt der Richter: «Ein Mann, der sich so gewandt auszudrücken versteht, wie wir von dem Kriminalbeamten gehört haben, ist nicht schwachsinnig, und Sie haben sich hinters Licht führen lassen.» Das Letzte spricht er meist nicht direkt aus, aber er denkt so.

Die Aussagen dürften deshalb nicht in direkter, sondern nur in indirekter Rede wiedergegeben werden; die Wiedergabe ist dann immer noch unzutreffend genug. Sollen aber Äußerungen in direkter Rede gegeben werden, so muß das Protokoll sowohl die Fragen, als die Antworten enthalten, und die wörtliche Wiedergabe in einer nicht mißzuverstehenden Weise gekennzeichnet werden. —

Ich komme nun zu § 472 des neuen Entwurfs. Dieser Paragraph lautet: «Wird der Verurteilte nach dem Beginne der Vollstreckung in eine von der Strafanstalt getrennte Anstalt gebracht, so ist die Dauer des Aufenthalts in der Krankenanstalt in die Strafzeit einzurechnen, es sei denn, daß der Verurteilte die Krankheit vorsätzlich herbeigeführt hat. Soll die Einrechnung nicht stattfinden, so ist die Entscheidung des Vollstreckungsgerichts herbeizuführen.»

Meine Damen und Herren! Das bedeutet folgendes: Wenn ein Mann — ich will einen sehr einfachen Fall nehmen — im Gefängnis plötzlich eine Blinddarmentzündung bekommt, die Verhältnisse des Gefängnisses eine Operation nicht erlauben, und er in eine Klinik überführt wird, so wird ihm diese Zeit angerechnet; dasselbe gilt bei allen körperlichen Krankheiten. Es gilt aber — und auch das als Regel nur in Preußen — nicht für die Geisteskrankheiten. Wir sind in einem Staate, der ein einheitliches Recht und Verfahren besitzt; was in anderen Bundesstaaten üblich ist, muß auch in Preußen geschehen oder umgekehrt.

In Preußen ist das Verfahren so, — gegen die Gesetze konnte das natürlich nicht gemacht werden — daß einfach die Strafvollstreckung unterbrochen wird. Der Kranke wird aus dem Strafvollzuge entlassen und gilt jetzt als Kranker. Nun kommt er in eine Irrenanstalt. Er wird wieder besser; zwar nicht strafvollzugsfähig, aber doch so, daß der Irrenarzt ihn entlassen will. In diesem Augenblicke legt der Staatsanwalt wieder die Hand auf den Verurteilten, und der Mann muß ins Gefängnis zurück. Dort bricht die Psychose von neuem aus; nun kommt er von neuem in die Irrenanstalt, und so geht das weiter. Ich kenne einen Fall, wo eine sechsjährige Strafhaft mit Hilfe dieser Unterbrechungen 11½ Jahre gedauert hat. (Lebhafte Bewegung.)

Die Frage, wie das in Zukunft zu machen sei, ist von der Strafprozeßkommission sehr eingehend behandelt worden. Die Kommission hat sich auf den Standpunkt gestellt, die Anrechnung der in einer Irrenanstalt verbrachten Zeit müsse abgelehnt werden. Der einzige beachtenswerte Grund dafür ist der: Die Anrechnung würde zu einer unbilligen Benachteiligung der Fälle führen, die man nicht an eine Irrenanstalt überweist, sondern in denen man die Betreffenden in die Freiheit entlassen kann. Das ist richtig. Es würde jemand, der die Hälfte seiner Strafzeit verbüßt hat, in die Freiheit entlassen wird, aber wieder eingezogen werden kann, schlechter daran sein als der, den man in einer Irrenanstalt untergebracht hat. Aber er erfreute sich doch auch während der Zeit, die ihm nicht angerechnet wird, seiner Freiheit.

Mir ist übrigens nicht ein einziger solcher Fall in meiner recht ausgedehnten Praxis vorgekommen. Die Gefangenen, die im Gefängnis geistig erkranken und zur Genesung aus dem Gefängnis entlassen werden müssen, sind wohl durchweg so bedenkliche Kranke, daß man nicht wagen darf, sie in die Freiheit zu entlassen, außer vielleicht der Kranke müßte schon ganz alt und gebrechlich sein; dann ist er aber auch nicht strafvollzugsfähig und wird es nie wieder. Also ist dieser Gegengrund der Strafprozeßkommission zwar bestechend, aber nicht stichhaltig.

Die beiden anderen Gegengründe aber sind mindestens als merkwürdig zu bezeichnen. Der zweite Grund lautet nämlich: Das Verfahren, wie es jetzt in Preußen geübt würde, sei aus der Entstehungsgeschichte des Paragraphen zu erklären. Professor Heimberger in Bonn hat sich bemüht, der Entstehungsgeschichte des Paragraphen nachzugehen, und aus seinen Untersuchungen geht genau das Gegenteil hervor. Professor Heimberger hat sich nicht gescheut, zu erklären: Wir brauchen eigentlich gar keine Ergänzung des Paragraphen, wir müssen nur verlangen, daß der Paragraph so, wie er ist, angewendet wird.

Endlich der dritte Einwand; er bestand darin, daß die Strafprozeßkommission die Änderung deshalb für bedenklich erklärte, weil sich dann die bereits vorhandene große Zahl der Gefangenen, die Geisteskrankheit simulieren, noch erheblich steigern würde. Ich muß gestehen: Das hat mich am allermeisten überrascht. (Geheimrat Professor Dr. von Liszt: Sehr richtig!) Ich weiß, das Publikum glaubt an die Häufigkeit der Simulation; allerdings wohl der Simulation zur Erzielung einer Freisprechung, nicht um aus der Strafhaft herauszukommen. Man sollte meinen, daß die Juristen allmählich etwas mehr davon wüßten, namentlich die Mitglieder einer solchen Kommission. Ich habe in der langen Zeit, in der ich an Gefängnissen tätig gewesen bin, unter den Hunderten von Eingelieferten einen einzigen gesehen, der sagte: «Ich konnte es im Gefängnis nicht mehr ertragen und habe Geisteskrankheit simuliert, um in die Irrenanstalt zu kommen.» Der Mann war aber — unabhängig von seiner Simulation — geisteskrank, wenngleich er an seine eigentliche Krankheit nicht geglaubt hat.

Das Simulieren kommt vor, aber immer nur vor der Verurteilung, und auch da ist es sehr selten, wie ich auf Grund einer beinahe 19jährigen psychiatrischen Tätigkeit, die sich namentlich auf forensischem Gebiete bewegt hat, erklären kann. Ich rechne es allerdings nicht als Simulation, wenn einer ein paar Stunden irgendwelche Symptome vortäuscht, beim Eingreifen des Arztes aber sofort das törichte und zwecklose Unternehmen aufgibt. In den Fällen, in denen simuliert wird, handelt es sich zudem meist um geisteskranke oder wenigstens geistig defekte Menschen.

Unsere Erfahrungen zwingen uns, unsere Forderung auf Anrechnung der in einer Irrenanstalt verbrachten Zeit von neuem und mit aller Entschiedenheit zu wiederholen. —

Gestatten Sie mir an dieser Stelle vielleicht eine Abschweifung auf ein anderes Gebiet, das, streng genommen, nicht zum Strafprozesse gehört, aber doch eigentlich hier den Kernpunkt der Sache berührt. Es handelt sich um einen Ausblick in eine Gesetzgebung, die sich damit beschäftigt, den gefährlichen Geisteskranken in irgend einer Weise unschädlich zu machen, das Publikum, die öffentliche Rechtssicherheit, vor den Angriffen des gefährlichen Menschen zu bewahren. Das, was man bei den Geisteskranken befürchtet, und in den meisten

Fällen mit Recht sehr viel mehr befürchtet, als bei jedem anderen Verbrecher, ist, daß die schon bestehende Gemeingefährlichkeit des Verbrechers durch die psychische Anomalie noch gesteigert wird. Für den Verbrecher, der geisteskrank geworden ist, ist im Gefängnisse kein Platz und darf dort kein Platz sein; denn der Strafvollzug ist eine Grausamkeit, weil er eine — vielleicht nicht wieder gut zu machende — Verschlechterung des psychischen Zustandes mit sich bringt. Er ist eine Herabwürdigung unseres ganzen Strafsystems, da man an einem Geisteskranken keine Strafe vollziehen kann. Deshalb sollen die Geisteskranken sobald wie möglich aus dem Gefängnis heraus. Sie sollen nicht im Interesse der Anrechnung der Strafe bis zum Strafende mitgeschleppt, sondern aus dem Strafvollzug entfernt werden.

Wenn sie nun aus dem Strafvollzug entlassen werden sollen, so erhebt sich für uns die außerordentlich schwierige Frage: Was soll mit ihnen geschehen? Ich gebe gern zu, daß wir hier verlangen müssen, daß die Gemeingefährlichkeit, nicht die Krankheit, in den Vordergrund gestellt wird, und ich möchte gleich hinzufügen: Das gleiche gilt auch für die nicht in vollem Umfange Geisteskranken, auch für die Minderwertigen. Ein großer Teil dieser Leute paßt durchaus nicht in den Strafvollzug. Sie leiden darunter mehr als der Gesunde, ihr Zustand wird über Gebühr verschlechtert, und deshalb müssen auch diese Minderwertigen, soweit sie geschädigt werden können, aus dem Strafvollzuge heraus.

Meine Damen und Herren! Wir sind als Ärzte zweifellos die Anwälte der Minderwertigen und der Geisteskranken; und doch kann nur derjenige, der von der Geschichte der letzten Jahrzehnte auf diesem Gebiete nichts weiß, uns den Vorwurf machen, daß wir immer wieder auf Kosten der öffentlichen Rechtssicherheit unsere Kranken zu verhätscheln beabsichtigen. Es sind die Irrenärzte gewesen, die zuerst und mit aller Entschiedenheit die Forderung aufgestellt haben, daß die gefährlichen Menschen (selbst wenn ihr Zustand vielleicht ohne die verbrecherische Neigung sie weniger gefährlich machen würde) aus der Öffentlichkeit entfernt werden müssen, daß man sie internieren muß, und zwar, wenn es notwendig ist, auf Lebenszeit. Der Gesichtspunkt, der uns dabei leitet, ist die Gefährlichkeit des Kranken auf der einen Seite und das Bedürfnis des Publikums nach Sicherheit vor diesen Angriffen auf der anderen; unser Wunsch, ein Gesetz zur Wahrung der Rechtssicherheit vor den Angriffen gefährlicher Kranker — und ich füge hinzu, auch vor den Angriffen gefährlicher Gewohnheitsverbrecher.

Meine Damen und Herren! Wenn ich nach dieser Abschweifung wieder zu meinem eigentlichen Thema zurückkomme, so widerstehe ich der Versuchung, noch weitere Einzelforderungen aufzustellen, — ich will davon Abstand nehmen; es würde doch immer wieder nur dasselbe Bild sein — Forderungen, die eigentlich sehr naheliegen, gegen die kaum ernstliche Einwendungen zu erheben sind und die doch unberücksichtigt geblieben sind. Und doch habe ich, als ich mich mit dem Strafprozeßentwurf näher beschäftigt habe, zu erkennen geglaubt, daß unsere Arbeit nicht ganz vergeblich war. Wir haben die Erfolge nur nicht da zu suchen, wo unsere Forderungen erhoben wurden, sondern da, wo wir als Mitarbeiter tätig gewesen sind, um die Grundlagen für den neuen Entwurf (man darf wohl hinzufügen: auch hoffentlich für das neue Strafgesetzbuch) zu legen.

Seit Jahren beschäftigen sich die Psychologen, Richter, Ärzte und Philosophen mit der Psychologie der Aussage. Die hohe Bewertung, die man früher dem Zeugeneid und der Zeugenaussage beigemessen hat, ist allmählich in Richterkreisen im Schwinden. Man weiß, daß die meisten Zeugen subjektiv die Wahrheit sagen; aber man weiß auch gleichzeitig, daß kaum ein Zeuge, der lange Zeit nach einem Ereignis darüber auszusagen hat, objektiv ganz die Wahrheit sagt und ganz die Wahrheit sagen kann.

Es ist deshalb sehr erfreulich, daß an die Stelle des Voreides der Nacheid geschoben ist. Ich habe es oft erlebt, daß Zeugen in ihrer Aussage plötzlich stockten, weil sie irgend eine belanglose Kleinigkeit geäußert hatten, die falsch war. Sie wagen aber nicht, sich zu verbessern in der Angst: «Wenn ich das zurücknehme, werde ich vielleicht wegen Meineids belangt.» Der Richter merkt die Befangenheit der Zeugen; sie stocken, werden nun vielleicht auch noch schroff behandelt, und nun ist überhaupt nichts mehr aus ihnen herauszubringen.

Wenn aber bei dem Nacheid die Möglichkeit besteht, ihnen alles noch einmal vorzuhalten, so daß sie sagen können: «Da habe ich mich geirrt,» dann wird die Aussage viel objektiver werden. —

Am meisten erfreut hat mich — und ich darf wohl sagen: auch meine anderen Fachkollegen — die Einführung der Jugendgerichtshöfe. Wir sind Mitarbeiter an der Aufgabe gewesen, festzustellen, in welcher Weise sich ein jugendliches Gemüt entwickelt; wir haben immer wieder darauf hingewiesen, daß die jetzigen Anforderungen, die das Gericht hinsichtlich der Strafbarkeit eines Jugendlichen stellt: die Einsicht in die Strafbarkeit einer Handlung, unsinnig sind; allmählich ist man wohl allgemein zu der Überzeugung gekommen: So kann es nicht weitergehen. Es ist merkwürdig, daß man das in anderen Ländern schon sehr viel länger eingesehen hat, als bei uns in Deutschland. Die Psychologie des jugendlichen Menschen, die Psychologie des jugendlichen Verbrechers, die Kriminalpsychologie hat uns jetzt soweit gefördert, daß wir die Folgerungen ziehen können. Die Forderung, die wir aufstellen müssen, fand ich in einer sehr hübschen kurzen Form über der Tür des Istituto pedagogico forense in Mailand stehen, eines Instituts, das zur Erziehung verwahrloster Jugend bestimmt ist. Da stand: «No pena, ma educazione e lavoro», keine Strafe, sondern Erziehung und Arbeit; ich möchte beinahe sagen: Erziehung zur Arbeit.

Dieses Empfinden ist in unsere ganze Gesetzgebung hineingedrungen, und wir haben tatsächlich schon die Freude erlebt, eine Reihe von Reformideen in die Wirklichkeit umgesetzt zu sehen. Wir haben die bedingte Begnadigung im Laufe der letzten Jahre erlangt und mit dem Ausbau unserer Fürsorgeerziehung begonnen (denn vorläufig ist sie noch weit von dem entfernt, was sie werden kann und muß), und jetzt bietet uns der neue Entwurf ein Jugendgericht und — das fasse ich fast noch als einen größeren Fortschritt auf — die Institution der «besonderen Beiräte». Gestatten Sie mir, Ihnen in aller Kürze einen Überblick darüber zu geben, was von diesen aus Amerika zu uns gelangten Einrichtungen in den neuen Gesetzentwurf hinübergenommen worden ist.

Wir finden die Erweiterung der Kompetenz der Amtsgerichte. Der Amtsrichter kann in Zukunft fast alle Verbrechen zur Aburteilung bringen. Es sollen besondere Abteilungen gegründet und besonders geeignete Richter an die Spitze gestellt werden. Ich glaube, das ist der springende Punkt, wie wohl allgemein eingesehen wird. Es handelt sich darum, die geeigneten Personen zu finden, die in der Lage sind, die Kinder, die ihnen dann vorgeführt werden, richtig zu beurteilen.

Zu Schöffen sollen ausersehen werden Leute aus Kreisen, die, wie Lehrer, Lehrherren und Mitglieder von Fürsorgevereinen, gerade auf dem Gebiete der Jugendfürsorge Erfahrung besitzen. Unsere Volksschullehrer sind leider durch einen anderen Paragraphen ausgeschlossen. Wenn man heute morgen auch die Lehrer überhaupt ausschließen wollte in dem Gedanken, daß sie vielleicht das Ganze zu sehr vom pädagogischen Standpunkt aus auffassen (ich kann nicht finden, daß das ein allzu großes Unglück wäre), so möchte ich dazu bemerken, daß selbstverständlich auch die Lehrer lernen müssen, was sie als Schöffen und Jugendrichter zu tun haben, gerade so wie das bei den Vorsitzenden der Jugendgerichtshöfe der Fall ist.

Die Lehrherren gebe ich gern preis. Ich weiß wirklich nicht, woher sie eine besondere Eignung haben sollen, um die Psychologie eines Jugendlichen richtig zu beurteilen (Geheimrat Professor Dr. von Liszt: Sehr richtig!).

Die zweite Neuerung, die wir beim Jugendgerichte finden, ist das Absehen vom Legalitätsprinzip. Der Staatsanwalt muß nicht mehr jeden Fall verfolgen, und er muß ihn nicht durchführen. Der Staatsanwalt und auch das Gericht können die Einstellung beschließen und den Jugendlichen dem Vormundschaftsgericht überweisen, das dann für die Fürsorgeerziehung zu sorgen hat.

Diese Fürsorge kann auch in der Form ausgeführt werden, daß der jugendliche Verbrecher einem Fürsorger übergeben wird. Zu diesen Personen sollen Leute gewählt werden, die auf dem Gebiete der Jugendfürsorge Erfolge besitzen, insbesondere Mitglieder von Fürsorgevereinen und, meine Damen und Herren, auch Frauen. Ich stehe nicht an, hinzuzufügen: Ich würde es für ein Glück halten, wenn man auch Frauen zu

Schöffen im Jugendgericht ernennen würde, weil ich mir gerade von den Frauen eine viel größere Empfindsamkeit für die feineren Regungen im Kinderseelenleben verspreche, als vielfach von den Männern.

Eine sehr ernste, sehr einschneidende und meines Erachtens mit die wichtigste Änderung ist die, daß die Untersuchungshaft bei Jugendlichen vermieden werden kann. Ich bin kein Freund des Strafvollzugs an Jugendlichen, und was ich davon gesehen habe, stimmt nicht mit unserer Gesetzgebung überein, die verlangt, daß der Jugendliche in besonderen Räumen von den anderen getrennt sein soll. Die Räume lassen sich vielfach nicht schaffen, und leider Gottes sind, selbst wenn die Räume da sind, die Wände im Gefängnis sehr durchlässig, die Ansteckungsstoffe gehen sehr leicht hindurch. Das Schlimmste aber ist, daß die Kinder in die Strafhaft kommen, wenn es schon zu spät ist. Die Ansteckungsgefahr im Untersuchungsgefängnis ist viel größer. Die meisten unserer kleinen Untersuchungsgefängnisse — in großen ist es vielleicht anders — sind so eingerichtet, daß der Jugendliche, man kann sagen, Tag und Nacht mit den allerschlimmsten Gesellen zusammenkommt und das, was er noch nicht gekonnt hat, dort lernt. Das kann in Zukunft dadurch vermieden werden, daß er in einer Fürsorgeerziehungsanstalt oder auch durch Vermittlung eines Fürsorgevereins anderweitig untergebracht wird.

Endlich, meine Damen und Herren, komme ich zu dem «besonderen Beistande». Das ist die Einrichtung des Probation officers, die wir von Amerika und England übernommen haben, des Mannes, der von vornherein die Aufgabe hat, als Vertreter des Jugendlichen zu erscheinen. Ich sehe die Vertretung natürlich nicht darin, daß er für ihn eine möglichst milde Behandlung, ein Loskaufen von der Strafe durchzusetzen hat; sondern seine Fürsorge ist unter Umständen für den Jugendlichen, der vielleicht unter normalen Verhältnissen ein paar Tage Haft bekommen hätte und statt dessen in eine systematische, jahrelang dauernde Erziehung hineinkommt, sehr viel unangenehmer.

Der Fürsorger, oder wie er bei uns heißt, der besondere Beistand hat die Aufgabe, schon vor der Verhandlung Erkundigungen über das Vorleben, die häuslichen Verhältnisse, die Ausbildung und Intelligenz des Jugendlichen einzuziehen.

Unsere heutige Methode, mittels derer die Einsicht in die Strafbarkeit einer Handlung bei einem Jugendlichen festgestellt wird, ist — das gibt wohl jeder Richter zu — geradezu eine Komödie. Ich habe dutzendmal gehört, daß der Richter gesagt hat: «Du hast doch gewußt, daß man das nicht darf?» «Ja.» Fertig! Wenn aber ein Jugendlicher die Frage verneinte, so wurde er angeschnauzt, er solle nicht so frech sein und lügen, und dann wurde die Einsicht auch festgestellt. Wenn uns Irrenärzten die Fälle überwiesen werden — und wir haben doch wohl mehr Übung darin, als die Richter —, dann sind wir in den meisten Fällen noch nicht einmal in der Lage, in einer Unterhaltung von ein bis zwei Stunden die Einsicht festzustellen, und dabei spielt sich die Unterhaltung unter vier Augen ab, wobei der Jugendliche ganz ruhig ist.

Das für die Feststellung der Einsicht erforderliche Material muß von den Fürsorgern beigebracht werden. Der Fürsorger vertritt die Interessen des Jugendlichen, er tritt für ihn auf. In diesem Falle können auch wieder Frauen vor Gericht erscheinen und als Sachwalter des Jugendlichen fungieren. Auch nach der Verhandlung entfaltet der besondere Beistand seine Tätigkeit; dann ist er sogar derjenige, der den meisten Einfluß auf die weiteren Schicksale des kriminellen Jugendlichen hat.

Das ist es, was wir an dem Entwurf außerordentlich schätzen, daß er uns diese ganz neuen Gesichtspunkte gebracht hat. Wir haben nicht ganz das amerikanische Jugendgericht, dessen Aufgabe sich so weit erstreckt, sogar die verwahrlosten Jugendlichen ohne weiteres in den Kreis seiner Macht zu ziehen, ja, die so weit geht, auch die Machthaber, die Eltern oder Lehrherren der Kinder zum Erscheinen vor dem Gerichte zu zwingen, sie unter Umständen zu Strafe zu verurteilen, so daß, wie sich Herr Professor Freudenthal ausgedrückt hat, die Jugendgerichte in Amerika «Zentralen für Jugendfürsorge» bilden.

Was wir bekommen haben, ist aber nicht nur deshalb wertvoll, weil es uns für den Augenblick einen großen Fortschritt bringt, sondern auch, weil es Ausblicke in die Zukunft ermöglicht. Wir verlangen ein Jugendstrafrecht. In irgend einer Form muß das kommen und wird es kommen, ehe das eigentliche neue Strafgesetzbuch kommt.

Aber wir sollten uns schon heute dessen freuen, daß dieser Fortschritt zu verzeichnen war. Und was das Überraschende war — der Fortschritt ist ungeheuer schnell gekommen. Vor $9^1/_2$ Jahren, am 1. Juli 1899, wurde in Illinois das erste Jugendgericht der Welt eröffnet. Es hat noch keine zehn Jahre gedauert, bis auch bei uns ein bisher wohl als Surrogat zu bezeichnendes Jugendgericht eingerichtet wurde. An einzelnen größeren Gerichten sind schon Jugendrichter ernannt, während durch den vorliegenden Entwurf das Jugendgericht mit allen Vorteilen und den Aussichten für die Zukunft überall eingerichtet werden wird (Zurufe: Zugelassen wird! Kann!). Es wird doch wohl sicher überall eingerichtet werden.

Wir Ärzte haben daran nur indirekt mitgearbeitet. Wir haben die Minierarbeit getan. Den Juristen gebührt das Verdienst, durch die Berichte über die amerikanischen Jugendgerichte dem Publikum diesen Fortschritt so mundgerecht gemacht zu haben, daß die Reichsregierung nachgeben konnte, wie ich hoffe und annehme, freudigen Sinnes. Es ist dadurch ein neues Ziel aufgestellt, das der Besserung, Heilung und Gesundung. Dem ersten Schritte müssen weitere folgen, und im Hintergrunde steht für uns das Strafgesetz der Zukunft.

Meine Damen und Herren! Birkmeyer, der Kriminalist in München, hat uns Psychiater als Feinde des Strafrechts bezeichnet. Ich bin — ich möchte das nicht verallgemeinern und auf alle meine Kollegen ausdehnen — ein geschworener Feind unseres jetzigen Strafrechts, aber nicht eines kommenden, von dem ich hoffe, daß es auf vernünftigeren Prinzipien aufgebaut ist. Wir Ärzte müssen und werden auf dem Platze sein und den Boden vorbereiten helfen, um ein Strafrecht zu bekommen, wie es im Interesse der Volksgesundheit erforderlich ist. Wir sind die berufenen Wächter der Volksgesundheit. Zur Gesundheit gehört aber nicht nur ein gesunder Körper, sondern auch ein gesundes Denken.

Und so — ich komme damit zum Schlusse — kann ich nur sagen: Bei allen Mängeln des Entwurfs, bei all' der Enttäuschung, die er im ersten Augenblick erweckt hat, begrüßen wir in dem Entwurf die Zukunft, und vielleicht gerade darum doppelt freudig, weil sich der Entwurf frei gemacht hat von den alten Traditionen und mit frischem Wagemut das wichtigste aller Probleme herausgegriffen hat: den Schutz unserer Jugend (Lebh. Bravo).

Thesen von Professor Dr. Aschaffenburg, Köln.

I. Die Vereidigung darf nicht von der intellektuellen Beurteilung der Bedeutung des Eides abhängig gemacht werden, sondern von der Fähigkeit, richtig zu beobachten und zutreffend wiederzugeben.

II. Es muß die Möglichkeit bestehen, in Ausnahmefällen Zeugen, besonders Anzeigende, auf ihren Geisteszustand zu untersuchen.

III. Es muß Vorsorge getroffen werden, die Beobachtung auf den Geisteszustand in Ausnahmefällen unabhängig vom Willen des Beschuldigten über die Dauer von sechs Wochen hinaus ausdehnen und (insbesondere bei Obergutachten) eine neue Beobachtung in einer Irrenanstalt vornehmen zu können.

IV. In direkter Rede dürfen nur wörtlich gefallene Äußerungen in den Protokollen wiedergegeben werden.

V. Die Berechnung der in Irrenanstalten verbrachten Zeit (gemäß § 472 der Strafprozeßordnung) darf nicht nach anderen Grundsätzen erfolgen, als bei körperlichen Krankheiten. Hier wäre eine Erweiterung in Form eines eigenen Gesetzes über die Versorgung gemeingefährlicher Geisteskranker in Aussicht zu nehmen.

VI. Erfreulich ist die Einschränkung der Vereidigung und die in dem Jugendgericht und dem «besonderen Beirat» enthaltene Zukunftsaussicht.

Vorsitzender: Auch dem Herrn Kollegen Aschaffenburg spricht die Versammlung herzlichsten Dank aus sowohl für den ersten, mehr düsteren Teil der Ausführungen, welcher die Kritik bezüglich dessen brachte, was nach Ansicht des Herrn Vortragenden hinsichtlich der psychologischen und psychiatrischen Momente in dem Entwurfe keine Berücksichtigung gefunden hat, als auch für den zweiten Teil, in dem wir einen interessanten und lehrreichen Ausblick gewinnen konnten auf die bedeutende Umwälzung von dem alten bloß vergeltenden Strafgedanken zu dem modernen Fürsorgegedanken (Geheimrat Professor Dr. von Liszt: Bravo!), die sich zu vollziehen im Begriff ist. Herzlichsten Dank!

Nun möchte ich bitten, wenn jemand das Wort ergreifen will, sich bei mir zu melden.

Professor Dr. R. Sommer, Gießen: Meine Damen und Herren! Als Ärzte haben wir dreierlei Interessen an der Strafrechtsreform: 1. in allgemein ärztlicher Beziehung, 2. besonders in der Eigenschaft als Psychiater und schließlich 3. als Naturwissenschafter. Die ersten beiden Punkte sind durch die Referate der beiden Herren Kollegen so vorzüglich behandelt worden, daß ich sie für erledigt halte. Ich schließe mich den Ausführungen, abgesehen von wenigen Punkten, voll an. Erlauben Sie mir nur, daß ich vom allgemeinen naturwissenschaftlichen Standpunkt aus noch einmal auf die ganze Frage dieses vorliegenden Entwurfs zurückkomme.

Wer der Diskussion, besonders heute früh, gefolgt ist, wird gesehen haben, daß in einer sehr merkwürdigen Weise wesentliche Bestimmungen des jetzigen Entwurfs ganz verschieden aufgefaßt werden können; z. B. hat die Richtung, die in bezug auf die Gestaltung des Vorverfahrens darin vorhanden ist, gerade bei den zuständigen Juristen eine so auffallend verschiedene Beurteilung erfahren, daß man sich nun frägt: kann man denn von einem allgemeinen naturwissenschaftlichen Standpunkt aus überhaupt eine Stellung dazu einnehmen? Ich glaube, daß das geht.

Um was handelt es sich dabei im wesentlichen? Es sind eigentlich vier Aufgaben vorhanden: 1. eine möglichst rasche und sichere Feststellung des objektiven Tatbestandes bei allen verbrecherischen Handlungen, 2. Schutz gegen ungerechtfertigte Anschuldigungen, d. h. nicht nur solche durch anonyme Briefe, sondern überhaupt in dem Sinne, daß der Einzelne davor geschützt werden soll, fälschlich in den Verdacht einer Täterschaft zu gelangen. 3. handelt es sich darum, die subjektiven Tatbestände im weitesten Sinne möglichst klar und deutlich herauszustellen. 4. ergibt sich die Aufgabe, gegen die einzelnen rechtswidrigen Handlungen ein richtiges Strafmittel anzuwenden, einerseits in individualpsychologischer und andererseits in sozial-psychologischer Hinsicht.

Wenn ich als Naturwissenschafter zu dem Entwurfe Stellung nehmen soll, so kann es sich nur darum handeln, daß ich mir überlege, in welcher Weise wird durch die gemachten Vorschläge die Lösung dieser ersten drei genannten Fragen ermöglicht oder erschwert? Sie werden sofort sehen, daß besonders bei der Beurteilung des Vorverfahrens diese einfache Fragestellung sehr rasch zum Ziele führt.

Eigentlich ist es doch bei allen schweren Verbrechen schon jetzt Gebrauch, soweit ich aus den hessischen Verhältnissen orientiert bin, daß die Staatsanwaltschaft möglichst rasch eingreift und zwar, wie Sie in neuerer Zeit sehen, immer mehr mit Hilfe von allen möglichen Methoden, mit denen das Recht ursprünglich gar nichts zu schaffen gehabt hat. Denken Sie an die Feststellung der Fingerabdrücke, an die Untersuchung von Blutspuren und vieles andere. Überall sehen Sie, daß naturwissenschaftliche Kenntnisse allmählich gerade in diesem hauptsächlichsten Teile des Vorverfahrens immer mehr zu Hilfe genommen werden, und ich muß sagen, daß, wenn überhaupt ein Erfolg erzielt wird, es, wie Sie ja selbst wissen, nur durch das rasche Zugreifen der Staatsanwaltschaft in Verbindung mit einem naturwissenschaftlich geschulten Sachverständigen durch die rasche Feststellung der Spuren und eine rasche Verfolgung der Sache geschieht.

Ich sehe nicht ein, warum dieser Weg, den man in objektiver Beziehung wählt, nicht auch in subjektiver Beziehung gegangen werden soll. Aus der Zeit, in der man in dem Staatsanwalt lediglich die anklagende Behörde sah, werden wir wohl hoffentlich bald herauskommen. Es sind jetzt schon Zeichen dafür vorhanden, in dem Sinne, daß tatsächlich der Staatsanwalt in vielen Fällen durch die Art, wie er von vornherein die ganze Untersuchung führt, gerade zur Entlastung der Angeschuldigten sehr viel beiträgt. Ich weiß eine ganze Menge von derartigen Fällen, in denen die Sache so liegt, daß schlimme Verwicklungen durch ein richtiges Verhalten der Staatsanwaltschaft gerade bei der Untersuchung dieser Punkte im Keime erstickt worden sind.

Wem soll man nun diese Aufgabe zutrauen? Ist es ein wesentlicher Unterschied für uns, ob wir den Untersuchungsrichter oder den Staatsanwalt fungieren lassen? Im Grunde ist es ganz gleich, vorausgesetzt, daß sie eben gleichviel davon verstehen oder nicht verstehen. Ein Staatsanwalt, der viel über die Beurteilung dieser Dinge weiß, ist natürlich viel besser, als ein Untersuchungsrichter, der den einzelnen Fall nicht versteht. Und umgekehrt! In den vielen Gutachtensfällen, die ich in 13 Jahren zu erledigen hatte, habe ich die Erfahrung gemacht, daß diese Fertigkeit von Person zu Person wechselt. In einem Falle hat der Staatsanwalt die Sache ausgezeichnet herausgebracht, im anderen Falle der Untersuchungsrichter. Es handelt sich wesentlich um die Ausbildung der betr. Personen, die damit betraut sind, diese Untersuchung zu führen. Das Ganze ist eine Frage der Pädagogik im höheren Sinne. Wenn wir Juristen haben, mögen sie nun Untersuchungsrichter oder Staatsanwälte heißen, die imstande sind, von vornherein auch die subjektiven Zustände richtig zu beurteilen (unter der Voraussetzung, daß der Staatsanwalt nicht bloß prinzipiell anklagen will, sondern auch gerade in der Vermeidung der falschen Anschuldigungen eine Hauptaufgabe sieht), dann sehe ich gar nicht ein, warum man nicht auch gerade in dieser Richtung die staatsanwaltschaftliche Tätigkeit entwickeln soll. Ich möchte also sagen, daß ich von diesem Standpunkt aus keine Gefahr darin sehen würde, wenn man die Funktionen des Staatsanwalts (das ist offenbar ein Kernpunkt bei der ganzen Beurteilung) noch erweitern würde, aber unter der Voraussetzung, daß es allmählich eine ganz spezielle Fachausbildung gibt.

Jetzt sehen Sie sich nun weiter die Wirkung des Entwurfs an! Tatsächlich wird die Sache so kommen, daß jetzt die Amtsgerichte immer mehr nach der strafrechtlichen Seite herangezogen werden. In vieler Beziehung wird dem Amtsrichter fortan eine Funktion zugemutet, die er, soviel ich weiß, bis jetzt nicht gehabt hat. Viele Dinge, die ihn nur in zivilrechtlicher Beziehung beschäftigt haben, werden durch die größere strafrechtliche Tätigkeit zurückgedrängt. Deshalb fordere ich, daß bei der weiteren Ausbildung in der beobachtenden Psychologie und Psychopathologie immer mehr darauf gedrängt wird, daß nicht bloß einige staatsanwaltschaftliche Spezialisten existieren, welche die psychiatrischen Bücher gelesen haben, sondern daß diese methodische Durchbildung immer mehr Gemeingut der Juristen wird. Es erwachsen durch den Entwurf ganz neue Aufgaben in bezug auf diesen Punkt, weil die Funktionen der Amtsgerichte in ganz außerordentlicher Weise erweitert werden.

Nun fragt sich's: Wie wird die Rechtsprechung bei der verstärkten Herbeiziehung des Laienelements werden? Die Gefahr ist vorhanden, daß gerade, wenn die Juristen sich untereinander nicht recht verstehen und wenn in der Vorinstanz irgendwelche Fehler gemacht werden, es ein ewiges Räsonnieren und Appellieren geben wird. Diese Möglichkeit liegt durch das im Entwurf enthaltene Berufungswesen ja viel näher als früher. Es ist freilich besser, daß ein falsches Urteil zur Berichtigung kommt, als daß es bestehen bleibt. Man soll aber vor allem diejenigen, die in der Vorinstanz urteilen, mit den nötigen Hilfsmitteln zur richtigen Beurteilung von Straftaten ausstatten. Der Subjektivismus auf diesem Gebiete muß zurückgedrängt werden. Man wird in der Jurisprudenz dieselben Wege gehen müssen, die wir in der Psychiatrie gegegangen sind, indem man auch hier immer mehr im Sinne der beobachtenden Psychologie fortschreitet.

Wenn Sie sich überlegen, was in der dritten obengenannten Aufgabe steckt, so sehen Sie, daß es sich dabei nicht nur um die Psychiatrie, sondern auch um die Fortbildung des Strafrechts im allgemeinen handelt. Das Wesen des mittelalterlichen Strafrechts besteht darin, daß man nur das Vergehen sieht und eine Strafe dafür festsetzt. Ursprünglich wurde einfach die Handlung bestraft. Aber wir kommen immer mehr dazu, die ganze subjektive Beschaffenheit des Täters in Betracht zu ziehen und danach zu urteilen. Alles, was wir über die Strafbarkeit der Jugendlichen gehört haben, ist weiter nichts als eine Teilaufgabe, die sich hierbei herausgebildet hat.

Ich sehe also die Entwicklungslinie des Strafrechtes und -prozesses seit dem Mittelalter wesentlich in der Richtung, daß man immer mehr den ganzen Persönlichkeitstypus des Täters herausbekommt, und das geht weit über die Psychiatrie hinaus; da gehört z. B. auch die Kritik der Zeugenaussagen hinein. Wenn Sie sich die Bestimmungen in § 56 und § 58 des RStrGB. über die zur Erkenntnis der Strafbarkeit der Handlung erforderliche Einsicht ansehen und sich vergleichsweise die Fassung überlegen, die sich in der Strafprozeßordnung auf die Aussetzung der Vereidigung bezieht, so finden Sie psychologisch vollkommen analoge Bildungen. Es sind Ueberreste einer rein rationalen Psychologie, die immer mehr eingeschränkt werden müssen, weil die Psychologie immer mehr in eine analytische Charakterpsychologie übergeht.

Dieser Wandlung müssen wir in der Psychiatrie, wie der Jurisprudenz folgen. Die bloße Einsicht in die Strafbarkeit einer Handlung existiert oft noch bei Menschen, die hochgradig schwachsinnig sind. Den Gedanken, daß zu einer bestimmten Handlung eine Strafe gehört, finden Sie oft noch bei ausgeprägt Paralytischen erhalten. Die jetzigen Begriffe sind zu eng, es muß hier eine Weiterentwicklung eintreten. Das kann natürlich nicht über Nacht geschehen. Es ist undenkbar, daß eine derartige völlige Umformung plötzlich in einen solchen Entwurf hereingebracht werden soll. Es fragt sich nur, ob der ganze Entwurf eine neue Etappe auf diesem Wege der besseren psychologischen Bewertung der subjektiven Zustände bedeutet. Das ist der Fall. Er stellt, speziell durch die Feststellung der Jugendgerichte, einen wesentlichen Fortschritt dar. Die Entwicklung wird aber noch weiter gehen, ohne daß Grund zu der Befürchtung vorliegt, daß die Sache mit einer allgemeinen Psychiatrisierung des Strafrechts endigt. Es wird nicht so kommen, daß die Psychiater fortwährend auf der Bildfläche erscheinen und den Juristen die Uebeltäter als Patienten wegnehmen, sondern die Zukunft wird lediglich eine Fortentwicklung auf dem Gebiete der beobachtenden Psychologie bringen.

Die jetzige Kriminalpsychologie beschäftigt sich wesentlich mit dem Geisteszustande der angeschuldigten Verbrecher. Aber wir müssen auch einmal überlegen: In welchem Geisteszustande sind die Urteilenden? (Zuruf: Sechs Wochen! Heiterkeit). Es ist klar, daß man da ein ganzes System von Personen, die bei dem Strafprozeß betätigt sind, vom Standpunkt der beobachtenden Psychologie aufstellen und behandeln kann. Ich will hier verschiedene Personen, z. B. die des Staatsanwalts und des Psychiaters, ausschalten, möchte aber auf die Schwurgerichte zu sprechen kommen. Es wird bekanntlich fortwährend gegen die Schwurgerichte agitiert. Diese sollen an allem Schuld sein, u. a. wird ihnen vorgeworfen, daß sie öfter die Urteile der psychiatrischen Sachverständigen ignorieren. In der Tat ist es richtig, wie Herr Medizinalrat Leppmann gesagt hat, daß Urteile vorkommen, die man nicht begreift. In Hessen ist es mir allerdings seit 13 Jahren nie passiert, daß ein Schwurgericht gegen mein psychiatrisches Urteil entschieden hat. (Bravo!)

Die Sache liegt doch vielleicht etwas anders, als man gewöhnlich darüber denkt. Die abweichende Meinung der Geschworenen gegenüber den Gutachten erklärt sich nicht etwa nur aus der Dummheit der Menschen, die als Geschworene gewählt werden, sondern die Gründe liegen auch in der Gesetzgebung. Die Geschworenen sagen sich: «Wenn die Gesetze Lücken haben, so machen wir ein Urteil, wodurch die Lücke im besonderen Falle ausgefüllt wird.» Nehmen wir an, der Psychiater sagt: «Nach § 51 RStrGB. war der Mann z. Zt. der Begehung der Tat geisteskrank, z. Zt. der jetzigen Verhandlungen ist er es aber nicht mehr.» Was sagt der Geschworene? Er sagt sich: «Ich soll diesen Menschen frei aus dem Gerichtssaale hinauslaufen lassen? Tue ich es, so bringt er möglicherweise infolge eines neuen Dämmerzustandes wieder jemanden um. Ich verurteile ihn also, damit er unschädlich gemacht wird.» Wo liegt die Dummheit in dem Falle? Sie ist gar nicht da, sondern wir haben es mit einer immanenten Logik der Leute zu tun; sie urteilen in ihrer Weise und stopfen die Lücken der Gesetzgebung aus. (Geheimrat Professor Dr. von Liszt: Sehr gut!). Das gilt speziell für den Fall, wenn wir Psychiater sagen müssen, daß der Angeklagte auf Grund seines Zustandes bei Begehung der Tat nach dem Wortlaut des Gesetzes freizusprechen wäre. Hätten wir die Möglichkeit, den betreffenden Menschen zur Behandlung des Grundleidens, aus dem diese Dämmerzustände entspringen, in eine Anstalt zu bringen, so würden die Urteile anders werden. Ich habe öfter mit Geschworenen hinterher gesprochen. Sie haben mir gesagt: «Was sollen wir sonst mit den Leuten machen?» — Einige bekannte Schwurgerichtsurteile der letzten Zeit beruhen zum guten Teil auf derartigen Erwägungen. Man soll also die Schwurgerichtsurteile nicht ohne weiteres verdammen, weil sie gelegentlich gegen uns Psychiater Opposition machen.

Der Staat muß dafür sorgen, daß wir für die Menschen, die heute geisteskrank und nach 8 Tagen wieder gesund sind usw., eine spezielle Bestimmung erhalten. Wir kommen mit dem § 51 in solchen Fällen nicht aus. Dieser läuft lediglich darauf hinaus: «Wie war der Mensch zur Zeit der Begehung der Handlung?» während es sich um den gesamten Geisteszustand und die aus diesem abzuleitenden Maßnahmen handelt.

Dann möchte ich noch bemerken, daß es vielleicht doch in vielen Fällen darauf ankommt, wie ein Gutachten begründet wird. Ich habe viel mit Juristen über diese Frage gesprochen. Sie sagen: «Mit bestimmten Gutachten können wir garnichts machen, weil die betreffenden Herren Psychiater in ihrer Sprache reden, ohne zu sagen, wie die psychiatrischen Begriffe auf unsere Begriffe anzuwenden sind, d. h. auf die, welche im Gesetze stehen.» Ich denke z. B. an die beiden Begriffe «angeborener Schwachsinn» und «Geistesschwäche», die öfters verwechselt werden. Das eine ist eine angeborene Geisteskrankheit, das andere im Sinne des BGB. ein geringerer Grad von Krankheit. Sagt man nun: Der Mann ist angeboren schwachsinnig und erklärt ihn für geistesschwach im gesetzlichen Sinne, so entsteht eine Konfusion. Wir müssen auch feststellen, wie sich die psychopatischen Zustände zu den Rechtsnormen verhalten, die in dem Strafgesetzbuch aufgestellt sind.

Ich glaube, wir Mediziner können methodisch noch manches lernen. Manches uns widersprechende Urteil wird darauf zurückzuführen sein, daß wir in dieser Beziehung noch etwas nachzuholen haben.

Ich kehre nun zu der Frage des verstärkten Laienelementes in der Zusammensetzung der Gerichtshöfe zurück. Ob Sie einen gelehrten Richter und zwei Schöffen oder eine andere Zusammensetzung vor sich haben, im Grunde läuft die Sache darauf hinaus, daß die Urteilenden etwas von dem inneren Zustande derjenigen, die beurteilt werden sollen, und auch etwas von der Wirkung der Strafmittel verstehen, kurz, daß sie eine ganze Menge von Spezialkenntnissen haben müssen. Je mehr Sie das Laienelement hinzuziehen, desto mehr müssen wir eine spezialistische Ausbildung derjenigen verlangen, die bei dieser Sache die Führenden sein werden. Das Laienelement darf in keinem Falle bei dem Urteil überwiegen. Der Richter, der eine genaue Detailkenntnis hat, muß einen solchen Einfluß auf den Volksrichter haben, daß wir von vornherein davon ausgehen dürfen, daß da ein geistiges Übergewicht vorhanden sein wird, gleichgültig in welcher Zahl Sie die Laien hereinlassen.

Die Hauptsache ist eine wirkliche Weiterbildung der juristischen Erziehung. Je mehr Anforderungen Sie an die Amtsgerichte stellen, desto mehr ist es notwendig, daß wir Ärzte und Juristen auf dem Boden der beobachtenden Psychologie zusammenhalten. Die Ärzte und die Juristen sollen sich nicht fortwährend — z. B. wegen der Paragraphen über die sachverständigen Zeugen befehden. Es ist bedenklich, Bestimmungen zu treffen, wodurch es zu Konflikten zwischen diesen beiden wichtigen Berufsständen kommt. Es ist notwendig, die Ärzte als Gutachter ordentlich zu bezahlen, damit sie sich nicht als Sachverständige zweiter oder dritter Klasse vorkommen. Man soll da ein gewisses Standesbewußtsein schätzen und ehren. Ich stehe auf dem Standpunkt, daß das Zusammenhalten der Juristen mit den Ärzten die Hauptsache ist. Wir wollen nicht doktrinäre Psychiatrie treiben und die Delinquenten frei umherlaufen lassen, sondern durch sorgfältige Analyse die inneren Zustände erkennen und die Konsequenzen der Behandlung daraus ableiten. Die Hauptsache liegt in der naturwissenschaftlichen Methodik und in der beobachtenden Psychologie, das Ziel ist die Herausbringung der objektiven und subjektiven Tatbestände, wobei Juristen und Psychiater zusammenzuwirken imstande sind. Den Hauptwert des Entwurfs finde ich darin, daß er eine ganze Menge von Fragen ins Rollen bringt. In erster Linie ist dabei die richtige Verbindung der Jurisprudenz mit der beobachtenden Psychologie als Ziel ins Auge zu fassen.

Vorsitzender: Ich möchte fragen, ob weiter das Wort verlangt wird? — Das ist nicht der Fall.

Dann darf ich die Versammlung schließen mit dem nochmaligen besten Danke an die beiden Herren Vortragenden, welche außer diesem Dank auch die Befriedigung mitnehmen können, daß ihre Darlegungen seitens ihrer Fachgenossen zweifellos sympathisch entgegengenommen wurden, da entgegengesetzte Meinungen nicht zur Geltung gekommen sind.

Was die Nichtärzte betrifft, so haben sie interessante Informationen über die Strömungen auf ärztlicher Seite bekommen, welche sie sich weiterhin überlegen werden.

Ich danke auch Herrn Kollegen Sommer noch besonders für die Erörterung der weiteren bedeutungsvollen Punkte, die er auf dem Gebiete der hier schwebenden großen Fragen angeschnitten hat, für den Hinweis auf die Wichtigkeit der beobachtenden Psychologie und die Notwendigkeit der Fachausbildung der Berufsrichter.

Also den beiden Herren Vortragenden und dem Herrn Kollegen Sommer herzlichen Dank!

Und damit Schluß der heutigen Versammlung.

(Schluß der Versammlung 10.05 Uhr abends.)

FSC
www.fsc.org
MIX
Papier | Fördert gute Waldnutzung
FSC® C083411

Kolibri 360 GmbH
Ferdinand-Jühlke-Straße 7
99095 Erfurt, Deutschland
produktsicherheit@kolibri360.de